住房和城乡建设行业专业人员知识丛书

资料员专业知识

《住房和城乡建设行业专业人员知识丛书》编委会 编

中国环境出版集团·北京

图书在版编目（CIP）数据

资料员专业知识 /《住房和城乡建设行业专业人员知识丛书》编委会编. —北京：中国环境出版集团，2019.4
（住房和城乡建设行业专业人员知识丛书）
ISBN 978-7-5111-4013-5

Ⅰ. ①资… Ⅱ. ①住… Ⅲ. ①建筑工程—技术档案—档案管理—基本知识 Ⅳ. ①G275.3

中国版本图书馆 CIP 数据核字（2019）第 104363 号

出 版 人 武德凯
责任编辑 易 萌
责任校对 任 丽
封面设计 彭 杉

出版发行 中国环境出版集团
（100062 北京市东城区广渠门内大街 16 号）
网 址：http://www.cesp.com.cn
电子邮箱：bjgl@cesp.com.cn
联系电话：010-67112765（编辑管理部）
010-67112739（第三分社）
发行热线：010-67125803，010-67113405（传真）
印 刷 北京中科印刷有限公司
经 销 各地新华书店
版 次 2019 年 4 月第 1 版
印 次 2019 年 4 月第 1 次印刷
开 本 787×1092 1/16
印 张 21
字 数 532 千字
定 价 63.00 元

《资料员专业知识》编写组

主　　编：巫英士
副 主 编：陈　耕　朱红梅
主　　审：唐小林
参加编写：庞业涛　郑杰珂　傅　佳　杨　婷　马　蜀　黄　凤
陈　宇　邓力源

前　言

为了深入推进房屋建筑与市政基础设施工程现场施工专业人员（以下简称专业人员）队伍建设，更好地指导、服务于专业人员培训及人才评价工作，重庆市建设岗位培训中心组织编写了《住房和城乡建设行业专业人员知识丛书》，丛书紧扣现场施工专业人员职业能力标准，结合建设行业改革发展的新形势和新要求，坚持与施工现场专业人员的定位相结合、与现行的国家标准和行业标准相结合、与建设类“双证制”院校的专业设置相融合，力求体现科学性、针对性、实用性。

本书作为《住房和城乡建设行业专业人员知识丛书》中的一本，坚持以“职业素质”为基础、以“职业能力”为本位、以“实用易懂”为导向的编写思路，围绕与资料员岗位能力要求相关的现行国家、行业及地方标准规范、技术指南等，重点对资料员的知识点和能力点进行介绍，帮助读者学习基本的资料员专业知识与技能，能够胜任参与协助现场施工资料管理的基本工作。

本书共 9 章，内容包括：资料员岗位职责、相关管理规定和标准、文秘与公文写作、工程预算、施工机具、建筑工程竣工验收备案管理、建设工程档案编制至移交全过程管理、资料安全管理、资料信息系统管理与资料管理软件操作。本书与《通用知识》一书配套使用。

本书具体分工为：主编由重庆房地产职业学院管理学院院长巫英士教授担任，副主编由重庆房地产职业学院管理学院教师陈耕工程师、朱红梅副教授担任，房地产职业学院管理学院庞业涛、郑杰珂、傅佳、杨婷，重庆市城建档案馆马蜀、重庆市建设岗位培训中心邓力源、黄凤、陈宇参与编写。第一章由陈耕、马蜀编写；第二章由庞业涛编写；第三章由朱红梅编写；第四章、第六章由郑杰珂、黄凤编写；第五章由傅佳编写；第七章由郑杰珂、陈耕、杨婷、傅佳编写；第八章、第九章由杨婷、陈宇编写。

本书由唐小林任主审。

倪志军教授级高级工程师给予了相关建议和指导。

本书可作为施工现场专业人员岗位培训教材、“双证制”院校教学的参考用书，以及建筑类工程技术人员工作参考书。

限于编写时间之仓促，囿于编者之水平，书中难免有不足之处，恳请广大同仁和读者批评指正。

目　录

第一章　资料员岗位职责 …… 1

第一节　房屋建筑与市政基础设施工程和工程资料 …… 1

第二节　资料员主要工作职责 …… 6

第二章　相关管理规定和标准 …… 13

第一节　城市建设档案管理机构及范围的规定 …… 13

第二节　档案利用和公布的规定 …… 16

第三节　科学技术档案的管理规定 …… 23

第四节　城市地下管线工程档案的管理机构报送、验收、移交的规定 …… 25

第五节　城市建设档案著录的基本规定、著录项目及格式要求 …… 27

第六节　建筑工程施工质量验收的划分、验收程序和组织要求 …… 35

第七节　城建档案管理工作的相关规定 …… 37

第八节　总承包单位和分包单位的资料管理规定 …… 49

第九节　城建档案基础知识 …… 50

第十节　施工组织设计基本知识 …… 63

第三章　文秘与公文写作 …… 68

第一节　公文的写作基础知识 …… 68

第二节　公文的体式规定 …… 73

第三节　公文的行文要求 …… 81

第四节　公文的处理及办理要求 …… 85

第五节　公文整理立卷归档的规定 …… 89

第四章　工 程 预 算 …… 94

第一节　工程造价的组成 …… 94

第二节　工程量计算的基本知识 …… 102

第三节　定额计价与清单计价的基本知识 …… 105

第五章 施工机具 …… 114

第一节 土石方工程施工机械的基本知识 …… 114
第二节 起重机械与施工升降设备的基本知识 …… 120
第三节 摊铺碾压设备的基本知识 …… 138
第四节 盾构、TBM 掘进机的基本知识 …… 146

第六章 建筑工程竣工验收备案管理 …… 152

第一节 建筑工程竣工验收备案的范围 …… 152
第二节 建筑工程竣工验收备案须具备的文件 …… 153
第三节 建设工程竣工验收备案程序 …… 155

第七章 建设工程档案编制至移交全过程管理 …… 157

第一节 统计方法应用的基本知识 …… 157
第二节 施工文件的编制 …… 165
第三节 工程竣工图的编制规定 …… 203
第四节 工程声像档案的编制规定 …… 213
第五节 工程电子文件与电子档案的编制规定 …… 235
第六节 建设工程档案立卷、归档、验收与移交的规定 …… 256

第八章 资料安全管理 …… 279

第一节 资料安全管理责任制度 …… 279
第二节 资料安全的保密措施 …… 283
第三节 纸质资料和电子化资料的安全防护措施 …… 285
第四节 信息安全管理制度和信息保密制度 …… 288

第九章 资料信息系统管理与资料管理软件操作 …… 292

第一节 资料信息系统管理 …… 292
第二节 资料管理软件的应用 …… 295

主要参考文献 …… 305

附录 1 资料员专业知识测试模拟试卷 …… 307

附录 2 资料员专业知识测试模拟试卷参考答案 …… 324

第一章　资料员岗位职责

第一节　房屋建筑与市政基础设施工程和工程资料

一、房屋建筑与市政基础设施工程

（一）房屋建筑工程

1. 房屋建筑工程的定义

房屋建筑工程是指各类房屋建筑及其附属设施和与其配套的线路、管道、设备安装工程及室内外装修工程。“房屋建筑”指有顶盖、梁柱、墙壁、基础以及能够形成内部空间，满足人们生产、居住、学习、公共活动等需要的实体建筑。房屋建筑工程一般简称建筑工程，是指新建、改建或扩建房屋建筑物和附属构筑物所进行的勘察、规划、设计、施工、安装和维护等各项技术工作及其完成的工程实体。

2. 房屋建筑工程的划分

（1）房屋住宅建筑。

如别墅、宿舍、公寓等。其特点是它的内部房间的尺度虽小但使用布局却十分重要，对朝向、采光、隔热和隔音等建筑技术问题有较高要求。它的主要结构构件为楼板、梁柱和墙体，层数为1～5层至10～40层。

（2）房屋公共建筑。

如展览馆、影剧院、体育馆、候机大厅等。它是大量人群聚集的场所，室内空间和尺度都很大，人流走向问题突出，对使用功能及其设施的要求很高。经常采用将梁柱连接在一起的大跨度框架结构以及网架、拱、壳结构等为主体结构，层数以单层或低层为主。

（3）房屋文教卫生建筑。

如图书馆、实验楼、医院等。这类建筑有较强的针对性，如图书馆有书库、实验楼要安置特殊实验设备、医院有手术室和各种医疗设施，这种建筑物经常采用框架结构为主体结构，层数以4～10层的多层为主。

（4）房屋工业建筑。

如重型机械厂房、纺织厂房（单层轻工业）、制药厂房、食品厂房（多层轻工业）等。它们往往有很大的荷载，沉重的撞击和振动，需要巨大的空间，而且经常有湿度、温度、防爆防尘、防菌、洁净等特殊要求，以及要考虑生产产品的起吊运输设备和生产路线等。单层工业建筑经常采用的是铰接排架结构，多层工业建筑往往采用钢接框架结构。

（5）房屋农业建筑。

如暖棚、畜牧场、大型养鸡场等。通常采用的是轻型钢结构。

3. 房屋建筑的耐久等级

房屋建筑物耐久等级是指房屋建筑物的使用年限。使用年限的长短由房屋建筑物的性质决定。影响房屋建筑物使用寿命的主要因素是结构构件的材料和结构体系。例如，参考我国现行标准《建筑结构可靠度设计统一标准》（GB 50068—2018）对结构设计的使用年限作了如下规定：

（1）1 类：设计使用年限 5 年，适用于临时性的结构。

（2）2 类：设计使用年限 25 年，适用于易于替换的构件。

（3）3 类：设计使用年限 50 年，适用于普通房屋和构筑物。

（4）4 类：设计使用年限 100 年，适用于纪念性建筑和特别重要的建筑结构。

4. 房屋建筑的基本模数

房屋建筑模数是房屋建筑设计中，为了实现房屋建筑工业化大规模生产，使不同材料、不同形式和不同制造方法的房屋建筑构配件、组合件具有一定的通用性和互换性，统一选定的协调建筑尺度的增值单位。房屋建筑模数是指选定的尺寸单位，作为尺度协调中的增值单位，也是建筑设计、建筑施工、建筑材料与制品、建筑设备、建筑组合件等各部门进行尺度协调的基础，其目的是使构配件安装吻合，并有互换性。我国房屋建筑设计和房屋施工中，必须遵循《建筑模数协调标准》（GB/T 50002—2013）。

（1）基本模数。

基本模数的数值规定为 100 mm，表示符号为 M，即 1 M 等于 100 mm，整个建筑物或其中一部分以及建筑组合件的模数化尺寸均应是基本模数的倍数。

（2）扩大模数。

指基本模数的整倍数。扩大模数的基数应符合下列规定：

①水平扩大模数为 3 M、6 M、12 M、15 M、30 M、60 M 6 个，其相应的尺寸分别为 300 mm、600 mm、1 200 mm、1 500 mm、3 000 mm、6 000 mm。

②竖向扩大模数的基数为 3 M、6 M 两个，其相应的尺寸为 300 mm、600 mm。

（3）分模数。

指整数除基本模数的数值。分模数的基数为 M/10、M/5、M/2 3 个，其相应的尺寸为 10 mm、20 mm、50 mm。

（4）模数数列。

指以基本模数、扩大模数、分模数为基础扩展成的一系列尺寸（模数数列的幅度及适用范围如下）。

1）水平基本模数的数列幅度为 1～20 M。主要适用于门窗洞口和构配件断面尺寸。

2）竖向基本模数的数列幅度为 1～36 M。主要适用于建筑物的层高、门窗洞口、构配件等尺寸。

3）水平扩大模数数列的幅度：3 M 为（3～75）M；6 M 为（6～96）M；12 M 为（12～120）M；15 M 为（15～120）M；30 M 为（30～360）M；60 M 为（60～360）M，必要时幅度不限。主要适用于建筑物的开间或柱距、进深或跨度、构配件尺寸和门窗洞口尺寸。

4）竖向扩大模数数列的幅度不受限制。主要适用于建筑物的高度、层高、门窗洞口尺寸。

5）分模数数列的幅度。M/10 为（1/10～2）M；M/5 为（1/5～4）M；M/2 为（1/2～10）M。主要适用于缝隙、构造节点、构配件断面尺寸。

（二）市政基础设施工程

1. 市政基础设施工程的定义及范畴

市政基础设施工程（municipal engineering）是指城市市政设施建设工程。在我国，市政设施是指在城市区、镇（乡）规划建设范围内设置基于政府责任和义务为居民提供有偿或无偿公共产品和服务的各种建筑物、构筑物、设备等。城市生活配套的各种公共基础设施建设都属于市政工程范畴，如常见的城市道路、桥梁、地铁，如与生活紧密相关的各种管线：雨水、污水、电力、电信、热力、燃气等，还有广场、城市绿化等的建设，都属于市政工程范畴。

市政基础设施工程和城市的发展密切相关，是随着城市的发展而同步发展的，二者既是从属关系又是相互依存的关系。城市是整体，市政基础设施工程是局部，因此二者还具有整体与局部的关系。城市建设的好坏，主要表现在城市的市政基础工程设施方面，既表现在城市的外观方面，又表现在城市的内在方面，既关系各行各业的生产发展，也关系千家万户的切身利益。

2. 市政基础设施工程的技术经济特点

（1）综合性。

综合了城市的经济、政治、文化、交通、公共事业等方面，充分利用平面和立体空间，将园林绿化和公共设施结合起来统一考虑。

（2）多样性。

就其功能而言，即使建造的类型相似，但在不同的地区建造，也受不同地区的影响，使市政设施表现出差异。

（3）流动性。

由市政工程的综合性、多样化导致，除作业面层次多、战线长外，全年在不同工地上、不同地区辗转流动。

（4）多变性。

受自然气候影响大。冬季需要考虑防寒措施，雨季需要制订防雨、排水计划。否则影响工期、质量、经济核算。

二、房屋建筑与市政基础设施工程基本建设程序

1. 编制项目建议书阶段

项目建议书是业主单位向国家提出的要求建设某一项目的建议文件，是对工程项目建设的轮廓设想。项目建议书的主要作用是推荐一个拟建项目，论述其建设的必要性、建设条件的可行性和获利的可能性，供国家选择并确定是否进行下一步工作。项目建议书的内容视项目的不

同而有繁有简，但一般应包括以下几个方面：

（1）项目提出的必要性和依据。

（2）产品方案、拟建规模和建设地点的初步设想。

（3）资源情况、建设条件、协作关系等的初步分析。

（4）投资估算和资金筹措设想。

（5）项目的进度安排。

（6）经济效益和社会效益的估计。

项目建议书按要求编制完成后，应根据建设规模和限额划分分别报送有关部门审批。项目建议书经批准后，可以进行详细的可行性研究工作，但并不表示项目非上不可，项目建议书不是项目的最终决策。

2. 编制可行性研究报告阶段

项目建议书一经批准，即可着手开展项目可行性研究工作。可行性研究是对工程项目在技术上是否可行和经济上是否合理进行科学的分析和论证。

凡经可行性研究未通过的项目，不得进行下一步工作。

可行性研究工作完成后，需要编写出反映其全部工作成果的可行性研究报告。内容包括以下几个方面：

（1）项目提出的背景、投资的必要性和研究工作的依据。

（2）产品方案和发展方向的技术经济比较和分析。

（3）项目设计方案及协作配套工程。

（4）建厂条件与厂址方案。

（5）建设工期和实施进度。

（6）投资估算和资金筹措方式。

（7）经济效益和社会效益。

可行性研究报告经过正式批准后，将作为初步设计的依据，不得随意修改和变更。如果在建设规模、产品方案、建设地点、主要协作关系等方面有变动以及突破原定投资控制数时，应报请原审批单位同意，并正式办理变更手续。可行性研究报告经批准，建设项目才算正式“立项”。

3. 设计阶段

设计是对拟建工程的实施在技术上和经济上所进行的全面而详尽的安排，是基本建设计划的具体化，同时也是组织施工的依据。工程项目的设计工作一般分为两个阶段，即初步设计阶段和施工图设计阶段。重大项目和技术复杂项目可根据需要增加技术设计阶段。

4. 建设准备阶段

项目在开工建设之前要切实做好各项准备工作，其主要内容包括以下几项：

（1）征地、拆迁和场地平整。

（2）完成施工用水、电、路等工作。

（3）组织设备、材料订货。

（4）准备必要的施工图纸。

（5）组织施工招标，择优选定施工单位。

按规定进行了建设准备和具备了开工条件以后，便应组织开工。建设单位申请批准开工要经国家发改委统一审核后，编制年度大中型和限额以上工程建设项目新开工计划报国务院批准。部门和地方政府无权自行审批大中型和限额以上工程建设项目开工报告。年度大中型和限额以上新开工项目经国务院批准，国家发改委下达项目计划。

5. 施工安装阶段

施工安装活动应按照工程设计要求、施工合同条款及施工组织设计，在保证工程质量、工期、成本及安全、环保等目标的前提下进行，达到竣工验收标准后，由施工单位移交给建设单位。

6. 生产准备阶段

对于生产性工程建设项目而言，生产准备是项目投产前由建设单位进行的一项重要工作。它是衔接建设和生产的桥梁，是由项目建设转入生产经营的必要条件。建设单位应适时组成专门班子或机构做好生产准备工作，确保项目建成后能及时投产。

7. 竣工验收阶段

按照现行国家规定，所有基本建设项目和更新改造项目，按批准的设计文件所规定的内容建成，符合验收标准。工业项目经过投料试车（带负荷运转）合格、形成生产能力的，非工业项目符合设计要求、达到正常使用的，都应及时组织验收、交付使用。

8. 项目后评价

项目后评价是工程项目竣工投产、生产运营一段时间后，再对项目的立项决策、设计施工、竣工投产、生产运营等全过程进行系统评价的一种技术经济活动，是固定资产投资管理的一项重要内容，也是固定资产投资管理的最后一个环节。通过建设项目后评价，可以达到肯定成绩、总结经验、研究问题、吸取教训、提出建议、改进工作、不断提高项目决策水平和投资效果的目的。

三、房屋建筑与市政基础设施工程工程资料

房屋建筑工程与市政基础设施工程工程资料是在工程建设过程中形成的各种形式的信息记录经整理、汇编形成的文件，统称为房屋建筑工程与市政基础设施工程工程资料，简称为工程资料。工程资料包括工程技术资料和工程管理资料。

1. 工程技术资料

工程技术资料是工程建设过程中形成的有关工程技术、质量的文件，是整个工程资料的主体，包括施工质量管理资料、检验批与分项工程质量验收资料、工程质量控制资料、工程安全和功能检验及主要功能抽查资料、竣工验收综合资料、竣工图。

2. 工程管理资料

工程管理资料是工程建设过程中形成的有关工程审批、管理的资料。包括项目立项文件，建设用地、征地、拆迁文件，勘查、测绘、设计文件，招投标文件，工程开工文件，财务文件等。

四、房屋建筑与市政基础设施工程资料形成过程

在房屋建筑与市政基础设施工程项目建设的准备阶段、实施阶段和竣工验收阶段，会形成以建设单位、监理单位和施工单位为责任主体的诸多资料。

第二节 资料员主要工作职责

按照中华人民共和国行业标准《建筑与市政工程施工现场专业人员职业标准》（JGJ/T 250—2011）的定义：资料员是在建筑与市政施工现场，从事施工信息资料的收集、整理、保管、归档、移交等工作的专业人员。

《重庆市房屋建筑与市政基础设施工程现场施工专业人员职业标准》（DBJ 50/T—171—2013）规定资料员的主要工作职责包括6个方面：资料计划管理、资料收集整理、资料编制、资料使用管理、资料归档移交、资料信息系统管理。

一、资料计划管理职责

1. 工程资料的收集范围

依据《重庆市城乡建设档案管理办法》（渝府第　第240号令）的规定，下列专业的工程建设需按照规定收集档案资料并进行归档。

（1）工业、民用建筑工程。

（2）市政基础设施工程（含公用基础设施、园林和风景名胜、市容环境卫生设施等建设工程）。

（3）交通基础设施工程。

（4）抗震、民防、城市防洪工程。

（5）地下管线工程。

（6）国家和本市规定的其他应该归档的建设工程。

2. 资料员在各建设阶段的资料计划管理

（1）房屋建筑与市政基础设施工程施工前期阶段。

1）熟悉建设项目的有关资料和施工图。

2）协助编制施工技术组织设计（施工技术方案），并填写施工组织设计（方案）报审表给现场监理机构要求审批。

3）报开工报告，填报工程开工报审表，填写开工通知单。

4）协助编制各工种的技术交底材料。

5）协助制定各种规章制度。

（2）施工阶段。

1）及时收集整理进场的工程材料、构配件、成品、半成品和设备的质量保证资料（出厂质量证明书、生产许可证、准用证、交易证），填报工程材料、构配件、设备报审表，由监理工程师审批。

2）与施工进度同步，做好隐蔽工程验收记录及检验批质量验收记录的报审工作。

3）及时整理施工试验记录和测试记录。

4）阶段性地协助整理施工日记。

（3）竣工验收阶段。

1）建筑工程竣工资料组卷。

①单位（子单位）工程质量验收资料。

②单位（子单位）工程质量控制资料核查记录。

③单位（子单位）工程安全与功能检验资料核查及主要功能抽查资料。

④单位（子单位）工程施工技术管理资料。

2）归档资料（提交城建档案馆）。

①施工技术准备文件，包括图样会审记录、控制网设置资料、工程定位测量资料、基槽开挖线测量资料。

②工程图样变更记录，包括设计会议会审记录、设计变更记录、工程洽谈记录等。

③地基处理记录，包括地基钎探记录、钎探平面布置点记录、验槽记录、地基处理记录、桩基施工记录、试桩记录等。

④施工材料预制构件质量证明文件及复试试验报告。

⑤施工试验记录，包括土壤试验记录、砂浆混凝土抗压强度试验报告、商品混凝土出厂合格证和复试报告、钢筋接头焊接报告等。

⑥施工记录，包括工程定位测量记录、沉降观测记录、现场施工预应力记录、工程竣工测量记录、新型建筑材料记录、施工新技术记录等。

⑦隐蔽工程检查记录，包括基础与主体结构钢筋工程、钢结构工程、防水工程、高程测量记录等。

⑧工程质量事故处理记录。

⑨工程质量检验记录，包括基础、主体工程验收记录，幕墙工程验收记录，分部（子分部）工程质量验收记录。

二、资料收集整理职责

1. 工程项目资料、图样等档案的收集、管理

资料员负责工程项目的所有图样的接收、清点、登记、发放、归档、管理工作。在收到工程图样并进行登记以后，按规定向有关单位和人员签发，由收件方签字确认。负责收存全部工程项目图样，且每一项目应收存不少于两套正式图样，其中至少一套图样有设计单位图样专用章。竣工图采用散装方式折叠，按资料目录的顺序，对建筑平面图、立面图、剖面图、建筑详

图、结构施工图等建筑工程图样进行分类管理。

2. 工程项目资料的整理

资料员收集整理施工过程中所有技术变更、洽商记录、会议纪要等资料并归档。负责对每日收到的管理文件、技术文件进行分类、登录、归档。负责项目文件资料的登记、受控、分办、催办、签收、用印、传递、立卷、归档和销毁等工作。负责做好各类资料积累、整理、处理、保管和归档立卷等工作，注意保密的原则。来往文件资料收发应及时登记台账，视文件资料的内容和性质准确、及时地递交于项目经理批阅，并及时送有关部门办理。确保设计变更、洽商的完整性，要求各方严格执行接收手续，所接收到的设计变更、洽商，须经各方签字确认，并加盖公章。设计变更（包括图样会审纪要）原件存档。所收存的技术资料须为原件，无法取得原件的，应收集复印件及电子扫描件，提供资料单位应加盖提供单位的公章。做好信息收集、汇编工作，确保管理目标的全面实现。

3. 参加分部分项工程的验收工作

（1）负责备案资料的填写、会签、整理、报送、归档。负责工程备案管理，实现对竣工验收相关指标（包括质量资料审查记录、单位工程综合验收记录）做备案处理。对桩基工程、基础工程、主体工程、结构工程备案资料进行核查。严格遵守资料整编要求，符合分类方案、编码规则，资料份数应满足资料存档的需要。

（2）监督检查施工单位施工资料的编制、管理，做到完整、及时，与工程进度同步。对施工单位形成的管理资料、技术资料、物资资料及验收资料，按施工顺序进行全程督察，保证施工资料的真实性、完整性、有效性。

（3）按时向建设单位档案室移交有关资料。在工程竣工后，负责将文件资料、工程资料立卷移交建设单位。文件材料移交与归档时，应有“归档文件材料交接表”，交接双方必须根据移交目录清点核对，履行签字手续。移交目录一式两份，双方各持一份。

（4）负责向市城建档案馆的档案移交工作。提请城建档案馆对列入城建档案馆接收范围的工程档案进行预验收，取得“建设工程竣工档案预验收意见”，在竣工验收后将工程档案移交城建档案馆。

（5）指导工程技术人员对施工技术资料（包括设备进场开箱资料）的保管。指导工程技术人员对施工组织设计及施工方案、技术交底记录、图样会审记录、设计变更通知单、工程洽商记录等技术资料分类保管交资料室。指导工程技术人员对工作活动中形成的，经过办理完毕的，具有保存价值的文件材料；一项基建工程进行鉴定验收时归档的科技文件材料；已竣工验收的工程项目的工程资料分级保管交资料室。

4. 负责计划、统计工作

（1）负责对施工部位、产值完成情况的汇总、申报，按月编制施工统计报表。在平时统计资料基础上，编制整个项目当月进度统计报表和其他信息统计资料。编报的统计报表要按现场实际完成情况严格审查核对，不得多报、早报、重报、漏报。

（2）负责与项目有关的各类合同的档案管理。负责对签订完成的合同进行收编归档，并开列编制目录。做好借阅登记，不得擅自抽取、复制、涂改，不得遗失，不得在案卷上随意画线、抽拆。

（3）负责向销售策划提供工程主要形象进度信息。向各专业工程师了解工程进度，随时关注工程进展情况，为销售策划提供准确、可靠的工程信息。

5. 负责工程项目的内业管理工作

（1）协助项目经理做好对外协调、接待工作。协助项目经理对内协调施工单位部门间、对外协调施工单位间的工作。做好与有关部门及外来人员的联络接待工作，树立企业形象。

（2）负责工程项目的内业管理工作。汇总各种内业资料，及时准确统计，登记台账，报表按要求上报。通过实时跟踪、反馈监督、信息查询、经验积累等多种方式，保证汇总的内业资料反映施工过程中的各种状态和责任，能够真实地再现施工时的情况，从而找到施工过程中的问题所在。对产生的资料进行及时收集和整理，确保工程项目的顺利进行。有效地利用内业资料记录、参考、积累，为企业发挥它们的潜在作用。

（3）负责工程项目的后勤保障工作。负责做好文件收发、归档工作。负责部门成员考勤管理和日常行政管理等经费报销工作。负责对竣工工程档案进行整理、归档、保管，便于有关部门查阅调用。负责公司文字及有关表格等打印工作。保管工程印章，对工程盖章登记，并留存备案。

三、资料编制职责

1. 资料编制的原则

(1)工程的施工单位应该把工程资料的形成和积累纳入工程管理的各个环节和相关人员的职责范围。

（2）工程档案资料应该实行分级管理，由工程单位的主管（技术）负责人组织各自单位的工程资料管理的全过程工作。在工程建设过程中工程资料的收集、整理和审核工作应由熟悉业务的专业技术资料人员负责。

（3）工程资料应该随着工程进度同步收集、整理和立卷，并按照有关规定进行移交。

（4）工程施工单位应该确保各资料的真实、准确、有效、完整、齐全，字迹清楚，无未了事项。所用表格应按相关规定统一格式，若有特殊要求需要增加表格时，就近有关规定统一归类。

2. 编制资料的要求

(1)施工单位或工程参建各方所提供的文凭和资料，必须符合国家或地方的法律法规、《建筑工程施工质量统一验收标准》《建设工程文件归档整理规范》及设计文件、工程合同等的相关要求与规定。

（2）资料员不得对工程的文件、资料进行涂改、伪造、随意抽撤或损毁，如有违反，应按有关规定给予处罚。情节严重的，还要依法追究法律责任。

（3）施工单位资料编制，工程项目部应实行技术负责人负责制，逐级建立健全施工资料管理岗位责任制。

（4）总包单位负责汇总各分包单位编制的施工资料，分包单位负责其分包范围内施工资料的收集、整理、汇总，并对其提供资料的真实性、完整性及有效性负责。

（5）在工程竣工验收前，负责施工资料整理、汇总和立卷。

（6）按照合同的要求和有关规定，负责编制施工资料，自行保存一套，其他几份及时移交建设单位。

四、资料使用管理职责

1. 关于资料保管的职责

（1）资料岗位人员应认真贯彻执行上级档案部门关于档案工作的指示和规定。

（2）根据资料工作管理办法，负责组织完成档案的收集、整理、归档、保管、统计和使用工作。

（3）开展资料的借阅工作，及时登记。资料室规定的各类资料在收纳时均应办理登记，登记应分类进行，收纳手续齐全，送交人、整理人、接受人均应签名。

（4）负责技术资料的接收、排列、编号、存放及资料室日常管理工作。

（5）按时完成资料的收集、整理、归档、保管、统计和利用工作。

（6）严格遵守保密制度，不得随意复制发放工程建设关于原材料、加工、焊接的检测报告，不得泄露原始数据，不得做损害参建各单位的事。

（7）对各类资料的分类应科学合理，便于查找，努力为工程参建相关人员做好技术服务工作。

（8）密切注意行业内有关工程建设技术的发展，随时收集最新的技术标准、检测规程、规范、细则、方法。对过期资料的销毁或替换应严格履行报批手续，并造册登记入档。

2. 纸质工程资料的保管措施

纸张在长期保管、利用过程中会因各种因素影响而不断老化、变质，使其失去珍藏和利用价值。要保存好档案，最大限度地延长档案的寿命，就必须了解纸张的结构、性质及其保护措施。造纸的原料主要是植物纤维，而植物纤维的主要成分包括纤维素、半纤维素和木素。这三种成分都是由碳、氢、氧 3 种元素组成的高分子化合物。其中纤维素含量越高，纸张的拉力、耐折度、耐久性就越强，不易老化，纸张的质量也就越好。试从纤维素的性质来研究纸质档案的保护措施：

（1）稳定资料档案室湿度，避免酸性环境。纤维素的酯化反应、水解反应、光化反应和氧化反应，结果都使纤维素的分子长键断裂，分子量减小。反映在纸张上就是纸纤维变短，纸张的拉力、强度、耐折度都明显下降。纸张变黄发脆，纸质档案寿命缩短。要预防这些化学反应的发生，就必须严格控制反应条件，也就是要保管好纸质档案就要防止酸性环境的产生，防止阳光的直射，防止霉菌的产生，严格控制资料档案室的温湿度。

（2）避免酸性环境的形成主要有两条途径：一是造纸过程中残留的酸；二是当纸张湿度过大时吸收空气中的酸性气体，如二氧化硫、二氧化碳、二氧化氮等形成酸性溶液，使纸张 pH 值变小。空气中湿度大，纸张含水量就大，酸性物质对纸张中纤维素破坏作用就大。这就是相对湿度越高，纸张白度呈直线下降的原因。

（3）防止光化学反应发生最好将资料室建在环廊内，不但避免阳光照射，而且可减少空气中有害气体的侵入。

（4）控制资料档案室温度。温度升高，物质分子获得热能，分子运动加快，动能增大，活化分子数量增多，化学反应也会加快。平时几乎不进行的纤维素有关反应也会发生，纸质老化速度就会加快。当温度过高时，纸质会失去水分而变硬变脆。温度继续升高就会使纤维素脱水、炭化直至燃烧。因此，资料档案室一定要控制温度，不可过高也不可过低，最好控制在14～24℃。

（5）防霉是在重要档案资料进入资料室前就要进行除尘、杀菌，入室后要严格控制温湿度，因为高温、高湿是霉菌繁殖的必要条件。

五、资料归档移交职责

1. 工程资料移交归档的程序

在工程开工前，施工单位与建设单位签订的《建设工程竣工档案责任书》，在工程竣工验收前应及时移交建设单位。当地城建档案馆对工程档案实行预验收，并出具《建设工程竣工档案预验收意见》。在工程竣工后的3个月内，对工程档案进行正式验收。合格后，接收入馆，并发放《工程项目竣工档案合格证》。

2. 工程资料移交归档要求

（1）归档工程文件组卷分类必须清楚，将不同的文件资料分开装订、同类型的资料装订成册，并按工程进度依次编制流水编号。

（2）移交资料类别必须齐全，内容完整。

（3）归档的工程文件原则上为原件。没有原件时，复印件要清晰，并注明原件存放位置。

（4）归档文件应字迹清楚、签字盖章手续完备。

（5）工程资料统一采用有关部门及城建档案馆的用纸规格，不符合标准的原始资料要通过折叠和粘贴的方式达到A4幅面（297 mm×210 mm）规格，工程设计图标栏露在外面。不应包括由政府及专业检测机构编制的装订成册的文件材料（如勘察报告、设计文件）。

（6）工程资料尽量使用计算机打印（签名和日期除外），不得使用涂改液修改，签字和盖章程序要完备，不得使用圆珠笔、复写纸等易褪色的书写材料。

（7）工程文件的纸张应采用能够长期保存的韧性大、耐久性强的纸张。图纸一般采用蓝晒图，竣工图应是新蓝图，不能使用二底图。计算机出图必须清晰，不得使用计算机出图的复印件。

（8）所有竣工图均应加盖竣工图章和设计出图专用章。竣工图的折叠方式要符合档案馆的要求，一般情况下是折成“手风琴”的样式。

六、资料信息系统管理职责

1. 房屋建筑与市政基础设施工程信息化

房屋建筑与市政基础设施工程信息化是指在工程项目管理时涉及的各方主体及各个阶段广泛应用信息技术、开发信息资源，以促进建设项目管理水平不断提高的过程。由于信息技术的渗透性强、发展快，以及工程建设项目自身的复杂性，工程建设项目信息化的内涵极为丰富，并处于不断地发展变化之中。建设项目信息化具有信息收集自动化、信息存储电子化、信息交换网络化、信息检索工具化及信息利用科学化等特征。

2. 房屋建筑与市政基础设施工程工程资料信息化管理职责

（1）工程施工岗位资料人员应及时关注建设市场 BIM 技术的发展，尤其是要关注工程市场的主流软件开发公司的动向。

（2）工程施工岗位资料人员在日常工作中应主要防范计算机病毒及做好电子资料信息备份工作。

（3）使用计算机储存工程资料还要时刻注意计算机保密，办公计算机均应设置防护密码，防止被人窃取。

（4）资料员在业余时间需要加强自身学习，熟练掌握和工作岗位相关软件的操作技巧。留意软件的更新和升级，及时下载带有最新规范的补丁进行安装。关注有关部门对 BIM 技术的推广和应用范围。

第二章　相关管理规定和标准

第一节　城市建设档案管理机构及范围的规定

重庆市城市建设档案馆于 1981 年 4 月成立，原名为“重庆市基本建设档案馆”，归口重庆市城乡建设委员会管理，1999 年更名为“重庆市城市建设档案馆”。

一、重庆市城市建设档案馆机构设置

全馆内设 7 个科（室）：即办公室、建筑工程科、管理科、市政管线科、信息科、声像编研科、接件科。重庆市城市建设档案馆科室设置见图 2-1。

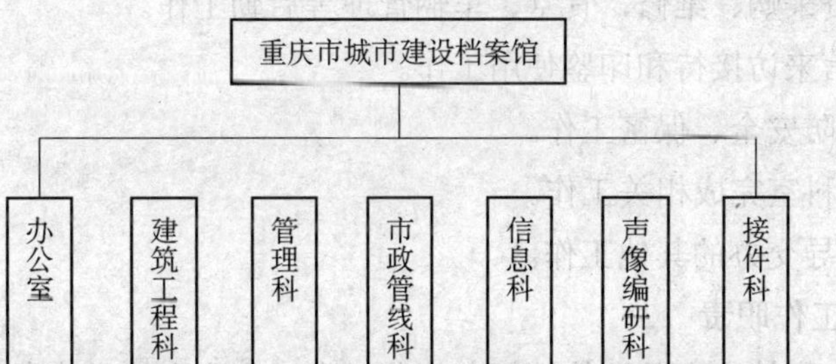

图 2-1　重庆市城市建设档案馆机构设置

二、重庆市城市建设档案馆具体职责

根据《重庆市城乡建设档案管理办法》（渝府第 240 号令）第五条及市编委确定的重庆市城市建设档案馆宗旨和职责任务，重庆市城市建设档案馆的具体职责包括：

（1）承办档案收集与整理工作。主要包括收集城乡建设工程档案、业务管理和业务技术档案、基础资料档案；整理、归档入库档案资料等工作。

（2）承办档案保管工作。主要包括档案维护、检查、复制、移交，划分档案保管期限以及档案保密和库房安全管理等工作。

（3）开展档案管理研究工作。主要包括城乡建设档案业务规范、管理办法起草，相关课题研究等工作。

（4）开展档案资料信息管理和利用服务工作。主要包括开展城乡建设系统档案信息化的开

发利用和应用推广；全市城乡建设档案业务指导服务等工作。

自建馆36年来，重庆市城市建设档案馆紧紧围绕服务社会这一宗旨，内强队伍素质，外强服务形象，法制建设取得了重大突破。《重庆市城乡建设档案管理办法》《重庆市城市管线条例》的颁布标志着我市城建档案法制建设取得了重要成果，城建档案接收增长迅猛，资源利用社会效益突出，得到了广大服务对象的好评，更好地推动了全市城建档案工作健康发展。截至2017年5月底，馆藏城建档案1518587卷，主要分为综合类档案、城市勘察档案、城市规划档案、城市建设工程档案、业务管理和业务技术档案、声像电子档案、馆藏资料七大类。

三、各科室具体职责

1. 办公室工作职责

（1）牵头协调、督促落实馆班子工作部署。

（2）负责各类文件材料的拟制印发、收文办理和网站内容审核。

（3）负责行政、党务、宣传、纪检、法制、人事、财务、外联等工作。

（4）负责综合性会议承办、职工教育培训牵头工作。

（5）负责区县城建档案馆（室）工作联系、指导、检查、考核工作。

（6）负责全市城建档案人员培训教育和审核办证工作。

（7）负责科研项目管理工作。

（8）负责馆物资采购、维修，食堂、车辆管理等后勤工作。

（9）负责馆来信来访接待和印鉴使用工作。

（10）负责馆消防安全、保密工作。

（11）配合有关科室完成相关工作。

（12）完成馆领导交办的其他工作。

2. 建筑工程科工作职责

（1）负责建筑工程档案有关法律法规、规范标准、制度和管理事务的承办。

（2）负责全市建筑工程档案的监督、管理工作。

（3）负责市级以上（含市级）重点建筑工程档案、主城区（含经开区、高新区）建筑工程档案的业务指导、检查、专项验收组织工作，并督促验收合格的档案及时移交进馆。

（4）做好本科室的消防安全、保密工作。

（5）配合有关科室完成相关工作。

（6）负责本科室党风廉政建设工作。

（7）完成馆领导交办的其他工作。

3. 管理科工作职责

（1）负责城建档案保管保护，查阅利用有关法律法规、规范标准、制度和管理事务的承办。

（2）负责全市城建档案馆（室）保管保护业务指导、监督检查。

（3）负责进馆城建档案的接收、分类和登记工作。

（4）负责馆藏档案的保管保护、统计、安全管理工作。

（5）负责城建档案查阅利用工作。

（6）做好本科室的消防安全、保密工作。

（7）配合有关科室完成相关工作。

（8）负责本科室党风廉政建设工作。

（9）完成馆领导交办的其他工作。

4. 市政管线科工作职责

（1）负责市政、管线工程档案有关法律法规、规范标准、制度和管理事务的承办。

（2）负责全市市政、管线工程档案的监督、管理工作。

（3）负责市级以上（含市级）重点市政、管线工程档案，主城区（含经开区、高新区）以及跨区县（自治县）市政、管线工程档案的业务指导、检查、专项验收组织工作，并督促验收合格的档案及时移交进馆。

（4）做好本科室的消防安全、保密工作。

（5）配合有关科室完成相关工作。

（6）负责本科室党风廉政建设工作。

（7）完成馆领导交办的其他工作。

5. 信息科工作职责

（1）负责城建档案信息化建设有关法律法规、规范标准、制度和管理事务的承办。

（2）负责馆城建档案信息系统的研发、网站建设、系统维护和设备管理。

（3）负责指导区县城建档案馆（室）信息化网络建设、系统维护和信息安全工作。

（4）负责移交进馆建设工程电子档案的检查工作。

（5）负责收集提供利用城建数字化信息，研究汇编有关资料成果。

（6）做好本科室的消防安全、保密工作。

（7）配合有关科室完成相关工作。

（8）负责本科室党风廉政建设工作。

（9）完成馆领导交办的其他工作。

6. 声像编研科工作职责

（1）负责声像档案有关法律法规、规范标准、制度和管理事务的承办。

（2）负责馆各类活动、城市记忆工程定点拍摄和重点建设工程拍摄工作。

（3）负责移交进馆建设工程声像档案的检查工作。

（4）负责声像设备保养、维护和管理等工作。

（5）负责城建档案编研工作。

（6）负责本科室的消防安全、保密工作。

（7）配合有关科室完成相关工作。

（8）负责本科室党风廉政建设工作。

（9）完成馆领导交办的其他工作。

7. 接件科工作职责

（1）负责有关业务工作法律法规、规范标准、制度和管理事务的承办。

（2）负责《报送责任书》的签订、《验收申请书》的接收和登记建账工作。

（3）负责建设工程档案接件、要素检查和登记建账工作。

（4）负责建设工程档案验收（移交）领用、归还的登记管理。

（5）负责建设工程档案验收、接收文件的发放和登记建账工作。

（6）做好本科室的消防安全、保密工作。

（7）配合有关科室完成相关工作。

（8）负责本科室党风廉政建设工作。

（9）完成馆领导交办的其他工作。

第二节　档案利用和公布的规定

档案利用和公布的规定触及面较广，它既是档案立法的重点，也是档案工作与社会发生联系的重要途径。

一、档案开放的法律规定

1. 档案开放的意义和起始时间

档案是对国家和社会具有现实考查使用价值和研究价值的宝贵财富，依法向社会开放档案，充分利用档案信息资源，更好地为社会主义现代化事业服务，是档案立法的目的和宗旨。开放档案，不仅是国家科学文化事业发展的需要，而且也是我国社会主义民主的充分体现。我国《宪法》第四十七条规定："中华人民共和国公民有进行科学研究、文学艺术创作和其他文化活动的自由。国家对于从事教育、科学、技术、文学、艺术和其他文化事业的公民的有益于人民的创造性工作，给以鼓励和帮助。"为了满足我国公民利用档案的正当需要，《档案法》第十九条和《档案法实施办法》第二十条均规定了有关档案开放的原则。这些规定将《宪法》的规定进一步具体化，为公民和组织利用档案的民主权利得以实现提供了法律依据和保障。

《档案法实施办法》第二十条规定："各级国家档案馆保管的档案应当按照《档案法》的有关规定，分期分批地向社会开放，并同时公布开放档案的目录。"这里所称的国家档案馆指负责接收、保管档案的中央、省、地、市、县级国家综合档案馆和各类专门档案馆，不包括部门档案馆和各机关、团体、企业事业单位和组织内部的档案室。其原因是部门档案馆主要收集管理本部门档案的事业机构，由于其档案内容的特殊性，所保存的档案开放时限与国家综合档案馆和专门档案馆有所区别。对于机关、团体、企事业单位和组织内的档案室，由于其保存的档案形成年代较近，现实性和秘密性较强，所以他们所保管的档案不属于本条所述的开放范畴。本条规定"分期分批地向社会开放"，是因为考虑目前各级各类档案馆所保存的档案中，属于到期应向社会开放的数量很大，而各档案馆的人力、财力有限，配合开放档案所做的准备工作一时难以完成，因此明确可以“分期分批”地开放，使各级负有开放任务的档案馆能够积极稳妥地做好这一工作。《档案法实施办法》对档案的开放起始时间具体规定了以下 4 种情况：

（1）中华人民共和国成立以前的档案开放起始时间。其范围包括清代和清代以前的档案、民国时期的档案和革命历史档案，上述档案从形成时间上说，自形成之日起均超过 30 年，所以自《档案法实施办法》实施之日起应当向社会开放。

（2）中华人民共和国成立以来形成的档案开放起始时间。指 1949 年 10 月 1 日新中国成立以后的各级国家机构、组织、团体以及个人从事政治、经济、科学、技术、文化、宗教等活动形成的，对国家和社会有保存价值的全部档案。这些档案，自形成之日起期满 30 年按规定分期、分批地向社会开放。

（3）经济、科学、技术、文化等类档案的开放起始时间。《档案法》规定上述档案的开放期限可以少于 30 年，《档案法实施办法》则进一步明确规定这类档案可以随时开放，这样的规定有助于在各方面发挥这部分档案的最大利益，同时也有利于社会主义现代化建设以及大众面面俱到的要求。

（4）上述所列档案中涉及国防、外交、公安、国家安全等国家重大利益的档案，以及其他虽自形成之日起已满 30 年，但档案馆认为仍不宜开放的档案，经上一级档案行政管理部门批准，可以延期向社会开放。

2. 对有关档案开放的限制性规定

开放档案，并不是毫无保留和无条件的。1991 年 9 月 27 日，国家档案局、国家保密局发布的《各级国家档案馆馆藏档案解密和划分控制使用范围的暂行规定》中，列举出了不宜对社会开放的档案。

二、档案利用的法律规定

1. 档案利用的意义和形式

根据《档案法》及《档案法实施办法》的规定，利用档案的主体既包括我国公民个人和机关、团体、企业事业单位或其他组织，也包括我国台湾和港澳同胞、海外侨胞以及外国人和组织。《档案法》明确规定了中华人民共和国公民和组织持有合法证明，可以利用已经开放的档案，也可以根据经济建设、国防建设、教学科研和其他工作的需要，按有关规定利用档案馆未开放的档案以及有关机关、团体、企业事业单位和其他组织保存的档案。这些规定，对开发利用档案信息资源为社会主义建设事业服务，对繁荣我国科学文化事业，对促进我国与世界各国人民的文化交流和友好往来，对继承中华民族的优良传统及促进祖国和平统一都有着积极的意义。

利用档案的形式主要可以分为以下几种：阅览，就是利用者到档案馆内专设的接待室查阅其所需要的档案原件或缩微品、复制件；复制，就是根据利用者所利用的档案内容，由档案馆通过摄影、拓印、打字等方法复制档案原件，供利用者利用；摘录，就是利用者在档案馆利用档案过程中，将其中所需的部分誊抄下来以供自己查证、研究之用。

2. 利用档案的法定程序

（1）已开放档案的利用。

依法利用已开放的档案，是公民或者法人的一项民主权利，档案馆应当为档案利用创造条件、简化手续、提供方便，做好开放档案的供利用工作也是档案馆的法定义务。依照《档案法》和《档案法实施办法》以及《档案馆开放档案暂行办法》的有关规定，不同的主体利用我国已开放的档案分别适用不同程序。

1）中华人民共和国的公民和组织利用档案的程序。凡是持有合法证明均可以到档案馆利用已开放的档案，有提供利用义务的单位不得拒绝提供利用。这里的合法证明，一般是指单位介绍信、工作证、居民身份证、学生证等合法证件，公民或者组织利用已开放的档案，只要有以上合法证件之一即可。

2）台港澳同胞和华侨利用国内已开放档案分两种情况：查取本人及其亲属证明可持本人回乡证或身份证等有效证件直接到有关档案馆利用；利用其他档案须持有我国境内有关国家机关的介绍信等合法证明，并经其前往的档案馆同意才能利用。这里的有关国家机关指负责台港澳事务、外事事务、统战、安全、保密等国家机关。

3）外国人或组织利用我国已开放档案，必须经我国有关主管部门的介绍和前往的档案馆的同意，这里的有关主管部门指的是我国负责外事工作的部门或接待单位的主管部门。

（2）未开放档案的利用。

对于保存在档案馆的未到法定开放期限的档案，利用者如果要求利用，应符合以下条件：利用主体必须是我国的国家机关、团体、企事业单位和其他组织以及公民个人；确为经济建设、国防建设、教学科研和其他各项工作的需要；须根据国家制定的利用未开放档案办法规定；须经保存该档案的档案馆同意，必要时还须经有关档案行政管理部门审查同意。档案馆对利用未开放期限的档案一般应严格手续。利用未开放档案的具体规定只能由国家档案局会同其他主管机关（如保密部门或档案的原形成单位等）制定，其他任何部门无权制定有关利用我国未开放档案的规定。机关、团体、企业事业单位和其他组织内的档案机构所保存的尚未移交档案馆的档案，本单位因工作需要可以利用，本单位以外的中国公民和组织如需要利用，必须经过档案保存单位的批准。

三、档案公布的法律规定

1. 档案公布的意义和形式

档案是国家的宝贵财富，保管和保护档案的最终目的是更好地利用这笔财富，公布档案是方便社会各方面运用的重要渠道之一。依照《档案法实施办法》的规定，凡已开放的档案任何人和组织都有权合法利用，但利用者只有利用权而无公布权。档案的公布是对档案开放的一种积极行为，它与开放的根本区别是“首次向社会公开发表”，其意义在于只要档案内容公布，利用者就了解其内容，全社会都可以利用，而利用者利用已公布的档案内容，这样就不会再涉及公布权的问题，但如果利用的是尚未公布的档案，利用者未经批准则不得以任何形式予以公布。

关于档案公布的形式，修改后的《档案法实施办法》增加了以各种形式首次向社会公布记载特定内容也是公布档案的行为，《档案法实施办法》第二十三条根据现代科学技术发展对档案工作的影响，增加了通过声像、电子出版物发表和通过公众计算机信息网络传播等公布档案的形式。该条共列举了公布档案的七种形式：通过刊物、图书、声像、电子等出版物发表；通过电台、电视台播放；通过公众计算机信息网络传播；在公开场合宣读、播放；出版发行档案史料、资料的全文或者摘录汇编；公开出售、散发或者张贴档案复制件；展览、公开陈列档案或者其复制件。凡符合上述七种形式的都属于公布档案的行为，国家授权的档案馆或者有关机关依此七种形式公布档案的行为是合法的行为，无权公布档案的单位和个人，未经授权或批准，以其中任何一种形式公布档案，均构成违法行为。当然，对于利用者利用已开放的档案作为某种证明，或者利用者经档案馆同意在其著作中摘引所利用档案的主要内容，一般不认为是擅自公布档案的行为。

2. 档案公布的权限

（1）国家所有的档案公布。

根据《档案法》的规定，属于国家所有的档案，保存在档案馆的，由档案馆公布，必要时由档案馆事先征得档案形成单位的同意，或者征得档案形成单位的上级主管机关同意。保存在各单位档案机构的，如果是已到了开放期限但尚未向有关档案馆移交的，由该单位公布，必要时由本单位报请上级主管机关同意。这里的“必要时”，是指档案馆保存的档案或各有关单位档案机构保存的尚未向档案馆移交的档案，如果已到开放期限，但因其中涉及一些国家重大利益或公民个人隐私等内容，档案馆或各有关单位不能决定是否应当向社会开放，此时就应当征求档案原形成单位的意见或者报经其上级主管机关同意。

（2）非国家所有档案的公布。

属于集体所有、个人所有以及其他不属于国家所有的对国家和社会具有保存价值的档案，由档案的所有者公布，但在公布时应当遵守《中华人民共和国保守国家秘密法》及其实施办法等法律法规的规定，同时不得损害国家的、社会的、集体的和其他公民的利益。

（3）寄存档案的公布。

《档案法实施办法》规定公布、利用寄存档案应当征得档案所有者同意。按照我国民法的有关规定，就寄存档案来说，它只是寄存人将该档案的占有权暂时交给档案馆，其所有权并未发生实际上的转移，所有权仍属于寄存者。档案馆作为接受寄存的单位，应当依法保护寄存者的合法权利，只能代为安全保管，在没有征得寄存人同意的情况下，不能自行决定该档案是否可以公布。如果认为有必要公布寄存的档案，应当与寄存者协商，征得档案所有者的同意，并按照法律、法规的规定办理。目前，一些档案馆开展了接受档案寄存的业务，受到社会的欢迎，取得了较好的反响和效益。但是档案馆应注意安全保管，同时档案馆还必须对寄存档案的公布依法进行使用，防止引起矛盾和纠纷。

3. 公布档案与知识产权保护

《档案法实施办法》根据新形势下档案工作发展的实际和出现的一些客观情况，增加了“利用、公布档案，不得违反国家有关知识产权保护的法律规定”的内容。这一修改，充分考虑与相关法律的衔接，体现了国家在利用、公布档案时，对知识产权保护的重视。

公布档案涉及的有关知识产权保护主要是著作权问题，各级国家档案馆馆藏档案中，大部分不涉及著作权保护范围，少部分有关于著作权问题。《著作权法》（2001年10月27日九届人大常委会第二十四次会议修正）第二十一条规定：公民作品著作权的保护期为作者终生及其死亡后50年，法人或者其他组织的作品的著作权（署名权除外）保护期截至作品首次发表后50年。对仍处于《著作权法》保护期限的档案的利用和公布，就不能认为全部地适用《档案法》规定的各级国家档案馆保存的档案满30年向社会开放的规定，而应当根据实际问题适当地延期开放，或者按照《著作权法》的有关规定执行，根据《著作权法》第二十二条的规定，档案馆为陈列或者保存版本需要，复制本馆收藏的作品，属于合理适用范围。除此之外，档案馆在公布这类档案时，要考虑著作权保护问题，自觉遵守《著作权法》的规定，同时也要主动向利用者宣传有关规定。

四、档案利用和公布制度中的现行分析

档案的收集和保护制度与档案的利用和公布制度是围绕档案的两项核心制度，前者是保全档案的基础性制度，后者则是档案的价值得以实现的制度建构。由于国家本位主义的影响，法律侧重于对档案的管理和保密而不是公布和利用。2008年5月1日《中华人民共和国政府信息公开条例》（以下简称《条例》）开始施行，其中第十六条将档案馆确定为政府信息的查阅场所，这意味着档案馆不仅要履行传统意义上的档案管理职责，还要配合行政主体做好政府信息和与人民群众利益密切相关的公共企事业单位在提供社会公共服务过程中制作、获取信息的公开工作。

《档案法》中涉及档案的利用和公布制度的内容共5条，从第十九条至第二十三条。其中，第十九条规定档案开放的期限、档案馆公布开放档案目录的义务和公民有利用已开放档案的权利；第二十条是对利用未开放档案的规定；第二十一条赋予向档案馆移交、捐赠、寄存档案的单位和个人特定的权利；第二十二条根据档案的所有权确定公布的主体和公布遵循的制度；第二十三条是档案馆在编研档案方面的职责。

档案的利用和公布制度是赋权性的制度，公民通过这项制度享有利用档案的权利，但从以上5条规定中不难发现其赋权性和保权性较弱。

五、《重庆市实施〈中华人民共和国档案法〉办法》

（1998年3月28日重庆市第一届人民代表大会常务委员会第十三次会议通过，2001年6月26日重庆市第一届人民代表大会常务委员会第三十三次会议第一次修正，2005年5月27日重庆市第二届人民代表大会常务委员会第十七次会议第二次修正，2010年7月23日重庆市第三届人民代表大会常务委员会第十八次会议第三次修正）

1.《重庆市实施〈中华人民共和国档案法〉办法》关于档案利用和公布的条例

各级国家档案馆保管的档案，一般应当自形成之日起满30年向社会开放。经济、科学、技术、文化等类档案，可以随时向社会开放，涉及国家安全或者重大利益以及其他到期不宜

开放的档案，向社会开放的期限可以多于 30 年，具体期限按国家规定执行。档案馆应当在向社会开放档案时，同时公布开放档案的目录，并为档案的利用创造便利条件，简化手续，提供方便。

单位和个人凭有效证明可以到地方的国家档案馆利用已开放的档案。

机关、团体、企事业单位和其他组织以及公民，根据经济建设、教学、科研和其他各项工作的需要，可以按照国家档案行政管理部门的规定申请利用各级国家档案馆未开放的档案和各单位保存的档案。对符合条件的档案利用者，档案保存单位应当及时提供使用。中外合资企业、中外合作企业利用合资、合作中方单位原有档案的，按照双方协议、合同的规定办理。

属于国家所有的档案，档案馆或者档案行政管理部门可以通过下列形式向社会公布：

（1）编辑出版、陈列展览档案；

（2）依照规定出售和散发、张贴档案复制件；

（3）通过报刊、广播、电视播放、展示档案；

（4）在公众计算机信息网络上传播档案的全部或者部分原文。

未经档案馆或者档案行政管理部门同意，任何组织和个人无权公布属于国家所有的档案。

向档案馆移交、寄存、捐赠档案的单位和个人，对其档案有优先使用的权利，并可以对其档案中不宜向社会开放的部分提出限制使用的意见，档案馆应当维护其合法权益。对寄存在档案馆的档案，未经档案所有者的同意，档案馆不得提供给他人利用和公布。

提供利用属于国家所有的重要或者珍贵的档案，应当是档案原件的复制件。档案复制件经档案保管单位盖章后，具有与档案原件同等的利用价值和引证效力。

各级各类档案馆按照规定实行有偿和无偿相结合的服务方式。收费项目和标准由市档案行政管理部门会同市物价部门制定。

全市要逐步建立以市档案馆为中心，区县（自治县、市）国家档案馆为主体，各级各类档案馆相联通的档案信息网络。全市档案信息网络的管理办法由市档案行政管理部门会同有关部门规定。

2. 重庆市实施《中华人民共和国档案法》的法律责任

（1）违反《档案法》的责任。

1）有下列行为之一的，由县级以上人民政府的档案行政管理部门责令限期改正，有关主管部门对直接负责的主管人员或者其他直接责任人员依法给予行政处分，造成损失的，承担赔偿责任。

①将职务活动中形成的应当归档的文件、资料据为己有，拒绝向档案机构、档案工作人员归档的；

②拒不按照规定向国家档案馆移交档案的；

③明知所保存的档案面临危险而不采取措施，造成档案损失的；

④擅自扩大档案馆接收范围的；

⑤不按照规定开放档案的；

⑥各级各类档案馆以及其他机关、团体、企事业单位和组织的工作人员玩忽职守，造成档

案损失的。

2）有下列行为之一的，由县级以上人民政府的档案行政管理部门给予警告，对单位可处以三千元以上一万元以下的罚款，对直接责任人员可处以五千元以下的罚款，有违法所得的，没收违法所得，并可以依法征购所出卖或者赠送、转让的档案。

①损毁、丢失属于国家所有档案的；

②擅自提供、抄录、公布、销毁属于国家所有档案的；

③涂改、伪造档案的；

④企事业组织或个人擅自出卖或者转让国家所有档案或属集体或个人所有但对国家和社会具有保存价值或应保密的档案；

⑤倒卖档案或者将档案出卖、赠送给外国人的。

3）携带、运输、邮寄禁止出境的档案或者其复制件出境的，由海关予以没收，对责任人可处以五千元以下的罚款，对责任单位可处以三千元以上一万元以下的罚款，构成犯罪的，由司法机关依法追究刑事责任。海关没收的档案或者档案复制件，应当移交给档案行政管理部门。

4）抢夺、窃取国家所有的档案的，以及违反档案法的规定，擅自出卖、转让国家所有的档案，构成犯罪的，依法追究刑事责任。

（2）档案行政执法人员执法。

1）档案行政执法人员在进行执法检查、实施行政处罚时，应当出示统一印制的执法证件和出具统一印制的罚没收据、处罚决定书或者责令赔偿损失通知书。

2）档案行政管理人员徇私舞弊、索贿受贿、玩忽职守、失密泄密的，由所在档案行政管理部门或者行政监察机关给予行政处分；构成犯罪的，依法追究刑事责任。

3）当事人对有关行政管理部门的行政处罚决定不服的，可以依法申请行政复议或者提起行政诉讼。不申请复议或者不提起诉讼又拒不履行处罚决定的，有关行政管理部门可以依法申请人民法院强制执行。

3. 《重庆市档案馆档案利用暂行办法》

（1）制定依据。

为充分开发利用馆藏档案信息资源，更好地为社会各界提供档案信息服务，根据《中华人民共和国档案法》及《中华人民共和国档案法实施办法》《中华人民共和国保守国家秘密法》《各级国家档案馆开放档案办法》等法律法规的有关规定，结合本馆实际，制定本办法。

（2）本馆的档案利用，是指对档案的阅览、复制和摘录。

本馆提供利用的开放档案，一般指自形成之日起满30年的档案，经济、科学、技术、文化等类档案的开放期限可以少于30年，但涉及国家安全或者重大利益以及本馆认为不宜开放的档案不对外开放。社会组织和个人寄存的档案不在此范围。

（3）开放档案的利用手续。

1）公民和依法成立的组织持有个人合法有效证件（身份证、工作证、学生证等）或介绍信可直接到本馆利用档案。

2）我国港澳台同胞，海外侨胞持回乡证、身份证等合法有效证件，说明自己的身份、利用档案的目的与范围及其他有关情况，经本馆工作人员同意即可查阅开放档案。

3）外国组织或外国人经其来华接待单位的主管部门或我国负责外事工作的部门介绍，并说明自己的身份、利用档案的目的与范围及其他有关情况，在征得本馆同意后可查阅开放档案。

（4）其他条例。

1）查阅未开放的档案或寄存、代管档案在持有合法有效证件的同时，须提供写明查阅详细内容的立档单位介绍信，经本馆同意后，方可查阅。

2）本馆开展档案信息咨询服务，利用者可通过信函、电话、电子邮件等方式进行档案利用咨询。

3）本馆保存的档案不借出馆外使用。

4）利用者需要复制（复印或打印）档案，须填写复制申请表，经本馆工作人员同意后由本馆负责办理。可复制档案的内容、数量，由本馆酌情决定。

5）经数字化或缩微处理后的档案，其原件一律封存、不再提供利用，利用者可在计算机或阅读器上阅览、利用档案。

6）本馆保存的档案，其公布权属于本馆以及国家授权的有关单位。利用者摘抄、复制的档案，在不违反国家有关规定的前提下，可在研究著述中引用。节引的档案内容，均应注明档案来源，但不得擅自以任何形式首次向社会公开档案的全部或部分原文，或档案记载的特定内容。鼓励著作者向本馆赠送其著述或其他学术成果。

7）档案利用者查阅档案时应爱护档案。严禁在档案原件上勾画、圈点、折叠，严禁私自拆卷或带走档案，严禁损坏档案缩微胶片，严禁修改、破坏电子档案，违者依照《中华人民共和国档案法》有关规定追究法律责任。

8）本办法自公布之日起施行。

第三节　科学技术档案的管理规定

一、定义

1. 科技档案

科技档案主要产生于从事自然科学研究、生产技术和基本建设等活动的单位，一些行政管理单位也有自身的基本建设活动。一些专业主管单位也颁发有关科技工作的指示、决定、规程、规范和审批文件等，在基层科技单位也将这些文件归入科技档案中。

2. 科技档案管理

科技档案管理，指的是将科学技术产生的内容和成果实体化处理，并对其进行收集、管理、储存、分析统计或者分享利用。以档案管理带动科技发展，用先进科技提高档案管理效率，是相关单位和工作人员的重要任务。

二、科技档案的特点

科技档案不同于科技资料。反映一定单位科技活动的并具有历史查考凭证作用的科技文件材料才能转化为科技档案，而收集交流来的只起参考作用的材料是科技资料。被本单位采用的外来科技资料则转化为本单位的科技档案，科技档案通过复制提供给外单位参考使用则转化为科技资料。科技档案是一次文献的一种。

三、科技档案的分类

1. 按照科技活动分类

（1）自然现象观测分析档案。

自然现象观测分析档案记载和反映从宏观世界到微观世界各个自然科学基础学科的成就，常常记载着人类的新发现和对自然界运动发展规律的系统知识，具有长期和永久利用价值，积累材料的时间越长、越不间断、越完整、利用的价值就越大。

（2）设计科研档案。

设计科研档案记载和反映为满足人的某种需要而进行的产品或工程项目的设计、科研成果，常常反映科技人员创造性劳动过程，在一定时期内重复利用率高，在生产建设中直接发挥作用，具有长期或永久查考借鉴价值。

（3）生产技术档案。

生产技术档案产生于实现设计、科研要求的物质生产或施工中，内容具体，数量繁多。随着技术革新或技术革命日新月异的发展，这种档案内容更新速度快，多反映人们的发展创造成果，利用它对促进生产力的发展有一定作用。

（4）管理维修档案。

管理维修档案是设备或工程项目使用单位所必备的管理维修工具，具有明显的依附设备或工程项目的特点，随着设备和工程项目的使用、运转、改造与维修而不断补充新的档案内容。

2. 按照科技活动的不同领域和专业分类

（1）科学技术研究档案；

（2）农业技术档案；

（3）工业技术档案；

（4）交通运输技术档案；

（5）基本建设档案；

（6）城市建设档案；

（7）设备仪器档案；

（8）医疗卫生档案；

（9）地质档案；

（10）测绘档案；

（11）气象档案；

（12）天文档案；

（13）水文档案；

（14）地震档案；

（15）环境保护档案。

四、科技档案的作用

科技档案作为科学技术信息的载体，可以起到促进生产力发展的作用。国家进行经济建设，采用一定的新技术要和本国的资源情况、工业水平、原材料、社会的传统和文化水平相适应，这就需要多种门类的科技档案共同发挥作用。一个企业或事业单位进行领导决策，除了要充分了解国内外的技术水平和市场动态，更要注意分析研究自己的技术力量和技术水平、设备条件、原材料的供应和信息掌握的多少等，这就需要充分利用本单位的各种科技档案。科技档案作用的发挥带有全面性、综合性和系统性的特点。在设计工作中提高图纸复用率为科技档案成批、成套发挥作用开辟了新的前景。在现代化生产的科学管理、设备改造和技术市场兴起后的科技交流以及科学技术史的系统研究中，科技档案可以提供系统的科学数据和依据。科技档案在政治斗争中为增强国力、保证军工生产和恢复被破坏的建筑物以及设备方面也具有重大作用。

第四节　城市地下管线工程档案的管理机构档案报送、验收、移交的规定

一、城市地下管线工程档案的管理机构

城市地下管线工程，是指城市新建、扩建、改建的各类地下管线（含城市供水、排水、燃气、热力、电力、电信、工业等地下管线）及相关的人防、地铁等工程。根据《城市地下管线工程档案管理办法》（建设部136号令）规定，城市地下管线工程档案的收集、保管、利用等具体工作，由城建档案馆或者城建档案室负责。《重庆市城市地下管线工程档案管理办法》（渝建发〔2002〕98 号）第四条规定，重庆市建设行政主管部门主管全市城市地下工程档案管理工作。重庆市城市建设档案馆具体负责全市城市地下管线工程档案的收集、管理、利用和监督指导等日常管理工作。《重庆市城市管线条例》第四十四条规定，管线工程档案的收集、保管、利用等具体工作，由城乡建设档案管理机构负责。管线规划测绘档案的收集、保管、利用等具体工作，由规划测绘档案管理机构负责。《重庆市城乡建设档案管理办法》（渝府令第240号）规定，市建设行政主管部门负责统一管理全市城乡建设档案工作，接受市档案行政管理部门的业务监督指导。市城乡建设档案管理机构负责全市城乡建设档案的日常管理工作。区县（自治县）建设行政主管部门负责本行政区域内的城乡建设档案管理工作，接受同级档案行政管理部门的业务监督指导。区县（自治县）城乡建设档案管理机构负责本行政区域内城乡建设档案的日常管理工作，接受市城乡建设档案管理机构的业务监督指导。

由上述文件的规定可知，重庆市城市地下管线工程档案的管理机构为城乡建设档案管理机构。

二、城市地下管线工程档案的报送、验收、移交的规定

根据《重庆市城市地下管线工程档案管理办法》（渝建发〔2002〕98 号）的规定，城市地下管线工程档案，是指城市内新建、扩建、改建的各种地下管线以及相关的地下工程档案，包括给水、排水、电力、电信、照明、燃气、人防、工业管道等地下管线及地下工程的具有归档保存价值的文字、图表、声像等各种资料。城市地下管线工程档案的报送、验收、移交的规定涉及的规章、规范主要有《城市地下管线工程档案管理办法》（建设部 136 号令）、《重庆市城市地下管线工程档案管理办法》（渝建发〔2002〕98 号）、《重庆市城市管线条例》等文件。

《重庆市城市地下管线工程档案管理办法》（渝建发〔2002〕98 号）和《重庆市城市管线条例》对城市地下管线工程档案的报送、验收、移交的主要规定如下：

（1）地下管线工程的建设单位在办理施工许可手续时，应当与城市建设档案管理机构签订地下管线工程归档承诺书。未签订地下管线工程档案承诺书的，建设行政主管部门不予办理建设工程施工许可证。

（2）工程建设中发现未建档管线的，建设单位应当及时报告管线行业主管部门。管线行业主管部门应当要求管线权属、管理单位组织勘探补测，并在勘探补测成果验收后 30 日内将勘探补测成果报送城乡建设档案管理机构存档。

（3）地下管线工程竣工验收前，应当先进行地下管线工程档案验收，档案专项未达合格以上等级的，不得进行工程竣工验收。

（4）新建、改建、扩建管线工程竣工验收备案前，管线建设单位应当向城乡建设档案管理机构移交管线工程档案资料。建设单位应当在地下管线竣工验收合格后 3 个月内，向城市建设档案管理机构移交档案，主要内容包括：

1）地下管线工程项目的计划、规划、用地、设计、施工等批准文件及其有关附图；

2）地下管线测量精度分析、测绘成果及竣工测量数据；

3）地下管线工程施工技术文件资料和竣工验收文件资料；

4）地下管线工程竣工图（新蓝图）；

5）其他应当归档的文件资料。

（5）地下管线工程投入使用后进行改建、扩建或者对重要部位进行维修的，建设单位应当根据实际变动情况，于竣工验收后及时向城市建设档案管理机构报送修改部分的工程档案。

（6）地下管线工程竣工档案必须完整、准确、真实、清晰的反映现状，并由编制单位和技术负责人盖章、签字。

（7）专业管线管理部门应当向城市建设档案管理机构提供专业管线图、声像等有关资料，并及时报送更改、报废、漏测部分的现状图。管线权属、管理单位应当将更改、报废、测漏部分的管线资料修改补充到本单位的管线专业图上，并及时将修改补充的信息报送城乡建设档案管理机构。

（8）管线工程经竣工规划核实后，规划测绘档案管理机构应当及时将管线规划测绘档案核实后存档。

（9）管线建设单位应当及时将管线更新信息报送城乡规划主管部门。

（10）移交的规定：市重点工程、市批准立项和跨区县（自治县、市）的地下管线工程以及渝中区、江北区、南岸区、九龙坡区、沙坪坝区、渝北区、巴南区、北碚区、大渡口区、市经济技术开发区、市高新技术产业开发区、北部新区的地下管线工程档案，应当按照规定向市城市建设档案馆办理移交；其他区县（自治县、市）的地下管线工程档案，应按照规定向工程所在地的区县（自治县、市）城建档案管理机构办理移交。

第五节　城市建设档案著录的基本规定、著录项目及格式要求

一、城市建设档案著录的基本规定

城建档案著录指的是编制城建档案目录时，为提取城建档案信息，对城建档案的内容和形式特征进行分析、选择和记录的过程。城市建设档案著录管理的主要依据为国家标准《城市建设档案著录规范》（GB/T 50323—2001）和《重庆市城乡建设委员会关于进一步加强城建档案著录工作的通知》（渝建〔2013〕148 号）。重庆市城市建设档案著录的基本规定如下：

1. 著录级别

根据著录对象的不同，城建档案著录条目可以分为以下著录级别。

（1）工程项目级。

对一个工程（项目）的所有档案的内容和形式特征进行分析、记录，形成著录条目。

（2）案卷级。

对一个案卷的内容和形式特征进行分析、记录，形成著录条目。

（3）文件级。

以单份文件或单张图纸为单位进行分析、记录，形成著录条目。

重庆市在接收城建档案进馆时，根据《重庆市城乡建设委员会关于进一步加强城建档案著录工作的通知》（渝建〔2013〕148 号）文件要求，做到城建档案的项目级著录和案卷级著录级别。

2. 著录深度

著录深度，是指著录条目反映著录项目多少的程度。城建档案著录深度分为两个级次：简要级次和详细级次。条目仅著录必要著录项目的，称为简要级次；条目除著录必要著录项目外，还著录部分或全部选择项目的，称为详细级次。确定这两个著录级次，一方面是为了适合不同层次档案部门的情况，保持著录的灵活性；另一方面为了控制档案条目的质量，防止随意选择著录项目，保证著录的规范化。

档案著录的必要项目为：正题名、文件编号、工程（项目）地址、第一责任者、时间、专业记载、档号、缩微号、存放地址号、主题词。选择项目为：并列题名、副题名及说明题名文字、其他责任者、附件、稿本与文种、密级、保管期限、载体与数量、附注、提要、档案馆代号、电子文档号。

重庆市在接收城建档案进馆时，根据《重庆市城乡建设委员会关于进一步加强城建档案著录工作的通知》（渝建〔2013〕148 号）的文件要求，著录级次一般以简要级次为主，著录表中的必要项目必须著录，著录表中的选择项目可部分或全部著录，但必须著录简要级次所有的内容；有条件的单位应按详细级次著录，为全面实施城建档案现代化管理工作打好基础。

3. 著录实施方式

目前实施城建档案著录的主要方式有：

（1）城建档案馆实施著录。

城建档案进馆后，由城建档案馆工作人员进行著录。这种方式的优点是，著录人员专业化，著录质量比较高。但是城建档案馆著录人员数量有限，而著录工作量极大，难以在短期内完成著录工作。

（2）基层城建档案部门实施著录。

当城建档案进馆时，著录条目与城建档案一起进馆。这样做可以在一定程度上缓解档案馆人员少与工作量大的矛盾，但基层城建档案室的人员毕竟有限，其库藏城建档案也具有一定的规模，因此仍不能从根本上解决上述矛盾。

（3）城建档案的立卷人实施著录。

即由城建档案的形成者或立卷人形成著录条目，将著录条目与城建档案一起归档。这种方式的优越性是对相关内容的著录比较准确，而且一套城建档案形成的条目有限，将该项工作量化整为零，可以从根本上解决上述矛盾。

重庆市采取了上述的第三种方式，在《重庆市城乡建设委员会关于进一步加强城建档案著录工作的通知》中要求：现有馆藏城建档案由各级城建管理机构负责完成著录工作；尚未完成报送手续的城建档案，由相关责任单位负责完成著录工作。对于建设工程档案电子著录信息，应按照项目级著录、案卷级著录的次序，分别建立相应的目录结构。

4. 著录格式

《重庆市城乡建设委员会关于进一步加强城建档案著录工作的通知》中规定：各建设单位在向各级城建档案管理机构报送建设工程档案时，应同时报送建设工程档案的纸质著录表格和电子著录文件。各建设单位应使用统一的著录软件——《重庆建设工程档案编制及著录管理系统》生成、报送电子著录文件。城建档案管理机构在接收建设工程档案时，应当查验包括纸质著录文件和电子著录文件在内的建设工程档案。查验合格后，方能出具建设工程档案接收凭证。

5. 著录项目说明

著录项目中“保管期限”与“密级”，由城建档案管理机构按《城乡建设档案密级划分暂行规定》和《城乡建设档案保管期限暂行规定》确定。“进馆时间”按著录城建档案移交书中的“移交日期”确定。

二、著录项目

城建档案著录项目指的是揭示城建档案内容和形式特征的记录事项，分大项、小项和单元。城建档案著录项目共分题名与责任者项、稿本与文种项、密级与保管期限项、时间项、载体与数量项、专业记载项、附注与提要项、排检与编号项八大项，每大项又分若干小项。详见表 2-1。

表 2-1　城建档案著录项目划分

序号	著录项目名称	
	大项	小项
1	题名与责任者	题名
		文件编号
		工程（项目）地址
		责任者
		附件
2	稿本与文种	稿本
		文种
3	密级与保管期限	密级
		保管期限
4	时间	
5	载体与数量	载体类型
		数量与单位
		规格
6	专业记载	
7	附注与提要	附注
		提要
8	排检与编号	档号
		档案馆代号
		缩微号
		存放地址号
		电子文档号
		主题词

著录小项下又可分为若干著录单元。如著录小项“题名”下，又可分为“正题名”与“并列题名”两个著录单元。

三、著录格式

著录格式指的是著录项目在条目中的排列顺序及其表达方式。著录格式按照其表现形式可分为段落符号式和表格式。重庆市采用的是表格式著录格式。

1. 段落符号式著录格式

段落符号式著录格式将著录项目划分为 4 个段落。第一段落中档号、缩微号分别置于条目左上角的第一、第二行，档案馆代号、存放地址号分别置于右上角第一、第二行，电子文档号置于第二行的中间位置。第二段落从第三行与档号齐头处依次著录题名与责任者项、稿本与文种项、密级与保管期限项、时间项、载体与数量项、专业记载项、附注项，回行时，齐头著录。第三段落另起一行空两格著录提要，回行时与第一、第二段落齐头。第四段落另起一行齐头著录主题词，各词之间空一格。

2. 表格式著录格式

根据《重庆市城乡建设委员会关于进一步加强城建档案著录工作的通知》（渝建〔2013〕148 号）的规定，著录格式分为工程（项目）级条目表格著录格式和城建档案案卷级著录格式。

（1）工程（项目）级条目表格著录格式。

工程（项目）级档案表格著录格式分为房屋建筑工程、市政基础设施工程、城市管线工程、建设工程规划管理项目、建设用地规划管理项目 5 种。

1）房屋建筑工程（项目）级表格式著录单，适用于各类房屋建筑工程档案的工程（项目）级著录，见表 2-2；

2）市政基础设施工程（项目）级表格式著录单，适用于道路、桥涵、堤坝、烟囱等构筑物工程档案的工程（项目）级著录，见表 2-3；

3）城市管线工程（项目）级表格式著录单，适用于地下给水、排水、供气、供电、供热、电信、工业管线等的工程（项目）级著录。著录单“专业记载”项中，“地形图号”按题名与责任者项中“文件编号”的规定著录，见表 2-4；

4）建设工程规划管理档案项目级著录适用于工程规划管理档案的项目级著录，见表 2-5；

5）建设用地规划管理档案项目级表格适用于建设用地规划管理档案的项目级著录，见表 2-6。

（2）城建档案案卷级著录格式。

城建档案案卷级表格著录格式适用于各类案卷的著录，为通用格式。重庆市使用的城建档案案卷级著录格式见表 2-7。

表 2-2 房屋建筑工程（项目）级著录单

<table>
<tr><td colspan="2">工程名称</td><td colspan="4"></td></tr>
<tr><td colspan="2">工程地址</td><td colspan="4"></td></tr>
<tr><td rowspan="5">责任者</td><td>建设单位</td><td></td><td rowspan="5">文号项</td><td>立项批准文号</td><td></td></tr>
<tr><td>立项批准单位</td><td></td><td>规划许可证号</td><td></td></tr>
<tr><td>设计单位</td><td></td><td>用地规划许可证号</td><td></td></tr>
<tr><td>勘察单位</td><td></td><td>用地许可证号</td><td></td></tr>
<tr><td>监理单位</td><td></td><td>施工许可证号</td><td></td></tr>
</table>

<table>
<tr><td colspan="10">专　业　记　载</td></tr>
<tr><td rowspan="2">单位工程名称</td><td rowspan="2">施工单位</td><td rowspan="2">建筑面积/m²</td><td rowspan="2">高度/m</td><td colspan="2">层数</td><td rowspan="2">结构类型</td><td rowspan="2">开工时间</td><td rowspan="2">竣工时间</td></tr>
<tr><td>地下</td><td>地上</td></tr>
<tr><td></td><td></td><td></td><td></td><td></td><td></td><td></td><td></td><td></td></tr>
<tr><td></td><td></td><td></td><td></td><td></td><td></td><td></td><td></td><td></td></tr>
</table>

续表

总用地面积/m²		总建筑面积/m²		幢数	
工程预算/万元		工程决算/万元			

档 案 状 况

总卷数/卷		文字/卷		图纸	卷		底图/张		照片/张		底片/张	
					张							
录音盒/盒		录像带/盒		光盘/盘		计算机	磁带/盘		缩微片	盘	其他	
							磁盘/盘			张		

保管期限		密级		进馆日期	
移交单位					

排 检 与 编 号

档 号		缩微号	
存放位置起始号			
附 注			

表 2-3 市政基础设施工程（项目）级著录单

工程名称					
工程地址					
责任者	建设单位		文号项	立项批准文号	
	立项批准单位			规划许可证号	
	设计单位			用地规划许可证号	
	勘察单位			用地许可证号	
	监理单位			施工许可证号	

专 业 记 载

单位工程名称	施 工 单 位	结构类型	长度/m	宽度/m	高度/m	跨径/m	孔数	级别	荷载	净空

总用地面积/m²		总建筑面积/m²		总长度/m	

开工时间		竣工时间		工程预算/万元		工程决算/万元	

续表

档案状况													
总卷数/卷		文字/卷		图纸	卷		底图/张		照片/张			底片/张	
					张								
录音带/盒		录像带/盒		光盘/盘		计算机	磁带/盘		缩微片	盘		其他	
							磁盘/盘			张			
保管期限			密级			进馆日期							
移交单位													

排检与编号			
档　　号		缩微号	
存放位置起始号			
附　　注			

表 2-4　城市管线工程（项目）级著录单

工程名称				
工程地址				
责任者	建设单位		文号项	立项批准文号	
	立项批准单位			规划许可证号	
	设计单位			用地规划许可证号	
	监理单位			用地许可证号	
	竣工测量单位			施工许可证号	

专业记载						
单位工程名称	施工单位	地形图号	长度/m	规格	材质	荷载
起　点		止　点		总长度/m	
开工时间		竣工时间		工程预算/万元		工程决算/万元	

档案状况													
总卷数/卷		文字/卷		图纸	卷		底图/张		照片/张			底片/张	
					张								
录音带/盒		录像带/盒		光盘/盘		计算机	磁带/盘		缩微片	盘		其他	
							磁盘/盘			张			

续表

<table>
<tr><td>保管期限</td><td></td><td>密级</td><td></td><td>进馆日期</td><td></td></tr>
<tr><td>移交单位</td><td colspan="5"></td></tr>
<tr><td colspan="6">排　检　与　编　号</td></tr>
<tr><td>档　号</td><td colspan="3"></td><td>缩微号</td><td></td></tr>
<tr><td>存放位置起始号</td><td colspan="5"></td></tr>
<tr><td>附　注</td><td colspan="5"></td></tr>
</table>

表 2-5　建设工程规划管理档案项目级著录单

<table>
<tr><td colspan="2">工程名称</td><td colspan="8"></td></tr>
<tr><td colspan="2">工程地址</td><td colspan="8"></td></tr>
<tr><td rowspan="5">责任者</td><td>建设单位</td><td colspan="2"></td><td rowspan="5">文号项</td><td colspan="2">立项批准文号</td><td colspan="3"></td></tr>
<tr><td>立项批准单位</td><td colspan="2"></td><td colspan="2">规划许可证号</td><td colspan="3"></td></tr>
<tr><td>设计单位</td><td colspan="2"></td><td colspan="2">用地规划许可证号</td><td colspan="3"></td></tr>
<tr><td>施工单位</td><td colspan="2"></td><td colspan="2">用地许可证号</td><td colspan="3"></td></tr>
<tr><td></td><td colspan="2"></td><td colspan="2">地形图号</td><td colspan="3"></td></tr>
<tr><td colspan="10">专　业　记　载</td></tr>
<tr><td colspan="2">建筑面积/m^2</td><td></td><td>幢数</td><td></td><td>长度/m</td><td></td><td>规格</td><td colspan="2"></td></tr>
<tr><td colspan="2">高度/m</td><td></td><td>层数</td><td></td><td>宽度/m</td><td></td><td>级别</td><td colspan="2"></td></tr>
<tr><td colspan="2">跨度/m</td><td></td><td>净空/m</td><td></td><td>荷载</td><td colspan="4"></td></tr>
<tr><td colspan="2">申请时间</td><td colspan="3"></td><td>工程造价/万元</td><td colspan="4"></td></tr>
<tr><td colspan="2">批准时间</td><td colspan="3"></td><td>结构类型</td><td colspan="4"></td></tr>
<tr><td colspan="10">档　案　状　况</td></tr>
<tr><td colspan="2">文字/页</td><td></td><td>图纸/张</td><td></td><td>光盘/盘</td><td></td><td>磁盘/盘</td><td colspan="2"></td></tr>
<tr><td colspan="2">保管期限</td><td></td><td>密　级</td><td></td><td>进馆日期</td><td colspan="4"></td></tr>
<tr><td colspan="2">移交单位</td><td colspan="8"></td></tr>
<tr><td colspan="10">排　检　与　编　号</td></tr>
<tr><td colspan="2">档　号</td><td colspan="5"></td><td>缩微号</td><td colspan="2"></td></tr>
<tr><td colspan="2">存放位置起始号</td><td colspan="8"></td></tr>
<tr><td>附注</td><td colspan="9"></td></tr>
</table>

表 2-6　建设用地规划管理档案项目级著录单

用地项目名称	
征地位置	

责任者	用地单位		文号项	立项批准文号	
	立项批准单位			规划许可证号	
	被征单位			用地规划许可证号	
	规划批准单位			用地许可证号	
				地形图号	

专　业　记　载

用地分类		征拨分类			
原土地分类		批准时间		用地面积/m^2	

档　案　状　况

文字/页		图纸/张		光盘/盘		磁盘/盘	
保管期限		密　级		进馆日期			
移交单位							

排　检　与　编　号

档　号		缩微号	
存放位置起始号			

附注	

表 2-7　城建档案案卷级著录单

序号	案卷号	案卷题名	编制日期	卷内张数	总卷数	第几卷	移交单位	编制单位	载体类型	保管期限	密级	备注

第六节　建筑工程施工质量验收的划分、验收程序和组织要求

一、建设工程项目施工质量验收的划分

建设工程项目的质量验收，主要是指工程施工质量的验收。建筑工程的施工质量验收应按照《建筑工程施工质量验收统一标准》（GB 50300—2013）进行。该标准是建筑工程各专业工程施工质量验收规范编制的统一准则，各专业工程施工质量验收规范应与该标准配合使用。

验收是指建筑工程在施工单位自行质量检查评定的基础上，参与建设活动的有关单位共同对检验批、分项、分部、单位工程的质量进行抽样复验，根据相关标准以书面形式对工程质量达到合格与否作出确认。正确地进行工程项目质量的检查评定和验收，是施工质量控制的重要环节。施工质量验收包括施工过程的质量验收及工程项目竣工质量验收两部分。工程项目质量验收，应将项目划分为单位工程、分部工程、分项工程和检验批进行验收。施工过程质量验收主要是指检验批和分项、分部工程的质量验收。

《建筑工程施工质量验收统一标准》（GB 50300—2013）与各个专业工程施工质量验收规范，明确规定了各分项工程的施工质量的基本要求，规定了分项工程检验批量的抽查办法和抽查数量，规定了检验批主控项目、一般项目的检查内容和允许偏差，规定了对主控项目、一般项目的检验方法，规定了各分部工程验收的方法和需要的技术资料等，同时对涉及人民生命财产安全、人身健康、环境保护和公共利益的内容以强制性条文做出规定，要求必须坚决、严格遵照执行。

检验批和分项工程是质量验收的基本单元；分部工程是在所含全部分项工程验收的基础上进行验收的，在施工过程中随完工随验收，并留下完整的质量验收记录和资料；单位工程作为具有独立使用功能的完整的建筑产品，进行竣工质量验收。

施工过程的质量验收包括以下验收环节，通过验收后留下完整的质量验收记录和资料，为工程项目竣工质量验收提供依据：

（1）检验批质量验收。

检验批是指按同一的生产条件或按规定的方式汇总起来供检验用的，由一定数量样本组成的检验体。检验批是工程验收的最小单位，是分项工程乃至整个建筑工程质量验收的基础。

检验批应由专业监理工程师组织施工单位项目专业质量检查员、专业工长等进行验收。

检验批质量验收合格应符合下列规定：

1）主控项目的质量经抽样检验均应合格；

2）一般项目的质量经抽样检验合格；

3）具有完整的施工操作依据、质量验收记录。

主控项目是指建筑工程中的对安全、节能、环境保护和主要使用功能起决定性作用的检验项目。主控项目的验收必须从严要求，不允许有不符合要求的检验结果，主控项目的检查具有否决权。除主控项目以外的检验项目称为一般项目。

（2）分项工程质量验收。

分项工程的质量验收在检验批验收的基础上进行。一般情况下，两者具有相同或相近的性质，只是批量的大小不同而已。分项工程可由一个或若干检验批组成。

分项工程应由专业监理工程师组织施工单位项目专业技术负责人等进行验收。

分项工程质量验收合格应符合下列规定：

1）所含检验批的质量均应验收合格；

2）所含检验批的质量验收记录应完整。

（3）分部工程质量验收。

分部工程的验收在其所含各分项工程验收的基础上进行。

分部工程应由总监理工程师组织施工单位项目负责人和项目技术负责人等进行验收；勘察、设计单位项目负责人和施工单位技术、质量部门负责人应参加地基与基础分部工程验收；设计单位项目负责人和施工单位技术、质量部门负责人应参加主体结构、节能分部工程验收。

分部工程质量验收合格应符合下列规定：

1）所含分项工程的质量均应验收合格；

2）质量控制资料应完整；

3）有关安全、节能、环境保护和主要使用功能的抽样检验结果应符合相应规定；

4）观感质量应符合要求。

必须注意的是，由于分部工程所含的各分项工程性质不同，因此它并不是在所含分项验收基础上的简单相加，即所含分项验收合格且质量控制资料完整，只是分部工程质量验收的基本条件，还必须在此基础上对涉及安全、节能、环境保护和主要使用功能的地基基础、主体结构和设备安装分部工程进行见证取样试验或抽样检测；而且还需要对其观感质量进行验收，并综合给出质量评价，对于评价为“差”的检查点应通过返修处理等进行补救。

二、竣工质量验收程序和组织

单位工程中的分包工程完工后，分包单位应对所承包的工程项目进行自检，并应按规定的程序进行验收。验收时，总包单位应派人参加。

单位工程完工后，施工单位应组织有关人员进行自检。总监理工程师应组织各专业监理工程师对工程质量进行竣工预验收。存在施工质量问题时，应由施工单位及时整改。

工程竣工质量验收由建设单位负责组织实施。建设单位组织单位工程质量验收时，分包单位负责人应参加验收。

竣工质量验收应当按以下程序进行：

1）工程完工并对存在的质量问题整改完毕后，施工单位向建设单位提交工程竣工报告，申请工程竣工验收。实行监理的工程，工程竣工报告须经总监理工程师签署意见。

2）建设单位收到工程竣工报告后，对符合竣工验收要求的工程，组织勘察、设计、施工、监理等单位组成验收组，制定验收方案。对于重大工程和技术复杂工程，根据需要可邀请有关专家参加验收组。

3）建设单位应当在工程竣工验收 7 个工作日前将验收的时间、地点及验收组名单书面通知负责监督该工程的工程质量监督机构。

4）建设单位组织工程竣工验收。

①建设、勘察、设计、施工、监理单位分别汇报工程合同履约情况和在工程建设各个环节执行法律、法规和工程建设强制性标准的情况；

②审阅建设、勘察、设计、施工、监理单位的工程档案资料；

③实地查验工程质量；

④对工程勘察、设计、施工、设备安装质量和各管理环节等方面做出全面评价，形成经验收组人员签署的工程竣工验收意见。参与工程竣工验收的建设、勘察、设计、施工、监理等各方不能形成一致意见时，应当协商提出解决的方法，待意见一致后，重新组织工程竣工验收。

第七节　城建档案管理工作的相关规定

一、有关城乡建设档案相关法律责任的规定

城建档案工作既是城乡建设管理活动之一，又是档案工作，所以不仅要执行建设专业的法律、法规、规章，还应执行档案工作的法律、法规、规章。城建档案“法律责任”，是指档案法律、法规、规章规定的有关城建档案法律责任的统称。如《建筑法》第七章规定的“法律责任”，《建设工程质量管理条例》第八章规定的“罚则”，《档案法实施办法》第五章规定的“法律责任”，《城市建设档案管理规定》第二十三条规定的依法“给予行政处罚或者行政处分”等，我们统称为城建档案法律责任。

履行城建档案管理职责，做好城建档案的收集、整理、移交，保管好档案，维护档案的安全，既是各级各类相关部门及单位依法行政、依法尽责的必然要求，又是建设、监理、施工企业及社会组织和法人守法尽责的必然要求，任何组织或个人有法不依都要受到严肃处理。

1. 城建档案法律责任的概念

城建档案法律责任，是指行为主体违反城建档案法律、法规的相关条款，根据城建档案法律、法规规定，必须承担的法律后果。它主要包含以下内容：一是主体，在城建档案活动中，主体包括法人、公民，谁违反了城建档案法律、法规，谁就要承担相应的法律后果；二是主体违反城建档案法律、法规，一旦形成违法、违规行为，其法律责任也就产生了；三是违反了城建档案法律、法规，必须承担相应的法律后果。

2. 城建档案法律责任的特点

城建档案法律、法规，是由国家、各级人民代表大会及其常务委员会、县级以上地方政府为保证城建档案这一公共资源集中统一管理，由国家来进行配置而设置的，用于规范城建档案工作参与各方的行为。因此，它与其他法律、法规一样，具有强制约束性特点，即违反城建档案法律、法规，或不履行城建档案法律、法规明文规定的义务，国家就要予以追究。也就是说，国家强制力是实施城建档案法律、法规的重要保障。国家通过司法机关、建设行政主管部门或其他部门来追究城建档案违法行为的法律责任。

3. 城建档案法律责任的种类

城建档案法律责任分为3种，即刑事法律责任、民事法律责任和行政法律责任。主要体现形式是行政法律责任，即由县级以上建设行政主管部门为执法主体（有的地方执法主体在规划等其他部门），对违反城建档案法律、法规的行为主体行使行政处罚。

行政法律责任，简称行政责任，是指公民、法人或者其他组织因其行政违法行为所应承担的法律后果。行政法律责任一般分为行政处分和行政处罚两种。

（1）行政处分。

行政处分是指国家机关、企事业单位依据行政管理法规、规章、章程、纪律等，对其所属工作人员所作的处罚。它是一种内部处罚，按我国现行法律、法规规定，对国家机关工作人员的行政处分有6种，即警告、记过、记大过、降级、撤职、开除。情节特别严重构成犯罪的，还要追究其刑事责任。

档案法律、法规中有关行政处分的内容有：

《中华人民共和国档案法》第二十四条规定，有下列行为之一的，由县级以上人民政府档案管理部门、有关主管部门对直接负责的主管人员或者其他直接责任人员依法给予行政处分；构成犯罪的，依法追究刑事责任：

1）毁损、丢失属于国家所有的档案的；

2）擅自提供、抄录、公布、销毁属于国家所有的档案的；

3）涂改、伪造档案的；

4）擅自出卖或者转让档案的；

5）倒卖档案盈利或者将档案卖给、赠送给外国人的；

6）不按规定归档或者不按期移交档案的；

7）明知所保存的档案面临危险而不采取措施，造成档案损失的；

8）档案工作人员玩忽职守，造成档案损失的。

建设部《城市建设档案管理规定》第十三条规定，“违反本规定有下列行为之一的，由建设行政主管部门对直接负责的主管人员或者其他直接责任人员依法给予行政处分；构成犯罪的，由司法机关依法追究刑事责任：一是无故延期或者不按照规定归档、报送的；二是涂改、伪造档案的；三是档案工作人员玩忽职守，造成档案损失的”。

《重庆市城乡建设档案管理办法》（市政府令第240号）第三十五条规定，“城建档案管理机构工作人员玩忽职守、滥用职权、徇私舞弊的，由有关机关依法给予行政处分”。

《重庆市城乡建设档案管理办法》（市政府令第240号）第三十六条规定，“城乡规划、建设、市政等行政主管部门违反本办法规定，不依法履行职责的，由其上级机关或监察机关责令改正；情节严重的，对直接负责的主管人员依法给予行政处分”。

除了法律、法规、政府规章对行政处分做出规定，国家有关部门还从履行档案行政管理职责的角度，对档案管理违法违纪行为行政处分做出了严肃规定。2013年2月，中华人民共和国监察部、人力资源和社会保障部、国家档案局联合发布了《档案管理违法违纪行为处分规定》（以下简称《规定》）（第30号令）。这个《规定》是对档案领域行为的普遍约束，城建档案管理工作也必须遵守执行。该《规定》的主要内容：一是明确了受到档案管理违法违纪行为处分的对象，即有违法违纪行为的单位、其负有责任的领导人员和直接责任人员以及有档案管理违法违纪行为的个人。二是明确了对档案违法违纪行为实施处分的主体部门，即对行政机关公务员，法律、法规授权的具有公共事务管理职能的组织中从事公务的人员，行政机关依法委托从事公共事务管理活动的组织中从事公务的人员，企业、社会团体中由行政机关任命的人员，由任免机关或者监察机关按照管理权限依法给予处分。事业单位工作人员，按照《事业单位工作人员处分暂行规定》执行。三是明确了违反档案管理，受到纪律处分的行为和给予处分的种类。包括拒不归档、出卖或者违反国家规定转让、交换及赠送档案、擅自公布未开放的档案等14条。例如，该《规定》第十二条指出，对未配备安全保管档案的必要设施、设备，未建立档案安全管理规章制度，明知所保存的档案面临危险而不采取措施3种行为，导致档案安全事故发生的，对有关责任人员，给予记过或者记大过处分；情节较重的，给予降级或者撤职处分；情节严重的，给予开除处分。

上述列举的相关法律、法规、规章内容就属于行政处分。同时，对情节严重，构成犯罪的，依法追究其刑事责任。

（2）行政处罚。

行政处罚是指特定的国家行政机关，对违反行政管理法规的单位和个人依法给予的制裁。行政处罚是行政法律责任的核心，是国家法律责任制度的重要组成部分，是国家行政机关依法管理的重要手段和途径之一，它主要包括行政罚款和没收违法所得。下面着重介绍与城建档案法律法规关系较为密切的行政罚款。

国务院《建设工程质量管理条例》第五十九条规定，“违反本条例规定，建设工程竣工验收后，建设单位未向建设行政主管部门或者其他有关部门移交建设项目档案的，责令改正，处1万元以上10万元以下的罚款”。

建设部《城市建设档案管理规定》第十四条明确，“建设工程竣工验收后，建设单位未按本规定移交建设工程档案的，依照《建设工程质量管理条例》的规定处罚”。

《重庆市城乡建设档案管理办法》（市政府令第240号）第三十四条规定，“供水、排水、燃气、热力、电力、电信、工业等地下管线专业管理单位，在规定期限内未移交地下管线专业图及有关资料的，由建设行政主管部门给予警告，责令限期改正；逾期不改正的，处5 000元以上10 000元以下的罚款”。

二、重庆市城乡建设档案的收集和整理归档的规定

1. 基本规定

城建档案收集是指城建档案机构按照国家有关法律、法规、规范，通过接收和征集的手段，把分散的档案资料集中起来的一项专业性业务工作。收集工作是城建档案工作的起点，是贯彻城建档案集中统一管理原则的具体措施。根据《重庆市城乡建设档案管理办法》（市政府令第240号）的精神，主要规定有：

1）凡是在本市行政辖区范围内报建的建设工程，建设单位在办理建设工程施工许可证前，要同城建档案管理机构签订《建设工程档案报送责任书》，否则不能办理建设工程《施工许可证》。

2）凡是在本市行政辖区范围内进行地上、地下工程（包括各种建筑物、构筑物、市政、公用事业工程等）建设的，工程竣工验收前，均应进行建设工程档案的专项验收，工程档案专项验收不合格，建设单位不能批准竣工验收。

3）建设工程竣工验收合格后，竣工验收备案前，建设单位应向城建档案管理机构移交建设工程档案，否则建设行政主管部门不得办理竣工验收备案登记。建设工程竣工验收后，建设单位应当向城乡建设档案管理机构移交一套完整的建设工程档案。移交的建设工程档案符合要求的，城乡建设档案管理机构应当出具接收凭证，建设行政主管部门在办理建设工程竣工验收备案时，应当查验该凭证。

4）建设单位与施工单位签订合同时，应明确编制建设工程竣工档案的责任。工程验收时，没有完整、齐全、符合归档要求的竣工档案，不能通过竣工验收。建设单位不办理工程结算，并拒付有关工程尾款。

5）供水、排水、燃气、热力、电力、电信、工业等地下管线专业管理单位应当将更改、报废、漏测部分的地下管线工程档案及时修改补充到本单位的地下管线专业图上，并在每年6月前将上年度修改补充的地下管线专业图及有关资料移交城乡建设档案管理机构。

6）停建、缓建的建设工程，其档案暂由建设单位集中保管。单位被撤销的，其建设工程档案应当向其主管机关或者城乡建设档案管理机构移交。

7）业务管理和业务技术档案，由规划、城乡建设、市政等行政主管部门按照有关技术规范进行收集和整理，自形成之日起5年内向城乡建设档案管理机构移交。

8）基础资料档案由城乡建设档案管理机构收集，按照有关技术规范整理归档。

9）建设工程验收时，建设单位应通知城建档案管理机构参加。

10）收集、整理建设工程档案应当遵守下列规定：

①内容齐全、真实、准确，与工程实际相符合；

②竣工图应当图样清晰，图表整洁，签章手续完备；

③归档的建设工程档案应当是原件或者副本；

④按照有关规范整理立卷，使用市建设行政主管部门或者其他专业主管部门统一规格的建设工程技术用表和符合国家标准规定的档案装具；

⑤地下管线工程覆土前，建设单位应当依法委托具有相应资质的工程测绘单位进行竣工测绘，形成准确的竣工测绘数据文件和管线工程测绘图；

⑥符合有关技术规范要求。

2. 城建档案的收集范围和要求

（1）城建档案进馆的范围。

城建档案进馆范围，是指各产生和使用城建档案的单位，应向城建档案管理机构报送哪些档案，城建档案管理机构需要接收哪些档案。确定城建档案进馆范围，是一项十分严肃、十分重要的工作。要根据国家建设部的要求，结合本地城市规划、建设、管理工作当前和长远的客观需要，对城建档案必须实行集中统一管理、维护城建档案的完整与安全的要求，充分发挥城建档案的指导方针作用来确定其进馆的范围。既着眼于当前，又考虑长远；既着眼于和平时期，又考虑非常时期（如自然灾害、战争等）；既着眼于当代需要，又要考虑子孙后代的需要。城建档案管理机构应从本地的实际出发，根据城市的战略位置、城市规模、城市特点、城市性质等确定接收范围。凡是与全市人民生产、建设、工作、学习、医疗、文化娱乐、生活、服务等关系密切的；对城市规划、建设、管理、科研有参考价值的；能够反映城市自然地理环境特点和城市建设发展历史和现状的；具有长期和永久保存价值的城建档案都应该进馆。

根据《重庆市城乡建设档案管理办法》（市政府令第240号），城建档案管理机构重点接收以下城建档案资料：

1）各类建设工程档案。

①工业与民用建筑工程档案；

②市政基础设施工程（含公用基础设施、园林和风景名胜、市容环境卫生设施等建设工程）档案；

③交通基础设施工程档案；

④抗震、民防、城市防洪工程档案；

⑤地下管线工程档案；

⑥军事工程档案资料中，除军事禁区和军事管理区外的穿越市区的地下管线走向和有关隐蔽工程的位置图；

⑦国家和本市规定的其他应当归档的建设工程档案。

2）业务管理和业务技术档案。

包括城乡规划、建设、市政等行政主管部门形成的业务管理和业务技术文件材料。

3）基础资料档案。

包括有关城乡规划、建设、管理的政策、法规、科学研究成果和城市历史、自然、人文、经济等方面的基础资料。

（2）城建档案收集工作的要求。

1）时间要求。在通常情况下，建设单位应在工程竣工验收合格后，建设工程竣工验收备案登记前，将竣工文件材料和竣工图纸整理完毕，并报送进馆。

2）凡是需要归档的工程技术文件材料，都应当做到书写材料优良，字迹工整，图样清晰。

3）送交城建档案管理机构的档案，必须按照《重庆市城市建设档案案卷质量规定》（渝建发〔2011〕140号）文件要求，整理成保管单位（卷、册、盒）。

4）竣工图的质量包括两个方面的内容：一是准确性，竣工图要完整、系统，能够反映工程的真实情况，它不仅要满足工程维修的需要，还要满足城市综合管理的需要；二是图纸制成的材料和书写材料要能够适应长久安全保管。

5）建设系统各有关单位向城建档案管理机构移交的业务管理和业务技术档案，必须符合相应档案案卷质量规定的要求。

3. 城建档案整理

城建档案整理工作，是城建档案工作业务基础工作的中心环节。城建档案整理应遵循城建文件材料的自然形成规律，保持文件材料之间的有机联系，充分尊重和利用原有的整理基础，便于保管和提供利用。城建档案的整理就是对文件材料进行组卷、排列、编目、装订，使之有序化和系统化的过程。通过整理工作，使收集的城建档案达到条理化、系统化，为城建档案的保管、利用等工作创造有利条件。城建档案整理工作是城建档案归档工作的前提和基础，是城建档案管理机构的一项基础业务工作之一，也是城建档案人员的基本专业技能。

从城建档案整理工作的步骤来看，它主要包括两个方面的内容：城建档案的系统整理和科学编目。系统整理，是对城建档案进行合理分类、有序排列，使之条理化和系统化，从而反映城建档案的自然规律，保持城建档案内在的有机联系。其具体工作内容有：分类、组卷和排列。根据重庆市城建档案与城建档案工作的实际情况，重庆市馆编制了《重庆市城建档案分类大纲》，采用的是不分类大流水排架法，本分类大纲中标识符号以阿拉伯数字为主体。科学编目，就是通过一定的形式，按照一定的要求，正确地固定系统整理的成果，准确地揭示城建档案的内容和成分。其具体工作内容有：卷内文件编目、案卷编目和编制案卷目录。整理和编目是城建档案整个整理工作相互联系、不可缺少的两个方面。

三、重庆市城乡建设档案保管和利用的规定

城建档案保管工作是城建档案工作的重要环节。城建档案保管工作的任务是：集中统一地保管好城建档案，采取必要的措施，维护城建档案的完整、准确、系统与安全，克服和限制一切损坏档案的不利因素，最大限度地延长城建档案的自然寿命。城建档案保管工作的内容包括：

城建档案的日常维护工作，包括城建档案的排架、检索工具的编制、温湿度监测、库房保洁和库房的安全保卫等工作；实施保护性措施，主要指围绕防火、防盗、防潮、防高温、防虫、防鼠、防光、防尘防污染等采取的防护性方法与治理手段；城建档案的修复，即对损坏和老化的城建档案采取的修补、复制等工作；库房及设备的管理，包括库房的规划与使用、档案设备的购置与维护以及档案装具的选择等。

城建档案利用工作是以城建档案机构所藏城建档案为基础，按照一定的原则和要求，通过一定的方式、方法直接提供城建档案为利用者服务的一项档案业务工作。包括对城建档案的阅览、复制和摘录。城建档案本身具有十分可贵的技术经济价值，利用工作的基本内容就是通过将城建档案的内容和成分介绍给利用者，通过各种方式、方法为利用者提供咨询服务，使城建档案充分发挥其经济效益和社会效益，实现其所具有的价值。

根据《重庆市城乡建设档案管理办法》（市政府令第 240 号），城乡建设档案的保管和利用的规定如下：

（1）建设工程档案按照下列规定接收保管。

1）市城乡建设档案管理机构接收保管市级以上（含市级）重点建设工程、主城区（含北部新区）以及跨区县（自治县）建设工程档案。

2）主城区外其他区县（自治县）城乡建设档案管理机构接收保管除本条第 1）项以外的建设工程档案，并于每年 6 月前向市城乡建设档案管理机构报送上年度建设工程档案目录。

（2）业务管理和业务技术档案按照下列规定接收保管。

1）市城乡建设档案管理机构接收保管市规划、城乡建设、市政等行政主管部门移交的业务管理和业务技术档案；

2）区县（自治县）城乡建设档案管理机构接收保管同级规划、城乡建设、市政等行政主管部门移交的业务管理和业务技术档案。

（3）城乡建设档案管理机构应当采取下列措施保管城乡建设档案。

1）建立科学的管理制度，逐步实现保管的规范化、标准化；

2）配置适宜安全保存档案的专门库房，配备防盗、防火、防渍、防有害生物的必要设施；

3）配备适应档案现代化管理需要的技术设备；

4）配置符合数字信息安全要求的信息载体存放环境、计算机网络防护体系和数据备份、防灾系统；

5）对重要的城乡建设档案，应当采用现代化技术手段进行异地备份保存；

6）按照国家有关规定做好保密工作。

（4）城乡建设档案管理机构应当按照国家有关规定确定档案的保管期限。对已到保管期限的城乡建设档案，应当按照国家有关规定组织鉴定。仍有保存价值的文件材料重新整理后立卷保存；已失去保存价值的文件材料应当造具清册，按照规定程序报批后销毁。

（5）城乡建设档案管理机构应当制定城乡建设档案利用制度，开发城乡建设档案信息资源，建立城乡建设档案资料信息库、目录库，利用现代化手段建立数字档案馆，编研城乡建设档案综合资料，为社会提供城乡建设基础数据、信息咨询和技术服务。

（6）公民、法人和其他组织持介绍信或者身份证等合法证明，可以利用城乡建设档案。

（7）建设单位在进行方案设计前，应当查询施工地段的地下管线、设施等隐蔽工程档案，避免施工中破坏地下管线、设施等。

（8）向城乡建设档案管理机构移交、捐赠、寄存城乡建设档案的单位和个人，对其移交、捐赠、寄存的档案享有优先利用权。

（9）城乡建设档案管理机构对馆藏的重要珍贵档案应当用复制品代替原件提供利用。

（10）查阅、摘录城乡建设档案管理机构保管的档案不收取费用。

（11）利用和提供利用城乡建设档案，必须遵守国家和本市有关规定，不得损毁、丢失、涂改、伪造城乡建设档案，不得损害国家安全和利益，不得侵犯他人的合法权益。

（12）载有城乡建设档案管理机构法定代表人签名或者印章标记的城乡建设档案复制品，具有与档案原件同等效力。

（13）城乡建设档案管理机构应当定期做好统计工作，并向同级档案行政管理部门报送统计报表。

四、重庆市建设工程档案专项验收办法的规定

建设工程档案的专项验收是建设工程竣工、交工验收的内容之一，通过验收对工程建设中形成的工程准备阶段文件、监理文件、施工文件、竣工图和竣工验收文件进行全面审查，为建设工程以后维修、改建、扩建提供可靠的科学依据。城建档案管理机构和各建设单位必须严格执行国家和重庆市的有关规定，保证建设工程档案的验收工作顺利开展，确保建设工程档案的编制质量。重庆市城乡建设委员会于 2012 年 9 月颁布了《重庆市建设工程档案专项验收办法》，明确规定建设工程竣工验收前，必须进行建设工程档案专项验收，并取得建设行政主管部门出具的建设工程档案验收意见，方可进行工程的竣工验收。

《重庆市建设工程档案专项验收办法》中对于建设工程档案专项验收办法的规定如下：

1. 建设工程档案专项验收的依据

（1）国家颁布的档案法律、法令、规定及国家和地方标准。

（2）国家及地方颁布的关于编制竣工图的有关规定、办法、实施细则。

（3）上级部门有关验收的决定、指示、文件。

（4）合同、协议及招标文件。合同、协议和招标文件，一般对竣工图的编制、审核、交接和验收都做了明确规定，因此也是验收竣工档案的重要依据。

（5）城建档案管理机构的具体要求。对于重要建设工程项目竣工档案的编制，城建档案管理机构均有明确的要求，验收时要遵照执行。

2. 验收范围

在重庆市行政辖区范围内的所有新建、改建、扩建的建设工程。建设工程档案验收范围包括：工业、民用建筑工程档案；市政基础设施工程（含公用基础设施、园林和风景名胜、市容环境卫生设施等建设工程）档案；交通基础设施工程档案；抗震、民防、城市防洪工程档案；地下管线工程档案；军事工程档案资料中，除军事禁区和军事管理区以外的

穿越市区的地下管线走向和有关隐蔽工程的位置图；国家和重庆市规定的其他应当归档的建设工程档案。

3. 验收条件

在建设工程竣工验收前，施工单位已按合同约定完成施工内容，建设工程档案按相关规定要求收集齐全、完整，已装订成册（两套）。建设单位、监理单位对建设工程档案内容的齐全性和真实性已进行审查认定。建设单位会同监理单位、施工单位向建设行政主管部门申请建设工程档案专项验收。

4. 验收组织

建设工程档案专项验收由建设单位组织。建设行政主管部门，建设单位项目负责人、技术负责人或现场代表、城建档案员，监理单位总监、监理工程师，施工单位项目经理、技术负责人、城建档案员参加建设工程档案专项验收会议，建设行政主管部门主持会议。验收评定小组由建设行政主管部门会同建设单位、监理单位组成。具体验收按下列规定执行。

（1）跨区县（自治县）的建设工程其建设工程档案验收应由市建设行政主管部门主持，建设工程属于县级以上重点建设项目的由档案行政管理部门会同建设行政主管部门和项目主管部门对项目档案进行验收。

（2）向市建设行政主管部门报建的建设工程，其建设工程档案专项验收由市建设行政主管部门主持，并核发《建设工程档案专项验收意见书》（以下简称《意见书》），该建设工程所在辖区建设行政主管部门参加。

（3）向主城区（含北部新区）建设行政主管部门报建的建设工程，按照《重庆市城乡建设委员会关于主城区（含北部新区）建设工程档案验收和报送有关事项的通知》的规定。

1）由市建设行政主管部门负责业务指导的建设工程，其建设工程档案专项验收由市建设行政主管部门主持，并核发《意见书》，主城区（含北部新区）建设行政主管部门参加。

2）由主城区（含北部新区）建设行政主管部门负责业务指导的建设工程，其建设工程档案专项验收由主城区（含北部新区）建设行政主管部门主持，并核发《意见书》，市建设行政主管部门参加。

（4）向远郊各区县（自治县）建设行政主管部门报建的建设工程，其建设工程档案专项验收由所在地建设行政主管部门会同建设、监理单位进行，并核发《意见书》。

（5）其他专业工程（交通、水利、能源等）按照（渝府第 240 号令）的相关规定执行。

5. 验收程序

建设工程档案专项验收分为单位工程档案专项验收和建设工程档案专项验收。所有单位工程档案专项验收合格，方可进行建设工程档案专项验收。

（1）单位工程档案专项验收。

施工单位形成的工程档案达到本办法第二条规定的验收条件，建设单位会同监理单位、施工单位向建设行政主管部门提交《建设工程档案专项验收申请暨受理通知书》《城建档案案卷目录》和《建设工程档案报送责任书》。经建设行政主管部门同意，即会同建设单位、监理单位进行单位工程档案专项验收。

（2）建设工程档案专项验收。

建设工程已按有关规定要求全部完成，各单位工程档案已通过专项验收，工程准备阶段文件、竣工验收文件和监理文件已收集齐全，整理、装订成册，在建设工程竣工验收前，由建设单位提交《建设工程档案专项验收申请暨受理通知书》《城建档案案卷目录》和《建设工程档案报送责任书》。经建设行政主管部门同意，即会同建设单位、监理单位进行建设工程档案专项验收。

建设行政主管部门应当自受理之日起，在15个工作日内出具建设工程档案专项验收意见。建设工程档案专项验收不合格的，必须按照要求进行整改，并重新申请建设工程档案专项验收。

6. 验收内容及评定

建设工程档案验收评定工作，应以专项验收检查的内容作为验收的基本内容。符合规定的工程档案应满足内容完整、真实，编制准确、标准，立卷规范、适用，案卷齐全、系统。具体从以下5个方面来评定：

（1）建设工程档案完整性。

主要检查归档的工程文件种类、数量要完整，能全面反映工程建设的全过程，记录的信息应符合工程建设的实际。从档案内容上看，包括工程准备阶段文件、竣工验收文件、监理文件、竣工技术文件、竣工图等文件；从载体形式上看，包括文字、图纸、照片、录像、电子档案及电子著录文件等文件。

（2）建设工程档案准确性。

重点审查工程文件的形成、来源是否符合实际，形成的文件形式是否满足规范要求。也就是说各种技术文件材料填写及时完整、真实准确，与工程实际相符合，签字盖章完善，竣工图编制符合制图规范，做到图物一致。

（3）建设工程档案系统性。

主要查看建设工程档案是否按归档内容依工程实施程序进行分类组卷，竣工图是否按专业依图号顺序整理，录像是否已编辑配解说词，照片是否已装订成册，文件材料目录是否已填写完整。

（4）符合归档要求。

建设工程档案验收除了对档案完成性、准确性和系统性进行检查评定，还要对档案制作材料、书写材料、书写要求、原件归档和案卷要素、装订要求进行评定。第一，制作材料是否是使用重庆市建设工程质量监督总站和重庆市城建档案馆监制的铅印表格，表格附件用标准纸张。纸张尺寸不统一的，是否用了A4白纸裱糊。第二，手工书写是否采用碳素墨水或蓝黑墨水，打印件是否优先选择喷墨或激光打印机，打印材料是否选用碳黑色素成分的墨水或墨粉。有无使用复写纸、红墨水、纯蓝墨水、圆珠笔、铅笔。第三，书写字迹是否工整、清晰，便于辨认，打印字体是否与铅印表中字体相区别，图样是否清晰，图表是否整洁。第四，是否做到原件归档。第五，案卷编目是否完善，是否填写卷内目录、编制页号、填写备考表、书写案卷题名和封面，是否装订成册，文字和照片立卷净厚度是否做到不宜超过15 mm，图纸不宜超过20 mm。另外，凡向城建档案馆移交的工程档案，其装具是否使用了重庆市城市建设档案馆监制的装具。

（5）重视程度。

建设、施工单位是否落实了档案工作所需的人员、办公设备和经费，档案人员是否持有有效的《城建档案员岗位证书》上岗，工程档案专项验收是否在工程竣工验收之前进行。

单位工程档案专项验收评定采用 90 分制，除不含工程档案完整性中工程准备阶段文件、竣工验收文件、监理文件所占 10 分外，其他内容及标准与建设工程档案专项验收评分一致。建设工程档案专项验收满分为 100 分，90 分及以上为优良，80～90 分（不含 90）为合格，80 分以下为不合格。单位工程档案专项验收满分为 90 分，80 分及以上为优良，70～80 分（不含 80 分）为合格，70 分以下为不合格。

五、重庆市建设工程档案编制验收标准的规定

《重庆市建设工程档案编制验收标准》（DBJ 50/T—306—2018）适用于新建、改建、扩建建设工程档案编制、整理、验收、报送管理。其他专业工程档案的编制可参照本标准执行。建设工程档案编制验收，除符合本标准外，尚应执行国家和重庆市现行有关标准规范的规定。《重庆市建设工程档案编制验收标准》中第 3.0.2 条、5.2.2 条、6.1.2 条、6.3.6 条、6.4.6 条、7.1.2 条、8.1.3 条、8.2.5 条、10.0.1 条、10.0.2 条、11.1.1 条、11.2.1 条、11.2.2 条、11.6.2 条为强制性条文，并通过住房和城乡建设部审查与备案（备案号为：J11899—2011），必须严格执行。下面重点介绍强制性条文。

（1）建设工程档案由建设单位组织勘察、设计、监理、施工等单位收集、整理，所需经费应当在工程预算中单列。

（2）建筑安装、市政基础设施等建设工程统一使用重庆市城乡建设委员会规定的，由重庆市城建档案馆和重庆市建设工程质量监督总站联合监制的铅印表格，表格用标准的纸张。

（3）所有建设工程均应编制竣工图。

（4）地下管线工程施工过程中和覆土前应当连续跟踪测量，并编制地下管线竣工图。建设单位应当委托具有相应资质的工程测量单位，按照《城市地下管线探测技术规程》（CJJ 61—2017）进行竣工测量，形成准确的竣工测量数据文件和管线工程测量图。

（5）竣工图章和竣工图图标应采用重庆市统一标准。

（6）建设工程都应编制建设工程照片档案。

（7）城乡建设档案管理机构配置的计算机等数字设备和应用软件，应能有效读取归档的电子文件。电子档案以城乡建设档案管理机构可接收的文件格式和方式报送。

（8）凡移交城乡建设档案管理机构的建设工程档案，必须同时移交工程准备阶段文件、竣工验收文件和竣工图的扫描格式电子档案。

（9）建设工程竣工验收前，必须进行建设工程档案专项验收，并取得建设行政主管部门出具的验收意见。

（10）建设行政主管部门应当自受理之日起在规定时间内出具建设工程档案验收意见。建设工程档案专项验收不合格的建设单位须按照要求整改、补充，重新提请建设工程档案专项验收。

（11）建设单位在办理建设工程施工许可证时，应当与城乡建设档案管理机构签订《建设工程档案报送责任书》明确报送建设工程档案的内容、时限、要求及责任。

（12）市级以上（含市级）重点工程、主城区（含北部新区）以及跨区县（自治区）建设工程档案向市城乡建设档案管理机构报送。

（13）除（12）条以外的建设工程档案向主城区外其他区县（自治区）城乡建设档案管理机构报送。

（14）建设单位在建设工程竣工验收备案前，应当向城乡建设档案管理机构报送一套符合规定的建设工程档案。

六、重庆市建设工程档案资料员持证上岗的规定

资料员作为建设企事业单位关键岗位，需要持证上岗。《建设企事业单位关键岗位持证上岗管理规定》（1991 年 7 月 29 日建设部、国家计委、人事部发布）规定：国务院建设行政主管部门主管全国建设企事业单位关键岗位持证上岗工作，负责对需要在全国统一认定的建设企事业单位关键岗位、持证上岗时间和要求作出规定。省、自治区、直辖市人民政府建设行政主管部门负责属于本行政区域建设企事业单位关键岗位持证上岗工作，负责对本行政区域其他岗位的持证上岗时间和要求做出规定。凡规定需要持证上岗的关键岗位，自规定持证上岗之日起，未取得岗位合格证书的人员一律不得上岗。

为了加强对城市建设工程档案工作的管理，提高建设工程档案的质量，为城市规划、建设、管理工作提供齐全、完整、准确的建设工程档案资料，根据建设部、国家计委、人事部关于《建设企事业单位关键岗位持证上岗管理规定》的有关精神，重庆市城乡建设管理委员会《关于实行建设工程档案资料员持证上岗制度的通知》（重建函〔1996〕74 号）规定，从 1996 年 7 月起，在全市范围内实行建筑工程档案资料员持证上岗制度。对从事建设工程档案工作、施工技术资料内业工作的人员，必须进行严格培训，经考核、考试审查合格后，发给中华人民共和国建设部印制的——建设企事业单位专业管理人员（岗位证书），实行持证上岗。

此外，重庆市其他规范性文件中也对资料员持证上岗做了相关要求。例如，《重庆市城乡建设档案管理办法》（市政府令　第 240 号）规定，从事城乡建设档案工作的人员应当具备档案和建设工程相关专业知识，依照国家相关规定接受专业培训并经考核合格。《重庆市建设工程档案编制验收标准》规定：建设、勘察、设计、监理、施工单位应配备通过专业培训并经考核合格的城建档案工作人员。

七、重庆市建设工程竣工档案编制费计取标准与计算方法的规定

《重庆市建设工程档案编制验收标准》（DBJ 50—129—2011）规定：建设工程档案由建设单位组织勘察、设计、监理、施工等单位收集、整理，所需经费应当在工程预算中单列。为合理反映施工企业编制建设工程竣工档案的成本投入，进一步提高建设工程档案编制质量，《重庆市城乡建设委员会关于调整建设工程竣工档案编制费计取标准与计算方法的通知》（渝建发〔2014〕26 号）文件将建设工程竣工档案编制费从原施工企业管理费中分离单列，并对计取标

准与计算方法进行了调整，具体内容如下：

（1）建设工程竣工档案编制费包括施工企业根据建设工程档案管理的有关规定，在建设工程施工过程中收集、整理、制作、装订、归档具有保存价值的文字、图纸、图表、声像、电子文件等各种建设工程档案资料所发生的费用。

（2）调整后的建设工程竣工档案编制费计取标准详见表 2-8。

（3）建设工程竣工档案编制费应单独计列，实行定额计价的在"税金"项目前计列，实行工程量清单计价的在"施工组织措施清单计价表"中计列。

表 2-8　建设工程竣工档案编制费标准

房屋建筑与市政基础设施/%												
建筑工程	市政工程	机械土石方工程	仿古建筑工程	建筑修缮工程	炉窑砌筑工程	装饰工程	安装工程	市政安装工程	人工土石方工程	园林工程	绿化工程	安装修缮工程
0.28	0.23	0.10	0.31	0.23	0.23	1.49	2.53	2.49	0.23	0.06	0.05	1.97

轨道交通工程/%									
机械土石方工程	地上工程	地下工程	盾构工程	轨道工程	人工土石方工程	通信信号工程	智能与控制工程	供电工程	机电设备工程
0.10	0.19	0.19	0.10	0.19	0.23	2.45	2.61	1.91	2.13

注：1）房屋建筑与市政基础设施工程中：建筑工程、市政工程、机械土石方工程、仿古建筑工程、建筑修缮工程、炉窑砌筑工程以定额基价直接工程费为计算基础，装饰工程、安装工程、市政安装工程、人工土石方工程、园林工程、绿化工程、安装修缮工程以定额基价人工费为计算基础。

2）轨道交通工程中：机械土石方工程、地上工程、地下工程、盾构工程、轨道工程以定额基价直接工程费为计算基础，人工土石方工程、通信信号工程、智能与控制工程、供电工程、机电设备工程以定额基价人工费为计算基础。

3）本表所列费用标准是按施工企业编制完成三套建设工程竣工档案制定的，若建设单位要求增加套数时，每增加一套费用标准上浮 10%。

第八节　总承包单位和分包单位的资料管理规定

施工单位在建设工程档案形成过程中，负责工程承包范围内的施工文件的形成、积累和立卷归档工作，负责工程竣工图的编制工作。施工单位应加强建设工程档案人员的配备和管理，未经建设工程档案知识培训并取得档案员证的人员不得上岗工作。建设工程项目实行总承包的，总承包单位和分包单位的资料管理规定如下：

（1）施工总承包单位与分包单位各自负责施工范围之内文件材料分类组卷。施工总承包单位对分包单位的档案应该进行检查指导，一是进度情况，二是质量情况。

（2）建设工程项目实行总承包的，总承包单位负责收集、汇总各分包单位形成的建设工程档案，并应及时向建设单位移交；各分包单位应将本单位形成的工程文件整理、立卷后及时移交总包单位。建设工程项目由几个单位承包的，各承包单位负责收集、整理、立卷其承包项目的工程文件，并应及时向建设单位移交，各承包单位应保证归档文件的完整、准确、系统，能够全面地反映工程建设活动的全过程。

第九节　城建档案基础知识

一、城建档案的概念、特点及作用

1. 城建档案的概念

随着经济社会的发展，城建档案也由当初单一的城市建设档案，扩展为“城乡建设档案”，为便于称呼需要和统一，还是简称“城建档案”，只不过现在的城建档案，涵盖了城乡建设的范畴。根据《重庆市城乡建设档案管理办法》（市政府令　第240号）的规定，城乡建设档案，是指过去和现在城乡规划、建设、管理活动中直接形成的对国家和社会具有保存价值的文字、图纸、图表、声像、电子文件等不同形式的历史记录。城建档案定义包含的内容如下：

（1）明确提出了城建档案产生的专业范围和性质。

城建档案包括了城乡规划工作、建设工作、管理工作所进行的活动形成的文件材料、声像资料等，不是有些同志理解的城建档案就是工程档案。例如，一个建设项目在进行施工前，产生了大量的前期文件，在一些项目竣工之后要对其进行管理，要进行维修所形成的文件材料，也属于城建档案的范围。

（2）“直接形成的”是城建档案最重要的特征。

一是随着城乡建设的进展和工程项目进展，要同步形成相应的文件材料或档案，绝不能某个项目或某段工序完成了很久，靠回忆来形成档案，只有这样才能确保城建档案的准确无误。二是所有的文件资料，必须是规划、建设、管理活动记录和第一手资料，而不是事后另行编写、复制间接的第二手、第三手资料。三是所有需要签署、签字的文件材料，都必须在该项活动完成以后，及时工整齐全地完成签署、签字，不能用盖私章或其他人来代替签字。

（3）城建档案产生的地域范围。

城建档案产生的地域范围是行政辖区，而不是规划区。规划区是一个动态的区域，随着经济的发展不同时期具有不同的规划区范围，城建档案是历史记录，不仅要反映今天的活动，更重要的是记录城乡建设的历史，即城乡建筑物的现状。

（4）城建档案的归档原则。

城建档案的归档原则是“对国家和社会具有保存价值”的文件材料。从两点把握，一是通常现行要求归档的文件材料，都视为对国家和社会具有保存价值，必须进行归档。二是有的文件材料，是在特殊的活动中形成的，对今后使用有重要意义和作用，虽然规定中没有要求归档，但也必须归档。

（5）城建档案的载体组成。

城建档案由多种载体组成，包括文字、图纸、图表、声像、电子光盘等。

2. 城建档案的特点

（1）综合性和整体性。

1）综合性和整体性强。城市是一个多功能、多层次、多系统的综合体，相互紧密联系、相互关联，又独立地发挥其功能。因此，城建档案具有涉及面广、服务面宽、内容庞大、综合性和整体性强的特点。

2）全面反映城乡建设的情况。城乡建设活动的专业多、建设周期长、程序严格，城建档案将不同阶段、不同时间、不同专业所形成的文件材料综合在一起，全面地反映建设活动。

3）综合反映经济发展与城乡建设的相互关系。城乡建设与经济发展紧密联系，当整个社会经济发展快，城乡建设发展步伐也加快，使城市的功能适应经济发展需要，促进经济发展。城建档案综合反映经济发展与城乡建设的相互关系。

4）反映城市研究的全过程。城市建设的科研本身是城建档案的一部分，在推广应用阶段也在相应的城建档案中归档。

（2）成套性。

建设工程项目，不管建设工程的周期多长，参加建设的单位和部门多少，既不按某一个时间归档，又不能按参加建设的单位各自归档，而是按一个独立的工程项目（包括子工程）由建设单位（发包单位、业主）统一归档，按规定移交档案。这样能完整系统地反映工程的运动过程和运动情况，揭示事物的木来面貌。

（3）专业性。

城建档案的专业性特别强，形成领域广泛，涉及专业繁多。它是科技档案的一部分。它以城市为单位，产生于千家万户，特别是专业管理单位，各具特色，家家不同，也有不少独家独户，如城市规划、勘察、测绘、土地、环保、地名、人防等；在内容性质方面，有的专业涉及三十多个，如规划、国土、地质、测绘、房地产、园林、地名、人防、环境、交通、水利、电信。而城建档案不仅形成单位广泛，且所产生的档案内容种类也极其繁多，因此，就需要研究其科学管理、开发利用的一系列方面的专业特性。

（4）动态性。

城建档案要随着城乡建设、管理、维修、改建等进行，及时进行跟踪修改、补充、反映变化情况，使之准确地反映建构物，城市公用设施内部结构、外部状态及使用情况、规模大小的变化，保证城建档案与实体一致。

（5）权威性。

城建档案是城市管理活动中直接形成的原始记录，这些记录经各有关人员签字认可，具有及时性和真实性，是一个工程建设的权威性法律凭证。一个建设工程项目在鉴别工程质量优劣，是否符合有关要求时，除查看工程实体外，最主要是看有关的城建档案，查阅城建档案的原始记录，对工程质量做出评价。另外，城建档案也是保证各有关方面经济效益的主要依据，是做工程结算的基础，避免不必要的纠纷，从而保证有关方面的经济效益。所以城建档案的权威性主要体现在它的凭证作用较其他记录更真实可靠。

3. 城建档案的作用

城建档案是随着城市建设逐步形成和积累的，它是城市建设的真实反映和劳动成果，既可以总结以往城市建设的经验与教训，又可以科学指导城市建设，是城市建设的宝贵财富和珍贵的技术资源，我们可以从以下几个方面来认识城建档案的作用。

（1）城建档案是工程施工过程的历史记录。

在城市建设工程项目施工过程中，随工程进度同步形成的文件，它记录了当时施工情况和经过有关方面的实际测试数据，并经过有关人员签字认可。这些技术、经济文件材料不仅反映了有关单位的技术水平和管理水平，而且是保证各有关方面经济效益的依据。文件材料经各有关人员签字认可，不仅是对工程质量的认可，也是做工程结算的基础，使之做出符合实际情况的结算，避免不必要的纠纷，从而保证有关方面的经济效益。

（2）城建档案是工程质量终身负责制的依据。

城建档案是在工程质量终身负责制中，唯一最具权威的依据。可以利用城建档案分析造成事故的原因和相互的责任，分析造成危害的程度，以及制定抢修、维修和弥补的方案。

（3）城建档案是城乡建设的经验积累和技术储备。

建设活动最终向社会提供两种形式的产品，一是建筑实体产品，二是书面的技术产品（城建档案）。两种形式不同，但是反映同一种事物。城建档案是建设活动的直接和真实的反映，记录了建设活动的过程和成果，记载了城乡建设的思想、技术、经验，所以，自然起到了经验和技术储备的作用。

（4）城建档案是城市规划、建设和管理工作的基础。

《中华人民共和国城乡规划法》明确规定：城乡规划的编制，应当依据国民经济和社会发展计划以及当地的自然环境、资源条件、历史情况、现状特点统筹、综合布置。这些内容都是来自城建档案。同时城市立体化程度越来越高，空间利用矛盾越来越大，要保证城市的各种设计正常使用，必须查阅工程范围内地上、地下建（构）筑物情况。必须要加强城市的科学管理，城建档案是城市建设科学技术资源，反映城市建设和发展的情况，是城市建设和管理的重要依据。

（5）城建档案是建（构）筑物维修、改建、扩建的依据。

随着使用时间的推移，根据使用的需要，功能规格发生变化，必须要对建（构）筑物进行维修、改建、扩建。充分利用原有建（构）筑物的档案，充分考虑和了解建（构）筑物的现有情况，拟定正确维修、改建、扩建方案，可以获得非常好的效益，节约投资。

（6）城建档案是城市防灾、抗灾、减灾和战争破坏后恢复重建的重要依据。

任何一场大的灾害，除了人员的伤亡，就是建（构）筑物的损坏。要进行灾后重建，要对建（构）筑物进行排险、抢修，恢复城市的功能，都必须利用原有的城建档案。此外，在战争情况下，城建档案的作用更为重要，把城市中重要的、具有全局意义的城建档案集中到档案馆保存，当发生战争或出现意外的重大灾害时，将发挥其不可替代的作用。

（7）城建档案是征用土地、房地产产权、产籍的法律依据。城市的建设过程，都会形成土地征用、工程各种审批文件、建筑执照、产权所有证等档案，它是城市房地产管理的历史凭证，是解决产权纠纷的法律依据。随着房屋的商品化，这部分城建档案，在开发和流通领域的法律依据作用，将越来越充分地显示出来。

（8）城建档案是城市科学研究的重要资源。

城市科学是以城市为研究对象的诸多学科组成的学科群体的总称，是自然科学和社会科学的有机结合。它以城市为对象，从各个不同的角度对城市进行观察、分析、研究，从而掌握城市的发展规律，推进城市现代化进程。城建档案是规划、建设、管理的信息结合，是城乡发展过程的真实反映，它既有城市某些项目建设信息，又有整个城市的宏观发展信息。城建档案是重要的城市科技信息资源，它的作用不仅仅限于城市建设方面，在政治、历史、城市科学研究方面也都发挥着重要的作用。随着城市化进程的加快和城市现代水平的提高，城建档案将显得越来越重要。

总之，城建档案在城市建设中的诸多方面，发挥着不可替代的作用。在充分认识城建档案作用的基础上，我们应立足城建档案信息资源的综合开发和利用，使这部分档案更好地发挥自身的作用。

二、城建档案范围的不同角度划分

城建档案的范围是由城建档案定义的外延所决定的。根据城建档案的定义，在城乡规划、建设和管理工作中形成的各种业务和专业技术档案都属于城建档案。因此，城建档案的内容范围比较广泛，可从以下不同角度进行划分。

1. 从城建档案的来源，即城建档案形成单位的性质分

（1）党政机关建筑档案；

（2）学校建筑档案；

（3）医院建筑档案；

（4）商业建筑档案；

（5）住宅建筑档案；

（6）工矿企业建筑档案等。

2. 从城建档案的内容分

（1）建筑工程档案；

（2）市政基础设施工程档案；

（3）公用基础设施工程档案；

（4）交通基础设施工程档案；

（5）园林建设档案；

（6）风景名胜建设工程档案；

（7）市容环境卫生设施档案；

（8）城市防洪、抗震、人防工程档案；

（9）城乡规划档案；

（10）城市勘测档案；

（11）房屋拆迁管理档案；

（12）勘察设计管理档案；

（13）施工管理档案；

（14）竣工验收管理档案；

（15）房地产管理档案；

（16）园林绿化管理档案；

（17）环境保护管理档案等。

3. 从城建档案的形成时间分

（1）古代城建档案；

（2）近代城建档案；

（3）现代城建档案等。

4. 从城建档案的所有权分

（1）国家所有；

（2）集体所有；

（3）个人所有等。

5. 从城建档案的载体形式分

（1）纸质档案；

（2）胶片档案；

（3）磁带档案；

（4）光盘档案；

（5）缩微档案；

（6）电子档案；

（7）实物档案等。

三、城建档案的主要种类

城建档案包括建设工程档案、业务管理和业务技术档案、基础资料档案，具体包括以下几个方面：

1. 建设工程档案

建设工程档案是在工程建设活动中形成的具有保存价值的文字、图纸、图表、声像、电子文件、实物等各种形式和载体的历史记录。建设工程档案是城建档案的核心和主体，在整个城建档案中量大面广。主要有以下几个方面：

（1）工业、民用建筑工程档案；

（2）市政基础设施工程（含公用基础设施、园林和风景名胜、市容环境卫生设施等建设工程）档案；

（3）交通基础设施工程档案；

（4）抗震、民防、城市防洪工程档案；

（5）地下管线工程档案；

（6）军事工程档案资料中，除军事禁区和军事管理区以外的穿越市区的地下管线走向和有关隐蔽工程的位置图；

（7）国家和本市规定的其他应当归档的建设工程档案。

建设工程档案形成于一个建设工程项目的全过程，它的内容可以归纳为以下5个方面：工程准备阶段文件、监理文件、施工文件、竣工图和竣工验收文件。

2. 城乡规划档案

城乡规划是一定时期内城乡建设发展的总计划，是城乡建设工程设计和城乡建设管理的依据。城乡规划，包括城镇体系规划、城市规划、乡镇规划和村庄规划。城市规划、乡镇规划分为总体规划和详细规划。详细规划分为控制性详细规划和修建性详细规划。大、中城市根据需要可以在总体规划的基础上编制分区规划。

城乡规划档案一般包括城市（乡镇）总体规划档案、城市分区规划档案、城市（乡镇）详细规划档案、乡镇和村庄规划档案、城乡规划基础资料等几类。

（1）城市（乡镇）总体规划档案。

总体规划是城乡建设发展的总蓝图，是城市、乡镇宏观管理的主要依据。总体规划的规划期限一般为20年。

凡在总体规划过程中形成的，并作为历史记录保存下来的总体规划文件材料，称为城市总体规划档案，其内容主要有：

1）总体规划文本；

2）总体规划说明；

3）总体规划基础资料；

4）总体规划批复文件；

5）总体规划附图。

（2）分区规划档案。

分区规划是指在城市总体规划的基础上，对局部地区的土地利用、人口分布、公共设施、城市基础设施的配置等方面所做的进一步安排。编制分区规划的主要任务是：在总体规划的基础上，对城市土地利用、人口分布和公共设计、城市基础设施的配置做出进一步的安排，以便于详细规划更好地衔接。

分区规划的规划期限应和总体规划一致。

凡在城市分区规划过程中形成的，并作为历史记录保存下来的城市分区规划文件材料，称为城市分区规划档案，其内容主要有：

1）城市分区规划文本；

2）城市分区规划说明；

3）城市分区规划基础资料；

4）城市分区规划批复文件；

5）城市分区规划附图。

（3）城市（乡镇）详细规划档案。

详细规划是在城市总体规划的基础上，依据总体规划所确定的原则，对需要进行开发建设地区的土地使用性质、开发强度、基础设施建设、历史文化保护等作出具体规定。详细规划分为控制性详细规划和修建性详细规划。

凡在详细规划过程中形成的，并作为历史记录保存下来的详细规划文件材料，称为详细规划档案，其内容主要有：

1）详细规划文本；

2）详细规划说明；

3）详细规划基础资料；

4）详细规划批复文件；

5）详细规划附图。

（4）乡镇和村庄规划档案。

乡镇规划、村庄规划，是由乡、镇人民政府从农村实际出发，尊重村民意愿，组织编制的体现地方和农村特色的建设规划。凡在乡镇和村庄规划过程中形成的，并作为历史记录保存下来的乡镇和村庄规划文件材料，均称为乡镇和村庄规划档案，其内容主要有：

1）乡镇和村庄规划文本；

2）乡镇和村庄规划说明；

3）乡镇和村庄规划基础资料；

4）乡镇和村庄规划批复文件；

5）乡镇和村庄规划附图。

（5）城乡规划基础资料。

根据《中华人民共和国城乡规划法》规定，编制城乡规划，应当具备国家规定的勘察、测绘、气象、地震、水文、环境等基础资料。为了使城乡规划能够满足城乡建设发展的需要，使规划内容具有较高的科学性和现实性，在编制规划前要对城市或区域的自然、社会和现实条件等方面的资料进行收集、整理和综合分析，以便全面了解、掌握城市或区域的基础情况和发展条件，为规划编制提供科学的依据。城乡规划基础资料是城建档案的重要补充，主要包括城市历史沿革、经济、人口、资源、地形、地质、地震、水文、地名等方面的历史、现状、统计材料。

3. 城市勘测档案

城市勘测档案是对城市范围内的地质、地物、地貌进行勘察测量中形成的文件材料，是进行城市规划、建设和管理的重要依据。城市勘测档案包括城市勘察和城市测绘两大部分。勘测档案是城市建设规划、工程设计和施工的基本前提和规划、工程设计和施工的基本前提和依据。勘察档案又包括工程地质勘察和水文地质勘察档案两种。

（1）工程地质勘察档案。

工程地质勘察是为研究、评价建设场地的工程地质条件所进行的地质勘探、室内实验、原位测试等工作的统称，为工程建设的规划、设计、施工提供必要的依据及参数。工程地质条件通常是指建设场地的地形、地貌、地质构造、地层岩性、不良地质现象以及水文地质条件等。

按工程建设的阶段，工程地质勘察一般分为规划选点至选址的工程地质勘察、初步设计工程地质勘察和施工图设计工程地质勘察。

凡在工程地质勘察过程中形成的，并作为历史记录保存下来的工程勘察文件材料，均称为工程地质勘察档案，其内容主要有：

1）工程地质勘察任务书、委托书及批复文件；

2）地质勘察方案或工作计划、重要会议记录、纪要；

3）地质勘察协议书、合同；

4）地质调查材料；

5）地质勘察成果的分析、研究、评价材料；

6）地质勘察成果鉴定、验收材料；

7）地质勘探分区图；

8）工程地质图；

9）地质测绘、勘探、室内土工试验、水分析和现场测试等原始材料；

10）不良地质现象整治工程方案；

11）地质勘察成果及原始材料。

（2）水文地质勘察档案。

水文地质勘察是为了查明水文地质条件、开发利用地下水资源或其他专门目的，运用各种勘探手段而进行的水文地质工作。根据目的、任务、要求和比例尺的不同，水文地质勘察可分为综合性的水文地质普查和专门性的水文地质勘探两类。水文地质勘察一般分为初步勘察和详细勘察两个阶段。

凡在水文地质勘察过程中形成的，并作为历史记录保存下来的水文勘察文件材料，均称为水文地质勘察档案，其内容主要有：

1）水文地质勘察计划任务书及各项决策材料；

2）水文地质调查材料；

3）水文地质勘察规划、方案；

4）水文地质测绘材料；

5）水文地质试验材料；

6）地下水资源评价材料；

7）水文地质勘察成果及原始材料；

8）地下水动态长期观测资料；

9）水文地质勘察成果的分析、研究、评价材料；

10）水文地质勘察成果鉴定、验收材料。

（3）城市测绘档案。

城市测绘的主要任务是为城市建设、规划及其管理提供各种基础测绘资料。城市测绘分为控制测量、地形测量和工程测量3部分。城市测绘工程贯穿于城市规划、设计、施工、竣工的全过程，是城市建设的重要基础工作。城市测绘工作各个阶段形成的，并作为历史记录保存下来的城市测绘文件材料，称为城市测绘档案，其内容主要有：

1）测绘项目计划任务书与批复文件；

2）测绘项目方案、计划；

3）测绘项目委托书、协议书、合同；

4）控制测量形成的文件材料；

5）地形测量形成的文件材料；

6）工程测量形成的文件材料；

7）城市测绘成果的分析、研究、评价材料；

8）城市测绘成果鉴定、验收材料；

9）有关城市测绘方面的总结、会议纪要等。

4. 城市建设管理档案

（1）建设项目规划管理档案。

城市规划管理是城市人民政府对城市各项土地利用和建设活动进行控制、引导，它是城市规划实施的关键。城市规划管理的主要内容包括核发《建设项目选址意见书》《建设用地规划许可证》《建设工程规划许可证》、监督检查、建设工程竣工验收和规划核实确认等。

建设项目规划管理档案是城市规划部门实施城乡规划管理过程中产生的文件材料的总和。城乡规划管理档案主要分以下几个方面。

1）建设项目选址规划管理档案。

《城乡规划法》规定，按照国家规定需要有关部门批准或者核准的建设项目，以划拨方式提供国有土地使用权的，建设单位在报送有关部门批准或者核准前，应当向城乡规划主管部门申请核发《建设项目选址意见书》。城乡规划主管部门在进行核发《建设项目选址意见书》过程中形成的需要归档保存的文件材料，称为建设项目选址规划管理档案。主要内容有：

①建设项目报建申请表；

②申请选址说明报告；

③现势性地形图（含规划道路红线、地下管线和测量标志等）；

④审批类项目的建设项目的建议书批复、核准类项目的同意开展前期准备工作的意见、备案文件；

⑤如涉及文物古迹、风景园林、河道等方面的项目附文管、园林绿化、河道管理等部门书面意见；

⑥《建设项目选址意见书》；

⑦规划条件；

⑧选址红线图。

2）建设用地规划管理档案。

建设用地规划管理是城市规划主管部门依据城市规划确定用地面积和范围、提出土地使用规划要求，并核发《建设用地规划许可证》的行政管理工作。

《城乡规划法》规定，在城市、乡镇规划区内以划拨方式提供国有土地使用权的建设项目，经有关部门批准、核准、备案后，建设单位应当向城市、县人民政府城乡规划主管部门提出建设用地规划许可申请，由城市、县人民政府城乡规划主管部门依据控制性详细规划核定建设用地的位置、面积、允许建设的范围，核发《建设用地规划许可证》。以出让方式取得国有土地使用权的建设项目，在签订国有土地使用权出让合同后，建设单位应当持建设项目的批准、核准、备案文件和国有土地使用权出让合同，向城市、县人民政府城乡规划主管部门领取《建设用地规划许可证》。

城乡规划主管部门在进行核发《建设用地规划许可证》过程中形成的需要归档保存的文件材料，称为建设用地规划管理档案。主要内容有：

①建设项目报建申请表；

②项目批准（核准、备案）文件；

③环境影响评价的审批意见；

④《建设项目选址意见书》附图及规划条件（以划拨方式供地的项目）；

⑤国有土地使用权出让合同及规划文件（以出让方式供地的项目）；

⑥《建设用地规划许可证》；

⑦规划条件；

⑧规划用地红线图。

3）建设工程规划管理档案。

《城乡规划法》规定，在城市、乡镇规划区内进行建筑物、构筑物、道路、管线和其他工程建设的，建设单位或者个人应当向城市、县人民政府城乡规划主管部门或者省、自治区、直辖市人民政府确定的乡镇人民政府申请办理《建设工程规划许可证》。

申请办理《建设工程规划许可证》，应当提交使用土地的有关证明文件、建设工程设计方案等材料。需要建设单位编制修建性详细规划的建设项目，还应当提交修建性详细规划。对符合控制性详细规划条件的，由城市、县人民政府城乡规划主管部门或者省、自治区、直辖市人民政府确定的乡镇人民政府核发《建设工程规划许可证》。

城乡规划主管部门在核发《建设工程规划许可证》过程中形成的需要归档保存的文件材料，称为建设工程规划管理档案。主要内容有：

①建设项目报建申请表；

②《建设工程技术审查意见书》；

③《国有土地使用权证》或《建设用地规划许可证》；

④建设项目批准、核准、备案文件；

⑤方案审定意见书中要求的其他文件；

⑥《民用建筑设计方案建筑节能审查回复意见书》；

⑦规划放线成果及附图；

⑧《建设工程规划许可证》及附图；

⑨建筑施工图。

4）城乡规划监督检查档案。

《城乡规划法》规定，县级以上人民政府及其城乡规划主管部门应当加强对城乡规划编制、审批、实施、修改的监督检查。

城乡规划主管部门在进行监督检查过程中形成的需要归档保存的文件材料，称为城市规划监督检查档案。主要内容有：监督检查档案和查处违章建筑档案等。

5）建设工程竣工规划核实档案。

《城乡规划法》规定，县级以上地方人民政府城乡规划主管部门按照国务院规定对建设工程是否符合规划条件予以核实。未经核实或者经核实不符合规划条件的，建设单位不得组织竣工验收。

城乡规划主管部门在进行建设工程规划验收过程中形成的需要归档保存的文件材料，称为建设工程规划验收档案。主要内容有：

①《建设工程规划核实确认书申请表》；

②建设工程竣工测量报告及竣工测量图；

③《建设工程规划许可证》；

④《绿地指标踏勘审查意见书》；

⑤《建设工程竣工规划核实确认书》。

（2）房地产管理档案。

建设行政管理部门负责房地产开发、经营、交易活动的监督管理和房地产权属登记管理工作。房地产业管理档案就是建设行政主管部门对房地产开发、经营、交易活动的监督管理和房地产权属登记管理工作过程中形成的文件材料的总称。它主要包括：

1）房地产开发管理档案，包括房地产企业资质、房地产建设、房地产交付使用备案等档案。

2）房地产经营管理档案，包括房地产开发项目转让、商品房预售、商品房销售、房地产销售价格等档案。

3）房地产交易档案，包括房地产转让、房屋租赁、房地产抵押、房地产中介服务等档案。

4）房地产权属档案，包括房地产权属登记、调查、测绘、权属转移、变更等档案。

5）物业管理档案，包括物业公司资质、物业管理招标、房屋维修资金使用等档案。

6）房屋安全管理档案，包括房屋安全鉴定、白蚁防治等档案。

（3）房屋征收补偿档案。

市、县级人民政府负责本行政区域的房屋征收与补偿工作。市、县级人民政府确定的房屋征收部门组织实施本行政区域的房屋征收与补偿工作。房屋征收部门应当依法建立房屋征收补偿档案。

房屋征收补偿档案就是房屋征收部门在组织实施房屋征收与补偿工作中形成的应该归档的文件材料。主要内容有：

1）房屋征收补偿综合文件材料，包括房屋征收决定形成的文件和房屋征收补偿形成的文件；

2）被征收人补偿安置文件材料。

（4）建设工程勘察、设计管理档案。

勘察、设计管理是指建设行政主管部门为保证勘察、设计的质量，保护人民生命、财产安全，依据有关法律法规对勘察设计活动进行指导、监督、规范化管理的过程。

勘察、设计管理档案是指在该活动过程中产生的应该归档的文件材料的总称。勘察、设计管理档案，主要包括：

1）勘察、设计资质资格管理档案。

①单位资质管理档案。国家对从事建设工程勘察、设计活动的单位，实行资质管理制度。建设工程勘察、设计只有在获得相应的资质等级后，才能够在资质证书规定的业务范围内从事相应的勘察、设计业务。为此，建设行政主管部门必须加强对勘察、设计单位资质的动态管理，实行资质年度检查制度并公布检查结果。

单位资质管理档案，就是建设行政主管部门对勘察、设计单位在资质申请、审批、年检、监督管理过程中形成的应该归档的文件材料。

②人员资格管理档案。国家对从事建设工程勘察、设计活动的专业技术人员，实行执业资格注册管理制度、个人执业资格准入管理、人员资格动态管理制度。如注册建筑师等。

人员资格档案，就是建设行政主管部门对建设工程勘察、设计人员在考试、注册、执业、动态管理、备案过程中形成的应该归档的文件材料。

2）勘察、设计文件审查档案。

建设行政主管部门或委托的勘察、设计文件审查机构应当对勘察、设计文件中涉及公共利益、公众安全、工程建设强制性标准的内容进行审查。施工图设计文件未经审查批准的，不得使用。

勘察、设计文件审查档案，就是建设行政主管部门或勘察、设计审查机构在审查工程勘察、设计文件过程中形成的应该归档的文件材料。包括勘察设计文件审批、初设图设计文件审查、施工图设计文件审查备案等。

3）勘察设计行政执法档案。

勘察设计单位和个人违反有关法律法规，由建设行政主管部门依据法定职权进行行政执法处理。

勘察设计行政执法档案就是建设行政主管部门在进行行政执法过程中形成的应该归档的文件材料。

（5）工程建设管理档案。

1）施工许可证档案。

工程开工前，建设单位应当按照国家有关规定向工程所在地建设行政主管部门申请领取《施工许可证》。建设行政主管部门应当在规定期限内，对符合条件的申请单位颁发《施工许可证》。

施工许可证档案，就是建设行政主管部门在审核发放《施工许可证》过程中形成的应该归档的文件材料。主要内容包括建设用地批准文件、建设工程规划审批文件、拆迁文件、工程承包发包合同、施工图审查文件、施工许可证申请和批准文件等。

2）工程招标投标管理档案。

工程项目的勘察、设计、施工、监理、材料设备供应等任务和工程总承包，必须按照国家和省有关规定进行招标投标。招标投标接受建设行政主管部门的统一归口管理和监督。

工程招标投标管理档案，就是建设行政主管部门在归口管理和监督工程项目招标投标过程中形成的应该归档的文件材料。包括招标代理机构资格管理、工程项目招标投标管理、建设工程合同等。

3）工程质量监督管理档案。

国家实行建设工程质量监督管理制度。建设行政主管部门对建设工程质量实行统一监督管理。建设行政主管部门可以委托建设工程质量监督机构具体实施建设工程质量监督管理。

工程质量监督管理档案，就是建设行政主管部门或建设工程质量监督机构在建设工程质量监督管理过程中形成的应该归档的文件材料。

4）工程安全生产管理档案。

建设行政主管部门对全国建设工程安全生产实施监督管理。在审查发放《施工许可证》时，应当对建设工程是否具有安全条件进行审查。建设行政主管部门可委托建设工程安全监督机构采取措施具体实施安全监督检查。

工程安全生产管理档案，就是建设行政主管部门或建设工程安全监督机构在进行安全审查、监督检查过程中形成的应该归档的文件材料。主要包括施工企业安全生产许可管理、施工措施审查、安全监督检查、安全事故应急救援和调查处理等。

5）工程竣工验收备案档案。

建设行政主管部门负责建设工程的竣工验收备案工作。建设单位应当自工程竣工验收合格之日起 15 日内，依据有关规定，向工程所在地建设行政主管部门申请备案。

工程竣工验收备案档案，就是建设行政主管部门在办理工程竣工验收备案过程中形成的应该归档的文件材料。主要包括《工程竣工验收备案表》《工程竣工验收报告》，规划、环保、消防、档案、防雷、节能等部门出具的认可文件或者准许使用文件，施工单位签署的《工程质量保修书》以及法律、法规规定的其他文件资料。

5. 园林绿化、名胜古迹档案

城市园林绿化是城市建设的一个重要组成部分，它主要包括公园、植物园、动物园、游乐园、街心花园、行道树、苗圃、绿化隔离带、防风林等。

名胜古迹就是指自然景观、人文景观和古代、近代遗迹的著名地方，包括名胜古迹、名人故居、纪念性建筑等。名胜古迹是我国悠久历史的见证，也是珍贵的文化遗产。

园林绿化、名胜古迹档案主要包括以下方面：

1）各类绿地的保护与管理档案；

2）各种公园的保护与管理档案；

3）树木管理和古树名木保护与管理档案；

4）风景名胜区保护和管理档案；

5）历史古迹、名人故居保护与管理档案；

6）绿化、风景名胜区等规划档案。

6. 城市抗震防灾档案

城市抗震防灾档案是指城市抗震防灾主管部门在抗震、人防、防洪、防汛等规划、建设和管理工作中形成的应该归档的文件材料的总称，主要包括以下几个方面：

1）建设工程抗震设计审查档案；

2）重大建设工程场地地震安全性评价核准档案；

3）城市人防、应急避难场所工程档案；

4）城市防洪、防汛工程档案；

5）城市抗震防灾历史资料；

6）城市抗震、人防、防洪防汛规划档案；

7）建设工程抗震鉴定与加固档案。

7. 城市市容和环境卫生管理档案

（1）城市市容管理档案。

城市市容管理是城市管理的重要组成部分。城市市容管理档案是市容管理部门在对城市市容市貌管理过程中形成的应该归档的文件材料。主要包括以下部分：

1）城市建筑物和设施管理档案，包括城市各种建筑物、城市基础设施、公共设施等的新建、改建、装修等审批、管理，各种基础设施的养护等；

2）城市户外广告管理档案，包括广告设置、审批、维护和管理等；

3）车辆停放管理档案，包括停车场、车辆清洗站、车辆占道等审批、管理。

（2）城市环境卫生管理档案。

城市环境卫生管理档案，是城市环境卫生管理部门在对城市环境卫生管理过程中形成的应该归档的文件材料。主要包括以下部分：

1）生活废弃物处理；

2）建筑垃圾管理；

3）环境卫生设施管理。

8. 基础资料档案

基础资料档案包括有关城乡规划、建设、管理的政策、法规、科学研究成果和城市历史、自然、人文、经济等方面的基础资料。

第十节　施工组织设计基本知识

一、建设工程施工组织设计的分类

施工组织设计是以施工项目为对象进行编制，用以指导其建设全过程各项施工活动的技术、经济、组织、协调和控制的综合性文件。它是根据承包组织的需要编制的技术和经济相结合的文件，既解决技术问题又考虑经济效果。各种类型施工组织设计的内容是根据建设工程的范围、施工条件及工程特点和要求来确定的。

施工组织设计按编制对象，可分为施工组织总设计、单位工程施工组织设计和施工方案。

二、施工组织设计的编制依据与基本内容

1. 施工组织设计的编制依据

1）与工程建设有关的法律、法规和文件；

2）国家现行有关标准和技术经济指标（其中技术经济指标主要指各地方的建筑工程概预算定额和相关规定。虽然建筑行业目前使用了清单计价的方法，但是各地方制定的概预算定额在造价控制、材料和劳动力消耗等方面仍起一定的指导作用）；

3）工程所在地区行政主管部门的批准文件，建设单位对施工的要求；

4）工程施工合同和招标投标文件；

5）工程设计文件；

6）工程施工范围内的现场条件、工程地质及水文地质、气象等自然条件；

7）与工程有关的资源供应情况；

8）施工企业的生产能力、机具设备状况、技术水平等。

2. 施工组织设计的基本内容

（1）施工组织设计的基本内容。

施工组织设计应包括编制依据、工程概况、施工部署、施工进度计划、施工准备与资源配置计划、主要施工方法、施工现场平面布置及主要施工管理计划等基本内容。

1）工程概况包括：

①本项目的性质、规模、建设地点、结构特点、建设期限、分批交付使用的条件、合同条件；

②本地区地形、地质、水文和气象情况；

③施工力量、劳动力、机具、材料、构件等资源供应情况；

④施工环境及施工条件等。

2）施工部署及施工方案包括：

①根据工程情况，结合人力、材料、机械设备、资金、施工方法等条件，全面部署施工任务，合理安排施工顺序，确定主要工程的施工方案；

②对拟建工程可能采用的几个施工方案进行定性、定量的分析，通过技术经济评价，选择最佳方案。

3）施工进度计划。

①施工进度计划反映了最佳施工方案在时间上的安排，采用计划的形式，使工期、成本、资源等方面通过计算和调整达到优化配置，符合项目目标的要求；

②使工序有序地进行，使工期、成本、资源等通过优化调整达到既定目标，在此基础上编

制相应的人力和时间安排计划、资源需求计划和施工准备计划。

4）施工平面图。

施工平面图是施工方案及施工进度计划在空间上的全面安排。它把投入的各种资源、材料、构件、机械、道路、水电供应网络、生产和生活活动场地及各种临时工程设施合理地布置在施工现场，使整个现场能有组织地进行文明施工。

5）主要技术经济指标。

技术经济指标用以衡量组织施工的水平，它是对施工组织设计文件的技术经济效益进行全面评价。*

（2）施工组织总设计的内容。

施工组织总设计即以若干单位工程组成的群体工程或特大型项目为主要对象编制的施工组织设计，对整个项目的施工过程起统筹规划、重点控制的作用。在我国，大型房屋建筑工程标准一般指：

1）25层以上的房屋建筑工程；

2）高度100 m及以上的构筑物或建筑物工程；

3）单体建筑面积3万m^2及以上的房屋建筑工程；

4）单跨跨度30 m及以上的房屋建筑工程；

5）建筑面积10万m^2及以上的住宅小区或建筑群体工程；

6）单项建安合同额1亿元及以上的房屋建筑工程。

但在实际操作中，具备上述规模的建筑工程很多只需编制单位工程施工组织设计，需要编制施工组织总设计的建筑工程，其规模应当超过上述大型建筑工程的标准，通常需要分期分批建设，可称为特大型项目。施工组织总设计的主要内容参考《建筑施工组织设计规范》（GB/T 50502—2009）：

1）工程概况；

2）总体施工部署；

3）施工总进度计划；

4）总体施工准备与主要资源配置计划；

5）主要施工方法；

6）施工总平面布置。

（3）单位工程施工组织设计的内容。

单位工程施工组织设计即以单位（子单位）工程为主要对象编制的施工组织设计，对单位（子单位）工程的施工过程起指导和制约作用。单位工程和子单位工程的划分原则，在《建筑工程施工质量验收统一标准》（GB 50300—2013）中已经明确。需要说明的是，对于已经编制了施工组织总设计的项目，单位工程施工组织设计应是施工组织总设计的进一步具体化，直接指导单位工程的施工管理和技术经济活动。单位工程施工组织设计的主要内容参考《建筑施工

---

* 参考宁仁岐，郑传明主编. 土木工程施工. 北京：中国建筑工业出版社，2006.

组织设计规范》(GB/T 50502—2009):

1)工程概况;

2)施工部署;

3)施工进度计划;

4)施工准备与资源配置计划;

5)主要施工方案;

6)施工现场平面布置。

(4)施工方案的内容。

施工方案即以分部(分项)工程或专项工程为主要对象编制的施工技术与组织方案,用以具体指导其施工过程。施工方案在某些时候也被称为分部(分项)工程或专项工程施工组织设计,但考虑通常情况下施工方案是施工组织设计的进一步细化,是施工组织设计的补充,施工组织设计的某些内容在施工方案中无须赘述,因而《建筑施工组织设计规范》(GB/T 50502—2009)将其定义为施工方案。在该规范中规定施工方案的主要内容如下:

1)工程概况;

2)施工安排;

3)施工进度计划;

4)施工准备与资源配置计划;

5)施工方法及工艺要求。

(5)施工管理规划。

《建筑施工组织设计规范》(GB/T 50502—2009)对施工管理规划做了以下一些解释和规定。施工管理计划应包括进度管理计划、质量管理计划、安全管理计划、环境管理计划、成本管理计划以及其他管理计划等内容。施工管理计划在目前多作为管理和技术措施编制在施工组织设计中,这是施工组织设计必不可少的内容。施工管理计划涵盖很多方面的内容,可根据工程的具体情况加以取舍。在编制施工组织设计时,各项管理计划可单独成章,也可穿插在施工组织设计的相应章节中。各项管理计划的制订,应根据项目的特点有所侧重。

3. 施工组织设计编制及审批要求

(1)施工组织设计应由项目负责人主持编制,可根据需要分阶段编制和审批。有些分期分批建设的项目跨越时间很长,还有些项目地基基础、主体结构、装修装饰和机电设备安装并不是由一个总承包单位完成,此外还有一些特殊情况的项目,在征得建设单位同意的情况下,施工单位可分阶段编制施工组织设计。

(2)施工组织总设计应由总承包单位技术负责人审批;单位工程施工组织设计应由施工单位技术负责人或技术负责人授权的技术人员审批,施工方案应由项目技术负责人审批;重点、难点分部(分项)工程和专项工程施工方案应由施工单位技术部门组织相关专家评审,施工单位技术负责人批准。

在《建设工程安全生产管理条例》(国务院　第393号令)中规定:对下列达到一定规模的危险性较大的分部(分项)工程编制专项施工方案,并附具安全验算结果,经施工单位技术负责人、总监理工程师签字后实施：

1）基坑支护与降水工程；

2）土方开挖工程；

3）模板工程；

4）起重吊装工程：

5）脚手架工程；

6）拆除爆破工程；

7）国务院建设行政主管部门或者其他有关部门规定的其他危险性较大的工程。

以上所列工程中涉及深基坑、地下暗挖工程、高大模板工程的专项施工方案，施工单位还应当组织专家进行论证、审查。除上述《建设工程安全生产管理条例》中规定的分部（分项）工程外，施工单位还应根据项目特点和地方政府部门有关规定，对具有一定规模的重点、难点分部（分项）工程进行相关论证。

(3) 由专业承包单位施工的分部（分项）工程或专项工程的施工方案，应由专业承包单位技术负责人或技术负责人授权的技术人员审批；有总承包单位时，应由总承包单位项目技术负责人核准备案。

(4) 规模较大的分部（分项）工程和专项工程的施工方案应按单位工程施工组织设计进行编制和审批。

有些分部（分项）工程或专项工程如主体结构为钢结构的大型建筑工程，其钢结构分部规模很大且在整个工程中占有重要的地位，需另行分包，遇有这种情况的分部（分项）工程或专项工程，其施工方案应按施工组织设计进行编制和审批。

第三章 文秘与公文写作

第一节 公文的写作基础知识

一、房地产公务文书概论

(一)公文的含义

公文是公务文书的简称,是文书中重要的一类。我国现存最早的公文是殷商时代的甲骨文卜辞。西周时期出现了"誓""诰""盟书""谱牒""政典"等公文形式。《尚书》是史存最早,较为系统、完整的公文典籍。《尚书》纂集了虞、夏、商、周 4 个朝代的公文,其体式又分为典、谟、训、诰、誓、命 6 种。典,"五帝之书也",即记录五帝时重大国事的文书;谟,"议谋也",即上层管理者的治世谋略记录;训,"说教也",即教诲性言辞;诰,"告也",即告白天下的训诫性文告;誓,"约束也",是一种誓众文告;命,"使也",也就是命令。秦汉时期产生了"制""诏""敕""策""章""奏""表""议"等。至唐宋后,又出现了"戕""符""露布""公移""判""国书""谕""疏""劄"等公文样式。明清公文在沿袭唐宋体制的基础上,又产生了"题本""奏本""照会""堂谕"等公文样式。

现代公文,主要指党政机关在实施领导和行政管理过程中形成的具有法定效力和规范体式的文书,是进行领导管理和公务活动的重要工具。也泛指各级各类机关、社会团体、企事业单位制定、使用的公务文书。《国家行政机关公文处理办法》(国发〔2000〕23 号)(以下简称《办法》)第一章总则指出:"行政机关的公文(包括电报,下同)是行政机关在行政管理过程中形成的具有法定效力和规范体式的文书,是依法行政和进行公务活动的重要工具。"其作用是制定与发布政策法令,传达方针政策与意图,部署、指导、商洽与报告工作,交流工作经验和情况,记录工作活动的书面文字工具。公文必须是在公务活动中形成并使用的文书,公文及其运行的全过程本身就是公务活动的一个组成部分。所有公务活动中形成的文字材料都可以叫公文。

(二)公文的特点

公文,是国家机关和企事业单位在行使法定职权,实施有效管理活动过程中形成的,是各级机关与企事业单位组织公务活动的重要工具。其特点如下:

1. 公文撰写者的法定性

公文的撰写者必须是法定的,是能以自己的名义行使职权和承担义务的机关、团体、企事业单位。这些机关或组织都是依据国家的法律和有关章程、条例建立起来的，是具有法定地位的。这种地位给予这些组织在法定的范围内行使制定和处理公文的权力。

2. 公文作用的法定权威性

公文具有代行法定职权的功能，对受文机关在法定的时间和空间范围内，代表制发机关的法定权威。这种法定的权威性，也称为法规的强制力，是必须强制执行的，违反则是要依照法律追究责任的。

3. 公文效用的现实性

公文主要在现行工作中使用，效用具有一定的时间性。公文的实效性是由文件制发机关的法定地位所赋予的。公文一般是为了现实的特定工作或完成特定的任务而形成，在现行工作中使用，为推动现实工作服务。

4. 公文体式的规范性

公文是定向行文，无论哪种公文都有特定的读者，并且在确定的范围内固定使用。这是区别于其他文章和图书资料的主要特点。为了维护公文的严肃性和权威性，公文的体式必须符合《办法》规定的体式，即规范体式。

5. 公文制作的程序性

公文从准备撰写到制作成文，都有严格的程序。公文的制发和办理必须经过规定的处理程序。如公文的制发，必须经过草拟→审核→签发的程序。经过机关领导人签发的文稿才能缮印、用印和传递。

（三）公文的作用

任何机关、企事业单位或部门要行使职能、处理日常工作事务、开展单位之间的联系，都离不开公文的拟制与处理。公文作为实施有效管理的重要工具，正确认识公文是使用好这一工具的重要前提。其作用主要体现在以下几个方面：

1. 公文具有领导与指导作用

党和国家的各级领导机关，通过公文传达贯彻党和国家的各项方针政策，颁发政令、法规，或者通过制发公文来部署各项工作，传达自己的意见和决策，对下级机关或部门的工作进行具体的领导和指导。如国家机关依法发布的命令（令）、决定、公告、通告、意见等，各种政令都是以文件的形式下发的。这些公务活动必须按照行政公文的规定开展，很多事情必须按行政公文规定的办法处理，具有领导与指导作用。

2. 公文具有公务规范和准绳作用

规范性公文，作为行政法规来使用的章程、条例、规定等，是一定范围内人们行为的规范和准则。公文具有行为规范作用，具有的强烈政治性与法定的权威性等特点，这些规范性公文一经发布，便成为全社会的行为规范，无论社会组织或个人都应当依照执行，不可违反。

3. 公文具有联系和传递信息作用

公务文书是信息的载体，也是传递信息的重要渠道。党和政府的决策、方针、设想和意图等，常常是通过公文的传递而取得的。它的上行、下行、平行，都是一种信息的传播。各级机关单位在处理日常事务工作中，经常要与上下左右的有关单位进行公务联系，公文往来则是机关单位之间协商和联系工作的一种手段。

4. 公文具有依据和凭证作用

公文是机关公务活动的文字记录。每一份文件都反映了制发机关的意图，受文机关可以将公文作为部署工作、解决问题的依据。有一些公文具有明显的记载作用，如会议纪要等。公文还是单位、团体履行职责、开展公务活动的真实记录。

5. 公文具有宣传和教育作用

大部分公文的文种具有宣传政策、指导工作、规范行为、沟通信息的作用，在传达贯彻党和国家的方针政策的同时要辅以必要的说明，即说明某种做法的理由或缘由，这就是公文宣传教育的效果。

（四）公文的种类

为了使各种公文都能有稳定的性质、特定的用途并使更多的人都能对这些性质和用途有准确的了解，以便于正确有效地形成和办理公文，客观上需要人们对常用的每一种公文都赋予一个能概括表明其性质、用途的统一规范的称谓，这种称谓叫文种。

1. 根据公文不同的行文范围：

（1）狭义公文。

狭义公文是指党和国家行政机关各自正式规定的文种。狭义公文的种类主要有：

1）决议，适用于会议讨论通过的重大决策事项。

2）决定，适用于对重要事项做出决策和部署、奖惩有关单位和人员、变更或者撤销下级机关不适当的决定事项。

3）命令（令），适用于公布行政法规和规章、宣布施行重大强制性措施、批准授予和晋升衔级、嘉奖有关单位和人员。

4）公报，适用于公布重要决定或者重大事项。

5）公告，适用于向国内外宣布重要事项或者法定事项。

6）通告，适用于在一定范围内公布应当遵守或者周知的事项。

7）意见，适用于对重要问题提出见解和处理办法。

8）通知，适用于发布、传达要求下级机关执行和有关单位周知或者执行的事项，批转、转发公文。

9）通报，适用于表彰先进、批评错误、传达重要精神和告知重要情况。

10）报告，适用于向上级机关汇报工作、反映情况，回复上级机关的询问。

11）请示，适用于向上级机关请求指示、批准。

12）批复，适用于答复下级机关请示事项。

13）议案，适用于各级人民政府按照法律程序向同级人民代表大会或者人民代表大会常务委员会提请审议事项。

14）函，适用于不相隶属机关之间商洽工作、询问和答复问题、请求批准和答复审批事项。

15）纪要，适用于记载会议主要情况和议定事项。

（2）广义公文。

广义公文是指除上述法定的狭义公文文种外，还包括党和国家机关常用的应用文，其大致总结、计划，小至条据、便函，种类繁杂。一般来说，主要有综合性工作总结、计划（包括规划、工作要点、安排、方案、设想等）、调查报告、简报、专用书信、讲话稿、讣告悼词、规章制度（如章程、细则、制度、守则）等。

2. 根据所起的不同作用：

（1）法规性文件（如条例、规定、章程等）。

（2）计划性文件（如计划、规划、工作要点等）。

（3）指导性文件（如命令、意见、决定、决议、通知、会议纪要等）。

（4）陈述性文件（如综合性总结、工作情况报告、调查报告等）。

（5）请示答复性文件（如请示、批复等）。

（6）沟通情况性文件（如通报、简报等）。

（7）宣传教育性文件（如讲话稿等）。

（8）商洽性文件（如函等）。

3. 根据公文不同的行文关系：

（1）上行文件，即指下级机关对上级机关的行文，如请示、报告、意见等；

（2）下行文件，即指对本机关下属单位的行文，属于自上而下的发问，主要有意见、决定、决议、通知、通报、会议纪要、批复；

（3）平行文件，即指平行机关或不相隶属的机关（即没有领导或业务指导关系的机关）之间的行文，如函。

4. 根据公文制发机关的不同性质：

（1）行政公文，即国家行政机关和企事业单位内的行政机构处理日常工作所使用的文件，如为行政指挥、领导和指导工作、公务联系等而发出的通知、通报、请示、报告、会议纪要、函等；

（2）党务公文，即由党的机关和组织制发的文件，它反映党的领导活动和党的组织建设、思想建设等，例如，章程、条例、规定、准则、决定、决议、意见、请示、报告、指示、通知等；

（3）法规文书，即由国家权力机关和行政机关制定和颁布的法律、法令和行政法规；

（4）外交文书，即在外事活动中专门使用的文件，主要有国书、照会、议定书、备忘录、护照、条约等；

（5）司法文书，即公安、检察院、法院等机关部门，在依法处理各类案件中产生、使用的文字材料，主要有立案决定书、破案报告、通缉令、起诉书、公诉书、笔录、开庭通知书、判决书、抗诉书、调解书等；

（6）计划文书，即指由各级政府机关提请同级国家权力机关审查批准的国民经济与社会发展计划，财政预、决算方案等；

（7）军事文书，也称军用文件，是军队内部以及与军外单位往来所使用的文字材料，主要有命令、通令、通告、请示、报告等。

5. 根据公文文件的机密性质，可分为：

（1）绝密文件，即涉及国家核心机密内容的文件，一旦内容泄露会使国家的安全和利益遭受特别严重的损害；

（2）机密文件，即涉及国家重要机密内容的文件，一旦内容泄露会使国家的安全和利益遭受较大损害；

（3）秘密文件，即涉及国家一般秘密内容的文件，一旦内容泄露会使国家的安全和利益遭受一定的损害。

二、房地产公务文书的特点

随着房地产行业的发展，房地产公务文书越来越多地应用在房地产行业的经营活动中。房地产公务文书属于应用文书的范畴，房地产公务文书作为应用文书的一个独立分支，也具有其独特的特点。

1. 应用的广泛性

房地产行业是指从事土地以及对房地产的开发、经营、管理和服务集一体的行业。在项目开发运行期间，房地产开发商是建设链的龙头，管理链条贯穿项目全生命周期，包括投资科研、项目立项、前期准备、招投标、项目施工、竣工验收、项目销售、物业管理等过程。房地产开发商需要同时与内部及外部多个部门和单位发生联系，房地产公务文书应运而生。项目开发运营期间在与相关各部门的业务往来、信息沟通、商洽事宜等都会广泛运用房地产公务文书。

2. 鲜明的政策性

随着国家宏观经济的调控和住房商品化的改革，为了保证房地产企业和房地产市场向有序化、规模化、品牌化、规范运作方向转型，我国政府制定了一系列有关房地产的政策、法规，如《中华人民共和国城市房地产管理法》《城市房地产转让管理规定》《中华人民共和国土地管理法》等。

3. 内容更具专业性

房地产公文内容是专业性极强的公务文书。房地产文书不仅具有房地产知识，更是综合建筑、金融、经济、哲学、心理学、管理学、营销等多种学科的“复合性”文书。房地产文书所记述的内容上更具有专业性。如项目立项的可行性研究报告、项目施工计划、项目竣工验收报告等具有明显的专业性。

4. 法律依据和凭证性

如果房产权属一旦形成，房产的抵押、买卖、赠予、交换、分割与合并等变更就可能要不断发生，房屋拆迁、扩建、翻新等变更日趋频繁。房地产文书（档案）作为“房产”的“身份证”，其单一性、凭证性、公正性在房地产行政管理、司法协助、产权交易等工作中发挥着不可替代的重要作用，对稳定房地产市场，保护老百姓的合法权益起着关键性作用。尤其在施工组织、竣工验收、经营管理过程中，涉及很多“甲方”“乙方”承担的责任，为了避免不必要的纠纷，便会签订各种合同或协议，作为工作依据。

第二节　公文的体式规定

一、房地产公文文书写作体式概述

在房地产企业管理过程中，常见的房地产公文文书文种包括决定、通报、通知、报告、请示、批复、意见、函和会议纪要 9 种。

二、房地产公文文书写作体式

（一）决定

1. 决定的适用范围

《办法》规定：决定是“对重要事项或者重大行动做出安排，奖惩有关单位及人员，变更或撤销下级机关不适当的决定事项”。在房地产企业行政管理过程中，应用较为广泛。

2. 决定主体的构成要素及写法

重要会议形成的决定主体由标题、题注、主送机关、正文、落款、成文日期六部分组成。一般决定的主体由标题、主送机关、正文、落款、成文日期五部分组成。

（1）标题。

完全式：发文机关+事由+文种。如《国务院关于修改〈住房公积金管理条例〉的决定》。

省略式：

1）事由+文种。如《关于修改〈住房公积金管理条例〉的决定》；

2）发文机关+文种，如《国务院决定》；

3）文种式，如《决定》。

（2）题注。

时间+×××会议通过，用圆括号括上。

凡是重要会议通过的重要决定，应用题注的形式，将（时间+×××会议通过）标注在标题下方，居中排列。有题注的决定，文后不再标识成文日期。

（3）主送机关。

主送机关是受文机关全称或规范化简称。

决定通常应写明主送机关，但若属普发性决定，如部分指挥性、奖惩性决定等可以省略主送机关。

（4）正文。

常见结构为：开头+主体+结尾，不同类型的决定，结构和写法有所不同。

1）知照性、指挥性决定的正文。

开头：由决定的依据（可以是××会议、××上级机关的文件精神，或者×××领导同志的批示等），或者决定的目的、决定的原因等构成。

主体：应分条列项地写明决定的具体事项；提出希望或号召，也可以主体部分写完即结束全文，不做专门的结尾。

2）奖惩性决定的正文。

开头：概括叙述被表彰对象的先进事迹或者是被惩处对象的错误情况，进行分析，表明对其表彰或批评的理由。

主体：表彰或惩处的决定事项；发出号召或提出希望，要求以表彰的对象为学习榜样，或者要求被惩处的对象吸取教训，防止类似的事件再度发生。

结尾：常见结尾用语“特此决定”“专此决定”等。

（5）落款。

署名：发文机关全称（标题是“发文机关+事由+文种”的，可不署名）。

（6）成文日期。

署时：用汉字数字小写标注完整的年月日。

（二）通报

1. 通报的适用范围

《办法》规定，通报是“适用于表彰先进，批评错误，传达重要精神或者情况”的告知性、指导性公文。

2. 通报主体的构成要素及写法

通报主体由标题、主送机关、正文、落款、成文日期五部分组成。

（1）标题。

结构：“发文机关+事由+文种”或“事由+文种”，如《××省关于第二期耕地保护目标责任制执行情况的通报》。

（2）主送机关。

受文机关全称或规范化简称。大多数通报有主送机关；普发性通报可不标主送机关。

（3）正文。

1）表彰性、批评性通报正文。

开头：陈述通报对象的基本情况和基本事实，表述清楚时间、地点、人物、事件、原因、结果。

主体：对先进事实的意义、表率作用进行分析、评价；对错误、事故的性质、原因、危害、不良影响及教训予以分析、总结和定性；写明通报决定或处理意见；提出希望、要求。

结尾语：常见结尾用语“特此通报”“此报”等。

2）情况通报正文。

第一部分：陈述情况或者传达精神，可采用夹叙夹议的写作手法，对有关情况或有关精神在陈述过程中予以适当点评议论。

第二部分：提出意见和要求。

以上各种通报的结尾用语、落款、成文日期均相同。

（三）通知

1. 通知的适用范围

《办法》规定，通知“适用于批转下级机关的公文，转发上级机关和不相隶属机关的公文，传达要求下级机关办理和需要有关单位周知或者执行的事项，任免人员”。在各级机关及房地产企业行文实践中，是适用范围最广、使用频率最高的文种。现行行政公文最高法规的文件《国家行政机关公文处理办法》都是用《国务院关于发布〈国家行政机关公文处理办法〉的通知》（国发〔2000〕23 号）发布的。

2. 通知主体的构成要素及写法

通知的主体由标题、主送机关、正文、落款、成文日期五部分组成。

（1）标题。

完全式：发文机关+事由+文种。标题中的“事由”是对通知主题的揭示，应力求准确、简明、概括。如关于印发《中华人民共和国土地管理法》的通知。

上述要求只是公文标题写作的一般要求，我们应特别注意的是下述情况中的标题的拟写。

1）颁、转性通知标题的简化。

①可酌情省略被转发、批转公文的制发机关的名称；

②如果文件是多层转发而来，不宜机械的“如实”写出层层转发机关及所转文件标题；

③若干机关联合发文，不宜将源文件标题中的若干发文机关全部照写，而应只标明其中主要机关，其他机关用“等机关”表示。

2）发布类通知标题中的动词选用。

①颁布较为重要的法规、规章用“颁发”“发布”；

②公布一般性的、试行或暂行的规章和有关文件、资料用“印发”“公布”。

（2）主送机关。

主送机关是受文机关全称或规范化简称，若主送机关为多个同类型机关，则用其统称。通知均应标明主送机关，以利于通知事项的办理。

（3）正文。

常见通知的正文都是由开头、主体、结尾三部分组成。

1）通知缘由：简述形势、背景、情况入题；或直接点明通知的根据、原因或目的。段末过渡句“现将有关事项通知如下”开启下文；

2）通知事项：布置工作，阐明工作原则，拟订方法措施，交代具体事项；提出号召、希望或提出具体的执行要求；

3）结尾语：“特此通知”“以上各点，望遵照执行”等。

（四）报告

1. 报告的适用范围

《办法》规定，报告“适用于向上级机关汇报工作，反映情况，答复上级机关的询问”。在房地产企业行政管理工作中，使用十分广泛。报告只向本机关的直接上级发出，是陈述性、汇报性的上行文，同时也是使用频率很高的呈报性行政公文。

2. 报告主体的构成要素及写法

常见报告的主体由标题、主送机关、正文、落款、成文日期五部分组成。

（1）标题。

完全式：发文机关+事由+文种。如《重庆××学院关于报送 2013 年学院工作计划的报告》。

（2）主送机关。

一般是发文机关的直属上级机关，因而通常习惯性简称。受双重领导的机关向上级机关呈送报告，一般应根据报告内容的实际需要，写明主送机关和抄送机关。

（3）正文。

1）情况报告的正文。

开头：报告缘由。向上级汇报严重的事故、案情、敌情，重要的社情、民情，督促办理或检查某些重要工作，重大失误或问题时做出的检讨与反思。

主体：报告事项。

内容集中、单一，突出重点，抓住事物的本质，实事求是地反映情况。提出处理意见或建议，写得具体、明确、简要。拟写须强调时效性，及时写作、报送、使上级尽快了解下情，作出决策。国务院明确规定：特大事故的发生单位必须在 24 小时内写出事故报告并报送上级机关，延期和谎报，必受一定处分。

①叙述某一情况或问题的原委。特大事故，写明发生的时间、地点、单位、事故的简要经过、伤亡人数、直接经济损失的初步估计，事故发生后采取的抢救措施及事故控制情况，事故发生原因的初步判断，事故报告单位的看法和态度。

②提出对它的基本看法。

③存在的问题和基本教训，是指出工作的缺点和不足，并分析根本原因。

④有时应提出处理意见。

结束呈报语：“特此报告”“以上报告，请审阅”“以上报告如有不妥，请指正”。

2）答复报告的正文。

开头：报告缘由。针对上级机关的询问事项进行答复。

主体：报告事项按上级所询问的内容具体明确地逐一答复。

①限于上级所询问的内容，答其所问；

②答复事项清楚具体，毫无保留，不可似是而非、模棱两可或有所保留；

③不可节外生枝，东拉西扯。

结束呈报语：“特此报告”“以上报告，请审阅”“以上报告如有不妥，请指正”。

3）报送报告的正文。

开头：报告缘由。下级向上级机关报送文件、物件时随之而发的简短的说明性文字材料。

主体：报告事项。基本情况，写明送了哪些材料，共几份。

结束呈报语：“请查收”“请审查”“请审阅”。

（五）请示

1. 请示的适用范围

《办法》规定：请示是“适用于向上级机关请求指示、批准”。凡是本机关无权决定和无力解决的事项，事前都应该向上级机关请示，以获得上级的指示、批准和帮助，减少工作中的失误和困难。

2. 请示主体的构成要素及写法

常见的请示主体由标题、主送机关、正文、落款、成文日期五部分组成。

（1）标题。

发文机关+事由+文种。在请示标题制作中应该特别注意：请示主题部分不能出现祈请类的词语，因为“请示”一词本身就有“请求指示”之意。文种更不能写成“请示报告”，在《办法》中“请示”和“报告”的适用范围界定非常明确，性质各异，只能单独使用。

（2）主送机关。

主送机关是受文机关全称或规范化简称。

注意事项：

1）一般只写一个主送机关，需要同时送其他机关，应当用抄送形式，但不得抄送其下级机关；

2）除上级机关负责人直接交办的事项外，不得以机关名义向上级机关负责人报送请示。

（3）正文。

开头：原因或理由（由于……、为了……、根据……）。包含以下内容：

1）简要说明为什么要写请示、提出请求的背景和依据；

2）对某些涉及面广、问题比较复杂的请示，应做到实事求是，情况清楚，依据有力，说理充分，语气恳切得体；

3）理由是关键，写得恰如其分，一般都会得到满意的批复。

主体：请示事项。具体包含以下内容：

1）明确陈述自己的观点，提出解决问题的具体意见或建议；

2）写清楚请求上级机关或业务主管部门帮助本机关、单位解决什么问题，做出什么指示，以使上级能有针对性地给予批示；

3）陈述和请示事项明白、具体、恰当、切实、可行；不可含糊其词，模棱两可；

4）不可不顾实际，随意提出非分要求，给上级出难题，更不能只摆问题，不明确提出处理意见和建议，不负责任地上交矛盾。

结束呈请语：“以上请示妥否，请批示”“以上请示当否，请指示”“特此请示，望批准”等。

3. 请示写作注意事项

（1）必须事前行文。

请示必须在拟办事项进行之前行文，绝不可先斩后奏。

（2）主旨单一、集中。

请示必须一文一事，对“一事”要全面、正确地理解，凡是需要请示的事项，只要事物内在联系紧密，构成前因后果的逻辑关系，就应视为“一事”。

（3）遵循行文规则。

请示应逐级行文，一般不得越级。主送上级机关的同时，不可抄送下属单位或平级机关。

（4）不多头主送。

请示的主送机关是本机关的上级领导机关或上级业务指导机关。不能多头请示，只能主送一个上级机关。有双重上级机关者，一般只主送一个上级机关，对另一个上级机关则用抄送的办法处理。

（六）批复

1. 批复的适用范围

《办法》规定：批复是“适用于答复下级机关的请示事项”。是房地产行政事务中经常使用的文种之一，同时也属指挥性公文。批复的主送机关就是请示的发文机关，批复的事项就是请示的事项。

2. 批复主体的构成要素及写法

（1）标题。

发文机关+事由+文种。“批复主题”应与“请示主题”一致；在批复标题中，不可出现“同意”“不同意”等主观性词语。

（2）主送机关。

主送机关是受文机关全称或规范化简称，批复的主送机关就是请示的发文机关。

（3）正文。

1）引据：用于交代批复的根据，先引请示标题，所引请示标题用书名号标注；后引发文字号，所引发文字号用圆括号标注，后用“现批复如下”过渡句开启下文。

2）批复内容：针对下级所提出的问题和要求给予明确答复或具体指示；指示类批复根据有关政策作答，给予指示；批准类批复应明确表明是否批准的态度。

①批准请示事项，用“同意”表明态度，做若干指示，针对下级处理意见中不全面、不正确的部分加以补充或纠正；

②部分同意下级的请示事项，用“原则同意”表明态度；

③不同意下级的请示事项，用“不同意”明确表态。

3 种情况中的表明态度的用语“同意”“不同意”“原则同意”之后，都应该补充具体内容，不能认为请示中已详细写明，这里就可以不写。请示与批复是不同性质的行政公文，并且请示的内容与批复的内容不一定完全一致。

3）结尾语：单独成段，常用的有“此复”“特此批复”等。

3. 批复写作注意事项

（1）讲求针对性。批复是被动行文，一定要针对请示事项回复，一请示一批复。

（2）观点明确，态度鲜明。在答复下级机关的问题时，观点要明确；在批准下级机关的请示时，态度要鲜明；在否定下级机关的请示时，理由要充分。

（3）及时批复。凡是下级机关的请示，上级机关都必须及时作答以免贻误工作。一些地方机关规定：上级机关收到下级机关的请示后应在15天以内给予答复。

（七）意见

1. 意见的适用范围

《办法》规定：意见是“适用于对重要问题提出见解和处理办法”。在行政公文中意见是新修订后《国家行政机关公文处理办法》中增加的文种，在房地产企业的日常行政事务工作中，适用范围和使用对象较广泛。

2. 意见主体的构成要素及写法

（1）标题。

发文机关+事由+文种。在通常情况下，使用省略式标题的上行意见都把发文机关及成文日期用题注的形式标注在标题之下，如果用完全式标题，题注中可只标注成文日期。上行意见的眉首部分与上行文的文本格式一致。如果意见内容较多，可在文种名称之前加上“几点”“若干”“一些”“部分”“指导”“处理”等前缀文字，如《住建部关于进一步加强直辖市市政设施建设的几点意见》《关于实施中小学危房改造工程的若干意见》。

（2）主送机关。

受文机关全称或规范化简称。作为下行意见，应根据自己的职权范围明确写明主送机关名称，便于下级机关贯彻执行。

（3）正文。

1）开头：缘由。提出意见的目的、依据等意见的原因；在段末使用“现提出以下意见”过渡开启下文。

2）主体：具体意见。内容能清楚明确地体现出来，便于受文者理解和办理。

3）结束语。“以上意见如无不妥，请批转有关部门执行”“以上意见，请予考虑”等。

（八）函

1. 函的适用范围

《办法》规定，函是“适用于不相隶属机关之间商洽工作、询问和答复问题、请求批准和答复审批事项”。是房地产企业的日常行政事务工作中经常使用的文种。

行文方向：平行、部分下行。上级机关在询问有关问题时，可以下行；但下级在答复上级的询问函时，不能用函，只能用答复报告。

2. 函主体的构成要素及写法

常见的函由标题、主送机关、正文、落款、成文日期五部分组成。

（1）标题。

发文机关+事由+文种。拟写函的标题，应注意以下几点：

1）函的发文字号中机关代字后要写一“函”，表明其序号按“函”字系列排序，不按机关发文大序号排序；

2）文种词之前可选用“商洽”“商请”“请求”等前缀词，表明函的用途；

3）复函可以将受文机关或者单位的名称写入标题，文种词是“复函”。如《×××房地产集团公司关于解决枯水期部分用电指标给××供电局的函》。

（2）主送机关。

受文机关全称或规范化简称。

（3）正文。

1）函的正文。

①开头：发函缘由。简要说明发函的目的、理由或者根据；不拐弯抹角，直陈其事；

②主体：发函事项。表明商洽、询问或者请求批准的具体事项，交代清楚，让对方明白怎样去做。

③结束语：“专此函达”“请予函复”“可否，请速函复”等。

2）复函的正文。

①开头：引据。先引源文件，所引源文件用书名号标注；后引源文件发文字号，所引源文件发文字号用圆括号标注；后加“收悉”二字组成；最后接过渡语“现函复如下”开启下文。

②主体：复函事项。针对发函提出的事项、询问的问题或者请求批准的事项，据实据理据情做出实质性的答复。

③结尾语：“专场函复”“专此函告”“特此函复”等。

（九）会议纪要

1. 会议纪要的适用范围

《办法》规定：会议纪要是“适用于记载、传达会议情况和议定事项”。是较重要会议的产物，是会议主要成果的反映，在房地产企业的日常事务工作中有沟通情况、统一认识、布置工作和记载凭证的作用。

2. 会议纪要的组成要素及写法

对于会议纪要，主要应该把握其特定格式和标题、正文的写法。

（1）特定格式。

1）专用的眉首。

定期召开的会议，可以用专用的“眉首”。

2）发文字号。

协调性会议纪要和研讨性会议纪要可以不编发文字号。决策性会议纪要的发文字号有两种情况：

①机关代字后加“会”字，如“×府会〔2013〕×号”；

②按会议召开的次序编号，如“×××××会议纪要”的发文字号是“第18号”。

3）不加盖印章。

《办法》和《党政机关公文格式》（GB 9704—2012）（以下简称《格式》）均规定，会议纪要不加盖印章。

4）无主送机关。

会议纪要没有“主送机关”这一格式项目，在“版记”的“抄送栏”内，写一“发”字，后着冒号，再列出需要送达的机关名称。

（2）标题。

1）发文机关+关于×××工作+会议纪要；如《中纪委关于加强纪检工作座谈会纪要》；

2）与会单位+主要内容+××纪要；如《北京市和重庆市关于进一步加强建筑安全工作的商谈纪要》；

3）正标题+副标题；如把建筑安全工作摆放在压倒一切的位置上——重庆新鸥鹏集团董事会座谈会纪要。

定期召开的决策性会议纪要，因为有了特定版式中“眉首”的标识，就不再拟制标题。

（3）正文。

1）决策类会议纪要的正文。

①会议概况：会议时间、主持人、会议名称、出席人（或列席人）的职务和姓名，会议概况，由“现将会议研究决定的事项纪要如下”过渡开启下文；

②议定事项：“议定事项”可按照议题的先后，或者重要性程度递减，分条列项写出。

2）协调类会议纪要的正文。

①会员概况：会议目的、任务，紧跟“会议确定以下事项”过渡开启下文；

②议定事项：“议定事项”写成条款式，便于受文者明确各自的责任，确保完成；

③结尾：用“附”字领起，列出出席者的单位、职务、姓名。

3）研讨类会议纪要的正文。

①会员概况：时间、地点、会议名称、参加者（若过多，可在结尾时写明）；

②议定事项：用“会议一致认为”“会议指出”“代表在发言中指出”等作段首语，引出少许非共识的个人观点、看法；

③结尾：提出希望、要求。

第三节 公文的行文要求

《办法》规定，行政公文格式由秘密等级和保密期限、紧急程度、发文机关标志、发文字号、签发人、标题、主送机关、正文、附件说明、成文日期、印章、附注、附件、主题词、抄送机关、印发机关和印制日期等组成。

一、眉首部分

眉首由公文份数序号、秘密等级与保密期限、紧急程度、发文机关标识、发文字号、签发人等组成，这部分需要用一条与版心等宽的红色反线与主体要素分隔开，以便文面美观、醒目。

1. 公文份数序号

公文份数序号是将同一文稿印制若干份时每份公文的顺序编号。编号目的是准确掌握公文的印刷份数和分发范围、去向，《办法》规定，有密级的公文需编制份数序号。如需标识份数序号，应用阿拉伯数字顶格标识在版心左上角第一行，六位阿拉伯数字组成，从个位开始用自然数编号，其余位数用零占位。

2. 秘密等级与保密期限

秘密等级是标识公文保密程度的一种标志。保密期限是对公文密级时效加以规定的说明。《办法》规定，涉及国家秘密的公文应当标明密级与保密期限。密级分为："绝密""机密""秘密"3 个等级。《格式》规定，用 3 号黑体字标识秘密等级，在版心右上角第 1 行顶格书写，"绝密""机密""秘密"各词之间空开 1 字排列，如"绝□密"；秘密等级与保密期限之间用"★"隔开，保密期限用中文数字小写，如"三年"。

3. 紧急程度

紧急程度是指公文送达时限的要求。《办法》规定，紧急公文应当根据紧急程度分别标明"特急""急件"。其中电报应当分别标明"特提""特急""加急""平急"。《格式》规定，用 3 号黑体字在版心右上角第 1 行顶格标识紧急程度，"特急""急件"之间空开 1 字排列，如"特□急"；要同时标识秘密等级和紧急程度，秘密等级顶右标识在版心第 1 行，紧急程度顶右标识在版心第 2 行。

4. 发文机关标识

发文机关标识又称"红头"。由发文机关全称或规范简称加"文件"二字组成，居中排布。《办法》规定，联合行文，主办机关排列在前。《格式》规定，发文机关标识上边缘至版心边缘一般为 25 mm。发文机关标识推荐使用小标宋体字（红色），字号醒目美观即可，通常应小于 22 mm×15 mm。如联合行文机关过多，必须保证公文首页显示正文。

5. 发文字号

《办法》规定，发文字号应当包括机关代字、年份、序号。联合行文，只标明主办机关发文字号。《格式》规定，发文机关标识下空 2 行，发文字号之下 4 mm 处置一条与版心同宽的红色反线，平行文和下行文的发文字号应居中排布，上行文的发文字号应置红色反线的左侧，发文字号右侧空 1 个汉字处，用 3 号仿宋体字标注签发人，发文字号与签发人成平排排列；年份和序号用阿拉伯数码标识；年份使用全称，用"〔〕"扩入；序号不编虚位（即 1 不编为 001），不加"第"字。

6. 签发人

签发人是指审批、签发公文文稿的主要负责人。《格式》规定，上报的公文标识签发人姓名，平行排列于发文字号右侧；发文字号与签发人两词之间空一个汉字的位置；也可发文字号顶左格，签发人顶右格，两词之间空开的距离大。“签发人”用 3 号仿宋体字，后标识全角冒号，冒号后用 3 号楷体字标识签发人姓名。

如有多个签发人，主办单位签发人姓名置于第 1 行，其他签发人姓名从第 2 行起在主办单位签发人姓名之下按发文单位顺序依次排列，下移红色反线，使发文字号与最后一个签发人姓名处在同一行，并与红色反线相距 4 mm。

7. 红色反线

公文的眉首与主体部分之间用一条宽为 1 mm 的红色横线分开，该线称为红色反线或“隔栏线”。在发文字号之下 4mm 处，长度为 156 mm，与版心等宽，行政公文不能在红色反线正中印一颗红色“★”作标志（这是党的机关公文标识）。

二、主体部分

公文主体为公文首页红色反线以下到主题词以上部分，是公文的行文部分。按排列顺序依次为：公文标题、主送机关名称、正文、附件说明、发文机关署名、成文日期、机关印章、附注等。

1. 标题

标题是指公文的名称或题目。《办法》规定，公文标题应当准确简要地概括公文的主要内容并标明公文种类，一般应标明发文机关。公文标题中除法规、规章名称加书名号标注外，一般不用标点符号。《格式》规定，公文标题在红色反线下空 2 行位置，使用 2 号小标宋体字，居中排布，宽度不超过版心（156 mm）；2 行以上的标题，回行时要做到词意完整，排列对称，间距恰当。标题分为两种。

完全式标题的格式：（发文机关名称）+关于（事由）+（文种）。

省略式标题格式之一：关于（事由）+（文种）；

之二：（发文机关名称）+（文种）；

之三：文种式（文种）。

2. 主送机关

《办法》规定，主送机关指公文的主要受理机关，应当使用全称、规范化简称或统称。《格式》规定，标题下空 1 行，顶左格用 3 号仿宋字体标识，回行时仍顶格；最后 1 个主送机关名称后标全角冒号。

如果主送机关名称过多而使公文首页不能显示正文时，应将主送机关名称移至版记中的主题词之下的抄送处。

3. 正文

这里所提的“正文”是指文件的主体部分，用以表达文件的内容、主旨。《格式》规定，正文在主送机关名称下 1 行，每自然段段首左空 2 字，回行顶格，使用 3 号仿宋体字；正文中小标题使用 3 号黑体字。数字、年份不能回行。

正文框架：缘由（引据、引言）+主体（事项）+结尾。

4. 附件说明

附件说明是指附属于正件的其他文件或材料的说明。在正文之后，成文日期之前注明附件顺序和名称。正文下1行左空2字，用3号仿宋体字标识“附件”，后标全角冒号和名称。附件如有序号可使用阿拉伯数码（如“附件：1. ×××”）；附件名称后不加标点符号。与正文一起装订，并在附件左上角第1行顶格标识“附件”及序号。

5. 发文机关署名

俗称“落款”，机关全称或规范化简称。《格式》规定：单一行政机关制发的公文，文件用“完全式”标题的，落款处可不署发文机关名称，只标注成文日期。落款与成文日期在正文之下，右空4字距离标注。

6. 成文日期

公文形成或生效的时间标志，以领导人签发或会议通过的日期为准；联合行文，以最后签发机关领导人的签发日期为准。电报则是以发出日期为准。成文日期应当写明年、月、日，标注于正文之下，右空4字距离。决议、决定、条例、规定等不标明主送机关的公文，成文日期加圆括号标注于标题下方居中位置。行政机关公文的成文日期用小写汉字标注且标全，“零”写为“〇”，如二〇一三年五月二十二日。

7. 机关印章

公文作者合法性及公文效力的标志。《办法》规定，行政公文除会议纪要和以电报形式发出的以外，应当加盖印章。联合上报的公文，由主办机关加盖印章；联合下发的公文，发文机关都应当加盖印章。

当公文排版后所剩余空白不能容下印章位置时，应采取调整行距、字距的措施加以解决，使印章与正文必须同处一页，不得采取标识“此页无正文”的方法解决。

当联合行文需要加盖2个印章时，应将成文时间拉开，左右各空7个字。两印章间互不相交或相切，相距不超过3 mm。

当联合行文需加盖3个以上印章时，应将各发文机关名称（可用简称）排列在正文之下，成文日期之上，成文日期标识在所有印章之下，右空2个字距离。

8. 附注

附注是指对公文中生僻词语、专业术语、引语出处的解释，若需注释的词语多，应分别编上序号，按数码顺序排列，用3号仿宋体字，居左空2个字加圆括号标识在成文日期的下一行。

注意：“请示”应在此处标明联系人的姓名和电话。

三、版记

公文版记由主题词、抄送机关、印制版记组成。

1. 主题词

主题词揭示文件基本内容并经过规范化处理的词语，所有公文都应标注主题词。在文件成文日期或附注之下，第二“隔栏线”上方，顶左格用3号黑体字标识，后标全角冒号；词目用3号小标宋体字；词目之间空1字，且词目之间不标注标点符号。

（1）主题词标识的原则和方法：

1）上报文件，按照上级机关的要求标识主题词；

2）一份文件的主题词最多不超过 5 个。

（2）主题词标识顺序：

类别词、类属词、文种词见（1997 年 12 月国务院办公厅秘书局《国务院公文主题词表》）。

2. 抄送机关

除主送机关以外的其他需要告知公文内容的上、下级和不相隶属机关。在主题词下一行；左空 1 字用 3 号仿宋体字标识“抄送”，后标全角冒号；抄送机关之间用顿号隔开，回行时与冒号后的抄送机关对齐排列；在最后一个抄送机关后标句号。

3. 印制版记

由印发机关和印发时间组成，位于版记中的第三“隔栏线”之下，公文最后一页。印发机关在左侧标注，印发时间在右侧标注。

第四节　公文的处理及办理要求

一、公文的处理

公文处理是指对公文的撰写、传递与管理，它是使公文得以形成并产生实际效用的全部活动，是机关实现其管理职能的重要形式。

1. 公文的撰写

（1）《国家行政机关公文处理办法》（以下简称《办法》）。

国务院 2000 年 8 月 24 日发布，2001 年 1 月 1 日开始实施。《办法》是为使国家行政机关的公文处理规范化、制度化、科学化，提高公文处理工作效率和公文质量制定的。公务文书的种类、格式、行文规则、办理和管理都必须遵照《办法》来执行。

1）公文拟制包括公文的起草、审核、签发等程序。

2）公文起草应当做到：

①符合党的理论路线方针政策和国家法律法规，完整准确体现发文机关意图，并同现行的有关公文相衔接；

②一切从实际出发，分析问题实事求是，所提政策措施和办法切实可行；

③内容简洁，主题突出，观点鲜明，结构严谨，表述准确，文字精练；

④文种正确，格式规范；

⑤深入调查研究，充分进行论证，广泛听取意见；

⑥公文涉及其他地区或者部门职权范围内的事项，起草单位必须征求相关地区或者部门意见，力求达成一致；

⑦机关负责人应当主持、指导重要公文起草工作。

3）公文文稿签发前，应当由发文机关办公厅（室）进行审核。审核的重点是：

①行文理由是否充分，行文依据是否准确；

②内容是否符合党的理论路线方针政策和国家法律法规；是否完整准确体现发文机关意图；是否同现行有关公文相衔接；所提政策措施和办法是否切实可行；

③涉及有关地区或者部门职权范围内的事项是否经过充分协商并达成一致意见；

④文种是否正确，格式是否规范；人名、地名、时间、数字、段落顺序、引文等是否准确；文字、数字、计量单位和标点符号等用法是否规范；

⑤其他内容是否符合公文起草的有关要求。

需要发文机关审议的重要公文文稿，审议前由发文机关办公厅（室）进行初核。

4）经审核不宜发文的公文文稿，应当退回起草单位并说明理由；符合发文条件但内容需作进一步研究和修改的，由起草单位修改后重新报送。

5）公文应当经本机关负责人审批签发。重要公文和上行文由机关主要负责人签发。党委、政府的办公厅（室）根据党委、政府授权制发的公文，由受权机关主要负责人签发或者按照有关规定签发。签发人签发公文，应当签署意见、姓名和完整日期；圈阅或者签名的，视为同意。联合发文由所有联署机关的负责人会签。

（2）公文的制作。

公文的制作具体包括：复核、缮印、用印或签署。

1）复核。

2001 年 1 月 1 日施行的《办法》在“签发”之后加入了“复核”环节。《办法》第五章第二十九条规定：“公文正式印制前，文秘部门应当进行复核，重点是：审批、签发手续是否完备；附件材料是否齐全；格式是否统一、规范等”。同时确定发文字号、分送单位和印制份数。这实际上再次强调了发文的责任，所以在签发之前必须认真审核。

2）缮印。

缮印是指对经复核没有问题的定稿进行技术加工，制作成供对外发出的公文的正式过程。

3）用印或签署。

用印或签署是指在有必要加盖印章的文本上加盖机关或领导人印章的过程。即在印毕的公文上加盖发文机关的印章，或请有关领导者在公文正本上签注姓名。作为表明公文的正式性质和法定效用的标志。

公文用印要端正、清晰，不得模糊歪倒。盖印的位置要正确，要端正地盖在成文日期上方，做到上不压文，下要骑年盖月。两个以上的机关或部门的联合下发的公文，各机关部门都要加盖印章。公文用印一定要与制发公文的机关、部门或单位相一致。

公文的用印要建立审批和登记制度。

2. 公文的对外传递

公文的对外传递，包括分装、发出等环节。这一阶段工作的主要任务是为使公文能为受文者有效接收创造条件。

（1）登记。

登记是指发文登记。这里是指根据机关文书处理的具体要求与发文数量、分发的具体情况，对发出的公文采取的登记方式。主要包括发出公文的发文字号、发文日期、文件标题、保密等级、发往机关、附件、份数、承办单位、案卷号等。如果是回复对方的文书，还需注明收文编号。对发文认真进行登记，是文书管理、查考的重要基础。

（2）分装。

分装是指按照规定具体拣配和封装公文。其主要程序如下：

写好文件、文书封套或函件信封→填好并检查所有封套标记→核对发文封套与内容、份数一致后加封。

（3）发出。

发出是指将已封装完毕的公文以适宜的方式（如走机要交通等）发送给受文者。发出时应注意：各种文书有不同的传递办法，要一一分清，以保证准时送达。

3. 公文的管理

公文的管理是指企业在运营、行政管理过程中，企业内部、外部、上下级等内、外往来的公文自收（发）文至归档全过程的办理或管理过程。

（1）各级党政机关应当建立健全本机关公文管理制度，确保管理严格规范，充分发挥公文效用。

（2）党政机关公文由文秘部门或者专人统一管理。设立党委（党组）的县级以上单位应当建立机要保密室和机要阅文室，并按照有关保密规定配备工作人员和必要的安全保密设施设备。

（3）公文确定密级前，应当按照拟定的密级先行采取保密措施。确定密级后，应当按照所定密级严格管理。绝密级公文应当由专人管理。

公文的密级需要变更或者解除的，由原确定密级的机关或者其上级机关决定。

（4）公文的印发传达范围应当按照发文机关的要求执行；需要变更的，应当经发文机关批准。涉密公文公开发布前应当履行解密程序。公开发布的时间、形式和渠道，由发文机关确定。经批准公开发布的公文，同发文机关正式印发的公文具有同等效力。

（5）复制、汇编机密级、秘密级公文，应当符合有关规定并经本机关负责人批准。绝密级公文一般不得复制、汇编，确有工作需要的，应当经发文机关或者其上级机关批准。复制、汇编的公文视同原件管理。

复制件应当加盖复制机关戳记。翻印件应当注明翻印的机关名称、日期。汇编本的密级按照编入公文的最高密级标注。

（6）公文的撤销和废止，由发文机关、上级机关或者权力机关根据职权范围和有关法律法规决定。公文被撤销的，视为自始无效；公文被废止的，视为自废止之日起失效。

（7）涉密公文应当按照发文机关的要求和有关规定进行清退或者销毁。

（8）不具备归档和保存价值的公文，经批准后可以销毁。销毁涉密公文必须严格按照有关规定履行审批登记手续，确保不丢失、不漏销。个人不得私自销毁、留存涉密公文。

（9）机关合并时，全部公文应当随之合并管理；机关撤销时，需要归档的公文经整理后按照有关规定移交档案管理部门。工作人员离岗离职时，所在机关应当督促其将暂存、借用的公文按照有关规定移交、清退。

（10）新设立的机关应当向本级党委、政府的办公厅（室）提出发文立户申请。经审查符合条件的，列为发文单位，机关合并或者撤销时，应进行相应地调整。

二、公文办理

公文办理分为收文办理和发文办理。收文办理包括公文的签收、登记、拟办、请办、分发、传阅、承办和催办等程序。公文经起草、校核和领导审批签发后转入发文办理，发文办理包括公文的核发、登记、印制和分发等程序。《办法》第二十四条规定：以本机关名义制发公文的程序包括“草拟、审核、签发、复核、缮印、用印、登记、分发等”。

1. 发文办理

发文办理是指机关内部为制发公文所进行的拟制、处置与管理活动。发文办理的一般程序为：草拟（拟稿）→审核→签发→复核→缮印→用印或签署→登记→分发（分装→发出→处置办毕公文）。这一程序具有很强的确定性与不可逆性。

（1）复核。

已经发文机关负责人签批的公文，印发前应当对公文的审批手续、内容、文种、格式等进行复核；需做实质性修改的，应当报原签批人复审。

（2）登记。

对复核后的公文，应当确定发文字号、分送范围和印制份数并详细记载。

（3）印制。

公文印制必须确保质量和时效。涉密公文应当在符合保密要求的场所印制。

（4）核发。

公文印制完毕，应当对公文的文字、格式和印刷质量检查后分发。

2. 收文办理

凡是由外机关或部门送给本机关的文件，统称为收文处理。《办法》第三十条规定：“收文办理指对收到公文的办理进程，包括签收、登记、审核、拟办、批办、承办、催办等程序。”收文处理程序：签收→登记→审核→拟办→批办→承办→催办。

公文的收文办理从签收到归档同样也涉及公司的各个部门，各部门应及时处理接收到的公文，以免延误工作。

（1）签收。

签收就是签字表示收到来文，是收文处理工作的开端。一般机关或公司设有一个综合收发室，由专人负责文件的签收、拆封、登记和传阅。

（2）登记。

登记是签收文件的工作人员（秘书）对经手的文书进行管理和保护的必要措施。也是保障文书迅速办理的措施，是一项重要的制度。收文人员应及时登记，便于对目标文件的查找和利用；便于统计和催办；便于文书工作的核对和交接。

（3）审核。

《办法》在“登记”之后加入了“审核”环节。《办法》第三十一条规定：“收到下级机关上报的需要办理的公文，文秘部门应当进行审核。审核的重点是：是否应由本机关办理；是否符合行文规则；内容是否符合国家法律、法规及其他有关规定；涉及其他部门或地区职权的事项是否已协商、会签；文种使用、公文格式是否规范”。审核环节的增加，加重了秘书办理来文的权利和责任，也避免了不该办、不必办的公文流入办文环节。

凡正式文件均需由行政部门负责人根据文件内容和性质阅签后，分送到承办部门，重要文件应呈送公司领导（或分管领导）亲自阅批后分送承办部门阅办。

（4）拟办。

拟办是一项辅助决策活动，是指秘书部门或有关部门负责人等经过对公文进行认真的阅读分析，提出建议性的办理意见，并提供必要的背景材料，供有关领导者审核定夺，做出指示。这一般由办公室负责人或者职能部门负责人办理。

（5）批办。

批办是指机关领导者或部门负责人对公文（包括公文的拟办意见）进行认真阅读分析之后，提出处置意见。

（6）承办。

承办是指对需要办理的公文进行实质性的处理，解决公文所针对的问题。凡属承办部门职权范围内可以答复的事项，承办部门应当直接答复呈文机关；凡涉及其他部门业务范围的事项，承办部门应当主动与有关部门协商办理；凡须报请上级审批的事项，承办部门应当提出处理意见或直接代拟文稿，一并送请上级审批。

（7）催办。

催办是指公文处理机构对公文的承办情况进行督促检查。催办贯穿于公文处理的各个环节。对紧急或者重要公文应当及时催办，对一般公文应当定期催办，并随时或者定期向领导人反馈办理情况。

（8）答复。

公文的办理结果应当及时答复来文单位，并根据需要告知相关单位。

3. 涉密公文

涉密公文应当通过机要交通、邮政机要通信、城市机要文件交换站或者收发件机关机要收发人员进行传递，通过密码电报或者符合国家保密规定的计算机信息系统进行传输。

4. 归档的公文及有关材料

需要归档的公文及有关材料，应当根据有关档案法律法规以及机关档案管理规定，及时收集齐全、整理归档。两个以上机关联合办理的公文，原件由主办机关归档，相关机关保存复制件。机关负责人兼任其他机关职务的，在履行所兼职务过程中形成的公文，由其兼职机关归档。

第五节　公文整理立卷归档的规定

机关、社会团体和企事业单位在公务活动中形成和使用的公文，处理完毕后，需要进行系统整理并移交机关档案部门保管，这项工作就是“立卷归档”。归档文件整理工作必须按规范进行、科学管理，归档的一般流程：收集资料→分类立卷→编目→登记→归档保管。

一、公文的收集资料

收集资料是公文归档的第一步，也是重要的一步。归档前必须先清楚哪些是有保存价值的资料，才能有针对性地去收集。房地产企业收集资料类型主要有：

（1）公司与有关单位的来往信件、各种协议、合同；

（2）公司制订的计划、工作总结、制度等；

（3）公司会议纪要、会议记录、决定；

（4）公司设立、变更的申请、审批、登记等方面的材料；

（5）国家、地方政府政策文件类；

（6）工程项目资料包括：开发类文件（前期、配套文件）、各类合同、工程技术文件、招标类文件、项目策划、市场调研报告、报建、竣工、楼书文件等。

二、公文的分类立卷（整理）

公文文件的分类立卷（整理），是指将机关工作中处理完毕有查考保存价值的公文，按照一定的要求和方法有序整理成一个或数个案卷、将其转化为档案的步骤，是机关、社会团体和企事业单位的公文处理工作与档案工作的交接环节，它是公文处理工作的最后一道程序，但是对于机关档案整理工作来说，它又是首要工序，是档案工作的起点。

立卷工作主要包括两项工作：即分类和组卷。

1. 分类

分类是将产生的公文按照一定的特点分成若干部分，组合则是把每一小类的局部的公文，按照共同特点组成保管单位。公文的分类应该符合分类的逻辑原则，力求简明、严密。公文分类可以划分为 4 个层次：年度—组织机构—问题—保管期限。

（1）年度。

年度是指按照公文形成、处理的年度特征将同一年度的公文分为一类，不同年度的公文分为不同的类别。在现行机关，其工作的计划、总结等都是按照一个自然年度来安排，将每年的 1 月 1 日至 12 月 31 日作为一个工作周期，其工作周期中同步产生的公文，也自然而然就形成了以年度为单位的独立类别。按年度分类，纵向地反映了机关工作的特点和逐年变化、发展的客观情况，有利于现行机关利用和归档之后其他机关的利用。

（2）组织机构。

组织机构是指按机关的内部组织机构进行分类立卷。

在按组织机构分类时，要注意把握好立卷点的深度，一般不要将立卷点确定在最基层的执行层，而应该根据文书工作的组织形式，将立卷点确定在能掌握本部门公文运转，控制本部门公文信息的结构层次上。

（3）问题。

问题，就是按照公文内容所反映的问题特征来划分类别。

问题分类，可以使性质、内容相同的公文相对集中，较好地保持同一问题公文之间的联系性，为利用者提供关于某一问题、事件或人物等的系统、完整的公文信息。减少或避免了同一问题公文的分散现象。

（4）保管期限。

保管期限是指按照公文的保存价值的不同，将公文划分成不同的类别。国家档案局《关于机关档案保管期限的规定》将应归档公文的保管期限确定为永久、长期（16～50 年）和短期（15 年以下）3 种期限。分保管期限时，应该密切注意同一问题公文的完整性。由于公文自身的真实记录性、原始性，决定了公文的价值（对现行机关的现实凭证价值和对历史的参考价值）。划分保管期限应该以此为依据。同时公文的价值往往不是单份公文能体现的，更多的是在相互联系的一组公文中展现。这是公文形成的联系性所决定的，因此在立卷时应维护同一问题公文的完整性。一般情况下，机关公文完整程度较高，划分保管期限应从严，反之，则应适当提高残存的不完整公文的保管期限，从宽处理这些公文。

2. 组卷方法

公文的组卷，是指对分类后的各属类按照其共同特征和主要联系，将其组合成一个个案卷的活动。组卷的依据是从公文结构中概括出来的作者、问题、时间、名称、通信者、地区等诸要素，它们体现了公文在这些方面特有的联系及形成规律。

（1）因此组卷的常用方法有：

1）按作者特征立卷。

按作者特征立卷是指将同一作者制发的公文组合成案卷。“作者”是指制发公文的机关、部门及其领导人。特别强调“同一作者”，本机关的发文、直接领导机关、某一个下级机关的来文，都可以采用作者特征立卷。按此特征组卷，有利于反映同一公文作者的工作状况及本机关与某机关之间的工作联系，有利于依据公文来源确定其重要程度和保存价值。

2）按问题特征组卷。

按问题特征组卷是指将反映同一事件、案件、人物、问题、业务活动和同一性质工作的公文集中在一起组卷。此处所言的“问题”，是指公文内容反映的主题，包括事件、案件、人物的处理、具体问题的发生与解决、某项工作业务活动的开展等。按问题特征立卷，将同一主题的一系列关系密切的公文组合成一个整体，正好反映了“同一问题”发生。发展以及解决的全过程，既能保持公文之间的有机联系，又能符合利用者按问题（主题）检索公文的习惯，使它成为一种主要的常用立卷方法。

3）按时间特征立卷。

按时间特征立卷是指按照某一问题下公文产生的时间顺序将公文编立成案卷。时间特征，即指公文形成的时间（同一年度、同一时期、月份、日期）。按时间特征组卷，可以反映出一个机关（部门）在不同时期的工作特点和发展状况，有利于保持同一时间公文的联系，可以使利用者从“纵”的（历史）联系中去把握、认识事物的发生、发展、影响等，为那些需要从时间特征检索公文的人们提供方便。

4）按名称特征组卷。

按名称特征组卷是将名称相同或性质、作用相同、相近的公文集中组卷。公文名称即文种，它反映了公文的性质、效能和价值，因此，按公文的名称特征立卷，可适当区分公文的重要程度和保存价值，还可以把名称相近、保存价值相近的公文合并立卷，但要注意名称相同，其性质不同的一名多用情况。按名称特征组卷，可以满足人们从文种角度利用公文的需求。

5）按地区特征组卷。

按地区特征组卷是指将公文内容所涉及同一地区或作者所在同一地区的公文集中立卷。此处所言的“地区”，是指我国的省级、地（市）级、县级、乡（镇）级等各级行政区域，这种方法多用于上级机关对下属机关的来文、调查统计材料和某些专门公文的立卷工作中。运用地区特征组卷，便于反映该地区的工作情况或有关该地区问题的处理，方便人们按地区特征检索公文。

6）按通信者特征立卷。

按通信者特征立卷是指将本机关与某一机关之间就一定问题进行工作联系而形成的来往文书集中立卷。通信者特征，是两个机关之间针对同一个问题的问复性质的往来文书，一般与名称特征的统称“往来文书”同时使用。通信者特征是作者特征的一种特殊表现形式。适合于按通信者特征检索公文的情况。

（2）公文组卷步骤。

将公文划分到适宜组成案卷的数量时，可以按照下列步骤进行组卷：排列卷内公文→编卷内页码→填写卷内目录→装订案卷→加贴卷末备考表→填写案卷封皮。

三、公文的编目

公文的编目是指编制归档文件目录。归档文件目录由归档文件目录封面、归档文件整理说明和归档文件目录三部分构成。并应装订成册。

（1）归档文件目录封面的内容。

归档文件目录封面的内容应包括：全宗名称、年度、保管期限、机构等项目。

（2）归档文件整理说明的内容。

归档文件整理说明的内容应包括：本年度归档单位概况、内设机构以及党、政主要领导人变化情况、本年度文书档案整理归档情况等。

（3）归档文件目录的内容。

归档文件目录的内容包括件号、责任者、文号、题名、日期、页数、备注。

（4）归档文件目录的具体填写要求。

1）件号：指在归档文件分类方案的最低一级类目内文件的排列顺序号，它是反映归档文件在全宗中的位置和固定归档文件的排列先后顺序的重要标识。件号包括室编件号和馆编件号两种。机关档案部门在文件材料整理归档阶段编制的是室编件号。室编件号即是归档文件在最低一级类目内的排列顺序号，按文件排列从“1”开始标注，一份文件编一个件号。在档案向档案馆移交时，按照档案馆的有关规定填写馆编件号。

2）责任者：指制发文件的组织或者个人。

3）文号：指文件制发机关的发文字号。

4）题名：指文件的标题。

5）日期：指文件的形成时间。

6）页数：以件为单位填写总页数。

7）备注：用于填写需要补充和说明的情况。

四、公文的归档

归档文件整理工作是指将归档文件以件为单位进行装订、分类、排列、编号、编目、装盒，使之有序化的过程。归档文件的整理单位为“件”。

1. 归档文件整理的组织工作

（1）建立和健全文书部门整理制度。

（2）公文整理环节的选择。

（3）明确公文整理的范围。

2. 立卷归档的要求

各部门专职人员在规定的归档时间内，把整理审定完毕的档案资料，递交档案室立卷归档；移交档案要填写“档案资料移交清单”，移交清单一式两份，双方签字各执一份；归档的文件资料必须完整（已经破损的文件应予修整，字迹模糊或易褪变的文件应予复制）、真实、准确，请示和批复、印本和底稿、正文和附件必须立在一起；整理归档文件所使用的书写材料、纸张、装订材料等应符合档案保护的要求。

3. 编号

归档文件的编号是指将归档文件在全宗中的位置用符号进行标识，并以归档章的形式在归档文件上注明。

4. 装盒

装盒是指将归档文件按室编件号顺序装入档案盒，并填写档案盒封面，盒脊及备考表等工作内容。档案盒封面应标明全宗名称。

5. 公文的归档

（1）归档的内容。

每个企业都应制定具体的归档制度，归档制度的包括归档范围、归档时限、归档要求。

（2）归档时限。

机关文书部门或业务部门一般应在第二年上半年向档案部门移交档案。

（3）归档的要求。

1）应归档的文件材料齐全、完整；

2）文件和电报按其内容的联系，合并整理、立卷；

3）归档的文件材料，应保持它们之间的历史联系，区分保存价值，便于保管和利用；

4）档案盒和归档文件封套应使用无酸纸制作。

6. 保管期限

机关文书档案的保管期限定为永久、定期两种。定期一般分为10年、30年。

第四章　工 程 预 算

第一节　工程造价的组成

一、工程造价的含义

工程造价是指工程产品的建设价格，指为了完成一个工程的建设，预计或实际支出的全部费用的总和。由于角度的不同，其含义有两种：

第一种是从投资者（业主）的角度而言，工程造价是指建设一项工程预期开支或实际开支的全部固定资产投资费用，也是一项工程通过建设形成相应的固定资产、无形资产所需的一次性费用总和。这里强调“费用”的概念。

投资者为了获得投资项目的预期收益，就要对项目进行投资决策、勘察设计招标、工程施工招标、设备采购招标、建设实施直至竣工验收等一系列投资管理活动。在上述活动中所花费的全部费用形成了固定资产和无形资产，就构成了工程造价。从这个意义上讲，工程造价就是工程投资费用，建设项目工程造价就是建设项目固定资产总额。

第二种是从市场交易的角度而言，工程造价是指为建成一项工程，预计或实际在土地市场、设备市场、技术劳务市场以及工程承发包市场等交易活动中所形成的建筑安装工程价格和建设工程总价格。这里强调“价格”的概念。

所谓“价格”，是以市场经济为前提的，以工程、设备、技术等特定商品形式作为交易形式，通过招投标、承发包或其他交易方式，在各方进行反复测算的基础上，最终由市场形成的价格。其交易的对象既可以是一个建设项目、一个单项工程，也可以是建设的某一个阶段，如可行性研究报告阶段、设计工作阶段等，还可以是某个建设阶段的一个或几个组成部分。如建设前期的土地开发工程、安装工程、装饰工程、配套设施工程等。随着经济发展和技术进步、分工的细化和市场的完善，工程建设中的中间产品也会越来越多，商品交易会更加频繁，工程造价的种类和形式也会更为丰富。特别是投资体制的改革，投资主体多元化和资金来源的多渠道使一部分建筑产品作为商品进入了流通。住宅、写字楼、公寓等作为商品已为人们所接受，工业厂房、仓库、商业设施等建筑产品，一旦投资者将其推向市场就成为真实的商品而流通。无论是采取购买、抵押、拍卖、租赁，还是企业兼并形式，其性质都是相同的。

工程承发包价格是工程造价中一种重要的、较为典型的价格交易形式，我们有时可以狭义地理解工程造价就是工程承发包价格。它是在建筑市场通过招投标，由需求主体（投资者）和供给主体（承包商）共同认可的价格。建筑安装工程造价在项目固定资产投资中占有的份额，是工程造价中最活跃的部分，也是建筑市场交易的主要对象之一。设备采购过程中经过招投标形成的价格，土地使用权拍卖或设计招投标等所形成的承包合同价都属于此范畴。工程造价的两种含义的联系与区别在于从不同角度把握同一事物的本质。主要区别见表 4-1。

表 4-1　工程造价两种含义的区别

	工程投资	承发包价格
角度不同	从投资角度	从市场角度
性质不同	属于费用范畴	属于价格范畴
工作重点不同	强调决策与管理	强调保证合同双方合理合法的经济利益

区别两种含义，可以更好地实现投资者和承包商各自的目标，从而有利于推动经济的全面增长。

二、工程造价的特点

工程造价的特点是由工程建设的特殊性决定的。

1. 工程造价的大额性

能够发挥投资效用的任何一项工程，不仅实物形体庞大，而且造价高昂，动辄数百万元、数千万元、数亿元、十几亿元，特大型工程项目的造价可达百亿元、千亿元人民币。工程造价的大额性使其关系到有关各方面的重大经济利益，同时也会对宏观经济产生重大影响。这决定了工程造价的特殊地位，也说明了造价管理的重要意义。

2. 工程造价的个别性、差异性

任何一项工程都有特定的用途、功能和规模，每个工程所处地区、地段都不相同，因而不同工程的内容和实物形态都具有差异性，这决定了工程造价的个别性差异。

3. 工程造价的动态性

任何一项工程从决策到竣工交付使用，都有一个较长的建设时期。在预计工期内，许多影响工程造价的动态因素，如工程变更、设备材料价格、工资标准、费率、利率及汇率等都可能会发生变化，这种变化必然会影响造价的变动。所以工程造价在整个建设期内都处于不确定状态，直到竣工决算后才能最终确定工程的实际造价。

4. 工程造价的层次性

工程造价的层次性取决于工程的层次性。一个建设项目往往含有多个能够独立发挥设计效能的单项工程（如车间、写字楼、住宅楼等），而一个单项工程又是由若干个能够发挥专业效能的单位工程（如土建工程、电气安装工程等）组成的。与工程的层次性相对应，工程造价也有 3 个层次，即建设项目总造价、单项工程造价和单位工程造价。如果专业分工更细，单位工程（如土建工程）的组成部分分部、分项工程也可以成为交换对象，如大型土方工程、基础工程和装饰工程等，这样工程造价的层次就因增加分部工程和分项工程而成为5个层次。即使从造价的计算和工程管理的角度来看，工程造价的层次也是非常突出的。

5. 工程造价的兼容性

工程造价的兼容性首先表现在它具有两种含义，其次表现在工程造价构成因素的广泛性和复杂性。在工程造价中，首先是成本因素非常复杂；其次是获得建设工程用地支出的费用、项目可行性研究和规划设计费用、与政府一定时期政策（特别是产业政策和税收政策）相关的费占有相当大的份额；最后是盈利的构成也较为复杂，资金成本大。

三、工程造价的作用

工程造价涉及国民经济各部门、各行业，涉及社会再生产中的各个环节，也直接关系到人民群众的生活和城镇居民的居住条件，所以，它的作用范围和影响程度都很大。其作用主要有以下几点：

1. 建设工程造价是项目决策的依据

建设工程投资大、生产复杂和使用周期长等特点决定了项目决策的重要性。工程造价决定了项目的一次投资费用。投资者是否有足够的财务能力支付这笔费用，是否认为值得支付这项费用，是项目决策中要考虑的主要问题。因此，在项目决策阶段，建设工程造价就成为项目财务分析和经济评价的重要依据。

2. 建设工程造价是制订投资计划和控制投资的依据

投资计划是按照建设工期、工程进度和建设工程价格等逐年分月加以制定的。正确的投资计划有助于合理和有效地使用资金。工程造价在控制投资方面的作用非常明显。工程造价是通过多次预估，最终通过竣工决算确定下来的。每一次预估的过程就是对造价的控制过程，而每一次估算对下一次估算又都是对造价的严格控制，具体来讲每一次估算都不能超过前一次估算的一定幅度。建设工程造价对投资的控制也表现在制定各类定额、标准和参数，对建设工程造价的计算依据进行控制。

3. 建设工程造价是筹集建设资金的依据

投资体制的改革和市场经济的建立要求项目的投资者必须有很强的筹资能力，以保证工程建设有充足的资金供应。工程造价基本决定了建设资金的需要量，从而为筹集资金提供了比较准确的依据。当建设资金来源于金融机构的贷款时，金融机构在对项目的偿贷能力进行评估的基础上，也需要依据工程造价来确定给予投资者的贷款数额。

4. 建设工程造价是评价投资效果的重要指标

建设工程造价是一个包含着多层次工程造价的体系，就一个工程项目来说，它既是建设项目的总造价，又包含单项工程的造价和单位工程的造价，也包含单位生产能力的造价，或一平方米建筑面积的造价等。所有这些使工程造价自身形成了一个指标体系，它能够为评价投资效果提出多种评价指标，并能形成新的价格信息，为今后类似项目的投资提供参照系。

5. 建设工程造价是调节利益分配和产业结构的手段

工程造价的高低涉及国民经济各部门和企业间的利益分配。在市场经济中，工程造价受供求状况的影响，并在围绕价值的波动中实现对建设规模、产业结构和利益分配的调节。加上政府正确的宏观调控和价格政策导向，工程造价在这方面的作用会充分发挥出来。

四、工程造价的构成

工程造价，即固定资产投资，主要由工程建设投资和建设期利息两部分构成。其中，建设投资包括工程费用、工程建设其他费用和预备费，如图 4-1 所示。

- 工程造价
  - 建设投资
    - 工程费用
      - 设备及工器具购置费
      - 建筑安装工程费
        - 直接费
        - 间接费
        - 利润
        - 税金
    - 工程建设其他费用
      - 建设用地费
      - 与项目建设有关的其他费用
      - 与未来生产经营有关的其他费用
    - 预备费
      - 基本预备费
      - 价差预备费
  - 建设期利息

图 4-1 工程造价的构成

1. 设备及工器具购置费

设备及工器具购置费用包括设备购置费和工器具及生产家具购置费，它是固定资产投资中的积极构成部分。在生产性建设项目中，设备、工器具费用与资本的有机构成相联系，其占项目投资费用比重的大小，意味着生产技术的进步和资本有机构成的程度。设备购置费是指为建设项目购置或自制的达到固定资产标准的各种国产或进口设备和工器具的购置费用。它由设备原价和设备运杂费构成，见式（4-1）。

$$设备购置费=设备原价+设备运杂费 \tag{4-1}$$

式（4-1）中，设备原价指国产设备或进口设备的原价；设备运杂费指除设备原价之外的关于设备采购、运输、途中包装及仓库保管等方面支出费用的总和。

2. 建筑安装工程费

建筑工程费是指为建造永久性建筑物和构筑物所需要的直接费、间接费、利润和税金之和，主要包括：为施工而进行的场地平整、工程和水文地质勘探，原有建筑物和障碍物的拆除以及施工临时用水、电、气、路和工程完工后的场地清理，环境美化等工作的费用；各类房屋建筑工程的供水、供暖、卫生、通风、燃气等设备费用及其安装调试、油饰工程的费用，如建筑工程预算的各种管道、电力、电信和电缆敷设构成的费用；设备基础、支柱、工作台、烟卤、水塔、水池、灰塔等建筑工程以及各种窑炉的砌筑工程和金属结构工程的费用；列入工程预算的各种管道、电力、电信和电缆导线敷设工程的费用；矿井开凿，井巷延伸，露天矿剥离，修建铁路、公路、桥梁、隧道、水库及防洪等工程的费用等。

安装工程费是指各种需要安装的机械设备和电气设备等工程的安装费用，由其相对应的直接费、间接费、利润和税金组成。主要包括各种需要安装的机电设备的装配、装置工程，与设备相连的工作台、梯子的装设工程。附属于被安装设备的管线敷设，主要包括各类生产、动力、起重、运输、传动、医疗和实验等各种需要安装的机械及电子设备的装配、装置费用；与设备相连的工作台、梯子、栏杆等设施的装设工程费用；附属于被安装设备的管线敷设工程费用；被安装设备的绝缘、刷油、保温、调整试验等所需的费用；以及单台设备单机试运转、系统设备进行系统联动无负荷试运转工作的测试费用等。

（1）建筑安装工程费用构成

根据住房和城乡建设部、财政部颁布的《关于印发〈建筑安装工程费用明目组成〉的通知》（建标〔2013〕44 号），我国现行建筑安装工程费用项目按费用构成要素和按造价形成两种不同的方式划分。

按照费用构成要素划分，建筑安装工程费由人工费、材料（包含工程设备）费、施工机具使用费、企业管理费、利润、规费和税金组成。其中人工费、材料费、施工机具使用费、企业管理费和利润包含在分部分项工程费、措施项目费、其他项目费中，如图 4-2 所示。

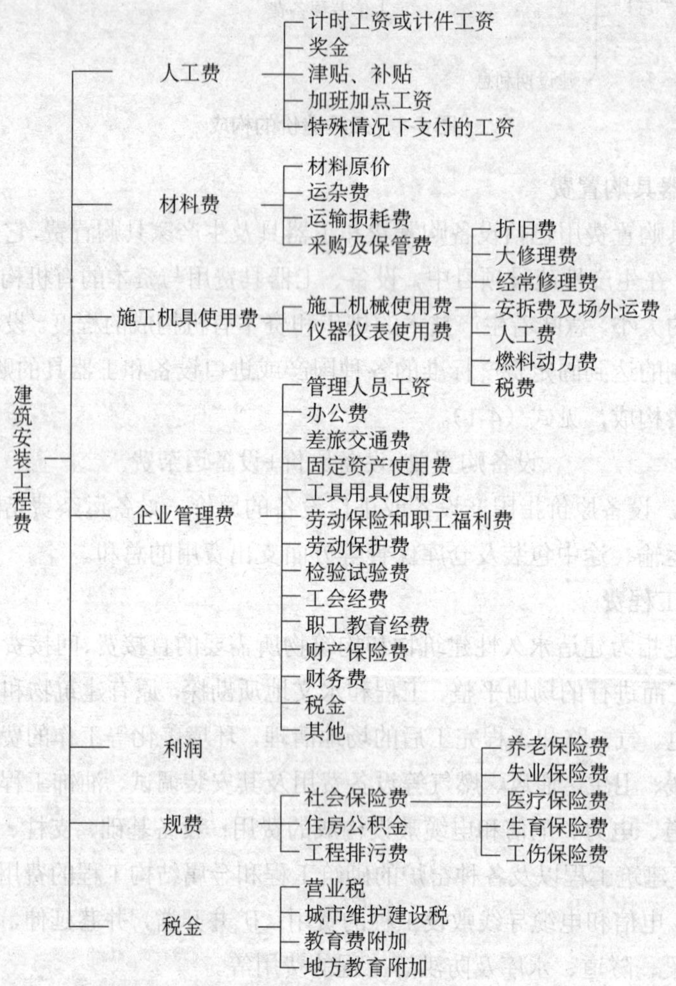

图 4-2 按照费用构成要素划分建筑安装工程费

建筑安装工程费按照工程造价形成由分部分项工程费、措施项目费、其他项目费、规费、税金组成，分部分项工程费、措施项目费、其他项目费包含人工费、材料费、施工机具使用费、企业管理费和利润，如图 4-3 所示。

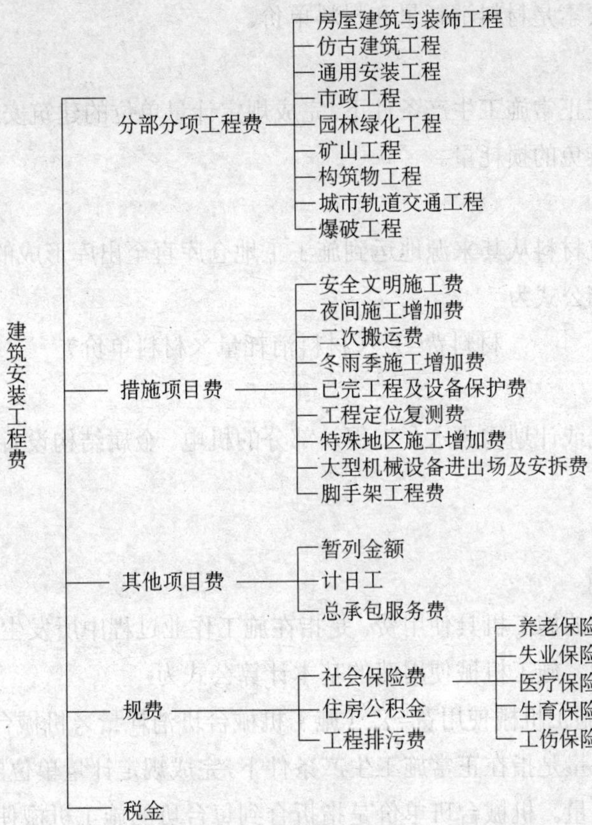

图 4-3　按照工程造价形成划分建筑安装工程费

（2）建筑安装工程费用计算。

1）按费用构成要素划分建筑安装工程费用项目构成的计算。

按照费用构成要素划分，建筑安装工程费包括：人工费、材料费（包含工程设备）、施工机具使用费、企业管理费、利润、规费和税金。

①人工费。

计算建筑安装工程费中的人工费的基本要素有两个，即人工工日消耗量和人工日工资单价。

a. 人工工日消耗量。

人工工日消耗量是指在正常施工生产条件下，完成规定计量单位的建筑安装产品所消耗的生产工人的工日数量。它由分项工程所综合的各个工序劳动定额包括的基本用工、其他用工两部分组成。

b. 人工日工资单价。

人工日工资单价是指直接从事建筑安装工程施工的生产工人在每个法定工作日的工资、津贴及奖金等。

人工费的基本计算公式为

$$人工费=\Sigma（工日消耗量\times日工资单价） \tag{4-2}$$

②材料费。

计算材料的基本要素是材料消耗量和材料单价。

a. 材料消耗量。

材料消耗量是指在正常施工生产条件下，完成规定计量单位的建筑安装产品所消耗的各类材料的净用量和不可避免的损耗量。

b. 材料单价。

材料单价是指建筑材料从其来源地运到施工工地仓库直至出库形成的综合平均单价。

材料费的基本计算公式为

$$材料费=\Sigma（材料消耗量\times材料单价） \tag{4-3}$$

c. 工程设备。

工程设备是指构成或计划构成永久工程一部分的机电、金属结构设备、仪器装置及其他类似的设备和装置。

③施工机具使用费。

a. 施工机械使用费。

建筑安装工程费中的施工机具使用费，是指在施工作业过程中所发生的施工机械、仪器仪表等的使用费或租赁费。施工机械使用费的基本计算公式为

$$施工机械使用费=\Sigma（施工机械台班消耗量\times机械台班单价） \tag{4-4}$$

施工机械台班消耗量是指在正常施工生产条件下，完成规定计量单位的建筑安装产品所消耗的施工机械台班的数量。机械台班单价是指折合到每台班的施工机械使用费。

b. 仪器仪表使用费。

仪器仪表使用费与施工机械使用费类似，仪器仪表使用费的基本计算公式为

$$仪器仪表使用费=\Sigma（仪器仪表台班消耗量\times仪器仪表台班单价） \tag{4-5}$$

当一般纳税人采用一般计税方法时，施工机械台班单价和仪器仪表台班单价中的相关子项均需扣除增值税进项税额。

④企业管理费。

企业管理费一般采用取费基数乘以费率的方法计算，取费基数有：以分部分项工程费为计算基础、以人工费和施工机具使用费合计为计算基础及以人工费为计算基础3种。

⑤利润。

利润由施工企业根据企业自身需求并结合建筑市场实际自主确定。

工程造价管理机构在确定计价定额中利润时，应以定额人工费或定额人工费与施工机具使用费之和作为计算基数，其费率根据历年积累的工程造价资料，并结合建筑市场实际确定，以单位（单项）工程测算。利润在税前建筑安装工程费的比重可按不低于 5%且不高于 7%的费率计算。

⑥规费。

规费是指政府机关在为特定人履行了一定行为或者在特定人要求使用公有物时，依法向其征收的行政手续费。工程排污费等其他应列而未列入的规费应按工程所在地环境保护等部门规定的标准缴纳，按实计取列入。

⑦税金。

建筑安装工程费用中的税金是指按照国家税法规定的应计入建筑安装工程造价内的增值税税额，按税前造价乘以增值税税率确定。可采用一般计税方法和简易计税方法进行计算。

采用一般计税方法时，建筑业增值税税率为10%；采用简易计税方法时，建筑业增值税税率为3%。

2）按造价形成划分建筑安装工程费用项目构成的计算。

建筑安装工程费按照工程造价形成由分部分项工程费、措施项目费、其他项目费、规费和税金组成。

①分部分项工程费。

分部分项工程费通常用分部分项工程量乘以综合单价进行计算：

$$分部分项工程费=\Sigma（分部分项工程量\times综合单价） \tag{4-6}$$

综合单价包括人工费、材料费、施工机具使用费、企业管理费和利润，以及一定范围的风险费用。

②措施项目费。

按照有关专业工程量计算规范规定，措施项目分为应予计量的措施项目和不宜计量的措施项目两类。

a. 应予计量的措施项目。

与分部分项工程费的计算方法基本相同，公式为

$$措施项目费=\Sigma（措施项目工程量\times综合单价） \tag{4-7}$$

b. 不宜计量的措施项目。

对于不宜计量的措施项目，通常用计算基数乘以费率的方法予以计算。

③其他项目费。

a. 暂列金额。

暂列金额由建设单位根据工程特点，按有关计价规定估算，施工过程中由建设单位使用，扣除合同价款调整后如有余额，归建设单位。

b. 计日工。

计日工由建设单位和施工单位按施工过程中形成的有效签证来计价。

c. 总承包服务费。

总承包服务费由建设单位在招标控制价中根据总包范围和有关计价规定端制，施工单位投标时自主报价，施工过程中按签约合同价执行。

④规费和税金。

规费和税金的计算与按费用构成要素划分建筑安装工程费用项目组成部分是相同的。

3. 工程建设其他费用

工程建设其他费用是指从工程筹集到工程竣工验收交付使用为止的整个建设期间，除建筑安装工程费用和设备及工器具购置费以外的，为保证工程建设顺利完成和交付使用后能够正常发挥效用而发生的各项费用。也是根据有关规定应在基本建设投资中支付的，并列入建设项目总概预算或单项工程综合概预算的，除建筑安装工程费用和设备及工器具购置费以外的费用。

工程建设其他费用按其内容主要由与土地使用有关的费用、与工程建设有关的其他费用以及与未来企业生产经营有关的其他费用 3 部分构成。

4. 预备费

预备费是指在初步设计和概算中难以预料的工程费用。按照风险因素的性质划分，预备费又包括基本预备费和涨价预备费两种类型。其计算公式为

预备费=基本预备费+涨价预备费　　（4-8）

（1）基本预备费是指在可行性研究阶段难以事先预料，而在建设期可能发生的工程费用，又称为工程建设不可预见费。主要是指由于以下原因导致费用增加而预留的费用：

1）设计变更、局部地基处理等导致的费用增加；

2）不可抗力造成的损失和预防自然灾害所采取的措施费用；

3）为鉴定工程质量，隐蔽工程验收时发生的挖掘及验收结束时进行修复所导致的费用增加；

4）超长、超宽、超重引起的运输增加费用等。

（2）涨价预备费是指建设工期较长的建设项目，在建设期间内可能发生的人工、材料、设备、施工机械等价格上涨，以及费率、利率、汇率等变化，而引起项目投资的增加，需要事先预留的费用，亦称价差预备费或价格变动不可预见费。价差预备费的计算方法一般是根据国家规定的投资综合价格指数，按估算年份价格水平的投资额为基数，采用复利方法计算。

5. 建设期利息

建设期利息主要是指工程项目在建设期间内发生并计入固定资产的利息，主要是建设期发生的支付银行贷款、出口信贷、债券等的借款利息及手续费、承诺费、管理费等融资费用。

常用的建设期利息计算方式：当总贷款分年均衡发放时，建设期利息的计算可按当年借款在年中支用考虑，即当年贷款按半年计息，上年贷款按全年计息。

第二节　工程量计算的基本知识

一、工程量的基本知识

1. 工程量的概念

工程量即工程的实物数量，是以物理计量单位或自然计量单位所表示各个分项或子分项工程或结构配件的数量。自然计量单位是以物体的自然属性作为计量单位，如灯箱、镜箱、柜台

以“个”为计量单位，晒衣架、帘子杆、毛巾架以“根”或“套”为计量单位等，装饰灯具安装以“套”为计量单位，卫生器具安装以“组”为计量单位；物理计量单位是以物体的某种物理属性作为计量单位，如墙面抹灰或墙面贴壁纸以“m^2”为计量单位，窗帘轨、楼梯扶手、栏杆以“m”为计量单位，土石方以“m^3”为计量单位，钢筋、钢管、工字钢以“kg”为计量单位等。

2. 工程量的意义

（1）工程计价以工程量为基本依据，因此，工程量计算的准确与否，直接影响工程造价的准确性，以及整个工程建设过程的投资确定和控制。

（2）工程量是施工企业编制施工作业计划，合理安排施工进度，组织现场劳动力、材料以及机械的重要依据。

（3）工程量是施工企业编制工程形象进度统计报表，向工程建设投资方结算工程价款的重要依据。

（4）工程量是基本建设财务管理和会计核算的重要指标。

二、工程计量

工程量的正确计量是发包人向承包人支付合同价款的前提和依据，无论采用何种计价方式，工程量必须按照相关工程现行国家计量规范规定的工程量计算规则计算，采用全国统一的工程量计算规则，对于规范工程建设各方的计量计价行为，有效地减少计量争议具有重要意义。

1. 工程计量的原则

（1）工程计量可选择按月或按工程形象进度分段计量，具体计量周期在合同中约定；

（2）按承包人在履行合同义务过程中实际完成的工程量计量；

（3）对于不符合合同文件要求的工程，因承包人原因造成的超出施工图纸范围或返工的工程量，发包人不予计量；

（4）若发现工程量清单中出现漏项、工程量计算偏差，以及工程变更引起工程量的增减变化，应据实调整，正确计量。

2. 工程计量的依据

工程计量的依据一般包括工程质量合格证书，工程量清单计价规范，技术规范中的“计量支付”条款和设计图等。因此，在进行工程计量时必须以这些资料为依据。

（1）质量合格证书。

工程计量必须与质量管理紧密配合，对于承包商已完成的工程，经过专业工程师检验，工程质量达到合同规定的标准后，由专业工程师签署报验申请表（质量合格证书），方可予以计量，并不是全部进行计量。

（2）工程量清单计价规范和技术规范。

工程量清单计价规范和技术规范是确定计量方法的依据，因为工程量清单计价规范和技术规范的“计量支付”条款规定了清单中每一项工程的计量方法，同时还规定了按规定的计量方法确定的单价所包括的工作内容和范围。《建设工程工程量清单计价规范》（GB 50500—2013）

将“按照现行工程量清单计价规范规定的工程量计算规则计算”列为强制性条文，严格执行。

（3）设计图。

单价合同以实际完成的工程量进行结算，凡是被工程师计量的工程数量，并不一定是承包商的实际施工数量。计量的几何尺寸要以设计图为依据，工程师对承包商超出设计图要求自行增加的工程量和因自身原因造成返工的工程量，不予计量。

三、工程量的计算

1. 工程量计算的依据

（1）招标文件。

招标文件中有主要工程量表，经按图纸和说明书校核，业主提供的工程量基本上是正确的，是作为工程量计算的依据。

（2）施工图纸及配套的标准图集。

施工图纸全面反映建筑物（或构筑物）的结构构造、各部位的尺寸及工程做法。因此，施工图纸及配套的标准图集，是工程量计算的基础资料和基本依据。

（3）预算定额、工程量清单计价规范。

根据工程计价的方式不同（定额计价或工程量清单计价），如计算工程量应选择相应的工程量计算规则，编制施工图预算，应按预算定额及其工程量计算规则进行计量；工程招标投标编制工程量清单，应按“计价规范”附录中的工程量计算规则计量。

（4）施工组织设计或施工方案。

施工图纸主要表现拟建工程的实体项目，分项工程的具体施工方法及措施，应按施工组织设计或施工方案确定。如计算挖基础土方，施工方法是采用人工开挖，还是采用机械开挖，基坑周围是否需要放坡、预留工作面或做支撑防护等，应以施工组织设计或施工方案为计算依据。

此外，工程施工合同、地方相关法规和规定等也是工程量计算的依据。

2. 工程量计算的方法

为了便于工程量的计算和审核，防止重算和漏算的现象，计算工程量时必须按照一定顺序和方法来进行。

3. 工程量计算的要求

（1）工程量计算时必须具备准确性。

计算工程量时，按照施工图的要求列出的分项工程必须与预算定额中相应的分项工程保持一致。计算分项工程量时就应列面层及结合层两项。例如，水磨石楼梯面层，预算定额中已包含水泥砂浆结合层，则计算时就不应再另列项目。因此，在计算工程量时，除了熟悉施工图纸及工程量计算规则，还应掌握预算定额中每个分项工程的工作内容和范围，避免重复列项及漏项。

（2）计算工程量采用的计算规则，必须与本地区现行的规则相一致。

预算定额的编制坚持统一性和因地制宜的原则。所谓因地制宜，即在统一基础上的差别性。各部门和省市（自治区）、直辖市主管部门可以在自己管辖的范围内，依据部门（地区）的实际情况，制定部门和地区性定额、补充性制度和管理办法，以适应中国幅员辽阔、地区间发展不平衡和差异大的实际情况。因此，各地区大多都有与其相应的计价规范。这就要求在计算工程量时，所采用的计算规则必须与当地现行的计算规则相一致。

（3）工程量计算的计量单位。

计算工程量时，所列出的各分项工程的计量单位必须与所使用的预算定额中相应项目的计量单位相一致。

（4）工程量计算的精度规范要求。

为了保证工程量计算的精确度，工程数量的有效位数应遵守以下规定：以“t”为单位，应保留小数点后三位数字，第四位四舍五入；以“m^3”“m^2”“m”为单位，应保留小数点后两位数字，第三位四舍五入；以“个”“项”等为单位，应取整数。

第三节　定额计价与清单计价的基本知识

工程造价的计价模式是指根据计价依据计算工程造价的程序和方法，具体包括工程造价的程序、计价的方式以及最终价格的确定等项内容。计价模式是工程造价管理的基本内容之一，工程造价管理既是企业行为和行业行为，也是政府行为，而计价模式是国家管理和控制工程造价的手段计价模式，对工程造价的确起着十分重要的作用，这主要是由建筑工程项目造价的计价特点所决定的。

从建设程序看，施工图设计阶段，施工图预算的编制比基本建设其他环节的计价精度要求高，内容繁多，方法复杂。目前理论界和实践中所谈的计价模式也都是针对这一阶段的工程计价而言的。我国现有工程定额计价和工程量清单计价两种模式，从长远来看，工程量清单计价模式将是唯一的一种计价模式。不管采用定额计价模式还是工程量清单计价模式，对工程建设招投标方而言主要用于确定工程标底，对工程建设投标方而言主要用于投标报价。

一、定额计价

1. 定额计价的概述

（1）定额计价的概念。

定额计价法是我们使用了几十年的一种计价模式，其基本特征就是价格=定额+费用+文件规定，并作为法定性的依据强制执行，无论是工程招标编制标底，还是投标报价均以此为唯一的依据，承发包双方共用一本定额和费用标准确定标底价和投标报价，一旦定额价与市场价脱节就影响计价的准确性。定额计价是建立在以政府定价为主导的计划经济管理基础上的价格管理模式，它所体现的是政府对工程价格的直接管理和调控。

（2）定额计价的含义。

定额计价是指根据招标文件，按照各国家建设行政主管部门发布的建设工程预算定额的

“工程量计算规则”，同时参照省级建设行政主管部门发布的人工日单价、机械台班单价、材料以及设备价格信息及同期市场价格，计算出直接工程费，再按规定的计算方法计算间接费、利润和税金，并汇总确定建筑安装工程造价。

（3）2018重庆定额体系。

为合理确定和有效控制工程造价，提高工程投资效益，规范建设市场计价行为，推动建设行业持续健康发展，结合重庆市实际，重庆市编制了2018年《重庆市房屋建筑与装饰工程计价定额》《重庆市仿古建筑工程计价定额》《重庆市通用安装工程计价定额》《重庆市市政工程计价定额》《重庆市园林绿化工程计价定额》《重庆市构筑物工程计价定额》《重庆市城市轨道交通工程计价定额》《重庆市爆破工程计价定额》《重庆市房屋修缮工程计价定额》《重庆市绿色建筑工程计价定额》和《重庆市建设工程施工机械台班定额》《重庆市建设工程施工仪器仪表台班定额》《重庆市建设工程混凝土及砂浆配合比表》(以上简称2018年计价定额)。此系列定额与2018年《重庆市建设工程费用定额》配套执行，定于2018年8月1日起在新开工的建设工程中执行，在此之前已发出招标文件或已签订施工合同的工程仍按原招标文件或施工合同执行。

与此同时，2008年颁布的系列定额，2011年颁布的《重庆市城市轨道交通工程计价定额》，2013年颁布的《重庆市建筑安装工程节能定额》，以及有关配套定额、解释和规定，自2018年8月1日起停止使用。

2. 定额计价的基本程序和性质

（1）定额计价的基本程序。

以定额单价法确定工程造价，是我国采用的一种与计划经济相适应的工程造价管理制度。定额计价实际上是国家通过颁布统一的计价定额或指标，对建筑产品价格进行有计划的管理。国家以假定的建筑安装产品为对象，制定统一的预算和概算定额，计算出每一单元子项的费用后，再综合形成整个工程的价格。

编制建设工程造价最基本的过程包括工程计量和工程计价。工程量在一个地区的计算均按照统一的项目划分和计算规则计算，工程量确定后，就可以按照一定的方法确定出工程的成本及盈利，最终可以确定出工程预算造价（或投标报价）。定额计价方法的特点就是量与价的结合，经过不同层次的计算形成量与价的最优结合过程。概预算单位价格的形成过程，就是依据概预算定额所确定的消耗量乘以定额单价或市场价，经过不同层次的计算达到量与价的最优结合过程。

（2）定额计价方法的性质。

在不同经济发展时期，建筑产品有不同的价格形式，不同的定价主体，不同的价格形成机制，而一定的建筑产品价格形式产生、存在于一定的工程建设管理体制和一定的建筑产品交换方式之中。我国建筑产品价格市场化经历了“国家定价—国家指导价—国家调控价”3个阶段。定额计价是以概预算定额、各种费用定额为基础依据，按照规定的计算程序确定工程造价的特殊计价方法，因此，利用工程建设定额计算工程造价，就价格形成而言，介于国家定价和国家指导价之间。

3. 定额计算规则

重庆2018年计价定额的综合单价是指完成一个规定计量单位的分部分项工程项目或措施项目所需的人工费、材料费、施工机具使用费、企业管理费、利润及一般风险费。定额综合单价计算程序见表4-2。

表4-2 定额综合单价计算程序表

序号	费用名称	计费基础	
	定额综合单价	定额人工费+定额机械费	定额人工费
1	定额人工费	1+2+3+4+5+6	1+2+3+4+5+6
2	定额材料费		
3	定额机械费		
4	企业管理费	（1+3）×费率	1×费率
5	利润	（1+3）×费率	1×费率
6	一般风险费	（1+3）×费率	1×费率

（1）人工费。

此定额人工以工种综合表示，内容包括基本用工、超运距用工、辅助用工、人工幅度

定额人工单价为土石方综合工100元/工日，建筑、混凝土、砌筑、防水综合工115元/工日，钢筋、模板架子、金属制安、机械综合工120元/工日，木工、抹灰综合工125元/工日，镶贴综合工130元/工日。

（2）材料费。

此定额材料消耗量已包括材料、成品、半成品的净用量以及从工地仓库、现场堆放地点或现场加工地点至操作或安装地点的运输损耗、施工操作损耗、施工现场堆放损耗。定额材料已包括施工中消耗的主要材料、辅助材料和零星材料，辅助材料和零星材料合并为其他材料费。

此定额已包括材料、成品、半成品从工地仓库、现场堆放地点或现场加工地点至操作或安装地点的水平运输。且包括工程施工的周转性材料30 km以内，从甲工地（或基地）至乙工地的搬迁运输费和场内运输费。

（3）施工机具使用费。

此定额不包括机械原值（单位价值）在2 000元以内、使用年限在一年以内、不构成固定资产的工具用具性小型机械费用，该“工具用具使用费”已包含在企业管理费用中，但其消耗的燃料动力已列入材料内；此定额已包括工程施工的中小型机械的30 km以内，从甲工地（或基地）至乙工地的搬迁运输费和场内运输费。

（4）企业管理费、利润。

此定额企业管理费、利润的费用标准是按公共建筑工程取定的，使用时应按实际工程和《重庆市建设工程费用定额》所对应的专业工程分类及费用标准进行调整。

（5）一般风险费。

此定额除人工土石方定额项目外，均包含了《重庆市建设工程费用定额》所指的一般风险

费，使用时不做调整。

4. 建筑面积计算规范

重庆2018年计价定额建筑面积计算规则，执行2013年国家标准《建筑工程建筑面积计算规范》（GB/T 50353—2013）（以下简称《规范》）。本定额仅列出规范中“计算建筑面积的规定”内容，其他未列出内容详见《规范》。

（1）建筑面积计算规则。

1）建筑物的建筑面积应按自然层外墙结构外围水平面积之和计算。结构层高在2.20 m及以上的，应计算全面积；结构层高在2.20 m以下的，应计算1/2面积。

2）建筑物内设有局部楼层时，对于局部楼层的二层及以上楼层，有围护结构的应按其围护结构外围水平面积计算，无围护结构的应按其结构底板水平面积计算。结构层高在 2.20 m及以上的，应计算全面积，结构层高在2.20 m以下的，应计算1/2面积。

3）形成建筑空间的坡屋顶，结构净高在2.10 m及以上的部位应计算全面积；结构净高在1.20 m及以上至2.10 m以下的部位应计算1/2面积；结构净高在1.20 m以下的部位不应计算建筑面积。

4）场馆看台下的建筑空间，结构净高在2.10 m及以上的部位应计算全面积；结构净高在1.20 m及以上至2.10 m以下的部位应计算1/2面积；结构净高在1.20 m以下的部位不应计算建筑面积。室内单独设置的有围护设施的悬挑看台，应按看台结构底板水平投影面积计算建筑面积。有顶盖无围护结构的场馆看台应按其顶盖水平投影面积的1/2计算面积。

5）地下室、半地下室应按其结构外围水平面积计算。结构层高在2.20 m及以上的，应计算全面积；结构层高在2.20 m以下的，应计算1/2面积。

6）出入口外墙外侧坡道有顶盖的部位，应按其外墙结构外围水平面积的1/2计算面积。

7）建筑物架空层及坡地建筑物吊脚架空层，应按其顶板水平投影计算建筑面积。结构层高在2.20 m及以上的，应计算全面积；结构层高在2.20 m以下的，应计算1/2面积。

8）建筑物的门厅、大厅应按一层计算建筑面积，门厅、大厅内设置的走廊应按走廊结构底板水平投影面积计算建筑面积。结构层高在2.20 m及以上的，应计算全面积；结构层高在2.20 m以下的，应计算1/2面积。

9）建筑物间的架空走廊，有顶盖和围护结构的，应按其围护结构外围水平面积计算全面积；无围护结构、有围护设施的，应按其结构底板水平投影面积计算1/2面积。

10）立体书库、立体仓库、立体车库，有围护结构的，应按其围护结构外围水平面积计算建筑面积；无围护结构、有围护设施的，应按其结构底板水平投影面积计算建筑面积。无结构层的应按一层计算，有结构层的应按其结构层面积分别计算。结构层高在2.20 m及以上的，应计算全面积；结构层高在2.20 m以下的，应计算1/2面积。

11）有围护结构的舞台灯光控制室，应按其围护结构外围水平面积计算。结构层高2.20 m及以上的，应计算全面积；结构层高在2.20 m以下的，应计算1/2面积。

12）附属在建筑物外墙的落地橱窗，应按其围护结构外围水平面积计算。结构层高在2.20 m及以上的，应计算全面积；结构层高在2.20 m以下的，应计算1/2面积。

13）窗台与室内楼地面高差在 0.45 m 以下且结构净高在 2.10 m 及以上的凸（飘）窗，应按其围护结构外围水平面积计算 1/2 面积。

14）有围护设施的室外走廊（挑廊），应按其结构底板水平投影面积计算 1/2 面积；有围护设施（或柱）的檐廊，应按其围护设施（或柱）外围水平面积计算 1/2 面积。

15）门斗应按其围护结构外围水平面积计算建筑面积，结构层高在 2.20 m 及以上的，应计算全面积；结构层高在 2.20 m 以下的，应计算 1/2 面积。

16）门廊应按其顶板的水平投影面积的 1/2 计算建筑面积；有柱雨篷应按其结构板水平投影面积的 1/2 计算建筑面积；无柱雨篷的结构外边线至外墙结构外边线的宽度在 2.10 m 及以上的，应按雨篷结构板的水平投影面积的 1/2 计算建筑面积。

17）设在建筑物顶部的、有围护结构的楼梯间、水箱间、电梯机房等，结构层高在 2.20 m 及以上的应计算全面积；结构层高在 2.20 m 以下的，应计算 1/2 面积。

18）围护结构不垂直于水平面的楼层，应按其底板面的外墙外围水平面积计算。结构净高在 2.10 m 及以上的部位，应计算全面积；结构净高在 1.20 m 及以上至 2.10 m 以下的部位，应计算 1/2 面积；结构净高在 1.20 m 以下的部位，不应计算建筑面积。

19）建筑物的室内楼梯、电梯井、提物井、管道井、通风排气竖井、烟道，应并入建筑物的自然层计算建筑面积。有顶盖的采光井应按一层计算面积，结构净高在 2.10 m 及以上的，应计算全面积；结构净高在 2.10 m 以下的，应计算 1/2 面积。

20）室外楼梯应并入所依附建筑物自然层，并应按其水平投影面积的 1/2 计算建筑面积。

21）在主体结构内的阳台，应按其结构外围水平面积计算全面积；在主体结构外的阳台，应按其结构底板水平投影面积计算 1/2 面积。

22）有顶盖无围护结构的车棚、货棚、站台、加油站、收费站等，应按其顶盖水平投影面积的 1/2 计算建筑面积。

23）以幕墙作为围护结构的建筑物，应按幕墙外边线计算建筑面积。

24）建筑物的外墙外保温层，应按其保温材料的水平截面积计算，并计入自然层建筑面积。

25）与室内相通的变形缝，应按其自然层合并在建筑物建筑面积内计算。对于高低联跨的建筑物，当高低跨内部连通时，其变形缝应计算在低跨面积内。

26）对于建筑物内的设备层、管道层、避难层等有结构层的楼层，结构层高在 2.20 m 及以上的，应计算全面积；结构层高在 2.20 m 以下的，应计算 1/2 面积。

27）下列项目不应计算建筑面积：

①与建筑物内不相连通的建筑部件；

②骑楼、过街楼底层的开放公共空间和建筑物通道；

③舞台及后台悬挂幕布和布景的天桥、挑台等；

④露台、露天游泳池、花架、屋顶的水箱及装饰性结构构件；

⑤建筑物内的操作平台、上料平台、安装箱和罐体的平台；

⑥勒脚、附墙柱、垛、台阶、墙面抹灰、装饰面、镶贴块料面层、装饰性幕墙，主体结构外的空调室外机板（箱）、构件、配件，挑出宽度在 2.10 m 以下的无柱雨篷和顶盖高度达到或

超过两个楼层的无柱雨篷；

⑦窗台与室内地面高差在 0.45 m 以下且结构净高在 2.10 m 以下的凸（飘）窗，窗台与室内地面高差在 0.45 m 及以上的凸（飘）窗；

⑧室外爬梯、室外专用消防钢楼梯；

⑨无围护结构的观光电梯；

⑩建筑物以外的地下人防通道，独立的烟囱、烟道、地沟、油（水）罐、气柜、水塔、贮油（水）池、贮仓、桥等构筑物。

二、清单计价

工程量清单计价是一种区别于定额计价模式的新计价模式，是一种主要由市场定价的计价模式，是由建设产品的买方和卖方在建设市场上根据供求状况、信息状况自由竞价，从而最终签订工程合同价格的方法。因此，工程量清单的计价方法是在建设市场建立、发展和完善过程中的必然产物。在工程量清单的计价过程中，工程量清单向建设市场的交易双方提供了一个平等的平台，是投标人在投标活动中进行公正、公平、公开竞争的重要基础。

1. 工程量清单的概念

工程量清单是载明建设工程分部分项工程项目、措施项目、其他项目名称和相应数量以及规费、税金项目等内容的明细清单。

工程量清单是按统一规定进行编制的，它体现的核心内容为分项工程项目名称及其相应数量，是招标文件的组成部分。招标人或由其委托的代理机构按照招标要求和施工设计图纸规定将拟建招标工程的全部项目和内容，依据《建设工程工程量清单计价规范》中统一规定的项目编码、项目名称、计量单位和工程量计算规则进行编制，作为承包商进行投标报价的主要参考依据之一。工程量清单是一套注有拟建工程各实物工程名称、性质、特征、单位、数量及措施项目、税费等相关表格组成的文件。在性质上，工程量清单是招标文件的组成部分，是招投标活动的重要依据，一经中标，签订合同，即成为合同的组成部分。

（1）招标工程量清单。

按照《2013 年建设工程工程量清单计价规范》（GB 50500—2013）的规定，招标工程量清单是招标人依据国家标准、招标文件、设计文件以及施工现场实际情况，随招标文件发布供投标报价的工程量清单，包括其说明及表格。

招标工程量清单由具有编制能力的招标人或受其委托，具有相应资质的工程造价咨询人或招标代理人编制，必须作为招标文件的组成部分，其准确性和完整性由招标人负责。招标工程量清单是工程量清单计价的基础，应作为编制招标控制价、投标报价、计算和调整工程量、索赔等的依据之一。

招标工程量清单应以单位（项）工程编制，应由分部分项工程项目清单、措施项目清单、其他项目清单、规费和税金项目清单组成。

1）分部分项工程项目清单。

分部工程是单项工程或单位工程的组成部分，是按结构部位、路段长度及施工特点或施工任务将单项或单位工程划分为若干分部的工程；分项工程是分部工程的组成部分，是按不同施工方法、材料、工序及路段长度等将分部工程划分为若干个分项或项目的工程。

分部分项工程量清单必须载明项目编码、项目名称、项目特征、计量单位和工程量。

分部分项工程项目清单必须根据相关工程现行国家计量规范规定的项目编码、项目名称、项目特征、计量单位和工程量计算规则进行编制。

2）措施项目清单。

措施项目是指为了完成工程施工，发生于该工程施工准备和施工过程中的技术、生活、安全、环境保护等方面的项目。

措施项目清单有通用项目清单和专用项目清单两种。通用项目主要有安全文明施工、临时设施、二次搬运、模板及脚手架等，各专业均可用措施项目清单应根据相关工程现行国家计量规范的规定编制；措施项目清单应根据拟建工程的实际情况列项。

3）其他项目清单。

其他项目清单主要有暂列金额、总承包服务费、计日工、暂估价四项。暂列金额应根据工程特点，按有关计价规定估算；暂估价包括材料暂估单价、工程设备暂估单价和专业工程暂估价，其中的材料、工程设备暂估价应根据工程造价信息或参照市场价格估算，专业工程暂估价则应分不同专业，按有关计价规定估算；计日工应列出项目和数量；总承包服务费应列出服务项目及其内容等。

4）规费项目清单。

规费项目清单包括：社会保险费（包括养老保险费、失业保险费、医疗保险费、工伤保险费、生育保险费）；住房公积金；工程排污费。

如出现以上未列出的项目，应根据省级政府或省级有关部门的规定列项。

5）税金项目清单。

税金项目清单包括：营业税、城市维护建设税、教育费附加、地方教育附加。

（2）已标价工程量清单。

已标价工程量清单是构成合同文件组成部分的投标文件中已标明价格，经算术性错误修正（如有）且承包人已确认的工程量清单，包括其说明和表格。

招标工程量清单与计价表中列明的所有需要填写的单价和合价的项目，投标人均应填写且只允许有一个报价。未填写单价和合价的项目，视为此项费用已包含在已标价工程量清单中其他项目的单价和合价之中。

2. 工程量清单计价的基本原理和特点

工程量清单计价，指招标人公开提供工程量清单，投标人自主报价或招标人编制标底及双方签订合同价款，工程竣工结算等活动，是由投标人完成由招标人提供的工程量清单所需的全部费用，包括分部分项工程费、措施项目费、其他项目费、规费和税金。使用国有资金投资的建设工程项目的发、承包任务，必须采用工程量清单计价。

（1）工程量清单计价的基本原理。

以招标人提供的工程量清单为平台，投标人根据自身的技术、财务、管理能力进行投标报价。招标人根据具体的评标细则进行优选，这种计价方式是市场定价体系的具体表现形式。因此，在市场经济比较发达的国家，工程量清单计价法是非常流行的，随着我国建设市场的不断成熟和发展，工程量清单计价方法也必然会越来越成熟和规范。

工程量清单计价的基本过程为：在统一的工程量计算规则的基础上，制定工程量清单项目设置规则，根据具体工程的施工图纸计算出各个清单项目的工程量，再根据各种渠道所获得的工程造价信息和经验数据计算得到工程造价。编制工程量清单计价的过程可分为工程量清单格式的编制和利用工程量清单编制投标报价两个阶段。投标报价是在由业主提供的工程量计算结果的基础上，根据企业自身所掌握的各种信息、技术、资料等，并结合企业定额编制得出的。

1）分部分项工程费=Σ（分部分项工程量×分部分项工程单价）

其中分部分项工程单价由人工费、材料费、机械费、管理费、利润等组成，并考虑风险费用。

2）措施项目费=∑（措施项目工程量×措施项目综合单价）

3）单位工程报价=分部分项工程费+措施项目费+其他项目费+规费+税金

4）单项工程报价=∑单位工程报价

5）建设项目总报价=∑单项工程报价

（2）工程量清单计价的特点。

1）为投标提供公平竞争基础，满足市场竞争的需要；

2）招标有利于质与量的结合，投标企业报价时必须综合考虑招标文件规定完成工程量清单所需的全部费用，不仅要考虑工程本身的实际情况，还要求企业将进度、质量工艺及管理技术等方案落实到清单项目报价中，在竞争中真正体现企业的综合实力；

3）有利于实现风险的合理分担；

4）有利于工程款的拨付和工程造价的最终确定；

5）有利于业主对投资的控制以及控制工程索赔。

3. 清单计价规则

（1）建设工程施工发、承包造价由分部分项工程费、措施项目费、其他项目费、规费和税金组成。分部分项工程和措施项目清单应采用综合单价计价。

（2）招标工程量清单标明的工程量是投标人投标报价的共同基础，竣工结算的工程量按发、承包双方在合同中约定应予计量，且实际完成的工程量确定。

（3）措施项目清单中的安全文明施工费应按照国家或省级、行业建设主管部门的规定计价，不得作为竞争性费用。

（4）规费和税金应按国家或省级、行业建设主管部门的规定计算，不得作为竞争性费用。

（5）采用工程量清单计价的工程，应在招标文件或合同中明确计价中的风险内容及其范围（幅度），不得采用无限风险、所有风险或类似语句规定计价中的风险内容及其范围（幅度）。

（6）下列影响合同价款的因素出现，应由发包人承担：

1）国家法律、法规、规章和政策变化；

2）省级或行业建设主管部门发布的人工费调整。

（7）由于市场物价波动影响合同价款，应由发、承包双方合理分摊并在合同中约定。合同中没有约定，发、承包双方发生争议时，按下列规定实施。

1）材料、工程设备的涨幅超过招标时基准价格5%以上由发包人承担；

2）施工机械使用费涨幅超过招标时的基准价格10%以上由发包人承担。

（8）由于承包人使用机械设备、施工技术以及组织管理水平等自身原因造成施工费用增加的，应由承包人全部承担。

（9）不可抗力发生时，影响合同价款的，按2013清单计价规范第（9.11）条的规定执行。

三、清单计价和定额计价区别

定额计价是我国传统的计价方式，在招投标时，无论是作为招标标底还是投标报价，其招标人和投标人都需要按国家规定的统一工程量计算规则计算工程数量，然后按建设行政主管部门颁布的预算定额或单位估价表计算工、料、机的费用，再按有关费用标准计取其他费用，汇总后得到工程造价。在整个计价过程中，计价依据是固定的，是权威性的“定额”。定额计价分为单价法和实物法。

工程量清单计价，是在建设工程过程中，招标人或委托具有资质的中介机构编制工程量清单，并作为招标文件的一部分提供给投标人，由投标人依据工程量清单进行自主报价，经评审合理低价中标的一种计价方式。

因此，清单计价和定额计价的区别主要体现在以下几点：

1. 计价基础不同

定额计价以定额为基础，突出政府的作用，强调工程总造价的计算；清单计价（综合单价法）以清单为基础，强调甲乙双方的责任在工程总造价的基础上，更加强调分项工作综合单价的计算。

2. 工程量计算规则不同

定额计价模式按分部分项工程的实际发生量计量，而清单计价模式则按分部分项实物工程量净量计量，当分部分项子目综合多个工程内容时，以主体工程内容的单位为该项目的计量单位。

3. 计价依据不同

清单和定额的计价依据不同是这两者之间最根本的区别。按定额计价的唯一依据就是定额，而工程量清单计价的主要依据是“清单计价规范”。

第五章 施 工 机 具

第一节 土石方工程施工机械的基本知识

一、土石方机械

1. 推土机

推土机是一种能够进行挖掘、运输和排弃岩土的土方工程机械，在露天矿有广泛的用途。例如，用于建设排土场，平整汽车排土场，堆集分散的矿岩，平整工作平盘和建筑场地等。它不仅用于辅助工作，也可用于主要开采工作。例如，砂矿床的剥离和采矿，铲运机和犁岩机的牵引和助推，在无运输开采法时配合其他土方机械降低剥离台阶高度等，见图 5-1。

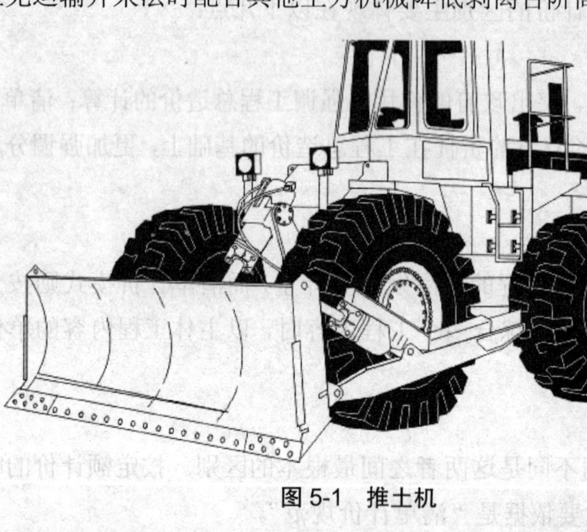

图 5-1 推土机

（1）国产常用推土机。

我国生产推土机，是新中国成立以后才开始的。最初是在农用拖拉机上加装推土装置。随着国民经济的发展，大型矿山、水利、电站和交通等部门对中大型履带式推土机的需求不断增加，我国中大型履带式推土机制造业虽有较大发展，但已不能满足国民经济发展的需要。为此，自 1979 年以来，我国先后从日本小松公司和美国卡特彼勒公司引进了履带式推土机生产技术、工艺规范、技术标准及材料体系，经过消化吸收和关键技术的攻关，形成了以 20 世纪八九十年代小松技术产品为主导的格局。

从20世纪60年代至今，国内推土机行业的生产企业一直稳定在4家左右，原因是推土机产品的加工要求高、难度大，批量生产需要较大的投入，因此一般企业不敢轻易涉足。但是随着市场的发展，从“八五”开始，国内一些大中型企业凭借自身实力，开始兼营推土机，如内蒙古第一机械厂、徐州装载机厂等，扩充了推土机行业队伍。与此同时，也有少数企业由于经营不善、不适应市场发展的需要开始走下坡路，有的已经退出本行业。目前国内推土机的生产企业主要有：山推工程机械股份有限公司、河北宣化工程机械股份有限公司、上海彭浦机器厂有限公司、天津建筑机械厂、陕西新黄工机械有限责任公司、一拖工程机械有限公司等。上述公司除生产推土机外，也开始涉足生产其他工程机械产品，如山推工程机械股份有限公司还生产压路机、平地机、挖掘机、装载机、叉车等。

（2）分类。

1）行走方式。

推土机可分为履带式和轮胎式两种。履带式推土机附着牵引力大，接地比压小（0.04～0.13 MPa），爬坡能力强，但行驶速度低。轮胎式推土机行驶速度高，机动灵活，作业循环时间短，运输转移方便，但牵引力小，适用于需经常变换工地和野外工作的情况。

2）用途。

推土机可分为通用型及专用型两种。通用型是按标准进行生产的机型，广泛用于土石方工程中。专用型用于特定的工况下，有采用三角形宽履带板以降低接地比压的湿地推土机和沼泽地推土机、水陆两用推土机、水下推土机、船舱推土机、无人驾驶推土机、高原型和高湿工况下作业的推土机等。

2. 挖掘机

挖掘机，又称挖掘机械（excavating machinery），又称挖土机，是用铲斗挖掘高于或低于承机面的物料，并装入运输车辆或卸至堆料场的土方机械。

挖掘机挖掘的物料主要是土壤、煤、泥沙以及经过预松后的土壤和岩石。从近几年工程机械的发展来看，挖掘机的发展相对较快，挖掘机已成为工程建设中最主要的工程机械之一。挖掘机最重要的3个参数：操作重量（质量）、发动机功率和铲斗斗容，见图5-2。

图5-2 挖掘机

（1）挖掘机的发展。

第一代挖掘机：电动机、内燃机的出现，使挖掘机有了先进而合适的电动装置，1899 年，第一台电动挖掘机出现了，于是各种挖掘机产品相继出现。第一次世界大战后，柴油发动机也应用在挖掘机上，这种柴油发动机（或电动机）驱动的机械式挖掘机是第一代挖掘机。

第二代挖掘机：随着液压技术的广泛使用，使挖掘机有了更加科学适用的传动装置，液压传动代替机械传动是挖掘机技术上的一次大飞跃。1950 年德国的第一台液压挖掘机生产完成。机械传动液压化是第二代挖掘机。

第三代挖掘机：电子技术尤其是计算机技术的广泛应用，使挖掘机有了自动化的控制系统，也使挖掘机向高性能、自动化和智能化方向发展。机电一体化的萌芽发生在 1965 年前后，而在批量生产的液压挖掘机上采用机电一体化技术则在 1985 年前后，当时主要目的是节能。挖掘机电子化是第三代挖掘机的标志。

挖掘机行业厂商大致可以分为 4 类。国内七成以上挖掘机被国外品牌所占据，国产品牌尚以小挖和中挖为主，但国产挖掘机份额正在逐步提升，2012 年同比提高 3.6%。

（2）挖掘机结构构成。

常见的挖掘机结构包括动力装置、工作装置、回转机构、操纵机构、传动机构、行走机构和辅助设施等。

传动机构通过液压泵将发动机的动力传递给液压马达、液压缸等执行元件，推动工作装置动作，从而完成各种作业。

1）行走装置。

行走装置即底盘，包括履带架和行走系统，主要由履带架、行走马达加减速机及其管路、驱动轮、导向轮、托链轮、支重轮、履带、张紧缓冲装置组成，其功能为支撑挖掘机的重量，并把驱动轮传递的动力转变为牵引力，实现整机的行走。

车架总成（即履带行走架总成）为整体焊接件，采用 X 形结构，其主要优点是具有高的承载能力，车架总成由左纵梁（即左履带架）、主车架（即中间架）、右纵梁（即右履带架）3 部分焊接而成，车架总成的重量为 2 t。

中央回转接头是连接回转平台与底盘油路的液压元件，它保证回转平台旋转任意角度后，行走马达还能正常配油，现用回转接头是 5 通。

2）工作装置。

工作装置是液压挖掘机的主要组成部分，目前 SY 系列挖掘机配置的是反铲工作装置，它主要用于挖掘停机面以下的土壤，但也可以挖掘最大切削高度以下的土壤，除可以挖坑、开沟、装载外还可以进行简单平整场地工作。挖掘作业适应于开挖Ⅰ～Ⅳ级土，Ⅴ级以上用液压锤或需爆破手段。

反铲工作装置由动臂、斗杆、铲斗、摇杆、连杆及包含动臂油缸、斗杆油缸、铲斗油缸在内的工作装置液压管路等主要部分组成。

（3）分类。

常见的挖掘机按驱动方式有内燃机驱动挖掘机和电力驱动挖掘机两种。其中，电动挖掘机主要应用在高原缺氧与地下矿井和其他一些易燃易爆的场所。

1）按照规模大小的不同，挖掘机可以分为大型挖掘机、中型挖掘机和小型挖掘机。

2）按照行走方式的不同，挖掘机可分为履带式挖掘机和轮式挖掘机。

3）按照传动方式的不同，挖掘机可分为液压挖掘机和机械挖掘机。机械挖掘机主要用在一些大型矿山上。

4）按照用途来分，挖掘机又可以分为通用挖掘机、矿用挖掘机、船用挖掘机、特种挖掘机等不同的类别。

5）按照铲斗来分，挖掘机又可以分为正铲挖掘机、反铲挖掘机、拉铲挖掘机和抓铲挖掘机。正铲挖掘机多用于挖掘地表以上的物料，反铲挖掘机多用于挖掘地表以下的物料。

①反铲挖掘机。

反铲式是我们最常见的，向后向下，强制切土。可以用于停机作业面以下的挖掘，基本作业方式有：沟端挖掘、沟侧挖掘、直线挖掘、曲线挖掘、保持一定角度挖掘、超深沟挖掘和沟坡挖掘等。

②正铲挖掘机。

正铲挖掘机的铲土动作形式特点是“前进向上，强制切土”。正铲挖掘力大，能开挖停机面以上的土，宜用于开挖高度大于 2 m 的干燥基坑，但须设置上下坡道。正铲的挖斗比同当量的反铲的挖掘机的斗要大一些，可开挖含水量不大于 27%的 I 类至 III 类土，且与自卸汽车配合完成整个挖掘运输作业，还可以挖掘大型干燥基坑和土丘等。正铲挖土机的开挖方式根据开挖路线与运输车辆的相对位置的不同，挖土和卸土的方式有以下两种：正向挖土，侧向卸土；正向挖土，反向卸土。

③拉铲挖掘机。

拉铲挖掘机也称索铲挖土机。其挖土特点是：“向后向下，自重切土”。宜用于开挖停机面以下的 I 类、II 类土。工作时，利用惯性将铲斗甩出去，挖得比较远，挖土半径和挖土深度较大，但不如反铲灵活准确。尤其适用于开挖大而深的基坑或水下挖土。

④抓铲挖掘机。

抓铲挖掘机也称抓斗挖土机。其挖土特点是“直上直下，自重切土”。宜用于开挖停机面以下的 I 类、II 类土，在软土地区常用于开挖基坑、沉井等。尤其适用于挖深而窄的基坑，疏通旧有渠道以及挖取水中淤泥等，或用于装载碎石、矿渣等松散料等。开挖方式有沟侧开挖和定位开挖两种。如将抓斗做成栅条状，还可用于储木场装载矿石块、木片、木材等。

（4）装载机、平地机、铲车推土机、铲运机、挖掘机的区别。

装载机一般在海港和物流中心可以看到，主要是装卸集装箱的。平地机是铲平路面，除雪、推土、松土等功能，挖掘机是常见的一种工程机械，主要是用来挖掘泥土、装车、拆迁、凿地碎石等。铲车主要是铲土、铲雪，装车适用范围和挖掘机差不多，但作业条件有限，效率比挖掘机高，铲车不能在土质松软的地方和险峻的沟渠作业，一般铲车都是轮式的。推土机主要是推土，将土推平、推松，所以在很多开发的地方可以看到挖掘机和推土机互相作业，效率十分高。铲运机顾名思义就是铲土和运输，铲运机一般在土多的地方把土铲走放在自己的“肚子”

里，最多再走 500～2 000 m 把土卸下，放在需要土的地方。装载机是往车辆或其他设备装载散状物料的自行式装卸机械。装载机也可进行轻度的铲掘工作，通过换装相应的工作装置，还可进行推土、起重、装卸木料及钢管等作业。铲运机可以当装载机用，装载机却不能当铲运机用。推土机由拖拉机驱动的机器，有一宽而钝的水平推铲用以清除土地、道路构筑物或类似的工作。

3. 装载机

装载机是一种广泛用于公路、铁路、建筑、水电、港口、矿山等建设工程的土石方施工机械，它主要用于铲装土壤、砂石、石灰、煤炭等散状物料，也可对矿石、硬土等做轻度铲挖作业。换装不同的辅助工作装置还可进行推土、起重和其他物料（如木材）的装卸作业。

在道路，特别是在高等级公路施工中，装载机用于路基工程的填挖、沥青混合料和水泥混凝土料场的集料与装料等作业。此外还可进行推运土壤、刮平地面和牵引其他机械等作业。由于装载机具有作业速度快、效率高、机动性好、操作轻便等优点，因此它成为工程建设中土石方施工的主要机种之一，见图 5-3。

图 5-3 装载机

中国装载机历经几十年的发展，取得了长足的进步。尤其令国人自豪的是装载机年产销已超过 16 万台，在如今国际品牌林立的中国市场，国产品牌装载机仍占据着绝大部分的市场。

（1）装载机分类。

常用的单斗装载机，按发动机功率、传动形式、行走系结构、装载方式的不同进行分类。

1）发动机功率。

①功率小于 74 kW 为小型装载机。

②功率在 74～147 kW 为中型装载机。

③功率在 147～515 kW 为大型装载机。

④功率大于 515 kW 为特大型装载机。

2）传动形式。

①液力—机械传动，冲击振动小，传动件寿命长，操纵方便，车速与外载间可自动调节，一般中大型装载机多采用。

②液力传动：可无级调速、操纵简便，但启动性较差，一般仅在小型装载机上采用。

③电力传动：无级调速、工作可靠、维修简单、费用较高，一般在大型装载机上采用。

3）行走结构。

①轮胎式：质量轻、速度快、机动灵活、效率高、不易损坏路面、接地比压大、通过性差、但被广泛应用。

②履带式：接地比压小，通过性好、重心低、稳定性好、附着力强、牵引力大、切入力大、速度低、灵活性相对差、成本高、行走时易损坏路面。

4）装卸方式。

①前卸式：结构简单、工作可靠、视野好，适合于各种作业场地，应用较广。

②回转式：工作装置安装在可回转 360°的转台上，侧面卸载不需要调头、作业效率高、但结构复杂、质量大、成本高、侧面稳性较差，适用于较狭小的场地。

③后卸式：前端装、后端卸、作业效率高、作业的安全性欠缺。

（2）用途。

装载机主要用来铲、装、卸、运土和石料一类散状物料，也可以对岩石、硬土进行轻度铲掘作业。如果换不同的工作装置，还可以完成推土、起重、装卸其他物料的工作。在公路施工中主要用于路基工程的填挖，沥青和水泥混凝土料场的集料、装料等作业。由于它具有作业速度快、机动性好、操作轻便等优点，因而发展很快，成为土石方施工中的主要机械。

（3）选用原则。

1）机型的选择：主要依据作业场合和用途进行选择和确定。一般在采石场和软基地进行作业，多选用轮胎装载机配防滑链。

2）动力的选择：一般多采用工程机械用柴油发动机，在特殊地域作业，如海拔高于 3 000 m 的地方，应采用特殊的高原型柴油发动机。

3）传动型式的选择：一般选用液力—机械传动。其中关键部件是变矩器形式的选择。中国生产的装载机多选用双涡轮、单级两相液力变矩器。

在选用装载机时，还要充分考虑装载机的制动性能，包括多个在制动、停车制动和紧急制动 3 种。制动器有蹄式、钳盘式和湿式多片式 3 种。制动器的驱动机构一般采用加力装置，其动力源有压缩空气、气顶油和液压式 3 种。常用的是气顶油制动系统，一般采用双回路制动系统，以提高行驶的安全性。

二、平场机械

1. 平地机

利用刮刀平整地面的土方机械。刮刀装在机械前后轮轴之间，能升降、倾斜、回转和外伸。动作灵活准确，操纵方便，平整场地有较高的精度，适用于构筑路基和路面、修筑边坡、开挖边沟，也可搅拌路面混合料、扫除积雪、推送散粒物料以及进行土路和碎石路的养护工作。

平地机是土方工程中用于整形和平整作业的主要机械，广泛用于公路、机场等大面积的地面平整作业。平地机之所以有广泛的辅助作业能力，是因为它的刮土板能在空间完成 6 度运动。它们可以单独进行，也可以组合进行。平地机在路基施工中，能为路基提供足够的强度和稳定性。它在路基施工中的主要方法有平地作业、刷坡作业、填筑路堤。平地机是一种高速、高效、高精度和多用途的土方工程机械。它可以完成公路重要内容场、农田等大面积的地面平整和挖沟、刮坡、推土、排雪、疏松、压实、布料、拌和、助装和开荒等工作。是国防工程、矿山建设、道路修筑、水利建设和农田改良等施工中的重要设备。公路路基是路面的基础，公路工程的重要组成部分。路基承受由路面传来的交通荷载，是路面的支承结构物，它必须具有足够的强度、稳定性和耐久性。根据地形的不同，公路路基一般采用路堤和路堑两种形式。

2. 压路机

压路机又称压土机，是一种修路的设备。压路机在工程机械中属于道路设备的范畴，广泛用于高等级公路、铁路、机场跑道、大坝、体育场等大型工程项目的填方压实作业，可以碾压沙性、半黏性及黏性土壤、路基稳定土及沥青混凝土路面层。压路机以机械本身的重力作用，适用于各种压实作业，使被碾压层产生永久变形而密实，见图 5-4。

图 5-4　压路机

压路机按轮分钢轮式和轮胎式两类。

压路机按碾轮构造有光碾、槽碾和羊足碾等。光碾应用最普遍，主要用于路面面层压实。采用机械或液压传动，能集中力量压实突起部分，压实平整度高，适于沥青路面压实作业。

压路机按轮轴布置有单轴单轮、双轴双轮、双轴三轮和三轴三轮 4 种。以内燃机为动力，采用机械传动或液压传动。一般前轮转向，机动性好，后轮驱动。为改善转向及碾压性能，宜采用铰接式转向结构和全轮驱动。前轮框架和机架铰接，以减少路面不平时的机身摆动。后轮和机架为刚性连接。采用液压操纵、用液压缸控制转向。前后碾轮均装有刮板以清除碾轮上粘结物。还装有喷水系统，用于压实沥青路面时，对碾轮洒水以防沥青混合料黏附。为增大作用力还可在碾轮内加装铁、砂、水等加大压重。

第二节　起重机械与施工升降设备的基本知识

一、垂直运输设施

垂直运输设施是指担负垂直运送材料和施工人员上下的机械设备和设施。在砌筑工程中，它不仅要运输大量的砖（或砌块）、砂浆，而且还要运输脚手架、脚手板和各种预制构件；不仅有垂直运输，而且有地面和楼面的水平运输。垂直运输设施是影响砌筑工程施工速度的重要因素。目前，砌筑工程采用的垂直运输设施有井字架、龙门架、塔式起重机和建筑施工电梯等。

1. 井字架

井字架是建筑业最主要的垂直运输设备，其应用十分普遍。由于形状像“井”，所以被称为井字架。

（1）井字架特点。

井架符合 API Spec 4F 规范，允许使用 API 会标。

井架断面形状为“K”型，即前开口形，截面为“⊓”形空间桁架结构。

井架主体为片状架结构，便于拆装和运输。

井架大腿、人字架等主要受力件采用“H”形钢制造。

井架低位安装，整体起放。

井架的左右调节通过增减井架支座下方的垫片实现，前后调节通过人字架后支座处的偏心轮实现。

（2）安装技巧。

安装井字架时，会顶住上方暖气管，可能对上方暖气管有损害。所以，在安装前，先用厚的布胶带或者软棉花先将井字架与暖气管接触的地方包起来，以防损伤。

井字架以其价格低廉，结构灵活，搭设简单等特点而在建筑工地上被广泛使用着。但如果用工地材料自行搭设，而非工厂定型产品，就必须措施完善，以保证其安全。

（3）安装过程。

1）首先将底盘放置在基础上与基础预埋螺栓紧固，吊笼放置在底盘中央。

2）安装立柱底节，每安装两个标准节，要作临时固定，节点与支承点要用螺栓连接，不能用铅丝绑扎。

3）两边的立柱安装应交替进行，节点螺栓规格应按孔，经选配不能漏装，发现孔的位置不适当时，不能随意挖孔，更不能以铅丝绑扎代替，以避免节点松动变形。

4）安装标准节时应注意导轨的垂直度，导轨相接处不能出现折线和过大间隙，防止运行中产生撞击，标准节安装后，要安剪刀撑，以防出现倾斜等现象。

5）立柱安装到一定的高度时，应加安附墙架和临时缆风绳，以保证架体不弯形。安装开梁，并进行初步的较正，垂直度底脚螺栓和缆风绳紧固程度，地轮和天轮的转动是否正常等。

（4）井字架的拆除。

1）制定拆除方案，划定危险作业区域，拆除时应指派专业人员进行，并配带各种个人防护品，由专人负责指挥。

2）架体拆除前，必须视现场情况而定，包括架空线路，外脚手架，地面设施等障碍物。

3）分节拆除架体工作注意事项。被拆除的物件不能乱扔，防止伤人。拆除后的架体的稳定性被破坏。如附墙杆被拆前，应加高临时支撑，以防止变形，拆除各标准节时，应防止失稳。拆除后的部件应做好及时清运现场并为日后再使用做好保养工作。

2. 龙门架

龙门架是根据中、小工厂（公司）日常生产需要搬运设备、仓库进出货，起吊维修重型设备及材料运输的需要，开发出来的新型小型起重龙门架。适用于制造模具、汽修工厂、矿山、土建施工工地及需要起重场合。常见的在建筑施工中兼作材料运输和施工人员的上下使用，实现起重机械化。可减少人力，降低生产运营成本，提高工作效率。

（1）优点。

移动龙门架最大的优点是可全方位移动性，可快速拆卸安装，占地面积小，用微型汽车就可转移到另一个场地安装使用。宽度、高度可分级调节，钢架构设计合理，能承受从 100～5 000 kg 质量。尤其适用于车间设备的安装、搬运、调试。汽车上货物的装卸，汽修车间吊装发动机大件等。

（2）规格。

起重小龙门架主要有两种规格：一是在地面上全方位移动的龙门架，带刹车承重轮可在地面上移动，适合在地面上起吊物品；二是用钢轨固定安装在楼板面或梁上，通过电动或人力葫芦，实现起重机械化。可减少人力，降低生产运营成本，提高工作效率。

（3）特性。

1）设有自升装置，架设、拆卸靠本身设置的工作机构可独立完成。高度随着建筑物的升高而升高。架设省力、费用低。

2）采用附着杆附着，不用揽风绳，改善了施工条件。

3）架设、拆卸时，始终有两立柱联成一体，工作评为平稳，安全可靠。

4）采用手摇卷扬机提升机自升平台，用扒杆安装标准节，劳动强度低。

5）采用断绳安全保护装置，一旦因故断绳，设置在吊篮两侧的卡板将吊篮卡滞在空中，阻止了吊篮坠地事故的发生。

警告：吊篮卡板拉簧两个月更换一次，否则会导致保险失灵。

（4）操作规程。

1）龙门架操作（拼装）完成后，应进行负荷试吊；试吊分静载和动载，检查各个系统运行能力、承载能力、稳定可靠程度等。

2）龙门架运行时，要做到平行稳定，不使其产生扭曲。

3）严禁超负荷使用。

4）作业时应有专人统一指挥，其他人员要有明确分工；确定好统一的联络信号。

5）作业中遇有停电或其他特殊情况，应将重物落至地面，不得悬在空中。

6）龙门架及吊起的重物下严禁站人。

7）龙门架上运行时禁止站人。

8）龙门架及井架的搭设和使用必须符合行业标准《龙门架及井架物料提升机安全技术规范》（JGG 88—2010）规定要求：

①立杆和纵向水平杆的间距均不得大于 1 m，立杆底端应安放铁板墩，夯实后垫板。

②井架四周外侧均应搭设剪刀撑一直到顶，剪刀撑斜杆与地面夹角为 60°。

③平台的横向水平杆的间距不得大于 1 m 脚手板必须铺平铺严，对头搭接时应用双横向水平杆，搭接时板端应超过横向水平杆 15 cm，每层平台均应设护身栏和挡脚板。

④两杆应用对接扣件连接，交叉点必须用扣件，不得绑扎。

⑤天轮架必须搭设双根天轮木，并加顶桩钢管或八字杆，用扣件卡牢。

⑥组装三角柱式龙门架，每节立柱两端焊法兰盘。拼装三角柱架时，必须检查各部件焊口牢固，各节点螺栓必须拧紧。

⑦两根三角立柱应连接在地梁上，地梁底部要有锚铁并埋入地下防止滑动，埋地梁时地基要平并应夯实。

⑧各楼层进口处，应搭设卸料过桥平台，过桥平台两侧应搭设两道护身栏杆，并立挂密目安全网，过桥平台下口落空处应搭设八字戗。

⑨井架和三角柱式龙门架，严禁与电气设备接触，并应有可靠的绝缘防护措施。高度在 15 m 以上时应有防雷设。

⑩井架、龙门架必须设置超高限位、断绳保险，机械、手动或连锁定位托杠等安全防护装置。

⑪架高在 10～15 m 应设 1 组缆风绳，每增高 10 m 加设 1 组，每组 4 根，缆风绳应用直径不小于 12.5 mm 钢丝绳，按规定埋设地锚，缆风绳严禁捆绑在树木、电线杆、构件等物体上。并禁止使用别杠调节钢丝绳长度。

⑫龙门架、井架首层进料口一侧应搭设长度不小于 2 m 的安全防护棚，另三侧必须采取封闭措施。每层卸料平台和吊笼（盘）出入口必须安装安全门，吊笼（盘）运行中不准乘人。

⑬龙门架、井架的导向滑轮必须单独设置牢固地锚，导向滑轮至卷阳机卷筒的钢丝绳，凡经通道处均应予以遮护。

⑭天轮与最高一层上料平台的垂直距离应不小于 6 m，使吊笼（盘）上升最高位置与天轮间的垂直距离不小于 2 m。

3. 塔式起重机

塔式起重机（tower crane）简称塔机，亦称塔吊，起源于西欧。动臂装在高耸塔身上部的旋转起重机。作业空间大，主要用于房屋建筑施工中物料的垂直和水平输送及建筑构件的安装。由金属结构、工作机构和电气系统 3 部分组成。金属结构包括塔身、动臂和底座等。工作机构有起升、变幅、回转和行走 4 部分。电气系统包括电动机、控制器、配电柜、连接线路、信号及照明装置等。

塔式起重机是动臂装在高耸塔身上部的旋转起重机。工作范围大，主要用于多层和高层建筑施工中材料的垂直运输和构件安装。由金属结构，工作机构和电气系统 3 部分组成。金属结构包括塔身、动臂、底座、附着杆等。工作机构有起升、变幅、回转和行走 4 部分。电气系统包括电动机、控制器、配电框、联连线路、信号及照明装置等，见图 5-5。

（1）塔式起重机的特点。

从塔机的技术发展方面来看，虽然新的产品层出不穷，新产品在生产效能、操作简便、保养容易和运行可靠方面均有提高，但是塔机的技术并无根本性的改变。塔机的研究正向着组合

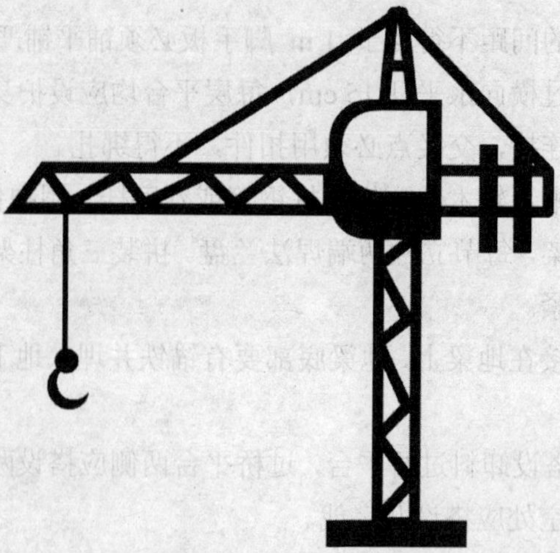

图 5-5 塔式起重机

式发展。所谓的组合式，就是以塔身结构为核心，按结构和功能特点，将塔身分解成若干部分，并依据系列化和通用化要求，遵循模数制原理再将各部分划分成若干模块。根据参数要求，选用适当模块分别组成具有不同技术性能特征的塔机，以满足施工的具体需求。推行组合式的塔机有助于加快塔机产品开发进度，节省产品开发费用，并能更好地为客户服务。

（2）塔式起重机的分类。

塔机分为上回转塔机和下回转塔机两大类。其中前者的承载力要高于后者，在许多的施工现场我们所见到的就是上回转式上顶升加节接高的塔机。

上旋转式塔式起重机：塔身不转动，回转支承以上的动臂、平衡臂等，通过回转机构绕塔身中心线作全回转。根据使用要求，又分运行式、固定式、附着式和内爬式。运行式塔式起重机可沿轨道运行，工作范围大，应用广泛，宜用于多层建筑施工。如将起重机底座固定在轨道上或将塔身直接固定在基础上就成为固定式塔式起重机，其动臂较长。如在固定式塔式起重机塔身上每隔一定高度用附着杆与建筑物相连，即为附着式塔式起重机，它采用塔身接高装置使起重机上部回转部分可随建筑物增高而相应增高，用于高层建筑施工。将起重机安设在电梯井等井筒或连通的孔洞内，利用液压缸使起重机根据施工进程沿井筒向上爬升者称为内爬式塔式起重机，它节省了部分塔身、服务范围大、不占用施工场地，但对建筑物的结构有一定要求。

下旋转式塔式起重机：回转支承装在底座与转台之间，除行走机构外，其他工作机构都布置在转台上一起回转。除轨道式外，还有以履带底盘和轮胎底盘为行走装置的履带式和轮胎式。它整机重心低，能整体拆装和转移，轻巧灵活，应用广泛，宜用于多层建筑施工。

按能否移动又分为：行走式和固定式。固定式塔机塔身固定不转，安装在整块混凝土基础上，或装设在条形或 X 形混凝土基础上，行走式可分为履带式、汽车式、轮胎式和轨道式四种。在房屋的施工中一般采用的是固定式的。按其变幅方式可分为水平臂架小车变幅和动臂变幅两种；按其安装形式可分为自升式、整体快速拆装和拼装式 3 种。应用最广的是下回转、快速拆装、轨道式塔式起重机和能够一机四用（轨道式、固定式、附着式和内爬式）的自升塔式起重机。

（3）金属结构。

塔机的金属结构由起重臂、塔身、转台、承座、平衡臂、底架、塔尖等组成。

起重臂构造型式为小车变幅水平臂架，再往下分又有单吊点、双吊点和起重臂与平衡臂连成一体的锤头式小车变幅水平臂架。单吊点是静定结构，双吊点是超静定结构。锤头式小车变幅水平臂架，装设于塔身顶部，状若锤头，塔身如锤柄，不设塔尖，故又叫平头式。平头式的使结构形式更简单，更有利于受力，减轻自重，简化构造等优点。小车变幅臂架大都采用正三角形的截面。

塔身结构也称塔架，是塔机结构的主体。现今塔机均采用方形断面，断面尺寸应用较广的有：1.2 m×1.2 m、1.4 m×1.4 m、1.6 m×1.6 m、2.0 m×2.0 m；塔身标准节常用尺寸是 2.5 m 和 3 m。塔身标准节采用的联接方式，应用最广的是盖板螺栓连接和套柱螺栓连接，其次是承插销轴连接和插板销轴连接。标准节有整体式塔身标准节和拼装式塔身标准节，后者加工精度高，制作难，但是堆放占地小，运费少。塔身节内必须设置爬梯，以便司机及机工上下。爬梯宽度不宜小于 500 mm，梯步间距不大于 300 mm，每 500 mm 设一护圈。当爬梯高度超过 10 m 时，梯子应分段转接，在转接处加设一道休息平台。

塔尖的功能是承受臂架拉绳及平衡臂拉绳传来的上部荷载，并通过回转塔架、转台、承座等的结构部件式直接通过转台传递给塔身结构。自升塔顶有截锥柱式、前倾或后倾截锥柱式、人字架式及斜撑架式。

凡是上回转塔机均需设平衡重，其功能是支承平衡重，用以构成设计上所要求的作用方面与起重力矩方向相反的平衡力矩。除平衡重外，还常在其尾部装设起升机构。起升机构之所以同平衡重一起安放在平衡臂尾端，一是可发挥部分配重作用，二是增大绳卷筒与塔尖导轮间的距离，以利钢丝绳的排绕并避免发生乱绳现象。平衡重的用量与平衡臂的长度成反比关系，而平衡臂长度与起重臂长度之间又存在一定比例关系。平衡重的用量相当可观，轻型塔机一般至少要 3～4 t，重型的要近 30 t。平衡重可用铸铁或钢筋混凝土制成：前者加工费用高但迎风面积小；后者体积大迎风面大对稳定性不利，但简单经济，故一般均采用这种。通常的做法是将平衡重预制区分成 2～3 种规格，宽度、厚度一致，但高度加以调整，以便与不同长度臂架匹配使用。

每台塔机都要用许多种起重零部件，其中数量最大，技术要求严而规格繁杂的是钢丝绳。塔机用的钢丝绳按功能不同有起升钢丝绳、变幅钢丝绳、臂架拉绳、平衡臂拉绳、小车牵引绳等。钢丝绳的特点是：整根的强度高，而且整根断面一样大小，强度一致，自重轻，能承受震动荷载，弹性大，能卷绕成盘，能在高速下平衡运动，并且无噪声，磨损后其外皮会产生许多毛刺，易于发现并便于及时处置。钢丝绳通常由多股直径为 0.3～0.4 mm 的细钢丝搓成绳股，再由股捻成绳。塔机用的是交互捻，特点是不易松散和扭转。就绳股截面形状而言，高层建筑施工用塔机以采用多股不扭转钢丝绳最为适宜，此种钢丝绳由两层绳股组成同，两层绳股捻制方向相反，采用旋转力矩平衡的原理捻制而成，受力时自由端不发生扭转。塔机起升钢丝绳及变幅钢丝绳的安全系数一般取为 5～6 t，小车牵引绳和臂架拉绳的安全系数取为 3 t，塔机电梯升降绳安全系数不得小于 10 t。钢丝绳的安全系数是不可缺少的安全储备系数，绝不可凭借这种安全储备面擅自提高钢丝绳的最大允许安全荷载。由于钢丝绳的重要性，必须加强对钢丝绳的定期全面检查，贮存于干燥面封闭的、有木地板或沥青混凝土地面的仓库内，以免腐蚀，装卸时不要损坏表面，堆放时要竖立安置。对钢丝绳进行系统润滑可以提高使用寿命。

变幅小车是水平臂架塔机必备的部件。整套变幅小车由车架结构、钢丝绳、滑轮、行轮、导向轮、钢丝绳承托轮、钢丝绳防脱辊、小车牵引绳张紧器及断绳保险器等组成。对于特长水平臂架（长度在 50 m 以上），在变幅小车一侧随挂一个检修吊篮，可载维修有员往各检修点进行维修和保养。作业完后，小车驶回臂架根部，使吊篮与变幅小车脱钩，固定在臂架结构上的专设支座处。

其他的零部件还有滑轮、回转支承、吊钩和制动器等。

4. 建筑施工电梯

施工电梯通常称为施工升降机，但施工升降机包括的定义更宽广，施工平台也属于施工升降机系列。单纯的施工电梯是由轿厢、驱动机构、标准节、附墙、底盘、围栏、电气系统等几部分组成，是建筑中经常使用的载人载货施工机械，由于其独特的箱体结构使其乘坐起来既舒适又安全，施工电梯在工地上通常是配合塔吊使用，一般载重量在 1～3 t，运行速度为 1～60 m/min。我国生产的施工升降机越来越成熟，逐步走向国际，见图 5-6。

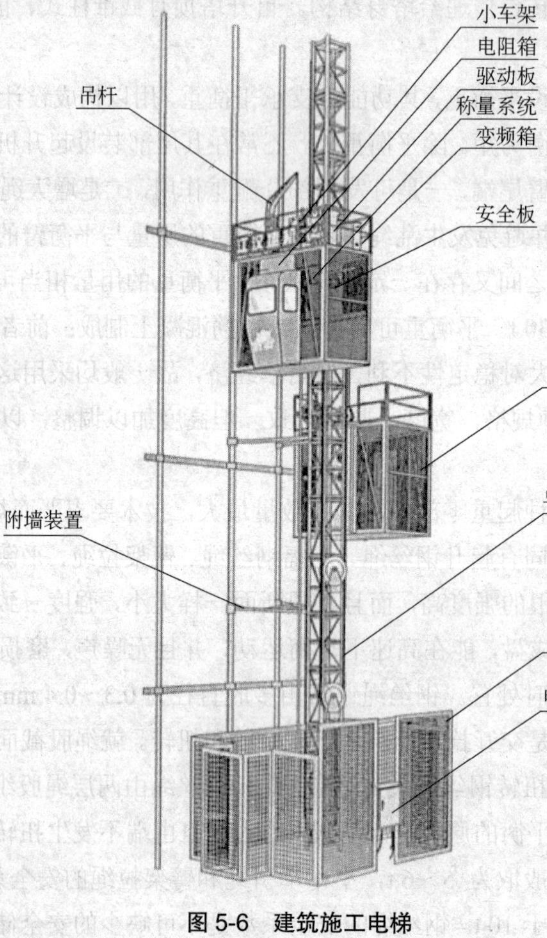

图 5-6　建筑施工电梯

（1）作用。

施工升降机又称建筑施工电梯，也可以成为室外电梯，工地提升吊笼。工地升降机主要用于城市高层和超高层的各类建筑中，因为这样的建筑高度对于使用井字架、龙门架来完成作业是十分困难的。是建筑中经常使用的载人载货施工机械，主要用于高层建筑的内外装修、桥梁、烟囱等建筑的施工。由于其独特的箱体结构让施工人员乘坐起来既舒适又安全。施工升降机在工地上通常是配合塔吊使用。一般的施工升降机载重量在 1～10 t，运行速度为 1～60 m/min。

施工升降机的种类很多，按运行方式分有：无对重和有对重两种；按控制方式分为手动控制式和自动控制式。根据实际需要还可以添加变频装置和 PLC 控制模块，另外还可以添加楼层呼叫装置和平层装置。

（2）分类。

1）固定式。

是一种升降稳定性好，适用范围广的货物举升设备主要用于生产流水线高度差之间货物运送；物料上线、下线；工件装配时调节工件高度；高处给料机送料；大型设备装配时部件举升；大型机床上料、下料；仓储装卸场所与叉车等搬运车辆配套进行货物快速装卸等。根据使用要求，可配置附属装置，进行任意组合，如固定式升降机的安全防护装置、电器控制方式、工作平台形式、动力形式等。各种配置的正确选择，可最大限度地发挥升降机的功能，取得最佳的使用效果。

固定式升降机的可选配置有人工液压动力、方便与周边设施搭接的活动翻板、滚动或机动辊道、防止轧脚的安全触条、风琴式安全防护罩、人动或机动旋转工作台、液动翻转工作台、防止升降机下落的安全支撑杆、不锈钢安全护网、电动或液动升降机行走动力系统、万向滚珠台面。

2）车载式。

车载式升降机是为了提高升降机的机动性，将升降机固定在电瓶搬运车或货车上，它接取汽车引擎动力，实现车载式升降机的升降功能。以适应厂区内外的高空作业。广泛应用于宾馆、大厦、机场、车站、体育场、车间、仓库等场所的高空作业；也可作为临时性的高空照明、广告宣传等。

3）铝合金式。

铝合金升降机采用高强度优质铝合金材料，由于型材强度高，使升降台的偏转与摆动极小。全新设计的新一代升降机具有造型美观、体积小、重量轻、升降平衡、安全可靠等优点。它轻盈的外观，能在极小的空间内发挥最高的举升能力，使单人高空作业变得轻而易举。广泛用于工厂、宾馆、餐厅、车站、机场影剧院、展览馆等场所，是保养机具、油漆装修、调换灯具、电器、清洁保养等用途的最佳安全伴侣。主要升降机分为单立柱铝合金、双立柱铝合金、三立柱铝合金、四立柱铝合金。

4）曲臂式。

曲臂式高空作业升降车能悬伸作业、跨越一定的障碍或在一处升降可进行多点作业；平台载重量大，可供两人或多人同时作业并可搭载一定的设备；升降平台移动性好，转移场地方便；

外型美观，适于室内外作业和存放。适用于车站、码头、商场、体育场馆、小区物业、厂矿车间等大范围作业。

5）套缸式。

套缸式液压升降机为多级液压缸直立上升，液压缸高强度的材质和良好的机械性能，塔形梯状护架，使升降机有更高的稳定性。即使身处 20 m 高空，也能感受其优越的平稳性能。适用场合：厂房、宾馆、大厦、商场、车站、机场、体育场等。主要用途：电力线路、照明电器、高架管道等安装维护，高空清洁等单人工作的高空作业。

6）导轨式。

导轨式升降机是一种非剪叉式液压升降台。适用于二三层工业厂房、餐厅、酒楼楼层间的货物传输。台面最低高度为 150～300 mm，最适合于不能开挖地坑的工作场所安装使用。该平台无须上部吊点，形式多样（单柱、双柱、四柱），运行平稳，操作简单可靠，楼层间货物传输经济便捷。

（3）主要特点。

1）安全系数高。

标准节顶节无齿条的设计保证了吊笼不会冒顶，限位和极限开关以及防坠安全器的安装更加保证了施工人员的安全。

2）驱动系统。

减小吊笼内噪声，使吊笼内净空增大，同时也使传动更加平稳、机构振动更小。

3）便捷多用。

在传统施工升降机基础上加装了钢筋运送装置和混凝土运送装置，可运送钢筋、混凝土及施工人员，大大提高施工效率；可选配性能先进的无级变频调速系统，使得升降机可实现 0～96 m/min 的无级调速，运行平稳无冲击。

4）附着系统。

多变化的附着系统，可使本机在复杂多变的建筑物上使用。

（4）安全标准。

施工电梯之所以可以载人，主要是由于其配备了防坠安全器，大大提高了安全系数。目前在建筑施工现场广泛使用的齿轮齿条传动的人货两用施工升降机，配备的是齿轮锥鼓形渐进式防坠安全器。齿轮锥鼓形渐进式防坠安全器主要由齿轮、离心式限速装置和锥鼓形制动器组成，当防护目标（施工升降机吊笼）下行的运行速度达到标定的动作速度时，其离心式限速装置的甩块移位（相当棘爪），带动锥鼓（相当棘轮）向制动带运动、接触并产生制动力矩，同时碟形弹簧组被压缩，测量压缩量的大小，通过计算可判断其额定制动载荷时的制动距离。中华人民共和国建筑工业行业标准《施工升降机齿轮锥鼓形渐进式防坠安全器》（JG 121—2000）规定，“施工升降机防坠安全器只能在有效的检验期限内使用。安全器的有效的检验期限不得超过两年。安全器无论使用与否，在有效检验期满后都必须重新进行检验标定。施工升降机防坠安全器的寿命为 5 年。”为确保施工升降机的安全使用，目前，国内有些城市规定施工升降机防坠安全器出厂后，初次检验期限不得超过两年，以后每年一次，且无论使用与否，到检验周期必须检验，出厂 5 年报废。施工升降机防坠安全器检验标定试验台由无级调速装置、转矩转速传感器、微机型转矩转速仪、施工升降机防坠安全器性能测试仪、绘图打印机等组成。检验标定前，先将施工升降机防坠安全器的离心式限速装置和锥鼓形制动器分解开，检查安全器限速装置零部件：离心块、离心座、弹簧片、压簧及调整螺栓是否完好，动作是否正常，清除油污、锈蚀。锥鼓形制动器部分，检查大铜螺母、螺杆、锥鼓、碟形弹簧，指示销等是否完好，功能是否正常，清除油污、锈蚀。

施工电梯防坠安全器检验标定的项目共五项：标定动作速度的测量，动作速度应符合标准要求，安全器的齿轮、离心式限速装置安装在试验台上，利用无级调速装置等试验设备，将安全器的离心式限速装置动作打开时的齿轮转速调定为选定的动作速度。

（5）安全装置。

1）限速器。

为了防止施工升降机的吊笼超速或坠落而设置的一种安全装置，分为单向式和双向式两种，单向限速器只能沿吊笼下降方向起限速作用，双向限速器则可沿吊笼的上下两个方向起限速作用。限速器应按规定期限进行性能检测。

2）缓冲弹簧。

缓冲弹簧装在与基础架连接的弹簧座上，以便当吊笼发生坠落事故时，减轻吊笼的冲击，同时保证吊笼和配重下降着地时成柔性接触，减缓吊笼和配重着地时的冲击。缓冲弹簧有圆锥卷弹簧和圆柱螺旋弹簧两种。通常，每个吊笼对应的底架上有 2 个或 3 个圆锥卷弹簧或 4 个圆柱螺旋弹簧。

3）上、下限位器。

为防止吊笼上、下时超过需停位置，或因司机误操作以及电气故障等原因继续上行或下降引发事故而设置的装置，安装在吊笼和导轨架上，限位装置由限位碰块和限位开关构成，设在吊笼顶部的最高限位装置，可防止冒顶；设在吊笼底部的最低限位装置，可准确停层，属于自动复位型。

4）上、下极限限位器。

上、下极限限位器是在上、下限位器不起作用时，当吊笼运行超过限位开关和越程后，能及时切断电源使吊笼停车。极限限位是非自动复位型。动作后只能手动复位才能使吊笼重新启动。极限限位器安装在吊笼和导轨架上（越程是指限位开光与极限位开关之间所规定的安全距离）。

5）安全钩。

安全钩是为防止吊笼达到预先设定位置，上限位器和上极限限位器因各种原因不能及时动作，吊笼继续向上运行，将导致吊笼冲击导轨架顶部面发生倾翻坠落事故而设置的钩块状，也是最后一道安全装置。它能使吊笼上行到轨架安全防护设施顶部时，安全地沟在导轨架上，防止吊笼出轨，保证吊笼不发生倾覆坠落事故。

6）急停开关。

当吊笼在运行过程中发生各种原因的紧急情况时，司机能在任何时候按下急停开关，使吊笼停止运行。急停快关必须是非自行复位的安全装置，一般安装在吊笼顶部。

7）吊笼门、防护围栏门连锁装置。

施工升降机的吊笼门、防护围栏门均装有电器连锁开关，它们能有效地防止因吊笼或防护围栏门未关闭就启动运行而造成人员的物料坠落，只有当吊笼门和防护围栏完全关闭后才能启动运行。

8）楼层通道门。

施工升降机与楼层之间设置了运料和人员进出的通道，在通道口与施工升降机结合部必须设置楼层通道门。楼层通道门的高度不低于 1.8 m，门的下沿离通道面，不应超过 50 mm。此门在吊笼上下运行时处于常闭状态，只能在吊笼停靠时才能由吊笼内的人员打开。应做到楼层内的人员无法打开此门，以保证通道口处在封闭的条件下不出现危险。

9）通信装置。

由于司机的操作室位于吊笼内，无法知道各楼层的需求情况和分辨不清哪个楼层发出信号，因此必须安装一个闭路的双向电器通信装置。司机应能听到每一楼层的需求信号。

10）地面进口处防护棚。

施工升降机安全完毕时，应及时搭设地面出入口的防护棚，防护棚搭设的材质选用普通脚手架钢管、防护棚长度不应小于 5 m，有条件的可与地面通道防护棚连接起来。宽度应不小于升降机底笼最外部尺寸。其顶部材料可采用 50 mm 厚木板或两层竹笆，上下竹笆间距应不小于 600 mm。

11）断绳保护装置。

吊笼和配重的钢丝绳发生断绳时，断绳保护开关切断控制电路，制动器抱闸停车。

（6）安全使用。

施工升降机是常见的施工设备，将人或物料在大范围内进行垂直升降和搬运，是事故发生机率较大的建筑工程机械。随着我国经济的持续高速增长，城市建设的不断扩张，施工升降机的产销量高速增长。施工场地的增多，施工难度和复杂度提升，导致安全问题越来越严重。虽然我国每年都耗费大量的人力物力来进行监督，但由于地点广、情况复杂、检测不够全面等问题降低了人工监督的有效性。因此如何全面高效地对施工升降机设备进行安全管理、保障其安全运行是亟须解决的难题。

1）施工企业必须建立健全施工升降机的各类管理制度，落实专职机构和管理人员，明确各级安全使用和管理责任制。

2）升降机的司机应经有关行政主管部门培训合格的专职人员，严禁无证操作。

3）司机应做好日常检查工作，即在电梯每班首次运行时，应分别做空载和满载试运行。

4）建立和执行定期检查和维修保养制度，每周或每旬对升降机进行全面检查，对查出的隐患按“三定”原则落实整改。整改后须经有关人员复查确认符合安全要求后，方能使用。

5）梯笼乘人、载物时，应尽量使荷载均匀分布，严禁超载使用。

6）升降机运行至最上层和最下层时，严禁以碰撞上、下限位开关来实现停车。

7）司机因故离开吊笼及下班时，应将吊笼降至地面，切断总电源，并锁上点箱门，防止其他无证人员擅自开动吊笼。

8）风力达 6 级以上，应停止使用升降机，并将吊笼降至地面。

9）各停靠层的运料通道两侧必须有良好的防护。楼层门应处于常闭状态，其高度应符合规范要求，任何人不得擅自打开或将头伸出门外，当楼层门未关闭时，司机不得开动电梯。

10）确保通信装置完好，司机应当在确认信号后方能开动升降机。作业中无论任何人在楼层发出紧急停车信号，司机都应当立即执行。

11）升降机应按规定单独安装接地保护和避雷装置。

12）严禁在升降机运行状态下进行维修保养工作。若需维修，必须切断电源并在醒目处挂上“有人检修，禁止合闸”的标志牌，并有专人监护。

二、起重机械

起重机械，是指用于垂直升降或者垂直升降并水平移动重物的机电设备，其范围规定为额定起重量大于或者等 0.5 t 的升降机；额定起重量大于或者等 3 t（或额定起重力矩大于或者等 40 t · m 的塔式起重机，或生产率大于或等于 300 t/h 的装卸桥），且提升高度大于或者等 2 m 的起重机；层数大于或等于 2 层的机械式停车设备。

根据国家质检总局颁布的《特种设备目录》，起重机械分为：桥式起重机、门式起重机、流动式起重机等。

1. 桥式起重机

桥式起重机是横架于车间、仓库和料场上空进行物料吊运的起重设备。由于它的两端坐落在高大的水泥柱或者金属支架上，形状似桥。桥式起重机的桥架沿铺设在两侧高架上的轨道纵向运行，可以充分利用桥架下面的空间吊运物料，不受地面设备的阻碍。它是使用范围最广、数量最多的一种起重机械。

桥架在高架轨道上运行的一种桥架型起重机，又称天车。桥式起重机的桥架沿铺设在两侧高架上的轨道纵向运行，起重小车沿铺设在桥架上的轨道横向运行，构成一矩形的工作范围，就可以充分利用桥架下面的空间吊运物料，不受地面设备的阻碍。这种起重机广泛用在室内外仓库、厂房、码头和露天贮料场等处，见图 5-7。

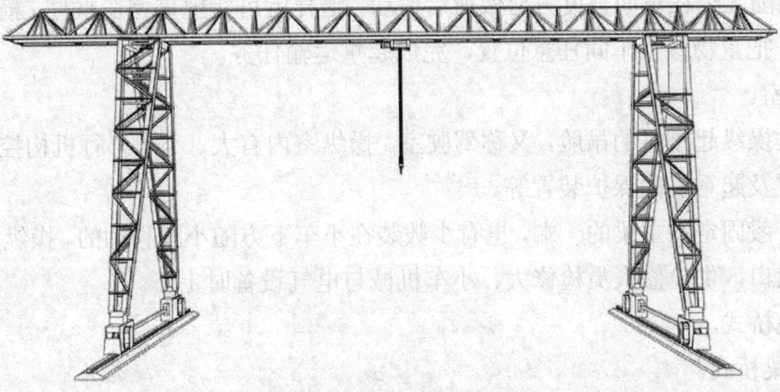

图 5-7 桥式起重机

（1）普通桥式。

桥式起重机一般由桥架（又称大车），提升机构，小车、大车移行机构，操纵室，小车导电装置（辅助滑线），起重机总电源导电装置（主滑线）等部分组成。

1）桥架。

桥架是桥式起重机的基本构件，它由主梁、端梁、走台等部分组成。主梁跨架在跨间上空，有箱形、析架、腹板、圆管等结构形式。主梁两端连有端梁，在两主梁外侧安有走台，设有安全栏杆。在驾驶室一侧的走台上装有大车移行机构，在另一侧走台上装有往小车电气设备供电的装置，即辅助滑线。在主梁上方铺有导轨，供小车移动。整个桥式起重机在大车移动机构拖动下，沿车间长度方向的导轨上移动。

2）大车移行机构。

大车移行机构由大车拖动电动机、传动轴、减速器、车轮及制动器等部件构成，驱动方式有集中驱动与分别驱动两种。

3）小车移行机构。

小车安放在桥架导轨上，可顺着车间的宽度方向移动。小车主要由钢板焊接而成，由小车架以及其上的小车移行机构和提升机构等组成。

小车移行机构由小车电动机、制动器、联轴节、减速器及车轮等组成。小车电动机经减速器驱动小车主动轮，拖动小车沿导轨移动，由于小车主动轮相距较近，故由一台电动机驱动。

小车移行机构的传动形式有两种：一种是减速箱在两个主动轮中间；另一种是减速箱装在小车的一侧。减速箱装在两个主动轮中间，使传动轴所承受的扭矩比较均匀；减速箱装在小车的一侧，使安装与维修比较方便。

4）提升机构。

提升机构由提升电动机、减速器、卷筒、制动器等组成。提升电动机经联轴器、制动轮与减速器连接，减速器的输出轴与缠绕钢丝绳的卷筒相连接，钢丝绳的另一端装吊钩，当卷筒转动时，吊钩就随钢丝绳在卷筒上的缠绕或放开而上升或下降。对于起重量在15t及以上的起重机，备有两套提升机构，即主钩与副钩。

由此可知，重物在吊钩上随着卷筒的旋转获得上下运动，随着小车在车间宽度方向获得左右运动，并能随大车在车间长度方向做前后运动。这样就可实现重物在垂直、横向、纵向3个方向的运动，把重物移至车间任意位置，完成起重运输任务。

5）操纵室。

操纵室是操纵起重机的吊舱，又称驾驶室。操纵室内有大、小车移行机构控制装置、提升机构控制装置及起重机的保护装置等。

操纵室一般固定在主梁的一端，也有少数装在小车下方随小车移动的。操纵室的上方开有通向走台的舱口，供检修人员检修大、小车机械与电气设备时上下。

（2）其他桥式。

1）简易梁桥式。

又称梁式起重机，其结构组成与普通桥式起重机类似。起重量、跨度和工作速度均较小。

桥架主梁是由工字钢或其他型钢和板钢组成的简单截面梁，用手拉葫芦或电动葫芦配上简易小车作为起重小车，小车一般在工字梁的下翼缘上运行。桥架可以沿高架上的轨道运行，也可沿悬吊在高架下面的轨道运行，这种起重机称为悬挂梁式起重机。

2）冶金专用桥式。

这种起重机在钢铁生产过程中可参与特定的工艺操作，基本结构与普通桥式起重机相似，但在起重小车上还装有特殊的工作机构或装置。这种起重机的工作特点是使用频繁、条件恶劣，工作级别较高，主要有5种类型：

①铸造起重机。

供吊运铁水注入混铁炉、炼钢炉和吊运钢水注入连续铸锭设备或钢锭模等用。主小车吊运盛桶，副小车进行翻转盛桶等辅助工作。

②夹钳起重机。

利用夹钳将高温钢锭垂直地吊运到深坑均热炉中，或把它取出放到运锭车上。

③脱锭起重机。

用以把钢锭从钢锭模中强制脱出。小车上有专门的脱锭装置，脱锭方式根据锭模的形状而定：有的脱锭起重机用顶杆压住钢锭，用大钳提起锭模；有的用大钳压住锭模，用小钳提起钢锭。

④加料起重机。

用以将炉料加到平炉中。主小车的立柱下端装有挑杆，用以挑动料箱并将它送入炉内。主柱可绕垂直轴回转，挑杆可上下摆动和回转。副小车用于修炉等辅助作业。

⑤锻造起重机。

用以与水压机配合锻造大型工件。主小车吊钩上悬挂特殊翻料器，用以支持和翻转工件；副小车用来抬起工件。

3）防爆桥式。

这种起重机主要应用于具有爆炸性气体环境中吊运使用，其基本结构与普通桥式起重机相似，但在电动机与电气部分及金属接触面等机械部分采取防爆措施，以保证防爆环境使用的安全性。防爆桥式起重机根据防爆类别可划分为两种：

①煤矿用防爆桥式起重机。

主要应用于煤矿矿井地面上部分和矿井下非采掘面部分，该起重机应具有矿用煤安证书（MA 认证）。

②工厂用防爆桥式起重机。

主要应用于具有可燃性气体或可燃性混合物等危险重要场所，该起重机应具有国家检测中心颁发的防爆合格证。

（3）桥式起重机参数。

桥式起重机的主要技术参数有起重量、跨度、提升高度、运行速度、提升速度、工作类型等。

1）起重量。

起重量又称额定起重量，是指起重机实际允许的起吊最大负荷量，以吨（t）为单位。

桥式起重机起重量有 5 t、10 t（单钩）、15 t/3 t、20 t/5 t、30 t/5 t、50 t/10 t、75 t/20 t、100 t/20 t、125 t/20 t、150 t/30 t、200 t/30 t、250 t/30 t（双钩）等。数字中的分子为主钩起重量，分母为副钩起重量。如 15 t/3 t 起重机是指主钩的额定起重量为 15 t，副钩的额定起重量为 3 t。

桥式起重机按起重量可以分为 3 个等级，5～10 t 为小型起重机，10～50 t 为中型起重机，50 t 以上的为重型起重机。

2）跨度。

桥式起重机的跨度是指起重机主梁两端车轮中心线间的距离，即大车轨道中心线间的距离，以米（m）为单位。

桥式起重机跨度有 10.5 m、13.5 m、16.5 m、19.5 m、22.5 m、25.5 m、28.5 m、31.5 m 等多种。每 3 m 为一个等级。

3）提升高度。

起重机的吊具或抓取装置（如抓斗、电磁吸盘）的上极限位置与下极限位置之间的距离，称为起重机的提升高度，以米（m）为单位。

起重机一般常用的提升高度有 12 m、16 m、12 m/14 m、12 m/18 m、16 m/18 m、19 m/21 m、20 m/22 m、21 m/23 m、22 m/26 m、24 m/26 m 等几种。其中分子为主钩提升高度，分母为副钩提升高度。

4）运行速度。

运行速度是指大、小车移动机构在其拖动电动机以额定转速运行时所对应的速度，以（m/min）为单位。小车运行速度一般为 40～60 m/min，大车运行速度一般 100～135 m/min。

5）提升速度。

提升机构的电动机以额定转速使重物上升的速度，即提升速度。一般，提升速度不超过 30 m/min，依重物性质、重量、提升要求来决定。

提升速度还有空钩速度，空钩速度可以缩短非生产时间，空钩速度可以高达额定提升速度的两倍。

提升速度还有个特例，重物接近地面时的低速，称为着陆低速，以保证人身安全和货物的安全，其速度一般为 4～6 m/min。

6）工作类型。

起重机的工作类型按其载荷率和工作繁忙程度决定，可分为轻级、中级、重级和特重级四种。

①轻级，运行速度低，使用次数少，满载机会少，通电持续率为 15%。用于不紧张及不繁重的工作场所。如在水电站、发电厂中用作安装检修用的起重机。

②中级，经常在不同载荷下工作，速度中等，工作不太繁重，通电持续率为 25%，如一般机械加工车间和装配车间用的起重机。

③重级，工作繁重，经常在重载荷下工作，通电持续率为 40%，如冶金和铸造车间内使用的起重机。

④特重级，经常吊额定负荷，工作特别繁忙，通电持续率为 60%，如冶金专用的桥式起

重机。

2. 门式起重机

门式起重机是桥式起重机的一种变形，又称龙门吊。主要用于室外的货场、料场、散货的装卸作业。门式起重机具有场地利用率高、作业范围大、适应面广、通用性强等特点，在港口货场得到广泛使用。

它的金属结构像门形框架，承载主梁下安装两条支脚，可以直接在地面的轨道上行走，主梁两端可以具有外伸悬臂梁。

门式起重机（又称龙门起重机）是桥架通过两侧支腿支撑在地面轨道上的桥架型起重机。在结构上由门架、大车运行机构、起重小车和电气部分等组成。有的门式起重机只在一侧有支腿，另一侧支撑在厂房或栈桥上运行，称作半门式起重机。门式起重机的门架上部桥架（含主梁和端梁）、支腿、下横梁等部分构成。为了扩大起重机作业范围，主梁可以向一侧或两侧伸出支腿以外，形成悬臂。也可采用带臂架的起重小车，通过臂架的俯仰和旋转扩大起重机作业范围。

（1）分类。

门式起重机可按门框结构形式、主梁形式、主梁结构、用途形式分为 4 类。

1）门框结构。

①门式起重机。

全门式起重机：主梁无悬伸，小车在主跨度内进行。

半门式起重机：支腿有高低差，可根据使用场地的土建要求而定。

②悬臂门式起重机。

双悬臂门式起重机：最常见的一种结构形式，其结构的受力和场地面积的有效利用都是合理的。

单悬臂门式起重机：这种结构形式往往是因场地的限制而被选用。

2）主梁形式。

①单主梁。

单主梁门式起重机结构简单，制造安装方便，自身质量小，主梁多为偏轨箱形架结构。与双主梁门式起重机相比，整体刚度要弱一些。因此，当起重量 $Q \leqslant 50t$、跨度 $S \leqslant 35m$ 时，可采用这种形式。单主梁门式起重机门腿有 L 形和 C 形两种形式。L 形的制造安装方便，受力情况好，自身质量较小，但是，吊运货物通过支腿处的空间相对小一些。C 形的支脚做成倾斜或弯曲形，目的在于有较大的横向空间，以使货物顺利通过支脚。

②双主梁。

双主梁门式起重机承载能力强、跨度大、整体稳定性好、品种多，但自身质量与相同起重量的单主梁门式起重机相比要大些，造价也较高。根据主梁结构不同，又可分为箱形梁和桁架两种形式。一般多采用箱形结构。

3）主梁结构。

①桁架梁。

使用角钢或工字钢焊接而成的结构形式，优点是造价低，自重轻，抗风性好。但是由于焊接点多和桁架自身的缺陷，桁架梁也具有挠度大，刚度小，可靠性相对较低，需要频繁检测焊点等缺点。适用于对安全要求较低，起重量较小的场地。

②箱梁。

使用钢板焊接成箱式结构，具有安全性高，刚度大等特点。一般用于大吨位及超大吨位的门式起重机。

③蜂窝梁。

一般指“等腰三角形蜂窝梁”，主梁端面为三角形，两侧斜腹上有蜂窝孔，上下部有弦杆。蜂窝梁吸收了桁架梁和箱梁的特点，较桁架梁具有较大的钢度，较小的挠度，可靠性也较高。但是由于采用钢板焊接，自重和造价也比桁架梁稍高。适用于使用频繁或起重量大的场地或梁场。由于这种梁型为专利产品，因此生产厂家较少。

4）用途形式。

①普通龙门起重机。

这种起重机多采用箱型式和桁架式结构，用途最广泛。可以搬运各种成件物品和散状物料，起重量在 100 t 以下，跨度为 4～39 m。用抓斗的普通门式起重机工作级别较高。普通门式起重机主要是指吊钩、抓斗、电磁、葫芦门式起重机，同时也包括半门式起重机。

②水电站龙门起重机。

主要用来吊运和启闭闸门，也可进行安装作业。起重量达 80～500 t，跨度较小，为 8～16 m；起升速度较低，为 1～5 m/min。这种起重机虽然不是经常吊运，但一旦使用工作却十分繁重，因此要适当提高工作级别。

③造船龙门起重机。

用于船台拼装船体，常备有两台起重小车：一台有两个主钩，在桥架上翼缘的轨道上运行；另一台有一个主钩和一个副钩，在桥架下翼缘的轨道上运行，以便翻转和吊装大型的船体分段。起重量一般为 100～1 500 t；跨度达 185 m；起升速度为 2～15 m/min，还有 0.1～0.5 m/min 的微动速度。

④集装箱龙门起重机。

用于集装箱码头。拖挂车将岸壁集装箱运载桥从船上卸下的集装箱运到堆场或后方后，由集装箱龙门起重机堆码起来或直接装车运走，可加快集装箱运载桥或其他起重机的周转。可堆放高 3～4 层、宽 6 排的集装箱的堆场，一般用轮胎式，也有用有轨式的。集装箱龙门起重机与集装箱跨车相比，它的跨度和门架两侧的高度都较大。为适应港口码头的运输需要，这种起重机的工作级别较高。起升速度为 8～10 m/min；跨度根据需要跨越的集装箱排数来决定，最大为 60 m 左右相应的 20 ft、30 ft、40 ft 长集装箱的起重量分别约为 20 t、25 t 和 30 t。

3. 流动式起重机

流动式起重机属于旋转臂架式起重机。由于靠自身的动力系统驱动，也称为自行式起重机。

（1）主要分类。

1）汽车起重机。

汽车起重机是以经过改装的通与汽车底盘部分或用于安装起重机的专用底盘为运行部分，

车桥多数采用弹性悬挂。汽车起重机在行驶状态和起重作业状态分别使用不同的驾驶室。它具有行驶速度快、机动性强的特点，适用于长距离地迅速转换作业场地。汽车起重机不能吊载行驶，且车身长，转弯半径大，因此通过性能较差。

2）轮胎起重机。

轮胎起重机使用特制的运行底盘，车桥为刚性悬挂，可以吊载行驶，上下车采用同一个驾驶室。由于轮胎起重机的轮距与轴距相近，这样，既能保证各向倾翻稳定性一致，又增加了机动性。它还具有良好的通过性，可以在360°的范围内进行全周作业。轮胎起重机能带载行驶，作业适应性大，它适合于建筑工地、车站、码头等相对稳定的作业场所。

3）履带起重机。

履带起重机是以履带及其支承驱动装置为运行部分的流动式起重机。与前两种起重机比较，除行走部分用履带代替轮胎外，其余各机构的工作原理基本相同。由于履带的接地面积大，又能在松软的路面上行走，它具有地面附着力大、爬坡能力强、转弯半径小（甚至可在原地转弯）、作业时不需要支腿支承、可以吊载行驶等特点。

4）专用流动式起重机。

专用流动式起重机指那些作业对象或作业场地不变的流动起重设备。如码头用于吊装集装箱的门式轮胎集装箱起重机，装于汽车底盘上的高空作业车及抢险救援起重机等。

（2）主要技术参数。

1）起重量。

起重量是起重机安全起升物品的质量，单位 t。对于流动式起重机来说，其额定起重量是随幅度而变化的，标牌上标定的起重量值是最大额定起重量，指基本臂处于最小幅度时的最大起重量。

2）幅度 *L*。

幅度是起重机置于水平场地时，吊具垂直中心线至回转中心线之间的水平距离，单位 m。它是臂架长度与臂架仰角的函数，在臂架长度一定时，仰角越大，幅度越小。

有效幅度是指使用支腿侧向工作时，吊具垂直中心线至该侧支腿中心线的水平距离。

3）起重力矩。

起重力矩是汽车起重机的起重特性指标，单位 N · m，为起重量和相应的工作幅度的乘积。

4）起升高度。

起升高度是吊具上升到最高极限位置时，吊具中心至地面的垂直距离，单位 m。当臂架长度一定，起升高度随幅度减少而增加。

5）工作速度 *V*。

①起升速度。它是起升机构在稳定运行状态下，吊额定载荷的垂直位移速度，单位 m/min。为降低功率，减少冲击，流动式起重机的起升速度应取较低值。

②变幅速度。它是变幅机构在稳定运动状态下，在变幅平面内吊挂最小额定载荷，从最大幅度至最小幅度的水平位移平均速度，单位 m/min。有时用最大幅度到最小幅度的时间表示。变幅速度对起重作业的平稳性和安全性影响较大，平均速度在 15 m/min 左右。

③旋转速度 ω。它是旋转机构在稳定运动状态下，驱动起重机转动部分的回转角速度，单位 r/min。受到旋转启制动惯性力的限制，旋转速度不能过大，一般在 3 r/min 左右，当回转半径增大，旋转速度相应降低。

④行走速度 v。它是在道路上行驶状态下，流动式起重机的平稳运行速度，单位工作场地转移速度要快，汽车起重机行走速度较高，可以与汽车编队行驶，轮胎起重机的行走速度一般较汽车起重机低。

此外，还有伸缩式臂架起重机特有的参数，臂架伸缩速度，单位 m/min，一般外伸速度是缩回速度的 1 倍左右。支腿收放速度用时间表示，单位 s。

（3）流动式起重机事故。

1）失稳倾翻。

从理论上讲，倾翻的根本原因是作用在起重机上的力矩不平衡，倾覆力矩超过稳定力矩。从实际情况看，产生倾覆力矩的因素是多方面的，除超载、操作失误这些比较明显的原因外，还有风力、工作速度不当引起的惯性力，支腿支撑基础劣化，臂架端部的变形下挠，或其他一些随机的、不确定因素，各种因素往往交织在一起。这些非起重量超载原因的影响，使起重机实际操作的复杂性增加，给正确判断造成困难。

2）臂架破坏。

臂架是流动式起重机最主要的承力金属结构，在起重作业时，承受压、弯的联合作用，在强度、刚度和稳定性方面的失效都有可能引发臂架结构破坏。变幅机构故障还会导致臂架坠落，其后果的严重程度等同于重物坠落。

3）触电。

起重机在输电线附近作业时，触碰高压带电体或与之距离过近，都可能引发触电伤害。

4）挤压。

受作业场地条件所限，起重机与其他设备或建筑结构物之间缺少足够的安全距离，当回转作业时，回转部分的金属结构、配重或吊载对人员造成夹挤伤害。

第三节　摊铺碾压设备的基本知识

一、摊铺设备

摊铺设备是一种主要用于高速公路上基层和面层各种材料摊铺作业的施工设备。是由各种不同的系统相互配合完成摊铺工作的，主要包含行走系统、液压系统、输分料系统等。

主要有碎石摊铺机、水泥混凝土路面摊铺机、沥青混凝土摊铺机等。

1. 碎石摊铺机

碎石摊铺机（aggregate spreader）是路面施工机械之一。能够将碎石均匀地摊铺在路基上的施工机械。主要由料斗、支承滚轮、滑橇、V 形刮板、加宽侧板和运行轮等组成。

料斗拖挂在自卸汽车后面，由自卸汽车供料和牵引，进行摊铺作业。料斗前部支承于滚轮上，碎石摊铺机如作短距离拖运时，后部支承于滑橇上，以降低对地基的比压，并提高铺层的平整度。在料斗后方两侧壁上还用铰链装有加宽侧板，借以调节摊铺宽度。碎石摊铺机如作短距离拖运时，可将后部滑橇换成运行轮，以便牵引拖移。碎石摊铺机的主要技术参数是料斗容量、摊铺的宽度和厚度。

（1）装置调整。

1）螺旋分料器的调整。

螺旋分料器的安装高度须与所摊铺路面的厚度相对应，一般螺旋叶片底部边缘应高出成型路面 50～100 mm，以减少螺旋的分料阻力，并保证有足够的预振实量。若高度太大，则会增加刮平板的推料阻力。另外，水泥混凝土的料堆高度应尽量不超过螺旋叶片的上部边缘，最好为分料器高度的 1/3～1/2。

2）振捣棒的布置和调整。

①振捣棒的间距。

振捣棒的间距应保证机器在摊铺过程中两棒间的有效振捣力有一定的重叠。一般棒与棒之间的距离为 450～500 mm，两边棒与侧滑动模板间距应为 200～250 mm。为保证水泥混凝土路面的质量，提高路面的密实度，振捣棒的间距不宜过大。

②振捣棒振动频率的调整。

振捣棒振动频率对水泥混凝土路面的强度和平整度都有很大的影响。振动频率越高，提浆、密实效果越好；但频率过高会使弓陷提浆过度，砂石料离析，影响路面的强度和边缘的稳定。振捣棒频率的大小是通过节流阀供给振捣棒的油量来确定的，每根振捣棒可单独调节。滑模摊铺机使用的振捣棒为高频振捣棒，其振幅 般为 0.3 mm 左右，振动频率最大为 200 Hz，并且可单个作连续调整，施工中一般应在 100～183 Hz 内做调整。据混凝土的振动工艺原理，低频振动对大集料有较大的振实作用，对小粒径料的振实则依赖于高频振动。

③振捣棒位置的调整。

一般来说，振捣棒插入混凝土越深振捣效果越好。但由于在摊铺过程中，振捣棒始终沿一条直线前进，粗骨料被推开后只能由砂浆来填充，而砂浆的收缩率比水泥混凝土的大，故初凝剂会沿振捣棒方向出现开裂，进而因混凝土的平缩拉大了这些裂纹，造成混凝土纵向断板。

（2）注意事项。

在摊铺机的使用中，做好液压系统的保养工作，就可大大减少故障。一般应注意以下几点：

1）摊铺机就位后，按试验路段提供的松铺系数调整好松铺厚度；调整好传感器臂与导向控制线的关系，严格控制摊铺厚度和高程，保证横坡度满足设计要求。

2）供料能力、运输能力应与摊铺速度相匹配，摊铺机前至少应保持有 3 台以上的运料车在等待卸料。

3）在每日启动发动机工作时，应先怠速运转一段时间后，再操纵各执行元件工作，这样有利于液压泵的使用。

4）运输车辆在摊铺机前方 10～30cm 停车，由摊铺机迎上去推动卸料车，一边前进一边卸料。卸料速度应与摊铺机铺筑速度相协调，应注意防止运料车碰撞摊铺机。

5）梯队作业的两台摊铺机应保持速度一致、摊铺厚度一致、松铺系数一致、横坡度一致、振动频率等一致，并做到接缝平整。摊铺机的螺旋布料器应有 2/3 埋入混合料中。

2. 水泥混凝土路面摊铺机

水泥混凝土路面摊铺机（concrete finisher）是指用于水泥混凝土路面或机场水泥混凝土道面的施工，具有混凝土混合料的摊铺、振实、整平等功能的自行式机组。

（1）分类。

水泥混凝土路面摊铺机分为轨道式与滑模式两类。

1）轨道式摊铺机。

轨道式摊铺机通常由布料机、振实机、抹面机等一系列单机组成。各机均带有钢轮，可在共同的轨道模板上前后移动，工作时类似于流水作业的方式完成混凝土板的铺筑，故有摊铺列车之称。

按布料机的布料方式，又可分为刮板式、螺旋式和箱式 3 种。刮板式系借助可绕自身轴旋转又可左右移动的刮板将卸于地面的混凝土混合料铺平；螺旋式系借助两只独立的反向螺旋送料器进行铺平作业；箱式是借助能沿轨道横向移动的料仓进行布料作业的。

2）滑模式摊铺机。

滑模式摊铺机则自身具有摊铺、振实、整平等功能，且无须设立模板就能连续铺筑混凝土，是继轨道式摊铺机后发展起来的，可同时铺筑路缘石，但对原材料及其配合比以及混合的供应要求十分严格。

（2）工作特点。

1）布料。

均匀地分布混凝土是保证密实度和平整度的前提。此项工作由布料机独立完成。布料机上装有回转式布料铲，能供自身轴线旋转 180°。同时可往返横向移动，加上布料机本身可以纵向前后移动，操作人员可根据料堆的位置、大小和混凝土料的多少，控制布料铲的角度和移动方向，将混凝土均匀地摊平在两个模板之间的基层上。行走机构的支撑由静液控制，布料铲的高度可以无级调整，可自由地调整布料高度。

2）预平。

整预平整装置是一块作横向往复运动的刮板。工作时，对虚方混凝土产生揉搓和挤压作用，使内部组织进一步均匀化，表面趋于平整，同时刮去表层多余混凝土，实现对预留高度的精确计量。其高度通过专门的螺杆单独进行调节，预平整装置不仅可以保证混凝土平整的外形，还可以对混凝土进行较轻微的压实。

3）振实。

混凝土施工工艺的目的在于铺成一种毛细孔尽可能少的混凝土层，其各个部分应具有一样的密实度，这项工作主要由振实机上的振动梁来实现。振动梁弹性安装于振实机下方，由底板和振子轴两部分组成。底板前缘部分向上抬起一个角度便于减少阻力和空气逸出。工作时，对虚方混凝土进行强制性振捣。在 66～75 Hz 的振动频率的振动作用下，使混凝土从静止状态下的半塑性状态变为流动状态，振子的惯性力和振幅通过底板产生的动力负荷与振实机本身的静负荷叠加后作用于混凝土上，使其达到设计要求的密实度和相应的结构强度。

4）抹平。

抹平机直接纹接在振实机之后，对已振实的混凝土表面进行抹平和修整，消除前面工序的作业痕迹，提高平整精度，使其达到要求。

（3）注意事项。

1）摊铺机摊铺前应对基层表面进行洒水润湿，但不能有积水。

2）摊铺机混凝土入模前，先检查坍落度，摊铺机控制在配合比要求坍落度±1cm 范围内，制作混凝土检测抗压抗折强度的试件。

3）摊铺机摊铺过程中，间断时间应不大于混凝土的初凝时间。

4）摊铺机摊铺现场应设专人指挥卸料，应根据摊铺宽度、厚度，每车混凝土数量均匀卸料，严格掌握，不能亏料，可适当略有富余，但又不能太多，防止被刮到模板之外。

5）摊铺机摊铺过后，对拉杆要进行整理，保证拉杆平行与水平，同时要用铝合金直尺进行平整度初查，确保混凝土表面平整，不缺料。

6）摊铺机每日工作结束，施工缝宜设在胀缝或缩缝处，按胀缝和缩缝要求处治。因机械故障或其他原因中断浇筑时，可设临时工作缝。宜设在缩缝处，按缩缝处理。

7）摊铺机当摊铺到胀缝位置时，应按胀缝设计要求设置胀缝和安装传力杆，传力杆范围内的混凝土可用人工振实和整平。如继续浇筑，摊铺机需跳开一块板的长度开始进行，留下部分待模板拆除并套上胀缝后用人工摊铺振捣成型。

8）摊铺机在摊铺时，两侧应各设 1 名辅助操作员，保证摊铺机运行安全和摊铺质量。

3. 沥青混凝土摊铺机

将沥青混合料均匀摊铺在道路基层上，并进行初步振实和整平的机械。分履带式和轮胎式两种。由牵引、摊铺和振实、熨平两部分组成。前者包括机架、动力装置、行走装置、料斗、料门、刮板输送器、螺旋摊铺器和驾驶室等。后者包括牵引臂、振实机构和熨平装置（由熨平板、厚度调节器、拱度调节器和加热装置等组成）。

振实机构采用熨平板和装置在熨平板前的振捣器，或采用振动熨平板，或振捣器和振动熨平板两者同时采用，以提高振实效果。振实、熨平部分通过左右牵引臂铰接在机架两侧，能上下浮动地压在铺层上前进。

作业时，摊铺机的前推辊顶推着载料自卸汽车后轮前进，并接受沥青混合料。卸于料斗内的沥青混合料，由斗底左右两个独立驱动的刮板输送器送至螺旋摊铺室，送料量由后斗壁左右两闸门分别控制。螺旋摊铺器有左右两螺旋，同时将料向左右两侧均匀摊铺，但亦能左右各自独立驱动。随着摊铺机的向前移动，振实、熨平部分按一定的宽度、厚度和拱度对铺层进行初步振实和整平。

熨平板内装有加热装置，以便在寒冷季节或在作业开始前对板底进行加热，防止沥青混合料的粘附。由于熨平板有浮动特性，故能通过厚度调节器来改变熨平板底面相对于地面的仰角，以调节铺层厚度。在作业过程中，浮动熨平板还能减少路基或路面基层高低不平对铺筑平整度的影响。有些摊铺机的熨平板连同振捣器制成伸缩式，螺旋摊铺器可接长或缩短，以铺筑不同宽度的路面。熨平板的调节有手动或半自动的。20 世纪 60 年代以来，采用了自动调平装置，它是以预置张紧钢丝绳、平整的路缘石或已铺筑好的路面作为基准，利用传感器随时检测因路基或路面基层高低不平而造成熨平板相对于基准所发生的位置偏差，并不断调整左右牵引臂的牵引点位置，以改变熨平板底面的仰角，达到高精度整平的目的。一般能满足高速公路的要求。影响路面铺筑质量的因素还有沥青混合料的性质、进料数量和摊铺工作速度等，因此近年来出现了能够自动控制铺筑层的平整度、供料速度和摊铺工作速度的全液压、全自动的沥青混凝土摊铺机。

沥青混凝土摊铺机的基本技术参数是料斗容量、摊铺宽度、最大摊铺厚度和工作速度。

（1）分类。

1）按摊铺宽度分类沥青混凝土摊铺机可分为小型、中型、大型、超大型四类。

2）小型机的最大摊铺宽度一般小于 3 600 mm，用于路面养护和城市道路的修筑工程。

3）中型机的摊铺宽度为 4 000～6 000 mm，用于一般公路路面的修筑和养护工程。

4）大型机的摊铺宽度为 7 000～9 000 mm，主要用于高等级公路路面施工。

5）超大型机的摊铺宽度大于 12 000 mm，主要用于高速公路、机场、码头、广场等大面积沥青混凝土路面施工。

（2）构造。

沥青混凝土摊铺机主要由动力装置、传动系统、行走装置、供料装置、操纵机构等组成。动力装置多选用柴油机，各装置及仪表等均安装在特制的专用机架上。履带式与轮胎式摊铺机的结构除行走装置及相应的控制系统有区别外，其余组成部分基本相似。

1）传动系统。

沥青混凝土摊铺机的传动系统主要指行走传动、供料装置、工作装置的动力传动等。

老式摊铺机的传动系统都为机械传动，新型沥青混凝土摊铺机有液压—机械传动和全液压传动两种形式。

2）供料装置。

①料斗。

料斗位于摊铺机的前端，用于接收汽车卸下的沥青混凝土。

②刮板输送器。

刮板输送器是带有许多刮料板的链传动装置，安装在料斗的底部。刮料板由两根链条同时驱动，随链条的转动来刮送沥青混凝土。目前摊铺机采用的刮板输送器有单排和双排两种，单排用于小型摊铺机，双排用于大、中型摊铺机。

刮板输送器有机械式和液压式两种驱动形式。

③螺旋摊铺器。

螺旋摊铺器也称为螺旋分料器，其作用是将刮板输送来的混凝土分送到熨平板的前端。螺旋摊铺器为左、右两连方向相反，旋转方向相同，可将刮板输送来的料横向铺开。链传动驱动的螺旋摊铺器的旋转速度不能调整；由两个液压马达分别驱动的螺旋摊铺器，可实现左、右螺旋分别运转或同时运转，无级变速，以适应摊铺宽度的不同要求。

3）工作装置。

对摊铺器铺好的沥青混凝土铺层必须进行预压实，并按厚度和路拱要求进行整形和熨平。此作业由摊铺机上的振捣梁—熨平板装置来实现。

①振捣梁的机构。

振捣梁又称“夯锤”，安装在熨平板的前部。混凝土在进入熨平板下面之前先由振捣梁给予初步捣实。振捣梁的动力由液压马达，通过皮带带动驱动轴转动来提供。振捣梁通过轴承安装在驱动轴上，轴承的轴心与驱动轴的轴心有一定的偏心量。驱动轴转动时，由于偏心的原因可带动振捣梁上下运动，对混凝土产生冲击夯实作用。

振捣梁为板梁式结构，为结构相同的左右两副，由偏心轴驱使做上下垂直运动。偏心轴也是左右两根，其内端铰接构成一体，安装在熨平装置的牵引架上。左、右轴上偏心轮的相位相差 180°。使振捣梁工作时两侧能一上一下交替地对铺层进行捣实。

②熨平装置。

熨平装置由熨平板、牵引臂、厚度调节器、路拱调节器和加热器等组成。振动熨平装置是在熨平板上面加装了振动器，可同时起到振动压实和整面熨平的作用。

熨平板是用钢板焊成的两个箱形结构，内部装有路拱调节器，与厚度调节器配合，调整路面横截面形状。熨平板和振捣梁一起通过左、右两根牵引臂铰装在机架两侧专用的托架或自动调平装置的液压缸上。厚度调节器在老式的摊铺机上大多为螺杆调节式，新式摊铺机则采用液压式；熨平底板可采用火焰加热或电加热。

（3）注意事项。

在摊铺机的使用中，做好液压系统的保养工作，就可大大减少故障。一般应注意以下几点：

1）液压油在加入液压油箱前，应采用清洁的容器装油，液压油须经滤油器过滤后再加入液压油箱；液压油的更换周期视所用油液质量而定（一般 1 000 h 更换一次）；更换液压油应在工作温度下进行；为了保证液压系统的散热良好，还应定期清洗液压油散热器。

2）由于沥青摊铺机的施工环境一般比较恶劣，液压油滤芯的更换周期也应缩短（一般以 750 h 为宜），更换新滤芯时应做检查，严禁使用已变形、污染或生锈的滤芯。

3）在每日启动发动机工作时，应先怠速运转一段时间后，再操纵各执行元件工作，这样有利于液压泵的使用。

4）摊铺机由于长期使用，其液压系统参数有时会发生变化，因此，应定期检查液压系统的参数设置，及时加以调整。

二、碾压设备

碾压设备是利用机械力使土壤、碎石等填层密实的土方机械。广泛应用于地基、道路、飞机场、堤坝等工程。碾压设备分为静力碾压式、冲击式、振动式等，见图 5-8。

1. 静力碾压式

静力碾压式压实机械利用碾轮的重力作用，使被压层产生永久变形而密实。

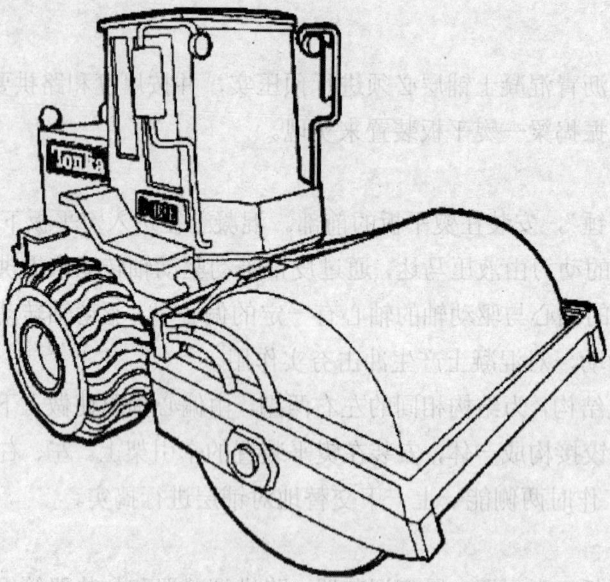

图 5-8　碾压设备

其碾轮分为光碾、槽碾、羊足碾和轮胎碾等。光碾压路机压实的表面平整光滑，使用最广，适用于各种路面、垫层、飞机场道面和广场等工程的压实。槽碾、羊足碾单位压力较大，压实层厚，适用于路基、堤坝的压实。轮胎式压路机轮胎气压可调节，可增减压重，单位压力可变，压实过程有揉搓作用，使压实层均匀密实，且不伤路面，适用于道路、广场等垫层的压实。

2. 冲击式

冲击式压路机又名冲击式压实机、冲击碾压机，是隶属于压路机的一种新型的拖式压路机。

冲击式压路机通过装载机牵引，带动一个冲击轮，利用冲击轮自身的重量和前进时的冲击力，对水泥路面、路基进行破碎和压实。

冲击式压实机于 20 世纪 50 年代由南非 Aubrey Berrange 公司提出，在 20 世纪 70—80 年代成为一种成熟的可供实用的非圆滚动压实机械，20 世纪 90 年代开始向全球推广。

（1）应用范围。

1）公路、铁路、水坝、飞机场、楼房、工厂、住宅的地基压实。

2）水泥厂废料、灰类、煤等散状物堆放场地的压实。

3）含水量比较大的土石方压实。

4）岩石、黏土、膨胀土的压实。

5）露天煤层的阻燃压实。

（2）主要特点。

1）采用蓄能器、液压缸、牵引轴上的压簧缓冲、消除冲击对牵引车的影响。

2）操纵举升缸，冲击轮被拖车支承离开地面，可作短途转场而不损坏路面。

3）液压油来自牵引车液压系统，通过快换接头连接，方便，快捷。

4）工作中，可选用推土机、平地机、洒水车配合、便于更有效压实。

（3）优点。

1）生产效率高。

①每小时压实的基础可高达 20 000 m^2。

②平均工作速度为每小时 10～15 km。

③压实影响深度可高达 5 m，有效压实深度 1 m。

④每次填方厚度为 800～1 200 mm。

⑤工程效益是其他设备的 10 倍。

2）效益显著。

①采用冲击式压路机修复旧路面节约成本 50%以上。

②减少环境污染。

③用冲击压实机进行断裂、稳固，代表了此项技术新的发展方向。

由于使用冲击压实机进行水泥路面断裂、稳固施工可不中断交通，而且造价小、速度快、效果好，在国内得到广泛应用。

3）冲击压实减少路基工后沉降。

4）冲击压实提高路基整体强度。

5）冲击压实加固软弱地基。

3. 振动式

振动碾（vibro roller）是一种利用振歇量来压实土、砂砾或堆石料的机械。分拖式和自行式两种。拉机牵引，最重达 14 t，自行式最重达 16 t。它由机架、柴油机、传动机构、偏心振动机构组成。用动力使偏心块高速运转产生振动力，通过碾轮使被压料面受到碾体静重力共同作用达到密实。

（1）结构原理。

它由机架、柴油机、传动机构、偏心振动机构组成。用动力使偏心块高速运转产生振动力，通过碾轮使被压料面受到碾体静重力共同作用达到密实。最大压实力可达 50 t，振动频率在 1 500～1 800 次/分，由于振动碾的碾轮为一曲面，与被压料面的接触面积较小，故其单位压实力强、影响范围大、压实深度较厚、效果好、生产率高、最适合压实土石坝的砂砾、堆石料等。自行式振动碾轮有平轮、羊足轮、凸块轮几种。

（2）发动机注意事项。

1）尽可能地采用内外双格式的空气滤芯，滤芯件的质量要好，以提高进气质量。若增加一套油浸式滤芯，也会起到一定的作用。

2）经常检查风扇胶带的张紧装置是否工作正常及其磨损情况，出现问题时须及时检修或更换。

3）经济检查风扇轴承是否正常。

4）尽量保持冷却风通道的清洁和密封，以增加冷却风的流量和减少损失，对存有漏风较大的地方，要及时校正或修复；定期用压力空气，或在冷机时用压力水清洁冷却风的通道。

5）经长期使用和比较，建议使用 CD 级机油，以确保不因机油质量问题而导致发动机损坏。

6）尽量避免长时间的高速运转，一般应以中速为主。

7）对工作上需要长期高速运转的发动机，建议更换进口的缸盖、进排气歧管及涡轮增压器，这样虽然费用比国产件要多花费 2 万元左右，相当于发动机更换 3 次国产件的费用，但考虑到设备停修造成的损失，更换进口件还是合算的。

（3）振动系统使用注意事项。

1）偏心轴支撑轴承的封闭润滑系统是由两个油封来密封的，由于国产油封的质量尚不能完全过关，经常会产生因润滑油封损坏而泄漏润滑油的现象，而这种故障又比较隐蔽、不易被发现，因此有可能使轴承在较长时间内在润滑及冷却不良的条件下工作而导致损坏。损坏的型式有：轴承损坏、轴承座被磨损、连接齿轮被打坏和偏心轴断裂等。其中以轴承座磨坏修复较为困难，主要是难以确保 3 根轴的同轴度。

2）轮胎减振虽然具有减振效果好、结构简单的优点，但也有很多不足和问题。首先，两个轮胎的气压必须保证在 0.5～0.55 MPa，否则减振效果差，且长期气压不足会导致轮胎座和偏心轴磨损等故障的发生。其次，两个轮胎的气压差不能超过 0.02 MPa，否则由于两边高低不平，二级传动胶带会经常出现翻转或脱落，所以必须及时检查和衬充轮胎气压。而由于设计上的问题，在拖动碾压时轮胎会相对于机架发生转动，气嘴有时会转到无法检查或充气的位置，为了充气必须将机架拆卸下来，增加了麻烦和难度。

3）振动筒的焊接连接部位由于经常和石块摩擦使焊道易被磨穿，从而出现漏水，筒里的冷却水除冷却功能外还有加强筒身强度的作用，漏水后振动筒的强度下降，在强振动力下易损坏，重新焊接又费时、费力，影响使用。

第四节　盾构、TBM 掘进机的基本知识

利用回转刀具开挖，同时破碎洞内围岩及掘进，形成整个隧道断面的一种新型、先进的隧道施工机械。

隧道掘进机包含盾构和 TBM。一般来说，在欧洲，盾构也称为 TBM，但在日本和我国，习惯上将用于软土地层的隧道掘进机称为盾构，将用于岩石地层的隧道掘进机称为 TBM。其实，TBM 就是隧道掘进机的英文 Tunnel Boring Machine 的缩写，但通常定义中的 TBM 是指全断面岩石隧道掘进机，是以岩石地层为掘进对象，它与盾构的主要区别就是不具备泥水压、土压等维护掌子面稳定的功能。

21 世纪是地下空间的世纪，随着国民经济的快速发展，我国城市化进程不断加快，今后相当长的时期内，国内的城市地铁隧道、水工隧道、越江隧道、铁路隧道、公路隧道、市政管道等隧道工程将需要大量的隧道掘进机。隧道掘进机是一种高智能化，集机、电、液、光、计算机技术为一体的隧道施工重大技术装备。在发达国家，使用隧道掘进机施工已占隧道总量的

90%以上。由于隧道掘进机的制造工艺复杂，技术附加值高，目前国际上只有德国、美国、日本、法国、加拿大等少数几个国家的企业具有能力生产，且造价高昂。隧道掘进机在国内尚处于起步阶段，主要依赖进口，在国内的隧道建设中，德国和日本在中国的隧道掘进机市场占有率高达95%以上，处于绝对垄断地位。若不及早改变这一现状，就会在相当长的一段时间内，在地下工程建设中，面临高额施工成本和技术上受制于外企的尴尬境地。实施隧道掘进机产业化，既可打破外企在国内市场一统天下的局面，又能促进和带动相关的机电、液压、材料、传感器等产业的发展，增强装备制造业综合实力，提高我国重大装备在国际市场上的竞争力。

一、盾构机

国际上，广义盾构机也可以用于岩石地层，只是区别于敞开式（非盾构法）隧道掘进机。盾构机根据工作原理一般分为手掘式盾构、挤压式盾构、半机械式盾构（局部气压、全局气压）、机械式盾构（开胸式切削盾构、气压式盾构、泥水加压盾构、土压平衡盾构、混合型盾构、异型盾构）。

1. 含义

盾构机是一种使用盾构法的隧道掘进机。盾构的施工法是掘进机在掘进的同时构建（铺设）隧道之“盾”（指支撑性管片），它区别于敞开式施工法。

（全断面）隧道掘进机里一部分采用盾构法，一部分采用敞开式施工法，例如，由中国铁建重工自主研制的全断面双护盾岩石隧道掘进机（TBM）自带双护盾，不需要构建（铺设）隧道之“盾”即不需要铺设管片，而是集开挖、支护、出渣于一体，可以实现隧道的一次成型。

2. 应用原理

用盾构法的机械进行隧洞施工具有自动化程度高、节省人力、施工速度快、一次成洞、不受气候影响、开挖时可控制地面沉降、减少对地面建筑物的影响和在水下开挖时不影响地面交通等特点，在隧洞洞线较长、埋深较大的情况下，用盾构机施工更为经济合理。

盾构机的基本工作原理就是一个圆柱体的钢组件沿隧洞轴线边向前推进边对土壤进行挖掘。该圆柱体组件的壳体即护盾，它对挖掘出的还未衬砌的隧洞段起着临时支撑的作用，承受周围土层的压力，有时还承受地下水压以及将地下水挡在外面。挖掘、排土、衬砌等作业在护盾的掩护下进行。

3. 发展

据了解，采用盾构法施工的掘进量占京城地铁施工总量的45%，目前共有17台盾构机为地铁建设效力。虽然盾构机成本高昂，但可将地铁暗挖功效提高8～10倍，而且在施工过程中，地面上不用大面积拆迁，不阻断交通，施工无噪声，地面不沉降，不影响居民的正常生活。不过，大型盾构机技术附加值高、制造工艺复杂，国际上只有欧美和日本的几家企业能够研制生产。

盾构机问世至今已有近200年的历史，其始于英国，发展于日本、德国。40多年来，通过对土压平衡式、泥水式盾构机中的关键技术，如盾构机的有效密封，确保开挖面的稳定、控制地表隆起及塌陷在规定范围之内，刀具的使用寿命以及在密封条件下的刀具更换，对一些恶劣地质如高水压条件的处理技术等方面的探索和研究解决，使盾构机有了快速的发展。盾构机尤其是土压平衡式和泥水式盾构机在日本由于经济的快速发展及实际工程的需要发展很快。德国的盾构机技术也有独到之处，尤其是在地下施工过程中，保证密封的前提以及高达 0.3MPa 气压的情况下更换刀盘上的刀具，从而提高盾构机的一次掘进长度。德国还开发了在密封条件下，从大直径刀盘内侧常压空间内更换被磨损的刀具。

盾构机的选型原则是因地制宜，尽量提高机械化程度，减少对环境的影响。

4. 分类

盾构机，全名为盾构隧道掘进机，是一种隧道掘进的专用工程机械，现代盾构掘进机集光、机、电、液、传感、信息技术于一体，具有开挖切削土体、输送土碴、拼装隧道衬砌、测量导向纠偏等功能，涉及地质、土木、机械、力学、液压、电气、控制、测量等多门学科技术，而且要按照不同的地质进行“量体裁衣”式的设计制造，可靠性要求极高。盾构掘进机已广泛用于地铁、铁路、公路、市政、水电等隧道工程。

（1）半敞开式。

手掘式及半机械式盾构均为半敞开式开挖，这种方法适于地地质条件较好，开挖面在掘进中能维持稳定或在有辅助措施是能维持稳定的情况，其开挖一般是从顶部开始逐层向下挖掘。若土层较差，还可借用千斤顶加撑板对开挖面进行临时支撑。采用敞开式开挖，处理孤立障碍物、纠偏、超挖均比其他方式容易。为尽量减少对地层的扰动，要适当控制超挖量与暴露时间。

（2）机械切削式。

指与盾构直径相仿的全断面旋转切削刀盘开挖方式。根据地质条件的好坏，大刀盘可分为刀架间无封板及有封板两种。刀架间无封板适用于土质较好的条件。大刀盘开挖方式，在弯道施工或纠偏是不如敞开式开挖便于超挖。此外，清除障碍物也不如敞开式开挖。使用大刀盘的盾构，机械构造复杂，消耗动力较大。

（3）网格式。

采用网格式开挖，开挖面由网格梁与格板分成许多格子。开挖面的支撑作用是由土的黏聚力和网格厚度范围内的阻力而产生的。当盾构推进时，土体就从格子里挤出来。根据土的性质，调节网格的开孔面积。采用网格式开挖时，在所有千斤顶缩回后，会产生较大的盾构后退现象，导致地表沉降，因此，在施工务必采取有效措施，防止盾构后退。

（4）挤压式。

全挤压式和局部挤压式开挖，由于不出土或只部分出土，对地层有较大的扰动，在施工轴线时，应尽量避开地面建筑物。局部挤压式施工时，要精心控制出土量，以减少和控制地表变形。全挤压式施工时，盾构把四周一定范围内的土体挤密实。

二、TBM 掘进机

TBM（Tunnel Boring Machine）：

广义含义：（全断面）隧道掘进机（Tunnel 隧道，Boring 掘进）。它分为敞开式隧道掘进机和广义盾构机。

掘进、支护、出渣等施工工序并行连续作业，是机、电、液、光、气等系统集成的工厂化流水线隧道施工装备，具有掘进速度快、利于环保、综合效益高等优点，可实现传统钻爆法难以实现的复杂地理地貌深埋长隧洞的施工，在中国铁道、水电、交通、矿山、市政等隧洞工程中应用正在迅猛增长。

狭义含义：全断面隧道掘进机，在中国，将用于岩石地层的简称为（狭义）TBM（硬岩TBM），用于软土地层的称为（狭义）盾构机。

相对于狭义盾构机，TBM因其对设备的可靠性和长寿命要求极高，被称为工程机械的“掘进机之王”。

1. 基本信息

英文名：Tunnel Boring Machine

中文名：全断面隧道掘进机。

硬岩TBM是利用旋转刀盘上的滚刀挤压剪切破岩，通过旋转刀盘上的铲斗齿拾起石渣，落入主机皮带机上向后输送，再通过牵引矿渣车或隧洞连续皮带机运渣到洞外。

2. 优势

隧道掘进机里，全断面隧道掘进机安全可靠。

“每月最快可以掘进1 000 m，而传统的打眼放炮的钻爆法每月开挖距离在100 m左右。”打眼放炮的施工方法原始又有极大的危险性，采用掘进机施工则相对安全、高效。

例如，第一条墨脱公路（即扎墨公路）的隧道是采用打眼放炮的施工方法，第二条即派墨公路的隧道是采用从德国进口的岩石TBM施工方法。

由于中国研制岩石TBM，中国工程里使用的岩石TBM，主要是国产品和德国品。

3. 分类

（1）国际分类。

欧美将全断面隧道掘进机统称为TBM，日本则一般统称为盾构机，细分可称为硬岩隧道掘进机和软地层隧道掘进机。

（2）中国分类。

中国则一般习惯将硬岩隧道掘进机（硬岩TBM）简称为TBM，将软地层掘进机称为盾构机。

1）硬岩TBM与软地TBM。

①在岩石中开挖隧道的TBM：通常用这类TBM在稳定性良好、中—厚埋深、中—高强度的岩层中掘进长大隧道。这类掘进机所面临的基本问题是如何破岩，保持掘进的高效率和工程顺利。

硬岩TBM适用于山岭隧道硬岩掘进，代替传统的钻爆法，在相同的条件下，其掘进速度约为常规钻爆法的4～10倍，最佳日进尺可达40 m；具有快速、优质、安全、经济、有利于环境保护和劳动力保护等优点。特别是高效快速可使工程提前完工，提前创造价值，对我国的现代化建设有很重要的意义。

②在松软地层中掘进隧道的TBM（国内通常称为狭义盾构机），通常用这类TBM在具有

有限压力的地下水位以下的基本均质的软弱地层中开挖有限长度的隧道。这类掘进机所面临的基本问题是空洞、开挖掌子面的稳定、市区地表沉降等。

软岩 TBM 适用于软弱性围岩施工的隧道掘进机，是城市地铁建设中速度快、质量好、安全性能高的先进技术。采用盾构机施工的区间隧道，可以做到对土体弱扰动，不影响地面建筑物和交通，减少地上、地下的大量拆迁。这两种设备的技术开发与应用，在我国地下工程领域具有十分广阔的前景。

世界上生产硬岩掘进机 TBM 的厂家主要有美国罗宾斯 ROBBINS，德国海瑞克 HERRENKNECHT，德国 WIRTH（2013 年中国中铁工程装备集团有限公司收购该公司 TBM 知识产权），法国法码通 NFM（现属中国北方重工 NHI）。

2）盾构 TBM 与敞开式 TBM。

①盾构 TBM 是采用盾构法（掘进的同时构建隧道之盾即支撑性管片），是广义盾构机，无论硬岩还是较松软的地层。

②敞开式 TBM：开挖隧道时不需要铺设管片，而是集开挖、支护、出渣于一体，可以实现隧道的一次成型，主要应用于长大硬岩隧道施工。

中国国产首台的硬岩 TBM，即价值 1.8 亿元的“长春号”TBM，2014 年 12 月 27 日下线，就是大直径全断面硬岩隧道掘进机（敞开式 TBM），是全断面双护盾岩石隧道掘进机，自带护盾，不需要铺设管片。

4. 中国研制 TBM

（1）先是引进。

大直径全断面岩石隧道掘进机作为国之重器，一个多世纪以来，这一设备一直被国外垄断，在 TBM 下线之前，国内的工程建设需求全部依赖进口。

1996 年，第一台 TBM 引进中国，被用于秦岭铁路隧道的施工，这台进口 TBM 价格为 3.8 亿元，“当时我们的工资还不到一千元（1998 年年中大学教师工资从五百多元调整为八百多元，1996 年大学教授的工资还没有一千元，但是企业不同，企业主要靠奖金），我被深深震撼了。”彭正阳回忆。这些进口产品价格高昂，标准化的产品却不见得适用于中国地质，出现问题维修困难。

（2）走向研制。

2011 年下半年，铁建重工与浙江大学、中南大学、天津大学，以及施工方中铁十八局携手研发国产 TBM，突破了大功率、变载荷、高精度电液控制系统设计与集成技术、关键部件状态监测等核心技术。

此外，还根据引松供水工程隧洞“长距离、大埋深、高应力、高水压、高地温、大涌水、易岩爆”等地质特点和技术难点，针对性地研发出了这台价值 1.8 亿元的“长春号”TBM。

（3）国产首台。

2014 年 12 月 27 日，拥有自主知识产权的国产首台大直径全断面硬岩隧道掘进机（敞开式 TBM），在湖南长沙中国铁建重工集团总装车间顺利下线。它的成功研制打破了国外的长期垄断，填补了我国大直径全断面硬岩隧道掘进机的空白。

（4）投产成功。

2017 年 8 月 20 日，采用中国自主研制的首台 TBM 硬岩掘进机施工的国家“十三五”水利建设重点项目——吉林省中部城市引松供水工程总干线 22.6 km 引水隧洞贯通，为该项目按期在 2019 年年底建成通水奠定了基础。

吉林省中部城市引松供水工程将松花江水由丰满水库调入吉林省中部城市，输水线路总长 263.45 km，总投资 101.77 亿元，是吉林省有史以来投资规模最大、输水线路最长、受水区域最广、施工难度最高的大型跨区域引调水工程。

5. 现状

全断面硬岩掘进机（Full Face Rock Tunnel Boring Machine，TBM），TBM 是集机械、电子、液压、激光、控制等技术于一体的高度机械化和自动化的大型隧道开挖衬砌成套设备，是一种由电动机（或电动机——液压马达）驱动刀盘旋转、液压缸推进，使刀盘在一定推力作用下贴紧岩石壁面，通过安装在刀盘上的刀具破碎岩石，使隧道断面一次成型的大型工程机械。TBM 施工具有自动化程度高、施工速度快、节约人力、安全经济、一次成型，不受外界气候影响，开挖时可以控制地面沉陷，减少对地面建筑物的影响，水下地下施工不影响水中地面交通等优点，是岩石隧道掘进最有发展潜力的机械设备。

第六章　建筑工程竣工验收备案管理

第一节　建筑工程竣工验收备案的范围

一、建筑工程竣工验收备案制度

《建设工程质量管理条例》（国务院令　第279号）规定：建设工程竣工验收工作应当由建设单位组织，勘察、设计、施工、监理单位共同参加，建设工程质量监督站进行监督，建设行政主管部门备案。规定明确了建设、勘察、设计、施工、监理单位对建设工程应负的质量责任和义务及工程竣工验收备案的要求。

《建设工程质量管理条例》第四十九条规定：建设单位应当自建设工程竣工验收合格之日起15日内，将建设工程竣工验收报告和规划、公安消防、环保等部门出具的认可文件或者准许使用文件报建设行政主管部门或者其他有关部门备案。

《房屋建筑和市政基础设施工程竣工验收备案管理办法》（2000年4月4日建设部令　第78号发布，2009年10月19日住房和城乡建设部令　第2号修改）第四条规定：建设单位应当自工程竣工验收合格之日起15日内，依照本办法规定，向工程所在地的县级以上地方人民政府建设主管部门（以下简称备案机关）备案。

建设工程竣工验收备案是指建设单位在建设工程竣工验收合格之日起15个工作日内，将建设工程竣工验收报告和规划、公安消防、环保等部门出具的认可文件或者准许使用文件向工程所在地的县级以上地方人民政府建设行政主管部门备案。

建设工程竣工验收备案制度是加强政府监督管理，防止不合格工程流向社会的一个重要手段。建设单位应依据《建设工程质量管理条例》有关规定和《房屋建筑和市政基础设施工程竣工验收备案管理办法》的规定，应当自工程竣工验收合格之日起15日内，向工程所在地的县级以上地方人民政府建设行政主管部门备案。否则，不允许投入使用。

二、建筑工程竣工验收备案的范围

凡在我国境内新建、扩建、改建各类房屋建筑工程及市政基础设施工程都实行竣工验收备案制度。

依据《房屋建筑和市政基础设施工程竣工验收备案管理办法》（住房和城乡建设部令　第

2 号）的规定，抢险救灾工程、临时性房屋建筑工程和农民自建低层住宅工程，不适用本规定。军用房屋建筑工程竣工验收备案，按照中央军事委员会的有关规定执行。

第二节　建筑工程竣工验收备案须具备的文件

一、建筑工程竣工验收备案须具备的文件资料

建设单位应在单位工程（竣工）验收合格后 15 日内将《建设工程竣工验收报告》和有关文件，报工程所在地的县级以上地方人民政府建设行政主管部门，并办理竣工工程验收备案手续。建设单位办理工程竣工验收备案应当提交下列文件，见表 6-1。

表 6-1　建筑工程竣工验收备案提交资料表

序号	材料名称	份数	材料形式	备注
1	建设工程竣工验收备案表	4	原件	
2	建设工程竣工验收报告	6	原件	
3	工程施工许可证	1	复印件（核对原件）	
4	工程施工质量验收申请表	1	原件	
5	单位（子单位）工程质量验收记录	1	原件	
6	监理单位工程质量评估报告	1	原件	
7	勘察文件质量检查报告	1	原件	
8	设计文件质量检查报告	1	原件	
9	施工图设计文件审查报告	1	复印件（核对原件）	
10	规划部门验收许可文件（建设工程规划许可证及规划验收合格证）	1	复印件（核对原件）	
11	建筑工程消防验收意见书	1	复印件（核对原件）	
12	建设工程竣工验收档案认可书	1	复印件（核对原件）	
13	环境保护验收意见	1	复印件（核对原件）	
14	建筑节能部门节能验收意见表	1	原件	
15	建设工程质量验收监督意见书	1	原件	
16	燃气工程验收文件	1	复印件（核对原件）	有该项工程内容的，需提供
17	电梯安装分部工程质量验收证书	1	原件	有该项工程内容的，需提供
18	室内环境污染物检测报告	1	复印件（核对原件）	需要实施该项内容的，提供
19	工程质量保修书	1	原件	

续表

序号	材料名称	份数	材料形式	备注
20	住宅质量保证书和住宅使用说明书	1	原件	属于商品住宅项目的，提供
21	单位工程施工安全评价书	1	复印件（核对原件）	
22	中标通知书（勘察、设计、监理、施工）	1	复印件（核对原件）	必须招标的项目，提供
23	建设施工合同	1	复印件（核对原件）	
24	工程款支付证明及发票复印件	1	复印件（核对原件）	
25	人防工程验收证明	1	复印件（核对原件）	需要实施该项内容的，提供
26	工程质量安全监督报告	1	原件	监督站提供
27	其他	1		

二、部分文件资料的概述

1. 工程竣工验收报告

工程竣工验收报告是指工程项目竣工之后，经过相关部门成立的专门验收机构，组织专家进行质量评估验收以后形成的书面报告。应当包括：工程报建日期，施工许可证号，施工图设计文件审查意见，勘察、设计、施工、工程监理等单位分别签署的质量合格文件及验收人员签署的竣工验收原始文件，市政基础设施的有关质量检测和功能性试验资料以及备案机关认为需要提供的有关资料。竣工验收以通过竣工备案作为结果，没有获得竣工备案即未获得政府认可，备案又以验收为前提，没有合法的验收就难以获得备案。

2. 建筑工程施工许可证

建筑工程施工许可证是建筑施工单位符合各种施工条件、允许开工的建设工程施工许可证，是建设单位进行工程施工的法律凭证，也是房屋权属登记的主要依据之一。此证加强了政府对建筑活动的监督管理，维护了建筑市场秩序，同时也保证了建筑工程的质量和安全。

3. 工程质量保修书

工程质量保修书是指发包人、承包人根据《中华人民共和国建筑法》《建设工程质量管理条例》和《房屋建筑工程质量保修办法》，经协商一致，对竣工工程签定的工程质量保修合同。在合同中，一般主要包含以下内容：工程质量保修范围和内容、质量保修期、质量保修责任和保修费用等。

质量保修范围包括地基基础工程、主体结构工程，屋面防水工程、有防水要求的卫生间、房间和外墙面的防渗漏，供热与供冷系统，电气管线、给排水管道 设备安装和装修工程，以及双方约定的其他项目。根据《建设工程质量管理条例》及有关规定，约定工程的质量保修期自工程竣工验收合格之日起计算，且保修费用由造成质量缺陷的责任方承担。

4. 建设施工合同

建设施工合同是指发包方（建设单位）和承包方（施工单位）为完成商定的施工工程，明确相互权利、义务的协议。依照施工合同，施工单位应完成建设单位交给的施工任务，建设单位应按照规定提供必要条件并支付工程价款。建设工程施工合同是承包人进行工程建设施工，发包人支付价款的合同，是建设工程的主要合同，同时也是工程建设质量控制、进度控制、投资控制的主要依据。

施工合同的当事人是发包方和承包方，双方是平等的民事主体。

第三节　建设工程竣工验收备案程序

一、建设工程竣工验收备案的程序

1. 建设工程竣工验收备案须具备的条件

（1）工程竣工验收已合格，并完成工程竣工验收报告；

（2）工程质量监督机构已出具工程质量监督报告；

（3）已办理工程监理合同登记核销及施工合同（总包、专业分包和劳务分包合同）备案核销手续；

（4）各项专项资金已结算。

2. 竣工备案与竣工验收条件的区别

（1）按照实践过程划分。

竣工验收必须经建设单位组织、各参建单位参加、质量监督机关监督，因此验收的条件应由竣工验收单位共同认定，达成一致结论才能通过竣工验收。竣工备案不同，是由建设单位申请、监督机关提出监督报告、备案机关把关，主要是程序性的，要求的备案文件要综合一些，代表了更强的行政意志。

（2）按照时间节点划分。

竣工验收时间一般是指召开竣工验收会通过验收的时间，必须由建设单位、施工单位、设计单位、监理单位等一致认可，必须是在监理监督机构的监督下，具备验收条件，按验收程序进行的有明确验收结论的竣工验收时间。竣工验收时间有着特殊的法定含义，直接关系到建设单位和施工单位双方的工程款结算及质量保修时间；竣工备案时间则是指建设单位提供的备案文件被备案机关收讫后，备案机关同意备案的时间，该时间直接关系到法律规定的行政时效问题。

3. 建设工程竣工验收备案的程序

（1）已具备竣工验收备案的条件。

（2）建设单位向备案机关领取《房屋建设工程和市政基础设施工程竣工验收备案表》。

（3）建设单位持加盖单位公章和单位项目负责人签名的《房屋建设工程和市政基础设施工程竣工验收备案表》一式四份及上述规定的材料，向备案机关备案。

（4）备案机关在收齐、验证备案材料后 15 个工作日内在《房屋建设工程和市政基础设施工程竣工验收备案表》上签署备案意见（盖章）建设单位、施工单位、监督站和备案机关各持一份。

二、建筑工程竣工验收备案的实施

1. 施工单位辅助建设单位的备案基础工作

建筑工程竣工验收备案的基础工作应是通过竣工验收，完成竣工验收文件收集整理，并依据《建设工程文件归档规范》（GB/T 50328—2014）的规定，施工单位准备提交工程验收归档文件主要包括：

（1）施工单位工程竣工报告；

（2）房屋建筑工程质量保修书；

（3）施工决算资料。

2. 施工单位辅助建设单位备案实施要点

备案工作的实施应与单位工程竣工验收同步进行，一方面，因建设单位在单位工程质量（竣工）验收合格 15 日内将《建设工程竣工验收报告》和有关文件，报建设工程备案机关办理竣工工程验收备案手续。另一方面，建设单位办理工程竣工验收备案应当提交的文件包括竣工验收文件。

房屋建筑工程和市政基础设施工程竣工验收和备案工作，由建设单位负责组织实施。县级以上地方人民政府建设行政主管部门应当委托工程质量监督机构对工程竣工验收实施监督和备案。依据《房屋建筑工程和市政基础设施工程竣工验收暂行规定》的规定，工程符合下列要求方可进行竣工验收，完成竣工验收方可备案。

第七章　建设工程档案编制至移交全过程管理

第一节　统计方法应用的基本知识

一、统计的基本知识

1. 统计的基本概念

统计一词起源于国情调查，最早意为国情学。一般来说，统计包括 3 个含义：统计工作、统计资料和统计科学。统计工作、统计资料、统计科学三者之间又相互关联，统计工作的成果是统计资料，统计资料和统计科学的基础是统计工作，统计科学既是统计工作经验的理论概括，又是指导统计工作的原理、原则和方法。

统计是指人类对事物数量的认识形成。汉语中的“统计”有合计、总计的意思，指对某一现象有关数据的收集、整理、计算、分析、解释、表述等的活动。在实际应用中，人们对统计一词的理解一般有 3 种含义：统计工作、统计资料和统计科学。

（1）统计工作。

统计工作指利用科学的方法搜集、整理和分析提供关于社会经济现象数量资料工作的总称，是统计的基础。也称统计实践，或统计活动，统计工作是在一定统计理论指导下，采用科学的方法，搜集、整理、分析统计资料的一系列活动过程。它是随着人类社会的发展、治国和管理的需要而产生和发展起来的，至今已有四五千年的历史。现实生活中，统计工作作为一种认识社会经济现象总体和自然现象总体的实践过程，一般包括统计设计、统计调查、统计整理和统计分析四个环节。

（2）统计资料。

统计资料指通过统计工作取得的，用来反映社会经济现象的数据资料的总称。统计工作所取得的各项数字资料及有关文字资料，一般反映在统计表、统计图、统计手册、统计年鉴、统计资料汇编和统计分析报告中。也称统计信息，是反映一定社会经济现象总体或自然现象总体的特征或规律的数字资料、文字资料、图表资料及其他相关资料的总称。包括刚刚调查取得的原始资料和经过一定程度整理、加工的次级资料，其形式有：统计表、统计图、统计年鉴、统计公报、统计报告和其他有关统计信息的载体。统计资料按照其性质可分为计量资料、计数资料以及等级资料。

（3）统计科学。

统计科学也称统计学，是统计工作经验的总结和理论概括，是系统化的知识体系。指研究如何搜集、整理和分析统计资料的理论与方法。统计学是应用数学的一个分支，主要通过利用概率论建立数学模型，收集所观察系统的数据，进行量化的分析、总结，并进行推断和预测，为相关决策提供依据和参考。它被广泛地应用在各门学科之上，从物理和社会科学到人文科学，甚至被用在工商业及政府的情报决策之上。

总体来说，“统计”一词的3个方面含义是紧密联系的，统计资料是统计工作的成果，统计工作与统计科学之间是实践与理论的关系。

2. 统计方法的相关知识

（1）统计方法的定义。

统计方法是指有关收集、整理、分析和解释统计数据，并对其所反映的问题做出一定结论的方法。统计方法是一种从微观结构上来研究物质的宏观性质及其规律的独特方法。统计方法是适用于所有学科领域的通用数据分析方法，只要有数据的地方就会用到统计方法。随着人们对定量研究的日益重视，统计方法已被应用到自然科学和社会科学的众多领域，统计学也已发展成为由若干分支学科组成的学科体系。可以说，几乎所有的研究领域都要用到统计方法，如政府部门、学术研究领域、建筑领域、公司或企业的生产经营管理中都要用到统计。

（2）统计方法的选择。

统计资料丰富且错综复杂，要想做到合理选用统计分析方法并非易事。对于同一个资料，若选择不同的统计分析方法处理，有时其结论是截然不同的。

正确选择统计方法的依据是：

1）根据研究的目的，明确研究试验设计类型、研究因素与水平数；

2）确定数据特征（是否正态分布等）和样本量大小；

3）正确判断统计资料所对应的类型（计量、计数和等级资料），同时应根据统计方法的适宜条件进行正确的统计量值计算；

4）还要根据专业知识与资料的实际情况，结合统计学原则，灵活地选择统计分析方法。

二、建筑业统计的基础知识

1. 建筑业统计的基本知识

建筑业统计工作就是运用统计学的原理与方法，通过收集、整理和分析，以文本表册、指标数据等形式揭示建筑业的生产经营活动的现状及其发展规律和过程的一项工作。以建筑业的生产经营活动为对象，通过从质和量的联系中对数量的观察、分析和研究，揭示建筑业的生产经营活动中诸多现象的发展过程、现状及其一般规律。

2. 建筑业统计工作的基本内容

建筑业统计工作的基本内容包括统计调查、统计整理、统计分析和统计年报等。统计调查就是在确定建筑业统计任务和方案后，根据研究的目的收集各种建筑业统计资料；统计整理就是对调查取得的建筑业统计资料进行汇总、整理、分组、计算得出所需的建筑业统计指标；统计分析就是对经过整理的建筑业统计资料，结合实际情况，进行分析研究，发现问题，提出建议和意见；统计年报就是根据国家建筑业统计工作年报制度的规定，定期将建筑业工作基本情况的统计数据上报给有关部门的一项重要的建筑业统计工作制度。

3. 建筑业统计工作的作用

建筑业统计工作的作用是为国家建筑业的发展和决策积累数据，为建筑业科学管理提供依据，为建筑业的科学研究提供参考。同时，建筑业统计收集的反映建筑企业生产经营活动的资料也为企业领导进行决策和管理提供依据。

4. 建筑业统计的对象

建筑业是国民经济中专门从事建筑安装工程施工的物质生产部门。建筑业生产是以工农业产品为原料，经过建筑安装活动形成各种用途的固定资产。建筑业整个行业的生产经营活动包括：

（1）各种房屋、建筑物和构筑物的建造；

（2）各种线路、管道和机械设备的安装；

（3）原有房屋、建筑物和构筑物的修理；

（4）部分非标准设备的制造；

（5）原有房屋、建筑物和构筑物的装饰装修等。

建筑业统计的对象是建筑业生产经营活动的数量表现。它通过收集、整理和分析建筑业的大量经济信息，全面地反映建筑业整个行业的生产经营活动的条件、过程及成果，建筑业企业从事的其他业务活动的状况和成果，以及整个企业的生产经营成果、人力、物力的投入和财务状况。

5. 建筑业统计的任务

建筑业统计的任务是结合采用多种统计调查方法，准确、及时、全面地收集反映建筑生产经营活动的统计资料，科学地整理和分析这些资料，并提出切合实际的建议和有根据的预测，为各级政府和主管部门进行宏观决策和管理，编制和检查计划提供依据。同时，建筑业统计收集整理的一整套反映建筑业企业生产经营全过程及产供销、人力、财力、物力各方面的资料，也能为企业领导进行微观决策和管理提供依据。

6. 建筑业统计的特点

建筑业统计的特点是由建筑业的生产特点所决定的，大体分为以下几点：

（1）建筑业产品的单一性，决定了建筑业统计核算必须以设计预（概）算为依据；

（2）建筑业产品生产周期的长期性，决定了建筑产品核算必须以半成品、制品为主要对象；

（3）建筑业产品的固定性、生产队伍的流动性，决定了建筑产品的统计必须依靠建设单位和施工单位的共同配合。

7. 建筑业的调查单位

建筑业的调查单位一种是专门组织的独立核算的法人建筑企业，另一种是附属于其他行业的企业、事业、行政单位的附营建筑业施工单位，应由其主管企业、事业、行政单位负责组织填报附营建筑业统计报表。建筑业统计的调查单位既是统计调查内容的承担者，也是构成调查总体的基本单位。

8. 建筑业统计的范围

建筑业统计的范围是根据调查的目的和任务，结合考虑需要与可能而确定的统计调查所必须包括的单位。现行国家统计报表制度规定的建筑业的统计范围是：全社会国有经济、城镇集体和私营经济、联营经济、股份制经济、外商和我国港澳台投产投资经济以及其他经济类型独立核算的具有资质等级的法人建筑业企业。

9. 建筑业统计的原则

辖区内有资质的建筑业企业按照法人单位注册地原则进行统计，外地有建筑业资质的总承包和专业承包建筑业企业在该区市施工的分公司（项目部）按施工所在地的设区市统计。

三、施工现场统计工作内容

统计工作是施工企业管理的一项基本工作。施工现场的统计工作是采用数字的形式来记录、整理、汇总、分析施工现场的生产、技术、财务等方面的活动，以检查监督计划的实施情况。因此，建筑施工企业施工现场统计工作的目的主要表现为：一是为工程项目决策和检查执行情况提供了依据；二是为编制工程施工计划和检查施工进度的完成情况提供依据；三是对工程动态及实施提供分析依据。统计工作的特点是通过搜集、汇总、计算统计数据来反映事物的面貌与发展的规律。数量性是统计信息的基本特点，即通过数字揭示事物在特定时间、特定方面的数量特征，帮助我们对事物进行定量或定性分析，从而做出正确的决策。因此，统计工作是建筑企业管理的一项基础工作，也是工程管理的重要手段，而统计基础工作的规范化管理是统计数据质量保证的基本要求。此外，统计基础工作的规范化管理也应符合相应的档案管理规范的规定。

1. 统计基础工作规范化管理

统计基础工作的内容主要包括原始记录登记、统计台账和统计报表工作。统计基础工作规范化管理的基本特点主要有以下两点：一是原始记录、统计台账和统计报表的形成必须有严格的工作程序；二是企业内部业务部门的统计核算与综合统计机构必须有资料供应和反馈关系。

（1）原始记录是基层单位利用由一定的数字或文字形成的簿、册、表、单等形式对建筑业企业生产经营活动中的进程、收支、进出等情况所做的直接登记和最初记载，是指未经过加工整理的各种表格、卡片、账册单等第一手资料，是企业、事业单位和国家机关、社会团体生产经营或业务活动的原始反映，其内容反映了施工管理经营和工程技术管理方面的实际情况，既是维护统计资料完整和安全的必要依据，也是统计调查、会计和业务核算以及整个项目管理的基础。原始记录是一项群众性、实践性很强的工作。因此，在建立和健全原始记录时，必须从企业的实际情况出发，使原始记录适应企业的生产特点和管理水平；必须从全局出发，使原始记录的设置简明扼要，通俗易懂，能同时满足各方面的需要，有利于工人群众填写和综合应用，有利于企业统一组织经济核算工作；应按规定要求内容如实填写，数据真实可靠，各类人员签字齐全，使其具有可追溯性；要注意科学性，要能满足企业现代化管理的需要。

（2）统计台账是基层单位根据经营管理填报统计报表和统计核算工作的需要，用一定的表格形式，将分散的原始记录资料按规定的指标和时间先后顺序进行系统登记，系统地积累资料，并定期进行汇总统计的账册。可提供全面系统的基本统计资料，有利于积累历史统计资料，为开展分析研究工作打下基础。统计台账的作用一是可将大量烦琐的原始记录资料整理工作分别在平时完成，有利于提高报表报送的及时性；二是能使建筑业基层单位的统计资料系统化、条理化、档案化，积累历史资料；三是能清楚地反映工程项目的施工进度，有利于研究施工趋势和规律，满足经营管理活动的基本需要；四是有利于检查建筑施工企业各类计划指标的完成情况。

（3）统计报表是基层企业通过规定的表格形式，按照统一规定的指标和内容、上报时间和程序，自上而下统一布置，定期地向上级报告计划执行情况和重要经济活动情况特定的统计调查方式。它是我国取得国民经济和社会发展情况基本统计资料的一种重要手段。其具备以下显著的优点：统计报表是根据国民经济和社会发展宏观管理的需要而周密设计的统计信息系统，是从基层企业日常业务的原始记录和台账到包含一系列登记项目和指标，来源可靠；统计报表是依靠行政手段执行的报表制度，要求严格按照规定的时间和程序上报，回收率较高；统计报表可以越级汇总，也可以层层上报、逐级汇总，方式很灵活。

2. 建筑业统计报表制度

建筑业统计报表制度属于国家统计调查的一部分，根据国家统计制度内容，按照统一的统计范围、计算方法、统计口径和填报目录，认真组织实施，按时填报。它是各级政府为了解建筑业企业生产经营的基本情况，为制定政策和计划、进行经营管理与调控提供依据，依照《中华人民国共和国统计法》的规定，特制定本报表制度。所以，建筑业统计报表制度是《国家企业一套表统计调查制度》的组成部分。

建筑业统计报表制度调查内容包括各级政府和业务主管部门共同的基本需要，地方、部门特殊需要的统计资料应通过地方统计调查和部门统计调查收集，并避免与国家统计调查相重复。

3. 施工现场统计报表制度的统计内容

建筑业统计报表制度的统计内容主要包括：建筑业企业基本情况，建筑业企业所属产业活动单位基本情况，建筑业企业生产情况，建筑业企业财务状况，建筑业企业房屋建筑完成情况及劳务分包建筑业企业生产经营情况等指标。其报送单位为各省、自治区、直辖市统计局以及国务院各有关部门。建筑业统计报表制度的表式按报告期分为年报和定期报表。

（1）基层年报表包括。

1）法人单位基本情况；

2）产业活动单位基本情况；

3）从业人员及工资总额；

4）财务状况；

5）建筑业企业生产经营情况；

6）房屋竣工面积及价值；

7）劳务分包建筑业企业生产经营情况；

8）信息化情况等。

（2）基层定期报表包括。

1）法人单位基本情况（免报）；

2）从业人员及工资总额；

3）时务状况；

4）建筑业企业生产经营情况；

5）房屋竣工面积及价值；

6）劳务分包建筑业企业生产经营情况等。

4. 报表制度的资料来源

建筑业企业生产情况表、财务状况表、房屋建筑完成情况表、从业人员及工资总额表、能源消费情况及劳务分包建筑业企业生产经营情况表的统计资料，取自具有建筑业资质等级的法人建筑业企业的基层资料。

报表制度实行全国统一的统计分类标准和统一编码，各级统计部门和有关业务部门必须认真贯彻执行。

5. 施工企业项目部统计工作

施工企业项目部统计工作按服务对象不同具体可分为上报公司、上报建设单位、上报监理单位和项目部内部管理使用的各类计划表、统计台账和统计报表。

（1）上报公司的各类计划报表。

1）月度建筑安装工程施工生产计划；

2）季度建筑安装工程施工生产计划；

3）年度建筑安装工程施工生产计划。

（2）上报公司的各类统计台账。

1）单位工程登记台账；

2）单位工程预算收入台账；

3）单位工程工程量登记台账；

4）单位工程工期记录台账；

5）单位工程各项费用登记台账；

6）单位工程机械使用登记台账。

（3）上报公司的各类统计报表。

1）施工生产任务预计完成情况月报；

2）房屋建筑工程产值形象部位完成情况月报；

3）施工产值按结构类型分列季报；

4）房屋建筑竣工工程工期情况季报；

5）项目分管内完成实际工程量季报；

6）单位工程施工完成情况季报；

7）项目施工情况文字分析；

8）项目人工费价格明细表；

9）项目采购材料费价格明细表；

10）项目机械费价格明细表。

（4）上报甲方的各类计划报表。

1）____月度在施工程进度计划；

2）____季度在施工程进度计划；

3）____年度施工生产进度计划。

（5）上报甲方的各类统计报表。

1）____月工程完成情况统计表；

2）____年度资金使用计划；

3）____月度资金使用计划；

4）____月形象进度核验表；

5）____月工程施工产值确认单；

6）____月度工程在施部位情况汇报。

（6）上报监理及甲方各类统计报表。

1）____月工程款支付申请表；

2）____月工、料、机动态表；

3）____月工程进度款报审表；

4）施工进度计划报审表；

5）工程开工报审表；

6）本月实际完成情况与进度计划比较表；

7）安全防护、文明施工措施费用支付申请表；

8）____月形象进度核查表。

（7）项目部内部管理统计表。

1）单位工程回款情况及项目部资金使用情况；

2）单位工程甲方、监理审核工程款回收情况；

3）单位工程截至____月土建报量情况；

4）单位工程截至____月安装报量情况；

5）单位工程截至____月分包单位报量情况。

（8）回访维修统计报表。

1）单位工程维修记录；

2）顾客档案（接收单位）；

3）顾客满意度住房评价调查表；

4）顾客投诉台账；

5）单位工程回访记录；

6）单位工程维修通知书；

7）项目部回访维修（月、季）年报；

8）年度回访维修计划。

6. 主要统计指标

统计指标简称“指标”，是十分重要的统计学基本范畴，是反映社会经济总体现象数量特征的概念和数值。一个完整的统计指标包括指标名称和指标数值两部分。所有的统计指标都是可以用数值来表现的，因此，数量性是统计指标最基本的特点；统计指标既是同质总体大量个别单位的总计，又是大量个别单位标志差异的综合，是许多个体现象数量综合的结果，故其具有综合性；统计指标不是抽象的概念和数字，而是一定具体的社会经济现象量的反映，是在质的基础上量的集合，体现了统计指标的具体性。

建筑业常用的统计指标主要包括：建筑业统计单位、建筑业总产值、房屋建筑施工面积、房屋建筑竣工面积、自有施工机械设备年末总套数、自有施工机械年末总功率、工程结算收入、工程结算利润、企业总收入、计算建筑业劳动生产率的平均人数等。

（1）建筑业统计单位。

建筑业统计单位，指从事房屋建筑物、构筑物建造、装饰装修、设备安装活动和工程准备、提供施工设备服务等其他建筑活动的具有建筑业资质的法人企业。建筑业法人企业应同时具备的条件是：依法成立，有自己的名称、组织机构和场所，能够承担民事责任；独立拥有和使用资产，承担负债，有权与其他单位签订合同；独立核算盈亏，能够编制资产负债表。

（2）建筑业总产值。

建筑业总产值，是以货币形式表现的建筑业企业在一定时期内生产的建筑业产品的总和。反映建筑业生产成果的综合指标。包括：

1）建筑工程产值：指列入建筑工程预算内的各种工程价值。

2）设备安装工程产值：指设备安装工程价值，不包括被安装设备工程价值。

3）房屋、构筑物修理产值：指建筑业总产值中除建筑工程、安装工程以外的产值。包括房屋、构筑物修理所完成的产值（不包括被修理的房屋、构筑物本身的价值）、费标准设备制造产值、总包企业向分包企业收取的管理费和不能明确划分的施工活动所完成的产值。

4）非标准设备制造产值：计算方法原则上按工厂法计算，即以独立核算的企业为对象，按其生产活动的最终成果计算产值，企业内部不重复计算。

（3）房屋建筑施工面积。

房屋建筑施工面积，指在报告期内施工的全部房屋建筑面积，包括本期新开工的房屋面积、上期施工跨入本期继续施工的房屋面积、上期停缓建在本期恢复施工的房屋面积、本期竣工的房屋面积及本期施工后又停缓建的房屋面积。

（4）房屋建筑竣工面积。

房屋建筑竣工面积，指在报告期内房屋建筑按照设计要求全部完工，达到了居住和使用条件，经验收鉴定合格，正式移交使用单位的房屋建筑面积。

（5）自有施工机械设备年末总套数。

自有施工机械设备年末总套数，指归本企业（或单位）所有，属于本企业（或单位）固定资产的直接用于工程施工的各种机械设备年末总台数。但不包括附属辅助生产机械设备、运输机械设备、生产试验机械设备的台数。

（6）自有施工机械设备年末总功率。

自有施工机械设备年末总功率，指本企业（或单位）自有施工机械、生产设备、运输设备以及其他设备等列为在册固定资产的生产性机械设备年末总功率，按设定能力或查定能力计算。包括机械本身的动力和为该机械服务的单独动力设备，如电动机等。计算单位用千瓦，动力换算可按 1 马力=0.735 千瓦折合成千瓦数。电焊机、变压器、锅炉不计算动力。

（7）工程结算收入。

工程结算收入，指企业承包工程实现的工程价款结算收入，以及向发包单位收取的除工程价款以外的按规定列作营业收入的各种款项，如临时设施费、劳动保险费、施工机械调迁费等以及向发包单位收取的各种索赔款。

（8）工程结算利润。

工程结算利润，指已结算工程实现的利润，如亏损以“–”表示。计算公式：

工程结算利润=工程结算收入–工程结算成本–工程结算税金及附加–经营费用

（9）企业总收入。

企业总收入，指与企业生产经营直接有关的各项收入，包括工程结算收入和其他业务收入。计算公式如下式所示：

企业总收入=工程结算收入+其他业务收入

（10）计算建筑业劳动生产率的平均人数。

建筑业劳动生产率是指建筑业劳动者在报告期内生产出建筑业产品的效率。它以建筑产品产量或价值和其相适应的劳动消耗量的比值来表示，是考核建筑业企业生产效率的提高和劳动节约情况的重要指标。

计算建筑业劳动生产率的平均人数，指建筑企业（或单位）报告期实际拥有的、与建筑活动有关的平均人数，包括参加本企业（或单位）建筑施工活动的非本企业（或单位）人员，如从外单位借入人员、民工、个体劳动者等均应包括在内。但不包括企业内部社会服务机构的人员以及由本企业支付工资单所从事的工作与本企业生产无关的人员。计算建筑业劳动生产率的平均人数是以人员在哪里干活就在哪里统计为原则，不是以支付工资（即谁发工资谁统计）为原则。

第二节　施工文件的编制

一、施工文件的归档范围

（一）施工文件的定义

建设工程施工文件是工程资料中最重要的一个板块，不仅重要程度高，而且内容量较大，涉及单位广泛。施工文件是施工项目质量、安全、进度控制的客观反映，同时也是施工单位在合同履行，信息管理的执行中的重要凭证。因此施工单位文件资料的管理，是工程项目实施阶段管理的核心内容。

施工文件是在施工过程中逐步形成的。在施工阶段，技术要求高，涉及专业种类较多，形成文件也是最为复杂的，可以说是工程资料中管理难度最大的一个板块。为了确保施工文件的管理能够满足工程建设要求，施工单位应当在开工前，建立合理的资料工作程序、资料收集、资料借阅、资料签发、资料归档等制度。确定由专人负责，专人落实，与工程进度同步。建设工程施工文件，是施工单位项目部在进行工程施工阶段的工作期间，对建设工程实施过程中形成的与施工相关质量、隐蔽、信息、合同、安全、进度等文件和档案进行收集积累、加工整理、立卷归档和检索利用等一系列工作。建设工程施工文件管理的对象是施工文件档案资料，它们是工程信息化管理的主要载体之一。

（二）施工文件的重要意义

在建设工程中，施工文件是建设施工中的一项重要组成部分，是工程建设及竣工验收的必备条件，也是对工程进行检查、维护、管理、使用、改建和扩建的原始依据。住建部与各地方建设部门对工程资料管理工作都非常重视，多次强调要做好工程资料工作，明确指出：任何一项工程如果工程资料不符合标准规定，则判定该项工程不合格，对工程质量具有否决权。随着建筑业的发展迅速，建筑市场的不断规范，注重工程建设的管理尤为重要。

随着社会的发展，国家对基础设施的投入大大加强，对建设工程的质量、进度等各方面要求的更加严格，也更加规范。由于工程项目一般都具有隐蔽性，所以对于工程质量的检查以及规范，主要通过施工文件来体现。一个工程项目施工文件的完整与质量的好坏，直接影响这个工程项目的好坏，所以施工文件的管理是一个非常重要的组成环节。

施工文件是记载建筑工程施工活动全过程的一项重要内容，施工文件管理工作直接反映了一个建筑施工企业的管理水平。

2016 年江西省发生了“11·24”施工平台倒塌事故，在事故的调查中还发现了施工文件关于安全的巡视资料的缺失，这给我们从事工程资料管理工作做了一次深刻的反面启示。

1. 事故概况

2016 年 11 月 24 日 7 点左右，江西某电厂三期在建项目冷却塔施工平台倒塌事故。事故发生的江西某电厂三期扩建工程是江西省电力建设重点工程。截至 2016 年 11 月 24 日 22 时，确认事故现场 73 人死亡，2 人受伤。

2. 事故原因

国务院调查组查明，冷却塔施工单位施工现场管理混乱，未按要求制定拆模作业管理控制措施，对拆模工序管理失控。事发当日，在 7 号冷却塔第 50 节筒壁混凝土强度不足的情况下，违规拆除模板，致使筒壁混凝土失去模板支护，不足以承受上部荷载，造成第 50 节及以上筒壁混凝土和模架体系连续倾塌坠落。

3. 无前一天安全巡查记录资料

事故发生后，江西×电厂三期工程指挥部，安监、公安等部门正在有序展开工作，收集相关资料和证据。据在一楼门口处存放的“安全巡查记录本”显示，安全巡查组四组组长为王晋垣，17日巡查记录一栏中第4条显示，7号塔（事发冷却塔）内积水没有及时排出，部分基础泡在水里。处理意见一栏显示，责成总包对冷却塔施工公司进行考核。18日并未见到有巡查记录和整改情况的登记。19日的巡查记录显示，7号冷却塔北侧循环水管支线基槽基坑无围栏。21日，7号冷却塔中央竖井作业平台无跳板及防护栏杆。这份“安全巡查记录本”在11月15日之前并未见有记录，而此后的记录只到11月22日。

4. 对于施工文件资料管理的启示意义

（1）工程施工文件必须及时跟进。

工程施工文件资料的逐步建立，必须吻合工程施工进度。尤其是关于施工日志、施工安全巡视记录、安全检查记录，当日完成实体工作必须必当日形成文件资料。文件资料的滞后或过后再补充的资料容易造成描述上的失真，也容易造成关键信息的缺失，同时无法有力地证明施工有关工作的存在。

（2）施工文件资料的记载必须如实记录整改情况。

在工程施工建设中，较为普遍存在的问题是，大多数资料能够如实记载工程施工中存在的问题，但都缺失这些存在的问题是，怎么整改的或有无整改到位。因此，在工程施工资料关于记录类的文件务必要对工程后续的整改情况做如实跟踪，未能按时整改的应告知施工单位项目部相关负责人。

（3）施工文件资料意义重大必须妥善保管。

施工文件是工程项目建设的核心资料，是施工过程、质量证明、安全生产的有力凭证，因此必须妥善保管施工文件，防止丢失、损坏等不良后果的发生。

（三）施工文件的管理特点

施工文件，由施工单位驻地工程项目部技术负责人牵头管理。项目技术负责人应经常督促工程资料员资料收集与编写进度，并审核资料员资料编写完成的质量。对文件资料中出现的不符合要求的地方，应及时要求资料员整改直至整改到位。

1. 项目技术负责人关于资料文件的负责制

（1）组织经理部、分部技术部门，贯彻执行本制度的各项规定，并负责监督检查。

（2）负责档案工作的总体安排，定期检查档案工作。

（3）布置和检查各项工作的同时要布置和检查档案文件材料的形成和归档。

2. 施工文件的特征

（1）文件体量庞大，实体资料储存要求空间大，电子资料储存较为占用电脑储存空间。

（2）施工文件种类繁多，从专业上划分可以分为土建、安装、节能、消防、市政、绿化、管道、装饰装修等。也可以从文件类型上划分为文字描述、表格、图纸等，还可以从储存类型上分为纸质档案储存、电子录像储存、电子图像储存、云存储等。

（3）施工文件具备时效性，对工程资料的编写及收集有明确的要求。

（4）施工文件的编写与收集要求从业人员必须具备一定的建设工程施工技术知识、建设工程项目管理知识、建设工程监理知识、建设工程招投标与合同管理知识、建设工程造价或经济类知识。

（5）施工文件的完成需要参建单位各方配合方可完成。

（6）施工文件大多数地方对于签字的签字者有着执业资格的要求，盖章的类型也较为讲究。

（四）施工单位文件资料的种类

施工文件资料一般分为工程竣工技术类、工程竣工管理类、工程质量验收三大类。根据资料的性质，可将其划分为七小类：

1. 施工管理资料

（1）图纸会审和设计交底记录；

（2）设计变更通知；

（3）分部分项施工技术交底记录；

（4）焊工登记表及其他特种作业人员登记表；

（5）施工单位项目经理质量责任书；

（6）施工单位项目技术负责人质量责任书；

（7）项目大事记；

（8）施工日志；

（9）不合格项处置记录；

（10）工程质量事故报告；

（11）施工总结。

2. 工程技术资料

（1）工程技术文件报审表；

（2）技术管理资料；

（3）设计变更文件。

3. 工程测量记录

（1）工程定位测量记录；

（2）地基验槽记录；

（3）楼层放线记录；

（4）沉降观测记录；

（5）建筑物垂直度观测记录。

4. 工程施工记录

（1）通用记录；

（2）土建各工序专用施工记录；

（3）房屋建筑和市场基础设施各安装工序专用施工记录。

5. 工程试验检验记录

（1）施工试验记录（通用）；

（2）结构专用施工试验记录；

（3）设备试运转记录；

（4）电气专用施工试验记录；

（5）管道专用施工试验记录；

（6）通风空调专用施工试验记录；

（7）电梯专用施工试验记录。

6. 工程物资资料

施工物资资料统一用表见现行建筑工程材料（构件）检验（试验、检测）报告用表。

7. 施工验收资料

（1）工程检验批质量验收记录表；

（2）分项工程质量验收记录；

（3）分项（子分部）工程质量验收记录；

（4）单位（子单位）工程质量竣工验收记录；

（5）单位（子单位）工程质量控制资料核查记录；

（6）单位（子单位）工程安全和功能检验资料核查及主要功能抽查记录；

（7）单位（子单位）工程观感质量检查记录；

（8）施工现场质量管理检查记录；

（9）工程检验批质量检查记录表（通用）。

（五）施工文件、竣工图、竣工验收文件归档范围及时效

施工文件的归档范围可以详细参见城建档案馆有关规范及规范附录《建设工程文件归档范围和保管期限表》对施工单位需要归档项做出了明确的规定。见表 7-1。

表 7-1　施工文件归档范围和保管期限表

序号	归档文件	保存单位和保管期限				
		建设单位	施工单位	设计单位	监理单位	城建档案馆
施　工　文　件						
一	建筑安装工程					
（一）	土建（建筑与结构）工程					
1	施工技术准备文件					
①	施工组织设计	长期				
②	技术交底	长期	长期			
③	图纸会审记录	长期	长期	长期		√
④	施工预算的编制和审查	短期	短期			

续表

序号	归档文件	保存单位和保管期限				
		建设单位	施工单位	设计单位	监理单位	城建档案馆
⑤	施工日志	短期	短期			
2	施工现场准备					
①	控制网设置资料	长期	长期			√
②	工程定位测量资料	长期	长期			√
③	基槽开挖线测量资料	长期	长期			√
④	施工安全措施	短期	短期			
⑤	施工环保措施	短期	短期			
3	地基处理记录					
①	地基钎探记录和钎探平面布点图	永久	长期			√
②	验槽记录和地基处理记录	永久	长期			√
③	桩基施工记录	永久	长期			√
④	试桩记录	长期	长期			√
4	工程图纸变更记录					
①	设计会议会审记录	永久	长期	长期		√
②	设计变更记录	永久	长期	长期		√
③	工程洽商记录	永久	长期	长期		√
5	施工材料预制构件质量证明文件及复试试验报告					
①	砂、石、砖、水泥、钢筋、防水材料、隔热保温、防腐材料、轻集料试验汇总表	长期				√
②	砂、石、砖、水泥、钢筋、防水材料、隔热保温、防腐材料、轻集料出厂证明文件	长期				√
③	砂、石、砖、水泥、钢筋、防水材料、轻集料、焊条、沥青复试试验报告	长期				√
④	预制构件（钢、混凝土）出厂合格证、试验记录	长期				√
⑤	工程物质选样送审表	短期				
⑥	进场物质批次汇总表	短期				
⑦	工程物质进场报验表	短期				
6	施工试验记录					
①	土壤（素土、灰土）干密度试验报告	长期				√
②	土壤（素土、灰土）击实试验报告	长期				√
③	砂浆配合比通知单	长期				
④	砂浆（试块）抗压强度试验报告	长期				√
⑤	混凝土配合比通知单	长期				
⑥	混凝土（试块）抗压强度试验报告	长期				√

续表

序号	归档文件	保存单位和保管期限				
		建设单位	施工单位	设计单位	监理单位	城建档案馆
⑦	混凝土抗渗试验报告	长期				√
⑧	商品混凝土出厂合格证、复试报告	长期				√
⑨	钢筋接头（焊接）试验报告	长期				√
⑩	防水工程试水检查记录	长期				
⑪	楼地面、屋面坡度检查记录	长期				
⑫	土壤、砂浆、混凝土、钢筋连接、混凝土抗渗试验报告汇总表	长期				√
7	隐蔽工程检查记录					
①	基础和主体结构钢筋工程	长期	长期			√
②	钢结构工程	长期	长期			√
③	防水工程	长期	长期			√
④	高程控制	长期	长期			√
⑤	（依据城建档案馆的具体规定）					
⑥	（依据城建档案馆的具体规定）					
⑦	（依据城建档案馆的具体规定）					
⑧	（依据城建档案馆的具体规定）					
⑨	（依据城建档案馆的具体规定）					
⑩	（依据城建档案馆的具体规定）					
8	施工记录					
①	工程定位测量检查记录	永久	长期			√
②	预检工程检查记录	短期				
③	冬施混凝土搅拌测温记录	短期				
④	冬施混凝土养护测温记录	短期				
⑤	烟道、垃圾道检查记录	短期				
⑥	沉降观测记录	长期				√
⑦	结构吊装记录	长期				
⑧	现场施工预应力记录	长期				√
⑨	工程竣工测量	长期	长期			√
⑩	新型建筑材料	长期	长期			√
⑪	施工新技术	长期	长期			√
9	工程质量事故处理记录	永久				√
10	工程质量检验记录					

续表

序号	归档文件	保存单位和保管期限				
		建设单位	施工单位	设计单位	监理单位	城建档案馆
①	检验批质量验收记录	长期	长期		长期	
②	分项工程质量验收记录	长期	长期		长期	
③	基础、主体工程验收记录	永久	长期		长期	√
④	幕墙工程验收记录	永久	长期		长期	√
⑤	分部（子分部）工程质量验收记录	永久	长期		长期	√
（二）	电气、给排水、消防、采暖、通风、空调、燃气、建筑智能化、电梯工程					
1	一般施工记录					
①	施工组织设计	长期	长期			
②	技术交底	短期				
③	施工日志	短期				
2	图纸变更记录					
①	图纸会审	永久	长期			√
②	设计变更	永久	长期			√
③	工程洽商	永久	长期			√
3	设备、产品质量检查、安装记录					
①	设备、产品质量合格证、质量保证书	长期				
②	设备装箱单、商检证明和说明书、开箱报告	长期				
③	设备安装记录	长期	长期			√
④	设备试运行记录	长期				√
⑤	设备明细表	长期				√
4	预检记录	短期				
5	隐蔽工程检查记录	长期	长期			√
6	施工试验记录					
①	电气接地电阻、绝缘电阻、综合布线、有线电视末端等测试记录	长期				√
②	楼宇自控、监视、安装、视听、电话等系统调试记录	长期				√
③	变配电设备安装、检查、通电、满负荷测试记录	长期				√
④	给排水、消防、采暖、通风、空调、燃气等管道强度、严密性、灌水、通水、吹洗、漏风、试压、通球、阀门等试验记录	长期				√
⑤	电气照明、动力、给排水、消防、采暖、通风、空调、燃气等系统调试、试运行记录	长期				√
⑥	电梯接地电阻、绝缘电阻测试记录；空载、半载、满载、超载试运行记录，平衡、运速、噪声调整试验报告	长期				√

续表

序号	归档文件	保存单位和保管期限				
		建设单位	施工单位	设计单位	监理单位	城建档案馆
7	质量事故处理记录	永久	长期			√
8	工程质量检验记录					
①	检验批质量验收记录	长期	长期		长期	
②	分项工程质量验收记录	长期	长期		长期	
③	分部（子分部）工程质量验收记录	永久	长期		长期	√
（三）	室外工程					
1	室外安装（给水、雨水、污水、热力、燃气、电信、电力、照明、电视、消防等）施工文件	长期				√
2	室外建筑环境（建筑小品、水景、道路、园林绿化等）施工文件	长期				√
二	市政基础设施工程					
（一）	施工技术准备					
1	施工组织设计	短期	短期			
2	技术交底	长期	长期			
3	图纸会审记录	长期	长期			√
4	施工预算的编制和审查	短期	短期			
（二）	施工现场准备					
1	工程定位测量资料	长期	长期			√
2	工程定位测量复核记录	长期	长期			√
3	导线点、水准点测量复核记录	长期	长期			√
4	工程轴线、定位桩高程测量复核记录	长期	长期			√
5	施工安全措施	短期	短期			
6	施工环保措施	短期	短期			
（三）	设计变更、洽商记录					
1	设计变更通知单	长期	长期			√
2	洽商记录	长期	长期			√
（四）	原材料、成品、半成品、构配件、设备出厂质量合格证及试验报告					
1	砂、石、砌块、水泥、钢筋（材）、石灰、沥青、涂料、混凝土外加剂、防水材料、黏接材料、防腐保温材料、焊接材料等试验汇总表	长期				√
2	砂、石、砌块、水泥、钢筋（材）、石灰、沥青、涂料、混凝土外加剂、防水材料、黏接材料、防腐保温材料、焊接材料等质量合格证书和出厂（试）验报告及现场复试报告	长期				√

续表

序号	归档文件	保存单位和保管期限				
		建设单位	施工单位	设计单位	监理单位	城建档案馆
3	水泥、石灰、粉煤灰混合料；沥青混合料、商品混凝土等试验汇总表	长期				√
4	水泥、石灰、粉煤灰混合料；沥青混合料、商品混凝土等出厂合格证和试验报告、现场复试报告	长期				√
5	混凝土预制构件、管材、管件、钢结构构件等试验汇总表	长期				√
6	混凝土预制构件、管材、管件、钢结构构件等出厂合格证书和相应的施工技术资料	长期				√
7	厂站工程的成套设备、预应力混凝土张拉设备、各类地下管线井室设施、产品等汇总表	长期				√
8	厂站工程的成套设备、预应力混凝土张拉设备、各类地下管线井室设施、产品等出厂合格证书及安装使用	长期				√
9	设备开箱报告	短期				
（五）	施工试验记录					
1	砂浆、混凝土试块强度、钢筋（材）焊连接、填土、路基强度试验等汇总表	长期				√
2	道路压实度、强度试验记录					
①	回填土、路床压实度试验及土质的最大干密度和最佳含水量试验报告	长期				√
②	石灰类、水泥类、二灰类无机混合料基层的标准击实试验报告	长期				√
③	道路基层混合料强度试验记录	长期				√
④	道路面层压实度试验记录	长期				√
3	混凝土试块强度试验记录					
①	混凝土配合比通知单	短期				
②	混凝土试块强度试验报告	长期				√
③	混凝土试块抗渗、抗冻试验报告	长期				√
④	混凝土试块强度统计、评定记录	长期				√
4	砂浆试块强度试验记录					
①	砂浆配合比通知单	短期				
②	砂浆试块强度试验报告	长期				√
③	砂浆试块强度统计评定记录	长期				√
5	钢筋（材）焊、连接试验报告	长期				√
6	钢管、钢结构安装及焊缝处理外观质量检查记录	长期				
7	桩基础试（检）验报告	长期				√
8	工程物质选样送审记录	短期				

续表

序号	归档文件	保存单位和保管期限				
		建设单位	施工单位	设计单位	监理单位	城建档案馆
9	进场物质批次汇总记录	短期				
10	工程物质进场报验记录	短期				
（六）	施工记录					
1	地基与基槽验收记录					
①	地基钎探记录及钎探位置图	长期	长期			√
②	地基与基槽验收记录	长期	长期			√
③	地基处理记录及示意图	长期	长期			√
2	桩基施工记录					
①	桩基位置平面示意图	长期	长期			√
②	打桩记录	长期	长期			√
③	钻孔桩钻进记录及成孔质量检查记录	长期	长期			√
④	钻孔（挖孔）桩混凝土浇灌记录	长期	长期			√
3	构件设备安装和调试记录					
①	钢筋混凝土大型预制构件、钢结构等吊装记录	长期	长期			
②	厂（场）、站工程大型设备安装调试记录	长期	长期			√
4	预应力张拉记录					
①	预应力张拉记录表	长期				√
②	预应力张拉孔道压浆记录	长期				√
③	孔位示意图	长期				√
5	沉井工程下沉观测记录	长期				√
6	混凝土浇灌记录	长期				
7	管道、箱涵等工程项目推进记录	长期				√
8	构筑物沉降观测记录	长期				√
9	施工测温记录	长期				
10	预制安装水池壁板缠绕钢丝应力测定记录	长期				√
（七）	预检记录					
1	模板预检记录					
2	大型构件和设备安装前预检记录	短期				
3	设备安装位置检查记录	短期				
4	管道安装检查记录	短期				
5	补偿冷器拉及安装情况记录	短期				
6	支（吊）架位置、各部位连接方式等检查记录	短期				
7	供水、供热、供气管道吹（冲）洗记录	短期				

续表

序号	归档文件	保存单位和保管期限				
		建设单位	施工单位	设计单位	监理单位	城建档案馆
8	保温、防腐、油漆等施工检查记录	短期				
（八）	隐蔽工程检查（验收）记录	长期	长期			√
（九）	工程质量检查评定记录					
1	工序工程质量评定记录	长期	长期			
2	部位工程质量评定记录	长期	长期			
3	分部工程质量评定记录	长期	长期			√
（十）	功能性试验记录					
1	道路工程的弯沉试验记录	长期				√
2	桥梁工程的动、静载试验记录	长期				√
3	无压力管道的严密性试验记录	长期				√
4	压力管道的严密性试验、通球试验等记录	长期				√
5	水池满水试验	长期				√
6	消化池气密性试验	长期				√
7	电气绝缘电阻、接地电阻测试记录	长期				√
8	电气照明、动力试运行记录	长期				√
9	供热管网、燃气管网等管网试运行记录	长期				√
10	燃气储罐总体试验记录	长期				√
11	电信、宽带网和等试运行记录	长期				√
（十一）	质量事故及处理记录					
1	工程质量事故报告	永久	长期			√
2	工程质量事故处理记录	永久	长期			√
（十二）	竣工测量资料					
1	建筑物、构筑物竣工测量记录及测量示意图	永久	长期			√
2	地下管线工程竣工测量记录	永久	长期			√
	竣　　工　　图					
一	建筑安装工程竣工图					
（一）	综合竣工图					
1	综合图					√
①	总平面布置图（包括建筑、建筑小品、水景、照明、道路、绿化等）	永久	长期			√

续表

序号	归档文件	保存单位和保管期限				
		建设单位	施工单位	设计单位	监理单位	城建档案馆
②	竖向布置图	永久	长期			√
③	室外给水、排水、热力、燃气等管网综合图	永久	长期			√
④	电气（包括电力、电信、电视系统等）综合图	永久	长期			√
⑤	设计总说明书	永久	长期			√
2	室外专业图					
①	室外给水	永久	长期			√
②	室外雨水	永久	长期			√
③	室外污水	永久	长期			√
④	室外热力	永久	长期			√
⑤	室外燃气	永久	长期			√
⑥	室外电信	永久	长期			√
⑦	室外电力	永久	长期			√
⑧	室外电视	永久	长期			√
⑨	室外建筑小品	永久	长期			√
⑩	室外消防	永久	长期			√
⑪	室外照明	永久	长期			√
⑫	室外水景	永久	长期			√
⑬	室外道路	永久	长期			√
⑭	室外绿化	永久	长期			√
（二）	专业竣工图					
1	建筑竣工图	永久	长期			√
2	结构竣工图	永久	长期			√
3	装修（装饰）工程竣工图	永久	长期			√
4	电气工程（智能化工程）竣工图	永久	长期			√
5	给排水工程（消防工程）竣工图	永久	长期			√
6	采暖通风空调工程竣工图	永久	长期			√
7	燃气工程竣工图	永久	长期			√
二	市政基础设施工程竣工图					
1	道路工程	永久	长期			√
2	桥梁工程	永久	长期			√
3	广场工程	永久	长期			√
4	隧道工程	永久	长期			√
5	铁路、公路、航空、水运等交通工程	永久	长期			√

续表

序号	归档文件	保存单位和保管期限				
		建设单位	施工单位	设计单位	监理单位	城建档案馆
6	地下铁道等轨道交通工程	永久	长期			√
7	地下人防工程	永久	长期			√
8	水利防灾工程	永久	长期			√
9	排水工程	永久	长期			√
10	供水、供热、供气、电力、电信等地下管理工程	永久	长期			√
11	高压架空输电线工程	永久	长期			√
12	污水处理、垃圾处理处置工程	永久	长期			√
13	场、厂、站工程	永久	长期			√
竣工验收文件						
一	工程竣工总结					
1	工程概况表	永久				√
2	工程竣工总结	永久				√
二	竣工验收记录					
（一）	建筑安装工程					
1	单位（子单位）工程质量验工验收记录	永久	长期			√
2	竣工验收证明书	永久	长期			√
3	竣工验收报告	永久	长期			√
4	竣工验收备案表（包括各专项验收认可文件）	永久				√
5	工程质量保修书	永久	长期			√
（二）	市政基础设施工程					
1	单位工程质量评定表及报验单	永久	长期			√
2	竣工验收证明书	永久	长期			√
3	竣工验收报告	永久	长期			√
4	竣工验收备案表（包括各专项验收认可文件）	永久	长期			√
5	工程质量保修书	永久	长期			√
三	财务文件					
1	决算文件	永久				√
2	交付使用财产总表和财产明细表	永久	长期			√
四	声像、缩微、电子档案					
1	声像档案					
①	工程照片	永久				√
②	录音、录像材料	永久				√
2	缩微品	永久				√

续表

序号	归档文件	保存单位和保管期限				
		建设单位	施工单位	设计单位	监理单位	城建档案馆
3	电子档案					
①	光盘	永久				√
②	磁盘	永久				√

注："√"表示应向城建档案馆移交。

二、工程竣工技术用表的编制依据及适用范围

1. 工程竣工技术用表的意义

工程竣工技术用表作为工程施工过程中的重要记录，是对建设工程质量进行监督、验收的重要依据。它也是保证工程在使用过程中进行正常的管理和维护的重要依据，同时还是对工程进行改造和加固的重要依据。做好工程竣工技术用表填表与管理工作意义重大。

2. 工程竣工技术用表的基本要求

（1）工程竣工技术用表的收集。

填写工程竣工技术用表应随工程进度进行，做到及时收集，及时整理。按专业、分部分项进行归类，字迹工整，书写认真，图形清楚，内容完整、准确，真实地记录和反映施工过程和竣工验收的全部内容和过程。原始记录和实物应相符，技术数据应真实可靠，签字手续应完善齐全。项目填写齐全，无未了事项。

（2）参建单位对工程竣工技术用表的要求。

建设单位应将工程竣工技术用表及档案收集、整理、归档工作纳入工程有关合同（包括勘察、设计、施工、监理和材料设备采购合同）。纳入有关人员的岗位责任，项目负责人（建设）、项目经理（施工）、总监理工程师（监理）分别负责本单位责任范围内工程档案的收集、整理、归档工作。各单位（包括建设单位、监理单位、施工单位）都应配备专兼职人员，城建档案人员必须持证上岗。

房屋建筑工程和市政基础设施工程实行总承包的，各分包单位负责收集、整理分包合同范围内的建设工程技术文件材料，交总承包单位汇总、整理，竣工时由总承包单位向建设单位提交完整、准确的建设工程技术文件材料。建设单位分别向几个单位发包的，各承包单位负责收集、整理所承包合同范围内的建设工程技术文件材料，交建设单位汇总、整理，或由建设单位委托一个承包单位汇总、整理。

房屋建筑工程和市政基础设施工程文件中的专业监理工程师是指受监理公司委派的、具有监理工程师资格的承担某一专业的监理工作管理人员。监理员、旁站员不具有监理工程师资格，不能代替专业监理工程师签署意见。项目施工技术负责人是指合同标段项目经理部主管技术的副经理或技术负责人。

（3）工程竣工技术用表的填写要求。

房屋建筑工程和市政基础设施工程技术文件的填写按归档要求用不易褪色的碳素墨水

等材料书写档案，禁止用纯蓝墨水、红墨水、圆珠笔等易褪色的书写材料书写档案，禁止使用涂改液。各种程序责任者的签字手续必须齐全。需亲笔签字的不得用名章代替签字，必须签全名。同时签字必须用档案规定用笔。签（公）章栏所签公章也应与合同签章上的单位名称一致。

房屋建筑工程和市政基础设施工程技术文件中各种图表的绘制应用合适的绘图工具，不得随手绘制。

房屋建筑工程和市政基础设施工程技术文件的归档文件除材料（设备）合格证明可使用复印件（抄件）外，其他文书及表格必须为原件。当使用复印件（抄件）时，复印件一定要清晰，复印件（抄件）上应加盖复印或转抄单位的鲜章，并注明所使用项目名称、复印件来源、原件存放地和进场数量，经办人应签字。不得使用鉴定书、说明书、商标、试验报告、产品生产过程资料等来代替质保书或合格证。进口材料可用商检报告代替质保书。

检测机构出具的报告单必须是经资审和计量认证合格的有证试验室出具，仲裁检验报告单必须带 CMA 标记。

《工程竣工技术用表》的表格签字栏为“监理（建设）单位”时，括号中为建设单位，如建设单位已委托监理公司实施施工全过程监理的项目，按双方合同约定，建设单位可不在该栏签字。

勘察、设计单位参与隐蔽检查和验收，应在勘察、设计处签字，需签章的应盖单位法人公章，未参与可不签字。《工程竣工技术用表》表格的表头部分“工程名称”栏应填写工程名称的全称，与合同或招投标文件中的名称一致。施工单位、分包单位、监理单位、建设单位及勘察设计单位其名称栏也应写全称，与合同签章上的单位名称一致。

房屋建筑工程和市政基础设施工程技术文件书写应规范、工整，不得随意更改，由于特殊原因的更改，在更改部位应盖校核章，并加盖项目部公章。文件中出现的时间填写格式×××××年××月××日。有关表格内容完善后应及时签字，签字栏日期为实际签字的日期。《工程竣工技术用表》表格中不需要填写内容的应在该栏空白处画斜线占位。严禁对归档的建设工程技术文件进行涂改、伪造、随意抽撤和损毁、丢失等，违反规定予以处罚，情节严重的，应依法追究法律责任。

三、工程竣工技术用表的编制依据及适用范围

1. 单位工程竣工技术文件材料目录

（1）单位工程竣工技术文件材料目录范例。

单位工程验收是房屋建筑工程与市政基础设施工程依照国家有关法律、法规及规范、标准的规定完成设计文件要求和合同约定的各项内容而进行的竣工验收环节。工程项目的竣工验收是施工全过程的最后一道程序，也是工程项目管理的最后一项工作。它是建设投资成果转入生产或使用的标志，也是全面考核投资效益、检验设计和施工质量的重要环节。《单位工程竣工技术文件材料目录》为所有竣工相关资料的检索目录，以备各方查漏补缺及证明资料完整。填写示范见表 7-2。

表 7-2　单位工程竣工技术文件材料目录填写范例

<table>
<tr><td>工程名称</td><td colspan="4">某大学学生宿舍</td></tr>
<tr><td>序号</td><td>资料名称</td><td>份数</td><td>页数</td><td>备注</td></tr>
<tr><td>1</td><td>土建综合文件</td><td>2</td><td>24</td><td></td></tr>
<tr><td>2</td><td>原材料质量合格证、试验报告、汇总表</td><td>3</td><td>98</td><td></td></tr>
<tr><td>3</td><td>材料试验、检验报告</td><td>3</td><td>67</td><td></td></tr>
<tr><td>4</td><td>地基与基础分部工程技术文件</td><td>4</td><td>76</td><td></td></tr>
<tr><td>5</td><td>主体结构分部工程技术文件</td><td>4</td><td>55</td><td></td></tr>
<tr><td>6</td><td>钢结构工程（子分部）技术文件</td><td>4</td><td>64</td><td></td></tr>
<tr><td>7</td><td>建筑装饰装修分部工程技术文件</td><td>4</td><td>74</td><td></td></tr>
<tr><td>8</td><td>屋面分部工程技术文件</td><td>4</td><td>64</td><td></td></tr>
<tr><td>9</td><td>给排水、燃气分部工程技术文件</td><td>4</td><td>63</td><td></td></tr>
<tr><td>10</td><td>电气安装分部工程技术工程</td><td>4</td><td>64</td><td></td></tr>
<tr><td>11</td><td>智能建筑分部工程技术文件</td><td>4</td><td>8</td><td></td></tr>
<tr><td>12</td><td>通风与空调分部工程技术文件</td><td>4</td><td>14</td><td></td></tr>
<tr><td>13</td><td>电梯安装分部工程技术文件</td><td>4</td><td>12</td><td></td></tr>
<tr><td>14</td><td>工程竣工图</td><td>4</td><td>12</td><td></td></tr>
<tr><td>15</td><td>工程电子文件材料</td><td>4</td><td>3</td><td></td></tr>
<tr><td colspan="2">施工单位：（公章）

整理人：×××

项目经理：×××
年　月　日</td><td>监理单位（公章）：

总监理工程师：×××

年　月　日</td><td colspan="2">建设单位：

接收人：×××

项目负责人：×××
年　月　日</td></tr>
</table>

（2）单位工程竣工技术文件材料目录填写要求。

《单位工程竣工技术文件材料目录》为单位工程竣工技术文件总目录，每项文件逐一整理，并严格按照规范要求编号填写。“工程名称”应为全称，不要填写简称，在填写过程中还应该注意不要用错单位名称的字。建设单位、监理单位和施工单位应盖工程项目签约的法人公章，各单位项目责任人应签字。

2. 单位（子单位）工程开工报告

（1）单位（子单位）工程开工报告范例。

房屋建筑工程与市政基础设施工程的开工有着严格的审批要求，各项资料均应完备方可下达开工令。《单位（子单位）工程开工报告》为工程开工是否批准的许可性文件，当各项资料文件齐备时，应在对应部位签署相关意见。填写示范见表 7-3。

表 7-3　单位（子单位）工程开工报告填写范例

<table>
<tr><td>工程名称</td><td colspan="2">某大学新建图书馆</td><td>工程地址</td><td colspan="2">某某省某某市某某区建德路一号</td></tr>
<tr><td>建设单位</td><td colspan="2">某某房地产开发有限公司</td><td>施工单位</td><td colspan="2">某某建筑集团公司</td></tr>
<tr><td>监理单位</td><td colspan="2">某某建筑工程监理公司</td><td>结构类型</td><td colspan="2">框架剪力墙</td></tr>
<tr><td>预算造价/万元</td><td colspan="2">1 920</td><td>计划总投资</td><td colspan="2">2 000 万元</td></tr>
<tr><td>建筑面积/m²</td><td>21 300</td><td>开工日期</td><td>2018.12.15</td><td>合同工期</td><td>400 天</td></tr>
<tr><td colspan="2">资料与文件</td><td colspan="4">准（落实）备情况</td></tr>
<tr><td colspan="2">批准的建设立项文件或年度计划</td><td colspan="4">已批准</td></tr>
<tr><td colspan="2">征用土地批准文件及红线图</td><td colspan="4">已落实</td></tr>
<tr><td colspan="2">规划许可证</td><td colspan="4">已发放</td></tr>
<tr><td colspan="2">设计文件及施工图</td><td colspan="4">已批准</td></tr>
<tr><td colspan="2">投标（议标）中标文件</td><td colspan="4">已获得</td></tr>
<tr><td colspan="2">施工许可证</td><td colspan="4">已批准</td></tr>
<tr><td colspan="2">施工合同协议书</td><td colspan="4">已签定</td></tr>
<tr><td colspan="2">资金落实情况的文件资料</td><td colspan="4">已准备</td></tr>
<tr><td colspan="2">“三通一平”的文件资料</td><td colspan="4">已准备</td></tr>
<tr><td colspan="2">施工方案及现场平面布置图</td><td colspan="4">已准备</td></tr>
<tr><td colspan="2">主要材料、设备落实情况</td><td colspan="4">已落实</td></tr>
<tr><td colspan="6">申请开工意见：
开工准备条件已完善，同意开工。
施工单位（公章）：
项目经理：×××
年　月　日</td></tr>
<tr><td colspan="6">监理单位审批意见：
同意开工。
监理单位（公章）：
总监理工程师：×××
年　月　日</td></tr>
<tr><td colspan="6">建设单位审批意见：
同意开工。
建设单位（公章）：
项目负责人：×××
年　月　日</td></tr>
</table>

（2）单位（子单位）工程开工报告填写说明。

《单位（子单位）工程开工报告》可用于房屋建筑工程与市政基础设施工程开工批准，由施工单位填写，监理单位和建设单位在表格中填写审批意见。表中填写的资料和批准文件应注明文件的名称和编号。“设计文件及施工图审查报告”应填写准备施工的图纸是否通过了施工图审查机构的审查情况。“施工方案及现场平面布置图”应填写施工方案及现场平面布置图是否审批通过、是否经施工图审查过的情况。实际开工日期为建设单位审批通过的签字日期。

3. 工程定位（放线）测量记录

（1）工程定位（放线）测量记录范例。

工程的开工离不开测量，拟建物究竟在施工场地的什么位置，均需要测量确定。《工程定位（放线）测量记录》是工程测量的原始依据，是对测量工作的翔实记录及测量成果的评定。填写示范见表 7-4。

表 7-4　工程定位（放线）测量记录填写范例

<table>
<tr><td>工程名称</td><td colspan="3">某高校新建宿舍</td><td>施工单位</td><td colspan="3">某某建筑集团公司</td></tr>
<tr><td>测量依据</td><td colspan="3">建筑总平面图</td><td colspan="3">依据提供单位</td><td>某市测绘院给定</td></tr>
<tr><td rowspan="2">使用仪器及编号</td><td rowspan="2">经纬仪 DJ6</td><td rowspan="2">水准点标高/m</td><td>相对</td><td>±0.000</td><td rowspan="2">地坪标高/m</td><td>相对</td><td>1.482</td></tr>
<tr><td>绝对</td><td>120.801</td><td>绝对</td><td>121.625</td></tr>
<tr><td colspan="8">定位（放线）记录及示意图

测量人：×××
年　月　日</td></tr>
<tr><td colspan="8">复测情况：
经复测，各轴线的偏差均在允许范围以内，符合规范规定。

监理工程师：×××
年　月　日</td></tr>
<tr><td>施工单位</td><td colspan="3">项目技术负责人：
×××
年　月　日</td><td>建设单位</td><td colspan="3">建设单位技术代表：
×××
年　月　日</td></tr>
</table>

（2）工程定位（放线）测量记录填写说明。

《工程定位（放线）测量记录》适用于建筑物（构筑物）及市政基础设施工程进行工程施工定位放线记录。“测量依据”指当地放线主要管理部门所移交的定位点，在定位放线所产生的“示意图”中，应将放线示意图绘制清楚。

“水准点相对标高”填写为 0，“场地相对标高”为相对基准点标高值。“定位（放线）记录及示高图”，应有具体放线过程记录及说明，资料员在绘制过程中需要和施工一线人员做交流，避免凭空想象。在该表格栏中，需要绘制示意图。有周边建筑作为放线参照物的可画出周边建筑物的相邻关系。

复测情况及结论的填写，应有复测的最后闭合差。结论应明确是否符合要求，不得签署模棱两可的词汇。监理工程师签字栏可由监理公司的专业测量监理工程师签写意见，经复查无误后，建设单位技术代表应签字。

测量记录表后需附上当地放线办的定位放线记录。

4. 标高检查记录

（1）标高检查记录表范例。

《标高检查记录》常用于记录房屋建筑中楼层或结构水平层的测量结果。填写示范见表 7-5。

表 7-5　标高检查记录填写范例

工程名称	某某公寓大楼			施工单位	某建筑集团公司
楼层部位	十一层			抄测日期	2018.12.27
抄测依据	+0.500 m=113.68 m 水平控制点			使用仪器	水准仪
测点位置	设计标高	实测	误差	附单线示意图	
1	+33.200	+33.204	+0.004		
2	+33.200	+33.207	+0.007		
3	+33.200	+33.195	−0.005		
4	+33.200	+33.192	−0.008		
5	+33.200	+33.187	−0.013		
6	+33.200	+33.198	−0.002		
7	+33.200	+33.209	+0.009		
检查结论	经检查，楼层标高测量误差在±2 mm 以内，符合规范要求。				
施工单位	项目技术负责人：××× 抄测人：××× 记录人：××× 年　月　日			监理（建设）单位	监理工程师（建设单位代表）： ××× 年　月　日

（2）标高检查记录表填写要求。

《标高检查记录》适用于房屋建筑及市政基础设施工程的标高检查记录，与验收表格中抽查点不同，应有工程的主要轴线和主要受力构件，如梁板柱墙的标高偏差测量值。

该记录按每次现场测量人员实际测量情况来形成表格的行数。表中“楼层部位”指检查部位的设计标高，如果是房屋建筑工程，也可以填楼层和轴线段。“抄测依据”是指为施工测量设定的定位点（线）部位。“测点位置”是指所测量的轴线点，也可用编号表示，但在表中“附单线示意图”中，应标明编号位置，并绘制相应示意图。表中“设计标高”“实测”“误差”，按照规范规定，实测数据应精确至毫米。

最终的“检查结论”应明确是否符合规范要求，超出规范值的应签署有明确的处理意见。

5. 垂直度检查记录

（1）垂直度检查记录表范例。

《垂直度检查记录》用于垂直构件中垂直度的测量记录及垂直度质量结果的评定，填写示范见表 7-6。

表 7-6　垂直度检查记录

<table>
<tr><td>工程名称</td><td colspan="8">某某医院住院部</td><td colspan="2">施工单位</td><td colspan="4">某建筑集团公司</td></tr>
<tr><td>楼层部位</td><td colspan="5">三层 A\12</td><td colspan="3">抄测仪器</td><td colspan="2">靠尺</td><td colspan="2">抄测日期</td><td colspan="2">2018.12.3</td></tr>
<tr><td rowspan="2">抄测点编号</td><td colspan="4">层间偏差</td><td colspan="4">累计偏差</td><td rowspan="2" colspan="2">抄测点编号</td><td colspan="2">层间偏差</td><td colspan="2">累计偏差</td></tr>
<tr><td colspan="2">X</td><td colspan="2">Y</td><td colspan="2">X</td><td colspan="2">Y</td><td>X</td><td>Y</td><td>X</td><td>Y</td></tr>
<tr><td>1</td><td colspan="2">2</td><td colspan="2">1</td><td colspan="2"></td><td colspan="2"></td><td colspan="2">4</td><td>3</td><td>2</td><td></td><td></td></tr>
<tr><td>2</td><td colspan="2">3</td><td colspan="2">2</td><td colspan="2"></td><td colspan="2"></td><td colspan="2">5</td><td>1</td><td>2</td><td></td><td></td></tr>
<tr><td>3</td><td colspan="2">1</td><td colspan="2">4</td><td colspan="2"></td><td colspan="2"></td><td colspan="2">6</td><td>4</td><td>5</td><td></td><td></td></tr>
<tr><td colspan="15">全高垂直度检查</td></tr>
<tr><td rowspan="2">抄测点编号</td><td colspan="2">1</td><td colspan="2">2</td><td colspan="2">3</td><td colspan="2">4</td><td colspan="6"></td></tr>
<tr><td>X</td><td>Y</td><td>X</td><td>Y</td><td>X</td><td>Y</td><td>X</td><td>Y</td><td>X</td><td>Y</td><td>X</td><td>Y</td><td>X</td><td>Y</td></tr>
<tr><td>抄测值</td><td>8</td><td>12</td><td>10</td><td>9</td><td>7</td><td>11</td><td>13</td><td>12</td><td></td><td></td><td></td><td></td><td></td><td></td></tr>
<tr><td colspan="15">抄测点平面示意图</td></tr>
<tr><td>检查结论</td><td colspan="14">经过对本工程多个点的垂直度检查，均满足规范要求。</td></tr>
<tr><td>施工单位</td><td colspan="8">项目技术负责人：×××
抄测人：×××
记录人：×××
年　月　日</td><td colspan="2">监理（建设）单位</td><td colspan="4">监理工程师（建设单位代表）：
×××
年　月　日</td></tr>
</table>

（2）垂直度检查记录填写要求。

《垂直度检查记录》适用于竖向构件的垂直度的检查记录，与验收表格中抽查点不同，应有主要轴线和受力构件的垂直度检查。该表的填写应按实际检查情况来形成表格的份数，如测量点较多应续页填写。“楼层部位”指所检查的楼层和轴线段，“层间偏差”指本楼层的垂直度偏差值，“累计偏差”指本层与底层基准线的垂直度偏差值。

6. 基础坑（槽）施工检查记录

（1）基础坑（槽）施工检查记录填写范例。

随着现代建筑及市政基础设施工程的高速发展，地下空间的利用颇为普及。目前的工程建设，往往大多数存在着较深的基础坑槽，普遍用来为车库、超市、消防、地铁站、候车室创造有利建设空间。《基础坑（槽）施工检查记录》用以记录基础坑槽的各项指标指数，以及参建各方对基础坑槽的质量审批意见。填写范例见表 7-7。

表 7-7　基础坑（槽）施工检查记录填写范例

<table>
<tr><td>工程名称</td><td colspan="3">××商住区</td><td>施工单位</td><td>××第十六建设集团有限公司</td></tr>
<tr><td>检查部位及图号</td><td colspan="2">1－22\A－X 轴</td><td colspan="3">结施－7</td></tr>
<tr><td>1. 基底地质情况</td><td>设计</td><td colspan="2">粉质黏土</td><td>实际</td><td>粉质黏土</td></tr>
<tr><td colspan="6">2. 地下水位：21.32</td></tr>
</table>

续表

<table>
<tr><td colspan="5">3. 地基设计承载力（　　　　）值：350 MPa</td></tr>
<tr><td colspan="5">4. 地基实际承载力（　　　　）值：MPa</td></tr>
<tr><td colspan="5">5. 基坑（槽）设计断面：长 65 m，宽大 18 m，深 5 m，底标高-2.8 m。
实际断面：长 65.5 m，宽大 18.5 m，深 5 m，底标高-2.8 m</td></tr>
<tr><td colspan="5">6. 地基下坟、坑、塘、杂填土的处理：无</td></tr>
<tr><td colspan="5">7. 施工排除基坑积水的技术措施：设置集水坑</td></tr>
<tr><td colspan="5">8. 地基加固措施：无</td></tr>
<tr><td colspan="5">附图表（1）地基隐蔽图 2 张，（2）人工地基试验记录 3 份</td></tr>
<tr><td>检查结论</td><td colspan="4">经检查：基地为老土层且均匀密实，与地质勘察报告相符，基槽平面位置、几何尺寸、基地标高、定位检查符合设计要求</td></tr>
<tr><td>施工单位代表：
×××
年　月　日</td><td>勘察单位代表：
×××
年　月　日</td><td>设计单位代表：
×××
年　月　日</td><td>监理单位代表：
×××
年　月　日</td><td>建设单位代表：
×××
年　月　日</td></tr>
</table>

（2）基础坑（槽）施工检查记录填写要求。

《基础坑（槽）施工检查记录》可适用于房屋建筑工程与市政基础设施工程的地基基础工程施工过程隐蔽检查记录。该文件应按地基基础不同部位的分项划分分别填写，如依据基础坑槽的形式及不同的单位工程所属基础坑槽。“地基实际承载力”指该部位地基按设计或规范规定的试验方法所取得的地基现场试验或试验室试验的成果。对未直接进行试验部位的“地基实际承载力”，在填写时应标明所参考比较的地基部位及试验单，并注明“由目测确定，大于（或等于）设计值”等内容。“检查结论”中还应填写实际地质情况与地勘资料是否基本符合的内容等。如果出现实际与地勘资料提供的情况差异太大时，应说明并填写采取措施的内容。

7. 人工挖孔桩成孔隐蔽检查记录

（1）人工挖孔桩成孔隐蔽检查记录范例。

人工挖孔桩是常见的基础桩基施工方式，《人工挖孔桩成孔隐蔽检查记录》用以记录桩孔的成孔情况，设计文件对桩孔的要求内容，以及岩性的设计要求和实际的实验数据。填写示例见表 7-8。

表 7-8　人工挖孔桩成孔隐蔽检查记录填写范例

<table>
<tr><td>工程名称</td><td colspan="2">某滨江路桥梁工程</td><td>检查部位</td><td colspan="3">26#桥墩</td></tr>
<tr><td>施工单位</td><td colspan="2">某建工集团</td><td>桩基分包单位</td><td colspan="3">某桩基公司</td></tr>
<tr><td>检查项目</td><td>设计要求</td><td>实际情况</td><td rowspan="2">桩垂直度偏差/%</td><td rowspan="2">3</td><td rowspan="2">桩顶偏位</td><td rowspan="2">15 mm</td></tr>
<tr><td>桩长</td><td>13 m</td><td>13.2 m</td></tr>
<tr><td>桩身直径</td><td>500 mm</td><td>502 mm</td><td colspan="4">成孔断面示意图（需标示孔顶、孔底标高）</td></tr>
</table>

续表

开孔直径	500 mm	507 mm	
桩底标高	19.56 m	−19.06 mm	
嵌岩深度			
嵌岩段岩性			
持力层岩性			
持力层承载力	25 t	25 t	
扩大头尺寸/m	直径		
	深度 h		
	深度 h_i		
岩性鉴定复查结论	经鉴定，嵌岩段及持力层岩性均为中风化页岩，满足设计要求。		
检查结论	检查评定合格。		
监理（建设）单位 ××× 监理工程师 （建设单位代表）: ××× 年　月　日	勘察单位 ××× 代表: ××× 年　月　日	设计单位 ××× 代表: ××× 年　月　日	施工单位 ××× 项目技术负责人: ××× 年　月　日

（2）人工挖孔桩成孔隐蔽检查记录填写要求。

《人工挖孔桩成孔隐蔽检查记录》适用于房屋建筑工程及市政桥梁工程的地基基础分部人工挖孔桩分项工程的成孔施工过程隐蔽检查记录。在资料记录得过程中，需要把勘察单位对嵌岩深度起算分界面、持力层岩性及承载力是否满足设计要求做出的鉴定结论填入相应栏内，必要时应见证取样。

监理单位土建专业监理工程师应对施工单位自查结果进行复核，并安排相关人员进入桩基底部进行实地复核，查看有无异常的情况。不得在无任何实地勘案的情况下，妄自签署结论。监理单位应依据自己手中掌握的原始资料和勘察设计单位的鉴定结论及复查结论。

人工挖孔桩成孔隐蔽检查记录应根据现场桩基数量对应填写，每一桩基都应形成一份该记录。根据施工经验，人工挖孔桩开挖过程中有时会出现实际与地勘资料提供的情况差异太大的情况，资料员在记录时应详细记录，并附上相关证明资料。

8. 建（构）筑物沉降观测记录

（1）建（构）筑物沉降观测记录范例。

建筑物或市政基础设施工程在修建过程中，荷载会逐步增加。当荷载增加的同时，会对地基与基础带来一定的考验。而工程建设最担心的问题之一就是建筑物及市政基础设施工程的不均匀沉降和沉降速度快，为了更好地把控建筑物或市政基础设施工程的安全，需要填写《建（构）筑物沉降观测记录》。填写范例见表 7-9。

表 7-9 建（构）筑物沉降观测记录填写范例

<table>
<tr><td colspan="2">工程名称</td><td colspan="3">某住宅区</td><td colspan="3">控制水准点</td><td>座标</td><td colspan="3">相对坐标（18，43）</td></tr>
<tr><td colspan="2"></td><td colspan="3"></td><td colspan="3"></td><td>高程</td><td colspan="3">231.27</td></tr>
<tr><td rowspan="3">观测日期</td><td rowspan="3">永久水准点标高/m</td><td colspan="3">观测点 NO：G1</td><td colspan="3">观测点 NO：G2</td><td colspan="3">观测点 NO：G3</td><td rowspan="3">建（构）筑物状态情况</td></tr>
<tr><td rowspan="2">高程/m</td><td colspan="2">沉降量/mm</td><td rowspan="2">高程/m</td><td colspan="2">沉降量/mm</td><td rowspan="2">高程/m</td><td colspan="2">沉降量/mm</td></tr>
<tr><td>本次</td><td>累计</td><td>本次</td><td>累计</td><td>本次</td><td>累计</td></tr>
<tr><td>2018.1.7</td><td>231.27</td><td>23.450</td><td>0</td><td>0</td><td>23.540</td><td>0</td><td>0</td><td>23.448</td><td>0</td><td>0</td><td>首层</td></tr>
<tr><td>2018.2.7</td><td>231.27</td><td>23.448</td><td>2</td><td>2</td><td>23.538</td><td>2</td><td>2</td><td>23.446</td><td>2</td><td>2</td><td>三层</td></tr>
<tr><td>2018.3.7</td><td>231.27</td><td>23.446</td><td>2</td><td>4</td><td>23.537</td><td>1</td><td>3</td><td>23.444</td><td>2</td><td>4</td><td>六层</td></tr>
<tr><td></td><td></td><td></td><td></td><td></td><td></td><td></td><td></td><td></td><td></td><td></td><td></td></tr>
<tr><td colspan="8">建（构）筑物观测点，水准点平面布置示意图（详附图）：</td><td colspan="4">竣工移交前观测结果及结论：
各点平均沉降情况，未出现明显不均匀沉降现象，符合设计要求。</td></tr>
<tr><td>施工单位</td><td colspan="7">项目技术负责人：×××
测量人：×××
年 月 日</td><td>监理（建设）单位</td><td colspan="3">总监理工程师（建设单位代表）：×××
监理工程师：×××
年 月 日</td></tr>
</table>

（2）建（构）筑物沉降观测记录填写要求。

《建（构）筑物沉降观测记录》适用于房屋建筑工程与市政基础设施工程在建设施工过程中到该工程竣工时的房屋建筑工程与市政基础工程沉降观测记录。沉降观测应根据《建筑地基基础设计规范》（GB 50007—2002）《工程测量规范》（GB 50026—2007）和《建筑变形测量规程》（JGJ 8—2007）等有关规定执行。测量观测应先编写施工组织设计，再严格按照前期审批通过的施工组织设计进行测量。对设置的永久水准点，按规范规定的方法连续定期观察测量。“建（构）筑物状态情况”一般指的是楼层或标高等。

建（构）筑物沉降观测记录需在竣工后移交给建设单位。

9. 钢筋机械连接接头加工检查记录

（1）钢筋机械连接接头加工检查记录范例。

钢筋机械连接是目前工程建设中较为普及的钢筋连接技术，《钢筋机械连接接头加工检查记录》用于记录钢筋机械连接的原材料规格、使用部位、工艺技术、加工数量等。填写示范见表 7-10。

表 7-10 钢筋机械连接接头加工检查记录填写示范

<table>
<tr><td>工程名称</td><td>某某高层建筑商业楼</td><td>施工单位</td><td>某某建筑集团公司</td></tr>
<tr><td>使用结构部位</td><td>一层框架柱</td><td>接头加工数量</td><td>121</td></tr>
<tr><td colspan="4">检 查 内 容</td></tr>
<tr><td colspan="4">1. 钢材的品种及规格：HRB400 螺纹钢直径 20 mm</td></tr>
<tr><td colspan="4">2. 接头螺纹外径及螺纹外观质量：直径 20 mm 外观符合规范要求</td></tr>
</table>

续表

<table>
<tr><td colspan="4">3. 接头螺纹加工长度：14 mm</td></tr>
<tr><td colspan="4">4. 接头外露丝扣：2 扣</td></tr>
<tr><td colspan="4">5. 接头同轴度</td></tr>
<tr><td colspan="4">6. 其他：</td></tr>
<tr><td colspan="4">7. 接头的型式检验：螺纹连接</td></tr>
<tr><td>检查结论</td><td colspan="3">经检查，符合施工质量验收规范要求符合施工。</td></tr>
<tr><td rowspan="2">施工单位</td><td>项目技术负责人：×××
工种负责人：×××
记录人：×××</td><td rowspan="2">监理（建设）单位</td><td rowspan="2">监理工程师（建设单位代表）：×××

年　月　日</td></tr>
<tr><td>年　月　日</td></tr>
</table>

（2）钢筋机械连接接头加工检查记录填写要求。

《钢筋机械连接接头加工检查记录》适用于在房屋建筑和市政基础工程中钢筋机械连接接头加工完毕后，进行连接前对接头加工质量进行检查而形成的记录。按照规范规定，同一时间段加工的同品种、同规格数量不大于 300 个的接头抽查一组，填写在一张记录表格上。表格中的“检查内容”需按国家和地方有关标准要求执行。

10. 混凝土施工检查记录

（1）混凝土施工检查记录范例。

混凝土施工包括混凝土的制备、运输、混凝土的浇筑、养护等一系列环节，混凝土施工广泛应用于各类建设工程，如桥梁、隧道、道路、房屋建筑、市场设施、水利、供变电、发电、交通枢纽等。混凝土要按设计要求，将钢筋和混凝土两种材料利用模板浇筑而成的各种形状和大小的构件或结构。《混凝土施工检查记录》主要用于记录在混凝土施工过程中的各类原始数据、试验方法、原材料参数等。范例填写见表 7-11。

表 7-11　混凝土施工检查记录填写范例

<table>
<tr><td>工程名称</td><td colspan="3">某高层建筑</td><td>施工单位</td><td colspan="3">安徽省建筑集团公司</td></tr>
<tr><td>混凝土供货单位</td><td colspan="3">××商品砼供应站</td><td>浇灌部位</td><td colspan="3">第十二层框架梁、墙、柱</td></tr>
<tr><td>混凝土强度等级</td><td>C30</td><td>坍落度</td><td>160～180 m</td><td>浇筑开始时间</td><td>10：21</td><td>浇筑结束时间</td><td>22：13</td></tr>
<tr><td colspan="2"></td><td>水泥</td><td>河沙</td><td>石子</td><td>水</td><td>外加剂</td><td>掺合料</td></tr>
<tr><td colspan="2">原材料情况</td><td>328</td><td>773</td><td>1 053</td><td>180</td><td>87</td><td>91</td></tr>
<tr><td colspan="2">配合比</td><td>1</td><td>2</td><td>3</td><td>0.8</td><td></td><td></td></tr>
<tr><td colspan="2">每次搅拌用料/kg</td><td>162</td><td>407</td><td>528</td><td>38</td><td>44</td><td>46</td></tr>
</table>

续表

搅拌盘数	330			振捣方法	强制搅拌
混凝土浇筑数量/m^3	设计	203		实际	206
坍落度实测情况		160～180 m			
施工缝留置情况		按照设计要求河工一准留置			
混凝土试件取样部位、留置组数及自编号	标养试件	部位：KL29；数量：6 组；编号：0511001、0511002			
	同条件试件	部位：KL13；数量：1 组；编号：0511014、0511015			
试件养护方法	标准			构件养护方法	自然养护
施工缝置留置部位	按照设计要求和工艺标准留置			浇筑时天气、温度	阴 31
拆模后外观质量	合格			拆模日期	2018.6.14
施工单位	项目技术负责人：××× 记录人：××× 年 月 日		监理（建设）单位	监理工程师（建设单位代表）：××× 年 月 日	

（2）混凝土施工检查记录填写要求。

《混凝土施工检查记录》适用于房屋建筑工程与市政基础设施工程混凝土搅拌、浇灌、养护、拆模、试件留置等施工情况的检查记录。表格中“混凝土强度等级”指设计文件要求的混凝土强度。“坍落度”指施工中依据实际作业条件要求的坍落度。“浇筑时间”填写为月、日、时、分，并应明确表示混凝土浇筑的开始时间和混凝土浇筑的结束时间。“原材料情况”指材料的品种、规格、型号、生产厂家等内容。当为预拌混凝土时“原材料情况”“配合比”“每次搅拌用料”等栏可不填，“搅拌盘数”栏也可不填。“混凝土浇筑数量”为依据设计图纸所计算的理论工程量。“坍落度实测情况”将按规定进行实际检测的值填入。“施工缝留置情况”指施工缝部位附加的插筋及施工缝混凝土的外观形状、施工处理情况等。

混凝土的浇筑，现场人员应对浇筑的混凝土进行见证取样。混凝土的试件是证明混凝土工程质量的有效凭证，是工程管理人员对工程质量控制的有效手段。表格中“混凝土试件取样部位、留置组数及自编号”指试件取样时，混凝土浇筑的部位，并填入留置组数及现场自编号，自编号原则上应连续，不得有间断，以备施工单位查阅。“拆模外观质量”，在侧模拆出后及时填写外观质量情况，梁板的底模拆出后，应补充填入底部混凝土外观情况。

11. 砌体配筋隐蔽检查记录

（1）砌体配筋隐蔽检查记录范例。

目前砌体工程施工一般是使用普通黏土砖、承重黏土空心砖、蒸压灰砂砖、粉煤灰砖、各种中小型砌块和石材进行砌筑。近年来，我国进行了墙体改革，为节约农田要少用普通黏土砖，进一步推广应用各种空心砌块，其中以空心砖最为主流。《砌体配筋隐蔽检查记录》用于记录砌体施工钢筋使用的检查情况，设计文件的出处，以及施工单位的自检与监理单位的复检情况。

填写示例见表 7-12。

表 7-12　砌体配筋隐蔽检查记录填写范例

<table>
<tr><td colspan="2">工程名称</td><td>××商业楼</td><td>施工单位</td><td>××工程三局</td></tr>
<tr><td colspan="2">检查部位及图号</td><td colspan="3">施工图 12#</td></tr>
<tr><td colspan="3">检　查　项　目</td><td>检　查　情　况</td><td>简　图</td></tr>
<tr><td rowspan="8">配筋砌体</td><td rowspan="5">主筋</td><td>品种及直径</td><td>符合设计要求</td><td rowspan="12">略</td></tr>
<tr><td>钢筋的数量</td><td>符合设计要求</td></tr>
<tr><td>钢筋间距</td><td>符合设计要求</td></tr>
<tr><td>锚固长度</td><td>符合设计要求</td></tr>
<tr><td>搭接长度</td><td>符合设计要求</td></tr>
<tr><td rowspan="3">箍筋</td><td>品种及直径</td><td>符合设计要求</td></tr>
<tr><td>间　　距</td><td>符合设计要求</td></tr>
<tr><td>压在灰缝中保护层厚度</td><td>符合设计要求</td></tr>
<tr><td rowspan="4">砌体拉结筋、构造筋</td><td colspan="2">品种及直径</td><td>符合设计要求</td></tr>
<tr><td colspan="2">沿墙高间距</td><td>符合设计要求</td></tr>
<tr><td colspan="2">锚固长度</td><td>符合设计要求</td></tr>
<tr><td colspan="2">与基体连接方式</td><td>符合设计要求</td></tr>
<tr><td>检查结论</td><td colspan="4">经检查，符合设计文件要求</td></tr>
<tr><td>施工单位</td><td colspan="2">项目技术负责人：×××
记录人：×××
年　月　日</td><td>监理（建设）单位</td><td>监理工程师（建设单位代表）：×××
年　月　日</td></tr>
</table>

（2）砌体配筋隐蔽检查记录的填写要求。

《砌体配筋隐蔽检查记录》适用于在房屋建筑工程中或市政基础设施工程中的砌体结构子分部工程的检查记录，该记录需要在钢筋隐蔽前进行填写。记录时，资料人员应注意以下问题，“配筋砌体”填写时原则上按构件型号填写，同型号构件、同一楼层、同一流水段的多个相同构件，可填在一张表上，但必须在“检查部位及图号”注明构件的数量。“砌体拉结筋、构造筋”一栏，砌体拉结筋原则上一楼层或一个施工段填写记录一张，其“简图”栏应注明节点平面简图、竖向剖面详图。“检查情况”一栏应反映“主要的实际检查情况”，其“简图”应画图作为“检查情况”栏的详细补充。

12. 混凝土浇灌许可证

（1）混凝土浇灌许可证填写范例。

混凝土浇灌许可证用于专业监理工程师是否许可混凝土浇筑的文件，填写范例见表 7-13。

表 7-13 混凝土浇灌许可证填写范例

<table>
<tr><td colspan="2">工程名称</td><td colspan="2">某某工程</td><td colspan="3">浇灌部位</td><td colspan="2">地上16层（1）～（12）/（A）～（H）</td><td>天气</td><td>晴</td><td>温度</td><td>33℃</td></tr>
<tr><td colspan="2">混凝土数量</td><td colspan="2">131 m^3</td><td colspan="3">混凝土设计强度</td><td colspan="2">C35</td><td>混凝土设计配合比报告单编号</td><td colspan="3">检 HNT 第 20180713 号</td></tr>
<tr><td colspan="2">水泥生产厂家</td><td colspan="2">盾石</td><td colspan="3">水泥出厂日期</td><td colspan="2">2018.7.3</td><td>抽样试验结果</td><td colspan="2">合格</td><td>填报日期</td></tr>
<tr><td colspan="7">混凝土配合比</td><td rowspan="10">施工要求</td><td>前工序质量情况</td><td colspan="4">地槽、模板、钢筋、预埋件、安装隐蔽检查及整改情况；已完成</td></tr>
<tr><td colspan="2">材料名称</td><td>品种规格</td><td>单位</td><td>设计</td><td>施工</td><td>每盘用量</td><td></td><td colspan="4"></td></tr>
<tr><td colspan="2">水泥</td><td>P.O 42.5</td><td>kg</td><td>1</td><td>452</td><td>100</td><td></td><td colspan="4"></td></tr>
<tr><td colspan="2">砂</td><td>Ⅱ区中砂</td><td>kg</td><td>3</td><td>515</td><td>296</td><td></td><td colspan="4"></td></tr>
<tr><td colspan="2">石</td><td>碎石</td><td>kg</td><td>6</td><td>1 203</td><td>587</td><td></td><td colspan="4"></td></tr>
<tr><td colspan="2">水</td><td>自来水</td><td>kg</td><td>2</td><td>190</td><td>98</td><td></td><td colspan="4"></td></tr>
<tr><td rowspan="2">外加剂</td><td></td><td></td><td>kg</td><td></td><td></td><td></td><td rowspan="2">商品混凝土准备情况</td><td colspan="4" rowspan="2">—</td></tr>
<tr><td></td><td></td><td>kg</td><td></td><td></td><td></td></tr>
<tr><td rowspan="2">外掺料</td><td></td><td></td><td>kg</td><td></td><td></td><td></td><td rowspan="2">施工机具运行情况</td><td colspan="4" rowspan="2">正常</td></tr>
<tr><td></td><td></td><td>kg</td><td></td><td></td><td></td></tr>
<tr><td colspan="2">施工单位</td><td colspan="11">检查意见：原材料、施工机械及人员就位；计量设备已准备好；各隐预将工作已完成。
项目技术负责人：××× 质检员：××× 填表人：××× 年 月 日</td></tr>
<tr><td colspan="2">监理单位</td><td colspan="11">批准意见：经检查，各项准备已落好，施工时需严格执行，同意浇筑。
监理工程师：×××
年 月 日</td></tr>
</table>

（2）混凝土浇灌许可证填写要求。

《混凝土浇灌许可证》适用于房屋建筑工程或市政基础设施工程在混凝土浇筑前，首先由施工单位有关管理人员自检合格，再由监理单位监理工程师复验后批准许可浇筑的记录表格。

1）“浇灌部位”指预计浇筑混凝土的部位；

2）“混凝土数量”指拟浇灌混凝土的数量；

3）“混凝土设计配合比报告单、水泥出厂日期、抽样试验、混凝土配合比、每盘用量”如果该工程项目使用的是预拌混凝土，可不用填写《混凝土浇灌许可证》；

4）“混凝土设计配合比报告单编号”填施工单位或试验室对混凝土强度试配检测报告单的编号；

5）“抽样试验结果”指水泥抽样试验的结果，并填入检测报告编号；

6）“填报日期”指施工单位项目部申请混凝土浇筑的日期；

7）“混凝土配合比”指混凝土浇筑的施工配合比；

8）“施工要求”指对原材料及搅拌的具体要求；

9）“前工序质量情况”可与钢筋隐蔽记录等配套使用；

10）“商品混凝土准备情况”指预拌厂家准备情况；

11）监理单位专业监理工程师应有明确的意见是否同意混凝土浇筑。在此栏中，专业监理工程师不得签署一些模棱两可的意见。

13. 钢结构隐藏工程施工检查记录

（1）钢结构隐藏工程施工检查记录填写范例。

《钢结构隐藏工程施工检查记录》用于记录在钢结构施工中的隐蔽检查记录，以及相关钢结构的施工部位和设计文件。填写范例见表 7-14。

表 7-14　钢结构隐藏工程施工检查记录填写范例

工程名称	××建筑工程	施工单位	××市第三工程局
隐藏部位	三层梁板②～⑦/E-I 轴	图　号	结构施工图-71
检查内容（附图）：			
检查结论	经检查符合设计文件要求，以及《钢结构工程施工质量验收规范》（GB 50205—2001）规定，同意验收。		
施工项目技术负责人：××× 记录人：×× 年　月　日	监理（建设）单位监理工程师（代表）：××× 年　月　日	设计单位代表：××× 年　月　日	其他单位代表：××× 年　月　日

（2）钢结构隐藏工程施工检查记录填写要求。

《钢结构隐藏工程施工检查记录》适用于房屋建筑工程与市政基础设施工程的钢结构隐蔽工程检查记录。按规范要求须做隐蔽检查的部位及重要部位的各工序间均应作隐蔽检查。表格中“检查内容（附图）”一栏，资料人员应绘制简图并说明，明确构造、连接、尺寸、所用材料、质量要求等。

14. 设备基础隐蔽检查记录

（1）设备基础隐蔽检查记录填写范例。

在房屋建筑工程或市政基础设施工程中，有非常多的设备需要安装，如变电设备、发电设备、空调设备、电梯设备及其他动力设备。有些工程设备在安设之前，需要再土建施工中将基础施工完毕。《设备基础隐蔽检查记录》填写范例见表 7-15。

表 7-15　设备基础隐蔽检查记录填写范例

工程名称	××高层建筑	施工单位	福建省建工集团
图　号	结施-26	设备名称及编号	水泵　SBY6734
位置与标高	地下室 10～11/F～G 轴-2.85	混凝土强度等级	C30

续表

<table>
<tr><td colspan="6">1. 基底状况：C15 素混凝土垫层</td></tr>
<tr><td colspan="6">2. 纵横坐标轴线：与设计图纸相符误　差≤5</td></tr>
<tr><td colspan="6">3. 不同平面标高：与设计图纸相符　−10≤误差≤0</td></tr>
<tr><td colspan="6">4. 垂直度：与设计图纸相符　全高误差≤5</td></tr>
<tr><td colspan="6">5. 预埋螺栓中距及顶端标高：与设计图纸相符，误差符合设计要求</td></tr>
<tr><td colspan="6">6. 预埋螺栓中心、深度及垂直度：与设计图纸相符，误差符合设计要求</td></tr>
<tr><td colspan="6">7. 其他：与设计图纸相符，误差符合设计要求</td></tr>
<tr><td colspan="6">8. 平面几何尺寸：与设计图纸相符，误差符合设计要求</td></tr>
<tr><td colspan="6">（示意图）</td></tr>
<tr><td>检查结论</td><td colspan="5">符合设计要求和相关规范。</td></tr>
<tr><td>施工单位</td><td>项目技术负责人：×××
记录人：×××
年　月　日</td><td>监理（建设）单位</td><td>监理工程师(建设单位代表)：
×××
年　月　日</td><td>安装单位</td><td>代表：
×××
年　月　日</td></tr>
</table>

（2）设备基础隐蔽检查记录填写要求。

《设备基础隐蔽检查记录》适用于房屋建筑工程与市政基础设施工程地面设备基础施工过程隐蔽检查记录。表格中“纵横轴线”指被检设备基础所在位置对应的设计图的纵、横轴线编号。表格中“预埋螺栓中距、中心及顶端标高”一栏，资料人员应填写设计要求的内容和检查实测的比较情况。

15. 防水工程试水记录

（1）防水工程试水记录填写范例。

防水工程是一项系统工程，它涉及防水材料、防水工程设计、施工技术、建筑或市政基础设施工程的管理等各个方面。其目的是保证建筑物不受水侵蚀，内部空间不受危害，提高建筑物使用功能和生产、生活质量，改善人居环境。包括屋面防水、地下室防水、卫生间防水、外墙防水、地铁防水等。《防水工程试水记录》填写范例见表 7-16。

表 7-16　防水工程试水记录填写范例

<table>
<tr><td>工程名称</td><td>××商业区</td><td>检查部位</td><td>商业楼玻璃幕墙</td></tr>
<tr><td>施工单位</td><td>广西华蓝建设工程有限公司</td><td>试水日期</td><td>2019.1.5</td></tr>
<tr><td>试水部位及方式</td><td colspan="3">试水方式：幕墙淋水试验装置安装在被检幕墙的外表面，喷水水嘴离幕墙 600 mm，在被检幕墙表面形成连续水幕，每一检验区域喷淋面积为 2 000 mm×2 000 mm，喷水量 160 L，喷水时间持续 5 min</td></tr>
<tr><td>检查情况</td><td colspan="3">经检查，无渗漏情况发生</td></tr>
</table>

续表

<table>
<tr><td>检查
结论</td><td colspan="3">符合设计文件及规范要求，合格</td></tr>
<tr><td>施工
单位</td><td>项目技术负责人：×××
记录人：×××
年　月　日</td><td>监理
（建设）
单位</td><td>监理理工程师（建设单位代表）：
×××
年　月　日</td></tr>
</table>

（2）防水工程试水记录填写要求。

《防水工程试水记录》适用于房屋建筑工程和市政基础设施工程的屋面工程、地下工程及其他有防水要求的部位，如屋面、地下室、厨房、厕所、生活阳台、储物阳台、地下挡墙、水池等，也适用于某层防水层的试水检查。试水方法可以采用雨后或淋水、蓄水检查等。

16. 混凝土后浇带施工检查记录

（1）混凝土后浇带施工检查记录填写范例。

后浇带是在房屋建筑工程与市政基础工程建设施工中为防止现浇钢筋混凝土结构由于温度原因收缩不均或沉降不均可能产生的有害裂缝，按照设计或施工规范要求，在基础底板、墙、梁相应位置留设的临时施工缝。

后浇带将结构暂时划分为若干部分，经过构件内部收缩后再浇捣该施工缝混凝土，将结构连成整体的地带。后浇带的浇筑时间宜选择气温较低时，可用浇筑水泥或水泥中掺微量铝粉的混凝土，其强度等级应比构件强度高一级，防止新老混凝土之间出现裂缝，造成薄弱部位。《混凝土后浇带施工检查记录》填写范例见表 7-17。

表 7-17　混凝土后浇带施工检查记录范例

<table>
<tr><td>工程名称</td><td>某高层建筑</td><td>施工单位</td><td colspan="2">湖南省建筑集团</td></tr>
<tr><td>已浇层混凝土
设计强度</td><td>C30</td><td>后浇带混凝土
设计强度</td><td colspan="2">C35</td></tr>
<tr><td>后浇带留置日期</td><td>2018.12.11</td><td>后浇带浇筑日期</td><td colspan="2">2018.12.18</td></tr>
<tr><td colspan="5">1. 后浇带留置部位：定下一层（D）～（K）/（1）～（30）抽</td></tr>
<tr><td colspan="5">2. 后浇带留置形式：按照设计要求和规范定留置</td></tr>
<tr><td colspan="5">3. 混凝土表面清理：剔毛并清理干净</td></tr>
<tr><td colspan="5">4. 钢筋污染处理：已经清理干净</td></tr>
<tr><td colspan="5">5. 后浇带浇筑时已浇混凝土强度：30.6 MPa</td></tr>
<tr><td colspan="5">6. 后浇带支撑：钢管脚手架支撑</td></tr>
<tr><td colspan="5">附简图：</td></tr>
<tr><td>检查
结论</td><td colspan="4"></td></tr>
<tr><td>施工
单位</td><td>项目技术负责人：×××
记录人：×××
年　月　日</td><td>监理
（建设）
单位</td><td colspan="2">监理理工程师（建设单位代表）：
×××
年　月　日</td></tr>
</table>

（2）混凝土后浇带施工检查记录填写要求。

《混凝土后浇带施工检查记录》适用于房屋建筑工程与市政基础设施工程后浇带的施工处理记录，资料员及各位参建方的负责人要在后浇带混凝土浇筑前完善该资料。

1）“后浇带留置日期”指留置后浇带施工缝的日期。

2）“后浇带浇筑日期”指拟浇筑后浇带混凝土的日期，也可在浇筑后补填入。

3）“后浇带留置部位”指设计文件注明的轴线段。

4）“后浇带留置形式”指后浇带剖面形式如垂直、阶梯、斜面状等。

5）“混凝土表面清理”按有关规范执行情况填入，原则上都应该清洁干净，并保证钢筋不能处于锈蚀状态。

6）“后浇带浇筑时已浇混凝土强度”把留置的同条件试件的检测值填入，也可填为当后浇带浇筑时已浇混凝土的龄期。

7）“后浇带支撑”指后浇带留置部位及临近段的支探系统设置，有的为脚手架支撑，有的为网架支撑等。

8）“简图”指后浇带留置部位节点剖面图及支撑系统的示意图。

17. 屋面隐蔽检查记录

（1）屋面隐蔽检查记录填写范例。

屋面工程的核心是屋面能否发挥它的功能，《屋面隐蔽检查记录》用以记录屋面施工的构造详图、材料使用，以及施工单位和监理单位的验收情况。填写范例见表 7-18。

表 7-18　屋面隐蔽检查记录

<table>
<tr><td>工程名称</td><td>四川省成都市迎宾酒楼</td><td colspan="2">检查部位及图号</td><td colspan="2">建筑施工图-2</td></tr>
<tr><td>施工单位</td><td>华西建设集团</td><td colspan="2">坡　度</td><td colspan="2">1.9%</td></tr>
<tr><td>构造详图</td><td colspan="5">（此处略）</td></tr>
<tr><td>屋面（檐）材料固定情况（附图）</td><td colspan="5">1. 保温材料选用 FN-290 高强憎水珍珠岩，板厚 120 mm。
2. 保温板铺设合理、贴严、粘牢、拼缝严密，上面用焦渣找坡。
3. 屋面出气孔/排水管根部四周细部做法</td></tr>
<tr><td>检查结论</td><td colspan="5">经检查，符合设计要求及《屋面工程质量验收规范》（GB 50207—2002）规定，同意隐蔽，可进行下一道工序。</td></tr>
<tr><td>施工单位</td><td colspan="2">项目技术负责人：×××
记录人：×××
年　月　日</td><td>监理（建设）单位</td><td colspan="2">监理工程师（建设单位代表）：
×××
年　月　日</td></tr>
</table>

（2）屋面隐蔽检查记录填写要求。

表 7-18 适用于记录隐蔽检查情况，由施工单位填写。它包括平屋面、斜屋面、挑檐、天沟、有防水要求的房间、泛水、管根、变形缝等易渗漏的重要部位。主要应反映结构层表面以上的屋面隐蔽情况。不同楼层标高、不同类型屋面，有防水要求的房间应分别填写。

18. 饰面砖（板）施工检查记录

（1）饰面砖（板）施工检查记录填写范例。

饰面砖从使用部位上来分主要有外墙砖、内墙砖和特殊部位的艺术造型砖 3 种。主要用于房屋建筑工程及市政基础设施工程中的装饰装修，是市面上的一种主流材料。从烧制的材料及其工艺来分，主要有陶瓷锦砖（马赛克）、陶质地砖、红缸砖、石塑防滑地砖、瓷质地砖、抛光砖、釉面砖、玻化砖和钒钛黑瓷板地砖等。《饰面砖（板）施工检查记录》填写范例见表 7-19。

表 7-19　饰面砖（板）施工检查记录填写范例

<table>
<tr><td>工程名称</td><td>某某迎宾酒楼</td><td>施工单位</td><td>福建省建设集团</td></tr>
<tr><td>检查部位及图号</td><td colspan="3">第三层厨房　建施--20</td></tr>
<tr><td colspan="4">检查内容及结论</td></tr>
<tr><td colspan="4">1. 基底材质及其表面处理情况：混凝土材质，墙面无疏松层，清理浮土和污垢，根据设计图纸和实际需要弹出安装石材的位置线和分块线</td></tr>
<tr><td colspan="4">2. 饰面砖（板）的品种、规格及复验情况：磨光花岗岩饰面板，规格为 600 mm×600 mm×20 mm，有合格证（编号××）、检测报告（编号××）、复检报告（编号××）各一份，合格</td></tr>
<tr><td colspan="4">3. 饰面砖（板）样板检查验收情况：符合规范要求</td></tr>
<tr><td colspan="4">4. 饰面砖（板）的排版、分格情况：花岗石饰面板的排列符合设计要求，试排试拼块材，按编号将块材就位，使饰面板排列合理、整齐、类观，非整块排在不明显处</td></tr>
<tr><td colspan="4">5. 黏结材料及配合比：1∶1.25</td></tr>
<tr><td colspan="4">6. 饰面砖（板）粘贴（安装）方法：采用干性石膏固定</td></tr>
<tr><td colspan="4">7. 其他：</td></tr>
<tr><td colspan="4">检查结论：
经检查，符合设计要求和《建筑装饰装修工程质量验收规范》（GB 50210—2001）规定，同意隐蔽，可进行下一道工序</td></tr>
<tr><td>施工单位</td><td>项目技术负责人：×××
记录人：×××
年　月　日</td><td>监理（建设）单位</td><td>监理理工程师（建设单位代表）：
×××
年　月　日</td></tr>
</table>

（2）饰面砖（板）施工检查记录填写要求。

表 7-19 应按照设计的楼层进行填写，如果是市政基础设施工程应按照垂直划分的施工段进行填写。

19. 门窗工程施工检查记录

（1）门窗工程施工检查记录填写范例。

门：室内、外交通联系交通疏散（兼起通风采光的作用）——尺度、位置、开启、构造。

窗：通风、采光（观景眺望的作用）——大小、形式、开启、构造。

作用之一：门窗按其所处的位置不同分为围护构件或分隔构件，有不同的设计要求要分别具有保温、隔热、隔声、防水、防火等功能，新的要求为节能。

作用之二：门和窗又是建筑造型的重要组成部分（虚实对比、韵律艺术效果起着重要的作用），所以它们的形状、尺寸、比例、排列、色彩、造型等对建筑的整体造型都有很大的影响。

作用之三：现代很多人都装双层玻璃的门窗，除能增强保温的效果，很重要的作用就是隔声，城市的繁华，居住密集，交通发达，隔声的效果越来越受到人们青睐。《门窗工程施工检查记录》用于记录门窗施工的质量要求、功能要求及门窗的一些实验数据，填写范例见表 7-20。

表 7-20　门窗工程施工检查记录填写范例

<table>
<tr><td>工程名称</td><td colspan="2">××收费站</td><td colspan="2">施工单位</td><td>重庆建工</td></tr>
<tr><td>品种、规格、类型</td><td colspan="2">塑料窗户</td><td colspan="2">分包单位</td><td>九鼎装饰</td></tr>
<tr><td>检查部位</td><td colspan="2">收费站小卖部①～⑨轴/C～G</td><td colspan="2">单片玻璃最大面积</td><td></td></tr>
<tr><td colspan="6">1. 连接件与主体连接：窗框连接件与混凝土墙体之间采用射钉连接</td></tr>
<tr><td colspan="6">2. 连接件与框料连接：连接件的位置距离角、中竖框、中横框 150 mm，连接件之间距离小于 600 mm</td></tr>
<tr><td colspan="6">3. 连接件品种、规格、防腐：符合设计要求与规范规定</td></tr>
<tr><td colspan="6">4. 周边缝隙填嵌处理：窗框与墙体之间的缝隙采用聚氨酯发泡密封胶进行嵌缝</td></tr>
<tr><td colspan="6">5. 塑料门窗内衬材料品种、规格、防腐、防雷、组装情况：塑料门窗内衬材料品种、规塑料管内科型钢，防腐处理，其规格、壁厚、组装符合规范</td></tr>
<tr><td colspan="6">6. 推拉门窗扇防脱落措施：安装推拉窗的滑轨时，将专用配套的轨道与窗框扣紧卡牢，将窗扇放入卡槽</td></tr>
<tr><td colspan="6">7. 门窗玻璃材质：材质×××，产品合格证×××，性能检测报告×××</td></tr>
<tr><td colspan="6">8. 门窗玻璃安装：玻璃不得与玻璃精解除，在玻璃四边垫上垫块，用聚氯乙烯胶固定，将玻璃装入框内，压固</td></tr>
<tr><td colspan="6">9.“三性”试验：抗风压性能：GB/T 7106—2002 4 级，气密性能：GB/T 7107—2002 4 级，水密性维能：GB/T 7108—202 2 级</td></tr>
<tr><td colspan="6">10. 节能性能：符合《建筑门窗现场气密性检测》 GB/T 8484-2002 及《建筑节能工程施工质量验收规范》（GB 50411-2007）的相关规定</td></tr>
<tr><td>检查结论</td><td colspan="5">经检查符合设计要求及相关规定的要求。</td></tr>
<tr><td>施工单位</td><td>项目技术负责人：×××
记录人：×××
年　月　日</td><td>监理（建设）单位</td><td>监理工程师（建设单位代表）：×××
年　月　日</td><td>其他单位</td><td>代表：×××
年　月　日</td></tr>
</table>

（2）门窗工程施工检查记录填写要求。

《门窗工程施工检查记录》适用于各种建筑及市政基础设施工程门窗工程安装质量检查，同时适用于建筑幕墙开启窗的安装检查。表 7-20 应按照同材质、同类型、分格单元基本相同分别填写。

1）“连接件与主体连接”应填写固定点基层材质（混凝土、砌体或钢结构）、固定方式、连接件品种（规格）等。

2）“周边缝隙填嵌处理”应填写处理方法（如发泡剂、防水胶等）的检查结果。

3）“塑料门窗内衬材料”应填写内衬材料材质、壁厚、长度及设置方式。

4）“门窗玻璃品种”应填写使用玻璃的种类及规格，以及安全玻璃的使用位置。

5）“门窗玻璃安装”应填写玻璃安装时的固定措施（如垫块、密封胶、胶条等）及玻璃嵌槽深度检查结果。

6)“五金件品种与安装”应填写门窗配件的型号、规格。同时应填写安装质量检查情况。

7)“门窗”“三性”试验应填写试验值。

8)“节能性能（传热系数）”应填写试验值。

9)“外门窗框或副框与洞口之间的间隙”应填写相应的节能构造措施。

10)“截面图”应选取有代表性节点详细绘制。

11)“正立面图”应明确标识出固定点位置及数量、五金件位置及数量。

20. 图纸会审和设计交底记录

(1) 图纸会审和设计交底记录填写范例。

图纸会审和设计交底是工程各参建单位在收到施工图审查机构审查合格的施工图设计文件后，在设计交底前进行全面细致的熟悉和审查施工图纸的活动。各单位相关人员应熟悉工程设计文件，并应参加建设单位主持的图纸会审会议，建设单位应及时主持召开图纸会审会议，组织监理单位、施工单位等相关人员进行图纸会审，并整理成会审问题清单，由建设单位在设计交底前约定的时间提交设计单位。图纸会审由施工单位整理会议纪要，与会各方会签。《图纸会审和设计交底记录》填写范例见表 7-21。

表 7-21　图纸会审和设计交底记录填写范例

<table>
<tr><td>工程名称</td><td colspan="2">重庆长江一路十号楼</td><td>工程地点</td><td colspan="2">重庆市长江一路</td></tr>
<tr><td>建设单位</td><td colspan="2">重庆市汇方房地产开发公司</td><td>设计单位</td><td colspan="2">重庆多维设计有限公司</td></tr>
<tr><td>施工单位</td><td colspan="2">山东省建工集团</td><td>监理单位</td><td colspan="2">重庆建筑工程监理公司</td></tr>
<tr><td>交底会审图号</td><td colspan="3">结施-5、结施-9、建施-6</td><td>交底会审日期</td><td>2018.5.21</td></tr>
<tr><td colspan="6">交底会审内容：
1. 结构说明中，混凝土材料：地下室底板外墙使用抗渗混凝土，未给出抗渗等级。
答：抗渗等级为 P8。
2. 地下一层顶板 3～5/C～E 轴分布筋未标注。
答：分布筋双向双排，均为 φ8@200。
3. Z14 中标高为 25.20～28.00 m 与剖面图不符。
答：Z14 标高应改为 21.50～28.00 m。
4. 地下室外墙防水层使用 SBS 弹性体改性沥青防水卷材，是否需加砌转墙作为防水层保护层。
答：砌 120 mm 厚砖墙作为防水层保护层。
注：具体内容记录和处理意见见附录</td></tr>
<tr><td colspan="6">参加会审人员：</td></tr>
<tr><td colspan="2">建设单位</td><td colspan="2">设计单位</td><td colspan="2">施工单位</td></tr>
<tr><td colspan="2">项目负责人签字：×××
（公章）</td><td colspan="2">项目负责人签字：×××
（公章）</td><td colspan="2">项目负责人签字：×××
（公章）</td></tr>
<tr><td colspan="2">监理单位</td><td colspan="2">（×××）单位</td><td colspan="2">施工单位</td></tr>
<tr><td colspan="2">项目负责人签字：×××
（公章）</td><td colspan="2">项目负责人签字：×××
（公章）</td><td colspan="2">项目负责人签字：×××
（公章）</td></tr>
<tr><td colspan="3">会审主持单位：×××</td><td colspan="3">会审主持人：×××
年　月　日</td></tr>
<tr><td colspan="3">设计交底单位：×××</td><td colspan="3">设计交底人：×××
年　月　日</td></tr>
</table>

（2）图纸会审和设计交底记录填写要求。

《图纸会审和设计交底记录》用于房屋建筑工程与市政基础设施工程记录图纸会审和设计交底会议情况，具体内容记录和处理意见作附件。“交底会审图号”应填写交底涉及的图纸的编号范围。

21. 设计变更通知

（1）设计变更通知填写范例。

设计变更是指项目自初步设计批准之日起至通过竣工验收正式交付使用之日止，对已批准的初步设计文件、技术设计文件或施工图设计文件所进行的修改、完善、优化等活动。设计变更应以图纸或设计变更通知单的形式发出。《设计变更通知》填写范例见表 7-22。

表 7-22 设计变更通知填写范例

工程名称	重庆长江一路十号楼	变更图号	水施−05
变更原因	根据建设单位关于设计方更改意见第 20060412 号文件		
变更内容及示意图	所有自来水表均有普通机械式改为智能卡式表，直径不变		
执行结果	已按设计要求更改完毕		
设计单位	项目负责人：××× 专业负责人：××× 设计人：××× （公章） 年 月 日		

（2）设计变更通知填写要求。

《设计变更通知》用于房屋建筑工程与市政基础设施工程记录图纸会审和设计交底会议情况，具体内容记录和处理意见作附件。“交底会审图号”一栏应填写交底涉及的图纸的编号范围。

四、工程质量验收用表填写统一总说明

1. 施工现场质量管理检查记录表填写说明

（1）表头部分填写说明。

填写参与工程建设各方责任主体的概况。由施工单位的现场负责人填写。工程名称栏应填写工程名称的全称，与合同或招投标文件中的工程名称一致。

施工许可证（开工证），填写当地建设行政主管部门批准发给的施工许可证（开工证）的

编号。建设单位栏填写合同文件中的甲方，单位名称也应写全称，与合同签章上的单位名称一致。建设单位项目负责人栏，应填合同书上的签字人或签字人以文字形式委托的代表——工程项目负责人。工程完工竣工验收备案表中的单位项目负责人也应与此一致。

设计单位栏填写设计合同中签章单位的名称，其全称应与印章上的名称一致。设计单位的项目负责人栏，应是设计合同书签字人或签字人以文字形式委托的该项目负责人，工程完工后竣工验收备案表中的单位项目负责人也应与此一致。

监理单位栏填写单位全称，应与合同或协议书中的名称一致。总监理工程师栏应是合同或协议书中明确的项目监理负责人，也可以是监理单位以文件形式明确的该项目监理负责人，必须有监理工程师任职资格证书，专业要对口。

施工单位栏填写施工合同中签章单位的全称，与签章上的名称一致。项目经理栏、项目技术负责人栏与合同中明确的项目经理、项目技术负责人一致。

（2）检查项目部分填写说明。

填写各项检查项目文件的名称或编号，并将文件（复印件或原件）附在表的后面供检查，检查后应将文件归还。

1）现场质量管理制度：主要是图纸会审、设计交底、技术交底、施工组织设计编制审批程序、工序交接、质量检查评定制度，质量好的奖励及达不到质量要求处罚办法，以及质量例会制度及质量问题处理制度等。

2）质量责任制栏：质量负责人的分工，各项质量责任的落实规定，定期检查及有关人员奖罚制度等。

3）主要专业工种操作上岗证书栏：测量工、起重、塔吊等垂直运输司机，钢筋、混凝土、机械、焊接、瓦工、防水工等建筑结构工种。电工、管道等安装工种的上岗证，以当地建设行政主管部门的规定为准。

4）分包方资质与对分包单位的管理制度栏：专业承包单位的资质应在其承包业务的范围内承建工程，超出范围的应办理特许证书，否则不能承包工程。在有分包的情况下，总承包单位应有管理分包单位的制度，主要是质量、技术的管理制度等。

5）施工图审查情况栏：重点是看建设行政主管部门出具的施工图审查批准书及审查机构出具的审查报告。如果图纸是分批交出的话，施工图审查可分段进行。

6）地质勘察资料栏：有勘察资质的单位出具的正式地质勘察报告。地下部分施工方案制定和施工组织总平面图编制时参考等。

7）施工组织设计、施工方案及审批栏：检查编写内容，有针对性的具体措施，编制程序，内容，有编制单位，审核单位，批准单位，并有贯彻执行的措施。

8）施工技术标准栏：是操作的依据和保证工程质量的基础，承建企业应编制不低于国家质量验收规范的操作规程等企业标准。要有批准程序。由企业的总工程师、技术委员会负责人审查批准，有批准日期、执行日期、企业标准编号及标准名称。企业应建立技术标准档案。施工现场应有的施工技术标准都有。可作培训工人、技术交底和施工操作的主要依据，也是质量检查评定的标准。

9）工程质量检验制度栏：包括3个方面的检验，一是原材料、设备进场检验制度；二是施工过程的试验报告；三是竣工后的抽查检测，应专门制订抽测项目、抽测时间、抽测单位等计划，使监理、建设单位等都做到心中有数。可以单独做一个计划，也可在施工组织设计中作为一项内容。

10）搅拌站及计量设置栏：主要是说明设置在工地搅拌站的计量设施的精确度、管理制度等内容。预拌混凝土或安装专业就没有这项内容。

11）现场材料、设备存放与管理栏：这是为保持材料、设备质量必须有的措施。要根据材料、设备性能制定管理制度，建立相应的库房等。

2. 检验批质量验收记录表填写说明

（1）表头部分填写说明。

1）检验批表编号的填写，在3个方框内填写检验批序号，如为第11个检验批则填①②。

2）单位（子单位）工程名称，按合同文件上的单位工程名称填写，子单位工程标出该部分的位置。分部（子分部）工程名称，按验收规范划定的分部（子分部）名称填写。验收部位是指一个分项工程中验收的检验批的抽样范围，要标注清楚，如二层①～①轴线砖砌体。施工单位、分包单位填写单位的全称，与合同上公章名称相一致。项目经理填写合同中指定的项目负责人。在装饰、安装分部工程施工中，有分包单位时，也应填写分包单位全称，分包单位的项目经理也应是合同中指定的项目负责人，这些人员由填表人填写，不需要本人签字，只标明其是项目负责人。

3）施工执行标准名称及编号，是验收文件编制的一个基本思路，由于验收规范只列出验收的质量指标，其工艺等只提出一个原则要求，具体的操作工艺要靠企业标准。只有按照不低于国家质量验收规范的企业标准来操作，才能保证国家验收规范的实施。如果没有具体的操作工艺，保证工程质量就是一句空话。企业必须制定企业标准（操作工艺、工艺标准、工法等）来对工人进行培训，技术交底来规范工人班组的操作。为了能成为企业标准体系的重要组成部分，企业标准应有编制人、批准人、批准时间、执行时间、标准名称及编号。填写表时只要将标准名称及编号填写上，就能在企业的标准系列中查到其详细情况，并要在施工现场有这项标准，工人再执行这项标准。

（2）检查项目部分填写说明。

填写方法分以下几种情况，判定是否验收均按施工质量验收规定进行判定。

1）对定量项目直接填写检查的数据；

2）对定性项目原则上采用间答式填写。一一对应，只有在问答式填写确有困难时，才允许当符合规范规定时，采用打“√”的方法标注；当不符合规范规定时，采用打“×”的方法标注；

3）有混凝土、砂浆强度等级的检验批，按规定制取试件后可填写试件编号，待试件试验报告出来后，对检验批进行判定，并在分项工程验收时进一步进行强度评定及验收；

4）对既有定性又有定量的项目，应采用问答式和直接填写检查数据结合的方法填写确有困难时，当各个子项目质量均符合规范规定时，采用打“√”来标注；否则采用打“×”来标注；无此项内容的打“/”来标注；

5）对一般项目合格点有要求的项目，应是其中带有数据的定量项目；定性项目必须基本达到。定量其中每个项目都必须有 80%以上（混凝土保护层为 90%）检测点的实测数值达到规范规定，其余 20%按各专业施工质量验收规范规定，不能大于 150%，钢结构为 120%，就是说有数据的项目，除必须达到规定的数值外。其余可放宽的，最大放宽到 150%。“施工单位检查评定记录”栏的填写，有数据的项目，将实际测量的数值填入格内，超企业标准的数字而没超过国家验收规范的用“○”将其圈住；对超过国家验收规范的用“Δ”圈住。

第三节　工程竣工图的编制规定

一、工程竣工图的编制依据

1. 竣工图编制范围

《关于编制基本建设工程竣工图的几项暂行规定》第二条规定：各项新建、扩建、改建、迁建的基本建设项目都要编制竣工图。特别是建设项目中的基础、地下建筑、管线、结构、井巷、峒室、桥梁、隧道、港口、水坝以及设备安装等工程，都要编制竣工图。针对工程的隐蔽部位要重点做好竣工图的编制工作。

2. 竣工图编制内容

竣工图编制的基本内容由总体方面和专业方面两部分组成。

（1）总体方面。

1）项目总平面布置图、位置图及地形图；

2）设计图总目录；

3）设计总说明；

4）总体工程图；

5）各单项工程图。

（2）专业方面。

包括土建工程（含建筑、结构）竣工图；给排水工程竣工图；电力、照明电气和弱电（包括通信、避雷、接地、电视等）工程竣工图；暖通工程（包括采暖、通风、空调）竣工图；煤气（如氧气、乙炔气、蒸汽、压缩空气等）工程竣工图；设备及工艺流程竣工图。具体内容如下：

1）建筑工程竣工图；

①图纸目录。

②设计说明。

③屋面、楼面、地面（含地下室工程）、分层平面图。

④立面图。

⑤剖面图。

⑥门窗图。

⑦楼梯间、电梯间、电梯井道的平面和剖面详图。

⑧电梯机房平、剖面图。

⑨地下部分的防水防潮图，外墙伸缩缝防水图。

⑩阳台、雨篷、挑沿及其他建筑大样图。

⑪专业性强的建筑图（如声学、光学、热学、抗震、防辐射等)。

⑫总体工程中的道路、铁路、围墙、大小堤岸、码头、阀门、桥梁，各种动力管、路、线、网的沟、坑、井、支架等地上和地下的建筑图。

⑬属于建筑工程的金属构件、钢筋混凝土的零星构件图。

2）结构工程竣工图；

①图纸目录。

②设计说明。

③基础平、剖面及结点大样图。

④屋面、楼面、地面（含地下室工程）分层结构平面布置图。

⑤柱详图，包括模板图、配筋图、剖面图、结点大样图。

⑥各层结构布置中的梁、板详图，包括模板图、配筋图、剖面图、结点大样图。

⑦工业厂房屋盖结构中的架、梁、板、支撑平面布置及大样图，吊车梁、吊车轨道及与柱结点大样图。

⑧楼梯间、电梯间、电梯井道结构平面、剖面结点大样图。

⑨电梯机房结构平、剖面图。

3）给排水工程竣工图；

①图纸目录。

②设计说明。

③给排水设备明细表。

④各层给排水平面布置图（包括给水、废水、污水、雨水、透气管)。

⑤各种给排水（同上内容）主管图及透视图。

⑥各种给排水工程实际施工详图。

⑦屋顶水箱、屋面给排水工程图。

⑧水泵房、水池、水塔、冷水塔等工程给排水工程图。

⑨总体工程中的给排水工程图。

4）电力、照明电气和弱电工程竣工图；

①图纸目录。

②设计说明。

③电气设备明细表。

④变配电、供电、动力、照明、冷暖通风消防等电管、电线、电缆平面图、系统图。

⑤设备、工艺流程、制冷系统电管、电线、电缆走向图。

⑥各种高、低压柜、变配电箱原理图、二次接点图。

⑦弱电系统的通信、避雷、按地、电视线路图。

⑧总体工程中的电力、照明的地上架空线路图及地下线路图。

5）暖通工程竣工图；

①图纸目录。

②设计说明。

③暖通设备明细表。

④各层平面布置图

⑤暖通管道立面透视图。

⑥总体工程中的暖通管道系统图。

6）煤气工程竣工图（氧气、乙炔气、蒸汽、压缩空气等工程类同，略）；

①图纸目录。

②设计说明。

③各层平面布置图。

④煤气管道立面透视。

⑤总体工程中的煤气管道系统图。

7）设备及工艺流程竣工图；

①图纸目录。

②设计说明。

③设备明细表。

④设备安装竣工图。

⑤管道化生产工艺流程竣工图。

⑥总体工程中，有关工艺流程系统竣工图。

3. 竣工图的编制原则及依据

（1）编制竣工图的基本原则。

1）凡在施工中，完全按原设计施工，无任何变动的，则由施工单位在原设计图上加盖“竣工图”标志章，即作为竣工图。

2）凡在施工中，虽有一般性设计变更，但能将原施工图加以修改补充作为竣工图的，可不重新绘制，由施工单位负责在原施工图（必须是新图）上注明修改的部分，并附以设计变更通知单和施工说明，然后加盖“竣工图”标志章作为竣工图。

3）凡结构形式改变、工艺改变、平面布置改变、项目改变以及有其他重大改变，或者图面变更面积超过 35%的，不宜再在原施工图上修改、补充，应重新绘制改变后的竣工图。特别是基础、结构、管线等隐蔽工程部位的变更应重新绘制竣工图。（设计原因——设计单位负责重绘；施工原因——施工单位负责重绘；其他原因——建设单位负责或委托）

施工图被取消，包括设计变更取消或现场未施工的，不需要编制竣工图。但应在原图纸目录中注明“取消”，并将原图作废。

由于特殊原因，新的施工内容在没有正式施工图的情况下进行施工的（这种情况一般是不允许的），应按实际施工最终状况，由施工单位绘制竣工图，经设计单位签署意见并补充修改依据后方可作为竣工图。

（2）编制竣工图的依据。

1）设计施工图。建设单位提供的作为工程施工的全部施工图，包括所附的文字说明，以及有关的通用图集、标准图集或施工图册。

2）施工图纸会审记录或交底记录。

3）设计变更通知单，即设计单位提出的变更图纸和变更通知单。

4）技术联系核定单，即在施工过程中由建设单位和施工单位提出的设计修改，增减项目内容的技术核定文件。

5）隐蔽工程验收记录，以及材料代换等签证记录。

6）质量事故报告及处理记录，即施工单位向上级和建设单位反映工程质量事故情况报告，鉴定处理意见，措施和验证书。

7）建筑物、构筑物定位测量资料，施工检查测量及竣工测量资料。

二、建设工程竣工图编制的基本规定

1. 竣工图的编制时间

根据国家规定，“编制各种竣工图，必须在施工过程中（不能在竣工后）”。国家对编制竣工图的时间之所以做出这样的规定，其主要原因是编制竣工图的工作具有下列几个特点：

（1）原始资料收集有一定难度。

工程建设周期一般较长，竣工后再编制竣工图，原始记录不易收集齐全，事后许多问题要靠回忆进行整理，往往因为当事人记不清楚，造成编制的竣工图不准确。

（2）人员变动带来编制的困难。

施工中往往会出现管理组织、管理人员的变动和交替现象，特别是施工单位的人员变动，都会对竣工后编制竣工图有直接影响，容易出现责任不清或互相扯皮的现象。

（3）人员组织与分工造成的难度。

由于有些施工单位承包的工程项目较多，而技术力量又不足，一个技术人员要负责几项工程，前面的工程刚接近收尾，新的工程又跟着上，全部精力主要用在工程建设上，造成竣工图编制工作“老账未了，新账又来”的局面。随着时间的推移，竣工的项目越来越多，编制竣工图也就更困难了。

（4）时间紧迫。

有些施工单位本来技术人员有限，再加上竣工后要整理移交资料，势必牵制一部分技术力量和需要一定的时间，既影响交工验收，又影响新项目的开工。

综上所述，把编制竣工图放在竣工后集中完成，工作量太大，时间要求紧，人员安排难度大，导致赶编出来的竣工图质量低下，不能真实反映工程实体状况，所以，国家相关规定中要求在施工过程中进行竣工图的编制，其优点是：跟随施工进度进行编制，做到细水长流，把繁重的工作量分散，可以克服技术力量不足的困难；跟随施工进度编制，工程情况看得清，摸得准，观测清楚，编制准确；工程质量检查人员，能及时核对竣工资料与实物的误差，以保证竣工图的质量。

2. 竣工图的编制套数

国家有关编制竣工图的规定，原则上为：一般不少于两套，一套移交生产使用单位保管，另一套移交有关主管部门或技术档案部门长期保存。国家重点建设项目，以及其他重要工程，若两套竣工图不能满足需要时，建设单位和施工单位在施工合同中必须明确其编制竣工图的套数。

3. 竣工图的编制单位

工程竣工后由谁编制竣工图？国家规定："施工单位在施工中做好施工记录、检查记录，整理好变更文件，并及时做好竣工图，保证竣工图质量，对竣工图及竣工文件的验收是工程验收的内容之一"。这一规定明确了编制竣工图是施工单位必须履行的职责，以施工单位为主编制竣工图对落实编制竣工图任务和确保竣工图的质量是十分必要并且有利的。

编制竣工图是施工单位的任务。

按照基本建设程序，每项工程都要经过计划审批，划拨建设用地、征用土地和确定建筑位置，委托设计和审批，组织施工和竣工验收等过程，在施工过程中发生的技术变更，一般都是施工单位及建设单位提出，然后同设计部门协商处理，而设计部门提出技术变更的则很少，因此，除了设计变更较大，需要重新绘图的由设计部门负责外，一般的变更则是由施工单位完成竣工图的编制任务。

编制竣工图所依据的文件，如图纸会审纪要、隐蔽验收记录、技术变更通知单、建（构）筑物定位测量资料、施工检查测量资料及竣工测量资料等，基本上都是施工部门形成的。

施工单位是项目产品的直接建造者，对工程变化最熟悉，尤其是对隐蔽部分有实测检验记录，可以保证编制的竣工图符合实际情况。

工程竣工后，施工单位应按国家规定向建设单位提交完整准确的竣工图等文件材料，作为交工验收的依据。

以上几点充分说明了编制竣工图是施工单位义不容辞的责任和义务，各建筑施工企业应严格遵守国家对编制竣工图的有关规定和要求，加强对该项工作的管理，提高竣工图的编制质量。

三、编制竣工图的步骤与基本方法

1. 收集和整理各种依据性文件资料

在施工过程中，应及时做好隐蔽工程检验记录，收集好设计变更文件，以确保竣工图质量。在正式编制竣工图前，应完整地收集和整理好施工图和设计变更文件。施工图是编制竣工图的基础，有一张施工图就应编制一张相应的竣工图（施工图取消例外）。设计变更文件是编制竣工图的依据，它是所有原设计施工图变更的图纸、文件、有关资料的总称。其中，由设计单位提供的设计变更文件有：设计变更单、补充设计图、修改设计图、技术交底图纸会审会议记录、各种技术会议记录、其他涉及设计变更的文件资料等。由施工单位提供的设计变更文件有隐蔽工程验收单、工程联系单、技术核定单、材料代用单、其他涉及设计变更的文件资料等。

2. 分阶段编制竣工图

竣工图是工程实际的反映。为确保竣工图的编制质量，要做到边施工边编制，也就是说以单项工程为单位，以每个单项工程中的各单位工程为基础，分阶段地编制竣工图。一般来说，在每个单项工程中，竣工图绘制与工程交工验收的时间差，应不大于一个单位工程的施工进程（例如，当结构工程完成后，基础竣工图应绘制完毕；当安装工程完成后，结构竣工图应在 1 个月内绘制完毕，以此类推）。在每个单项工程交工后，施工单位应在 1 个月内绘制完成该单项工程的全部竣工图，并提供给建设单位予以复核、检查。建设单位和上级主管部门应对施工单位绘制竣工图的情况进行监督、检查，发现问题及时指正，确保竣工图的完整、准确、规范化、标准化。

3. 竣工图的审核

竣工图编制完毕后，监理单位应督促和协助各设计、施工单位负责检查其竣工图编制情况，发现不准确或短缺时要及时修改和补齐。承担施工的项目技术负责人还应逐张予以审核签认。采用总包与分包的建设项目，应由各施工单位负责编制所承包工程的竣工图，汇总整理工作由总包单位负责。竣工图的审核重点是能否准确反映工程施工实际状况。

审核竣工图的内容主要是：

（1）所有修改点是否都已修改到位；

（2）图与图之间相关之处是否都已作相应修改（平面、立面、剖面）；

（3）所有修改处是否都标注了修改依据；

（4）所有修改依据是否都已手续齐全。

竣工图编制后，应将竣工图标记章逐页加盖在图纸正面右下角的标题栏上方空白处或适当空白的位置，以达到图纸折叠装订后标记章能显露在右下角的目的。

竣工图标记章由编制人、技术负责人（审核人）及监理负责人签名或盖章，以示对竣工图编制负责。建设单位技术负责人或责成有关专业技术人员，对施工单位移交的竣工图应逐张予以复核，把好质量关。

国外引进项目、引进技术或由外方承包的建设项目，外方提供的竣工图应由外方签字确认。

4. 竣工图编制基本方法

（1）注记修改法。

此法是用一条粗直线将被修改部分划去。因为注记修改基本上不涉及图纸上线条修改的内容，而用文字、符号加以注释，因此，此法仅适用于原施工图上仅是用文字注释的内容。如建筑、结构施工图的总说明、材料代用、门窗表的修改等变更。

（2）杠划法。

即在原施工图上将不需要的线条用粗直线或叉线划去，重新编制竣工图的真实情况。此法是竣工图编制工作中最常用的一种基本方法。其特点是，被划去的内容和重新绘制的内容都一目了然，且编制竣工图的工作量较小，不足的是当变更较大或较多时，图面易乱，表达不清。

（3）刮改法。

即在原施工底图上刮去需要更改的部分，重新绘制竣工后的真实情况，再复晒竣工蓝图。此法的特点是必须具备施工底图方可进行，对于大型工程和重要建筑物，考虑目前蓝图不利于长期保存，最好编制竣工底图，或者利用现代复印设备，先制作施工底图，再利用刮改法做竣工底图。

（4）贴图更改法。

原施工图由于局部范围内文字、数字修改或增加较多，较集中，影响图面清晰，或线条、图形在原图上修改后使图面模糊不清，宜采用贴图更改法。即将需修改的部分，用别的图纸书写绘制好，然后粘贴到被修改的位置上。粘贴时，必须与原图的行列、线条、图形相衔接。在粘贴接缝处要加盖编制人印章。重大工程不宜采用贴图更改法。整张图纸全面都有修改的，也不宜用贴图更改法。应该重绘竣工图。

（5）重新绘制新图。

此法是在施工过程中，随工程分部的修建而逐步编制，待整个工程竣工，各个部分的竣工图也基本绘制完成，经施工部门有关技术负责人审查，核实后，再描绘成底图，底图核签之后即可晒制竣工蓝图。此法的特点是：竣工图清晰准确、系统完整、便于永久保存和利用。

四、编制竣工图的技术要求与竣工总平面图

1. 编制竣工图的技术要求

修改处都要标注修改依据。标注修改依据应按设计变更文件名称、编号、条文号、生产日期、其所在案卷号和负号的先后顺序填写。

所有设计变更文件中的变更内容，必须不遗漏地在施工图中全面反映，即每项变更内容，不但要在文件所指的竣工图上反映，而且要在所有涉及的每张竣工图上反映。每一张竣工图的技术要求要一致，同一案卷内竣工图的技术要求也要一致。修改后的文字和数字位置要与被修改部分的位置大致相对应。作为竣工图的蓝图必须是图面清晰的新图纸。

一张更改通知单涉及多图的，如果图纸不在同一卷册的，应将复印件附在有关卷册中，或在备考表中说明。

2. 编制竣工图的质量要求

“百年大计、质量第一”是基本建设的宗旨，作为基本建设项目的竣工图与工程长期共存，也应视作百年大计。因此，在编制竣工图时必须重视编制质量。其要求包括 3 个方面：一是内在质量标准，也就是竣工图必须符合实际，反映施工结束最终状况；二是外观质量标准，也就是幅面整洁、图形清晰、标志醒目、标注位置合理，达到查阅迅速、利用方便的目的；三是使用质量标准，主要是所用纸张、书写、裱糊、盖章印泥印色等材料质量应符合档案长期安全保管要求，具体为：

（1）竣工图的图形和有关文字说明必须清楚准确、反映现场变更实际。做到图、物、文字一致，没有错误、遗漏和含糊不清的地方。

（2）利用施工图改绘竣工图时必须在更改处注明变更依据，即在修改时要注明设计变更

单，图纸会审记录或材料代用单的编号。做到指示明确，整齐美观，以便于查阅。当无法在图纸上表达清楚时，应在图标上方或左上方用文字说明，并标注有关变更洽商记录的编号。新增加的文字说明，应在其涉及的竣工图上作相应的添加和变更。

（3）蓝图的更改可根据变更的具体情况选用“注改”和“杠改”（划改），不能刮改，以保持图面整洁。应用施工蓝图编制竣工图时，必须使用新蓝图。禁止用在工地上受到磨损，残缺不全和有油垢的旧蓝图编制竣工图。

（4）图上各种引出说明，一般应与图框平行，引出线不得相互交叉，不得遮盖其他线条。

（5）所有竣工图均须由编制单位逐张加盖、签署竣工图章。竣工图章中的内容填写齐全、清楚，不得代签。竣工图章盖在图纸标题栏附近空白处。重新绘制的“竣工图”按原图编号，末尾加注“竣”字，或在新图图标的“图名栏”内注明“竣工阶段”字样。

（6）编制竣工图必须用碳素墨水书写和绘制，不得用其他墨水和颜色的笔绘制，以便长期保存。描绘用纸必须是质地优良、透明度好的硫酸或薄尼龙纸，描绘线条要实在，墨色要均匀，以符合复晒的要求。竣工图章应使用不褪色红印泥。

（7）同一建筑物、构筑物重复的标准图、通用图可不编入竣工图中，但必须在图纸目录中列出图号，指明该图所在位置并在编制说明中注明；不同建筑物、构筑物应分别编制。

（8）竣工图应按《技术用图复制图的折叠方法》，统一折叠成A4图幅（210 mm×297 mm）。

（9）竣工图要具备完善的图样目录或文件目录。

（10）竣工图样上各专业名词、术语、代号、图形文字、符号和选用的结构要素，以及填写的计量单位，均应符合有关标准和规定。

（11）为了确保竣工图的编制质量，对竣工图的编制还应做到完整、准确和及时。

1）完整的具体要求：一是竣工图的编制范围、内容、数量应与施工图一致。在没有新增加施工图或没有取消施工图的情况下，必须做到有一张施工图就有一张相应的竣工图（包括总平面图、位置图、地形图、施工总说明、施工说明、图纸目录、设备明细表等）。有新增加的施工图，也应有相应的竣工图；对没有施工图，但实际进行施工且已竣工的工程，必须编制竣工图；被取消的施工图，不应编制竣工图，但必须将取消的依据纳入竣工图编制资料。二是除被变更取消或修改外，施工图中原有的内容在竣工图中必须仍然保存，变更增加和修改后的内容，必须在竣工图中得到反映；施工质量事故处理后的情况，包括文字、数字、图形改变，必须在竣工图上反映。

2）准确的具体要求：竣工图必须加盖竣工图标记章，并经有关人员签章。增删、修改必须做到标注依据清楚，文字、数字准确工整，图形清晰，编制要规范化、标准化。

3）及时的具体要求：要及时做好竣工图编制的基础工作，在施工过程中，及时收集和整理资料，注意保管好设计变更文件。变更单位要对出具的设计变更文件统一编号。对变更内容的实际施工日期、修改施工图日期及修改哪几张图等事项应由施工单位及时作好记录。

3. 编制竣工图的注意事项

计算机绘制，宜用激光打印机打印，特殊图纸可晒成蓝图或用档案管理部门认可的其他方法进行复制，禁止手工绘制。图纸格式必须符合范本要求，如A3、标准图框、尺寸，一律使用“竣工文件编制范本及附件”中的标准图框样式。竣工图一般使用 A3 纸（297 mm×420 mm），其他规格的竣工图应按 297 mm×420 mm 折叠，只允许横向加长，不允许纵向加长。

竣工图中文字应使用长仿宋体，字体大小可参考设计图（字高系列为 2.5 mm、3.5 mm、5 mm、7 mm、10 mm、14 mm、20 mm），一般情况下尺寸标注（阿拉伯数字）字高宜采用 2.5 mm，图内右下角说明文字字高宜采用 3.5 mm，标题字高宜采用 5 mm。

竣工图应将设计通用标准图中不需要的部分去掉。图纸工程量表及有关尺寸标注应与工程计量支付的工程量相互一致，即通过标注的尺寸计算与工程量表中的数据相一致，非计量的工程量应与现场实际工程量一致，监理处应注重复核尺寸标注和工程量。

图框上所有的签名应完整，签名严禁打印，宜用手工草签。

竣工图中的线条粗细宜早拟订，特别是不同人绘制同一册图纸，应保持同册竣工图风格一致，整洁，美观。

竣工图纸完整、无遗漏，注意右上角页码的连续性。

竣工图表的编号必须严格按照《建设工程竣工资料范本》——C 册——第三部分中的竣工图号要求进行编号并注意编号的连续性。

承包人绘制完成后进行内部审查，并在计量前交付监理处审查，根据监理处审查或修改意见，承包人重新修改，在监理处审查合格并签名后，同计量文件一起报送合同部和竣工文件管理组。

4. 竣工总平面图在竣工图中的地位和作用

根据国家有关文件规定建设项目实行总包制的，各分包单位负责编制分包范围内的竣工图，总包单位除应编制自行施工的竣工图外，还应负责汇总整理各分包单位编制的竣工图，总包单位在交工时应向建设单位提供总包范围内的各项完整、准确的竣工图，因此总包单位应负责绘制竣工总平面图。竣工总平面图作为实际情况的真实反映，它不仅是为了给考察和评定工程质量提供依据，而且在建筑物投产后的管理、维修、扩建等过程中也是可靠的档案资料，在实际应用中是单体工程竣工图无法代替的，如某小区建设中，由于没有做好竣工总平面图，在工程投入使用后，发现下水管被堵，污水漫溢，居民意见很大，后来在处理过程中难于准确判定问题所在位置，不能迅速修复。所以，准确的竣工总平面图是竣工图的综合成果，是竣工图的精华。

5. 编绘竣工总平面图的时间

一个新建工矿企业和一个小区的建设放样过程，主要有以下两种做法：

（1）根据设计总平面图内的主要构筑物如道路、河道以及主要建筑物和主厂房、主体建筑来确定周围其他建筑物的位置。这种情况下，由图纸变成实物，是依靠现有建筑物、构筑物的位置来测定其他建筑物的位置，放样定位本身的机动性较大，而这些局部的可变性对每一单体工程以及整个工程建设的功能影响不大，但对于日后的维修、改建、扩建其影响是不可忽略的。因此准确的竣工总平面图编绘工作必须严肃认真，准确完整，地上部分竣工总平面图的编绘应以工程全部竣工后，在场内布置控制测量网。通过先室外实测，后室内整理编绘的方法为好，地下部分的竣工图必须在工程覆盖以前进行测量、编绘工作。

（2）由设计总平面图的控制导线网确定其各建筑物、构筑物的具体位置的场地，因此除其设计未考虑的因素所产生的变更以及其测量的系统误差外，相对来说其位置较准确。它的最大的特点是因为有严格的控制导线网，因此竣工总平面图不必等待工作全部完工后再编绘。其竣工总平面图可以与工程建设同步进行。一个工程完工后，就应立即将工程的准确位置测绘在竣工总平面图上，这样做有以下几个优点：

1）如发现有什么变化可以到现场查对，及时发现问题及时解决；

2）边建设边做竣工总平面图可以将工作量化整为零，直接由施工技术人员利用零碎时间完成，不需要最后集中力量去完成；

3）分阶段、分步骤地完成竣工总平面图可以减少建筑物与建筑物之间在测量工作中带来的相互影响，加快室外工作进展；

4）工程全部完工后，竣工总平面图也随着工程的完工而完成，可在竣工验收中及时提供完整的竣工资料，以作为评定工程质量的依据，缩短工程的建设周期，提高企业的竞争力。

6. 竣工总平面图的内容

竣工总平面图的内容包括承建工程的地上建筑物和地下构筑物竣工后的平面位置及高程。

（1）地上建筑物主要有：

1）工矿企业：厂房、办公楼、职工生活服务设施，仓库，道路以及其他各种地上附属建筑物；

2）小区建设建筑群体：住宅、商店、广场、道路、地上架空线路以及其附属设施。

（2）地下构筑物主要有：下水管道、给水管道、地下电缆、通信电缆、煤气、供热管运、工业管道、人防以及其他地下建筑物。

这些建筑物都应按前述工程施工的方法分别于不同时期编绘在竣工总平面图上，编绘时必须详细说明所采用的坐标系统及高程系统确保竣工图的质量。

7. 竣工总平面图的分类

由于竣工总平面图所要展绘的内容较多，特别是随着人民物质生活水平的提高，各种地下设施、管网纵横交错，很可能使编绘的竣工总平面图线条密集，数据交叉难以辨认，为此竣工总平面图应根据工程的复杂性加以不同的处理。按工程性质编绘的竣工总平面图一般来说可分为以下几类：

（1）反映地上建筑物、构筑物的竣工平面图。它主要由地面上的房屋建筑、道路、架空电线杆等编绘而成。

（2）反映建筑区域给排水的地下管网竣工总平面图。

（3）反映建筑区域内供电、电信、供热、煤气等地下管网竣工总平面图。

当然一项工程采取何种竣工总平面，应视该工程地上、地下设施的复杂性决定，例如，一般民用小区建设就可以采用地下或地上建筑物、构筑物分别表示的竣工总平面图；如果地下管线不是很复杂，也可以表示在同一张竣工总平面图上，而对于复杂的工矿企业有时某一项工程就需专门编绘竣工总平面图，如一个煤气制气厂就需要地下煤气管道的竣工总平面图等。

8. 竣工总平面图的附件

为了全面反映竣工成果，施工单位应将竣工总平面图有关的一系列资料作为附件，在竣工验收时一并提交给建设单位。这些资料主要有：

（1）建筑场地原始地形以及包括在未建设前留下的照片、录像等资料；

（2）设计变更文件及设计变更图（指总平面布置的变更文件和图）；

（3）建筑物定位、放线、检查及竣工测量资料；

（4）建筑物沉降观测与变形观测资料；

（5）各种管线竣工纵断面图等。

9. 竣工总平面图质量要求

竣工总平面图除满足单体工程竣工图的一般要求以外，还应满足以下几点要求：

（1）竣工建筑物若是按现有建筑物的关系位置来定位的，则应按竣工位置实测定位关系数据作为编绘竣工总平面图的依据。

（2）各建筑物、构筑物应注明其竣工标高（绝对标高或相对标高不得以地面算起注明地面以上或地面以下××米来代替）。

（3）凡按设计坐标施工的工程，可把竣工实测坐标展绘在图上并与设计坐标进行比较，如果其误差超过规范规定的范围，应按实测位置为准。

（4）对于在施工过程中，由设计部门或建设部门临时指定施工的工程，竣工后应进行线状图测绘，并把主要的实测数据标注在图上。

（5）地上或地下建筑物、构筑物的平面位置一律采用坐标法标注，对于其性质不太重要的地面以上附属建筑物或重要建筑物的非定位性位置，可以采用其相对坐标法标注。

（6）竣工图图面要整洁，字迹要清楚，线条、符号要符合各专业制图规范。

（7）城区竣工总平面图可采用1∶500以上的大比例尺图，郊区可采用1∶1 000或1∶2 000的比例尺图。

（8）无论哪个部门绘制的竣工总平面图，都必须在图上注以绘制单位、工程负责人姓名，与设计图有较明显变化的部分须注以变更的依据。

第四节　工程声像档案的编制规定

建设工程声像档案是在工程建设活动中形成的，对国家和社会具有保存价值的照片、录像带、录音带、光盘等不同材料为载体，以声像为主，并辅以文字说明的历史记录。

为规范建设工程声像档案的管理，保证建设工程档案的完整、准确、系统，根据《城市建设档案管理规定》（建设部第90号令）、《建设工程文件归档整理规范》（GB/T 50328—2001）、《照片档案管理规范》（GB/T 11821—2002）、《磁性载体档案管理与保护规范》（DA/T 15—95）的要求，结合实际，制定规定。

一、声像档案的归档范围

1. 基本规定

（1）建设工程声像档案的拍摄应当与工程建设同步，真实记录工程建设过程的实际状况，全面反映建筑物（构筑物）的整体面貌，能够系统记录工程项目建设过程和成果。

（2）建设工程声像档案必须图像清晰、稳定，色彩还原准确，被摄主体没有明显失真变形，禁止技术处理。

（3）列入城建档案馆（室）接收范围的建设工程，建设单位在组织工程竣工验收前，应当提请当地城建档案馆（室）对建设工程声像档案进行预验收。对改建、扩建和维修工程，建设单位应当组织有关单位据实补充、完善，重新编制声像档案，并向城建档案馆移交。

2. 声像档案的收集范围

工程建设活动的声像档案收集范围，主要包括下列内容：

（1）反映工程原址、原貌及周边状况的声像档案；

（2）记录工程建设活动的重大活动、重大事件，如拆迁情况、招商引资、签约仪式、工程招标与投标、奠基仪式等的声像档案；

（3）记录基础施工过程中工程测量、放线、打桩、基槽开挖、桩基处理等关键工序的声像档案；

（4）记录主体工程施工过程中施工现场整体情况，钢筋、模板、混凝土施工，隐蔽工程施工，内外装修装饰的声像档案；

（5）反映工程采用的各种新技术、新材料、新工艺的声像档案；

（6）记录工程重大事故（第一现场、事故指挥和处理措施、处理结果等情况）的声像档案；

（7）记录工程验收情况、竣工典礼的声像档案；

（8）反映竣工后工程面貌的声像档案。

3. 城建档案馆（室）重点收集范围

城建档案馆（室）重点应收集下列范围的声像档案：

（1）记录城市规划、建设和管理的重大活动和事件的声像档案；

（2）记录重要人物在本地区各种城市建设工作中的重大活动的声像档案；

（3）记录国际间城市建设的各种交流活动的声像档案；

（4）记录具有历史意义的建筑物、构筑物、名胜古迹、市容市貌的声像档案；

（5）记录城市地理风貌特征，城乡建设前后面貌、景观，城市变迁及社会风情的声像档案；

（6）记录自然灾害、城乡突发事件、抢险救灾的声像档案；

（7）记录重大工程建设活动的声像档案；

（8）其他具有长期保存价值的声像档案。

4. 声像档案资料归档的范围

建设单位报送声像档案资料的归档范围如下：

（1）2 000 m^2 以上所有的建设工程项目都要报送有关照片档案资料；

（2）符合下列条件之一的建设工程报送有关照片和录像资料：

1）7层（含7层）以上建筑。

2）单项工程建筑面积3 000 m^2以上。

3）项目总建筑面积10 000 m^2以上。

4）住宅小区30 000 m^2以上。

5）单跨跨度16 m以上厂房。

6）人防设施；市政主要道路。

7）多孔100 m或单孔40 m以上桥。

8）污水处理厂、垃圾处理厂。

9）自来水厂。

10）燃气厂。

11）发电厂。

12）220 kV以上输变电站。

13）一级公路。

14）港口码头。

15）水利防洪设施。

（3）符合下列条件之一的建设工程报送有关照片、录音、录像资料以及专题录像片：

1）列为市级以上重点（或实事）工程的项目；

2）需申报市级以上优质工程的项目。

5. 声像档案资料归档内容

（1）开工前原貌。

1）原址、原貌及周边状况。

2）重要建（构）筑物、纪念物。

3）拆迁情况。

（2）基础工程。

1）基础异常情况技术处理、土壤岩样分析过程等情况。

2）建筑物基础类型及施工、特殊施工的技术工艺现场。

3）建筑物位移、沉降、变形及处理。

（3）主体工程。

1）主体设计模型。

2）钢筋结构、管线等主要隐蔽工程施工情况。

3）砌体、混凝土灌注、屋面工程。

4）主体结构布局、大型构件安装等现场。

5）防水、保温、防腐工程的工艺现场。

6）采用新材料、新技术、新工艺等施工情况。

7）质量事故及处理情况。

（4）竣工后新貌。

1）工程整体外观和立面状况。

2）消防等主要设施情况等。

（5）其他方面。

1）工程总体规划、设计方案图。

2）开工、竣工仪式。

3）施工建设中的重要活动、重大事件。

4）工程质量检查验收情况。

5）竣工验收情况。

其中，开工前原貌、基础处理、隐蔽工程、混凝土灌注、屋面、质量事故、竣工后新貌为声像档案资料归档的必备内容。

6. 声像档案资料归档要求

（1）质量要求。

1）归档的文件必须是可读文件，在设备上演示或检测运转正常、无病毒、清洁、无划伤，确保文件的完整性和内容的准确性。

2）一件载体只能录制同一工程项目的内容，不同的工程项目，其声像档案不宜存放在同一载体中。

3）照片分类、排列正确，说明完整，组卷规范。

4）录像资料片、专题片需配解说词。

5）录音的文字整理稿，应完整、准确地反映录音内容，录音带需简要说明讲话人的姓名、职务、录制日期等。

6）标签内容填写完整。

（2）型号规格。

1）照片：可采用普通相机或数码相机拍摄。

①采用普通相机拍摄的照片，底片使用普通胶片（彩色 100ISO），照片一般为 5 寸光面彩照；

②采用数码相机拍摄的照片，应使用像素在 500 万以上的相机，并将拍摄内容刻录在光盘上，要求每张大小为 TIFF：15 M，JPEG：2 M 或 BMP：8 M。

2）录像：可采用数码带或模拟带拍摄。

①采用数码带拍摄，应使用像素在 200 万以上的数码摄像机录制，并刻录 DVD 保存，确保普通 DVD 设备能正常播放；

②采用模拟带拍摄，应使用 BETACAM 专业摄像机录制，内容应保存在 BETACAM 录像带中。

3）录音带使用模拟带、数码带录制，录音带文字整理稿为 XML、DOC、TXT、RTF 格式的电子文件。

（3）拍摄要求。

①构图完整、重点突出、曝光准确、影像清晰、画面完整，能准确反映建设工程的实际；

②拍摄内容要覆盖工程全过程，各环节拍摄的数量均要占一定比例。

（4）移交时间。

照片、光盘、录像带、录音带拍摄、录制完成后，由承办单位整理并编写说明，与其他载体的工程竣工档案同时向城建档案馆移交。

7. 声像档案编目要求

照片档案应以照片的自然张或若干张（一组）为单位进行著录。

照片档案的著录项目应包括题名、照片号（档号）、底片号、时间、摄影者、备注、参见号、册号、页号、组内张数、主题词或关键词、密级、保管期限、类型规格、档案馆代号、文字说明等。

组合照片的著录应符合下列规定：

（1）以一组照片为单位著录时，题名应根据题名拟写要素，简明概括、准确反映一组照片的基本内容。

（2）以一组照片为单位著录时，照片号、底片号、页号均应著录起止号；时间应著录起止时间；参见号、摄影者可以著录多个。

（3）录音、录像档案可按一卷（盒）或若干卷（盒）有联系的录音（像）带为一个单位进行著录，也可以按每段录像素材为单位，即以文件为单位著录单位。

（4）录音、录像档案的著录项目应包括档号、题名、责任者（录制单位或个人）、录制时间、长度、位置、地点、磁带编号、磁带类型（规格）、密级、保管期限、档案馆代号、主题词或关键词等。

（5）声像档案著录与标引的方法和要求，应按照《城建档案业务管理规范》（GJJT 158—2011）执行。

1）著录项目的划分与细则应按《城市建设档案著录规范》（GB/T 50323—2001）的要求实施。具体要求如下：

城建档案著录项目共分题名与责任者项、稿本项、密级与保管期限项、时间项、载体与数量项、专业记载项、附注与提要项、排检与编号项八大项，每大项又分若干小项。详见表 7-23。

表 7-23　城建档案著录项目划分

序号	著录项目名称	
	大项	小项
1	题名与责任者	题名
		文件编号
		工程（项目）地址
		责任者
		附件
2	稿本与文种	稿本
		文种

续表

<table>
<tr><th rowspan="2">序号</th><th colspan="2">著录项目名称</th></tr>
<tr><th>大项</th><th>小项</th></tr>
<tr><td rowspan="2">3</td><td rowspan="2">密级与保管期限</td><td>密级</td></tr>
<tr><td>保管期限</td></tr>
<tr><td>4</td><td>时间</td><td></td></tr>
<tr><td rowspan="3">5</td><td rowspan="3">载体与数量</td><td>载体类型</td></tr>
<tr><td>数量与单位</td></tr>
<tr><td>规格</td></tr>
<tr><td>6</td><td>专业记载</td><td></td></tr>
<tr><td rowspan="2">7</td><td rowspan="2">附注与提要</td><td>附注</td></tr>
<tr><td>提要</td></tr>
<tr><td rowspan="6">8</td><td rowspan="6">排检与编号</td><td>档号</td></tr>
<tr><td>档案馆代号</td></tr>
<tr><td>缩微号</td></tr>
<tr><td>存放地址号</td></tr>
<tr><td>电子文档号</td></tr>
<tr><td>主题词</td></tr>
</table>

著录小项下又可分为若干著录单元。如著录小项“题名”下，又可分为“正题名”与“并列题名”两个著录单元。

2）著录项目细则。

①题名与责任者项。

题名又称标题、题目，是直接表达档案中心内容、形式特征的名称。

a. 正题名

正题名是档案的主要题名，一般指单份文件文首的题目名称和案卷封面上的题目名称，工程（项目）级的题名指工程或项目的名称。正题名照原文著录。

b. 并列题名

以第二种语言文字书写的与正题名对照并列的题名。必要时并列题名与正题名一并著录。其前加“=”。

c. 副题名及说明题名文字

副题名是解释或从属于正题名的另一题名。副题名照原文著录，正题名能够反映档案内容时，副题名不必著录。

说明题名文字是指在题名前后对档案内容、范围、用途等的文字说明。

副题名及说明题名文字前加“;”。

②文件编号。

文件编号是文件制发机发、团体或个人编写的顺序号，包括发文字号、图号等，按照原文字和符号著录，其前加“：”。对于一个工程来讲，其文件编号大致有以下几种：

a. 建设工程项目立项批准文件号

建设工程项目立项批准文件号著录计划部门或主管部门批准该工程项目正式立项的文件编号。

b. 建设工程规划许可证号

建设工程规划许可证号著录城市规划主管部门对该建设工程项目核发的建设工程规划许可证的编号。

c. 建设工程用地规划许可证号

建设工程用地规划许可证号著录城市规划主管部门对该建设工程项目核发的建设工程用地规划许可证的编号。

d. 建设工程用地许可证号

建设工程用地许可证号著录城市土地主管部门对该建设工程项目核发的土地使用证编号。

e. 工程设计（勘察）编号

工程设计（勘察）编号著录建筑设计（勘察）部门对该建设工程项目进行设计（勘察）的编号。

f. 建设工程施工许可证号

建设工程施工许可证号著录建设行政主管部门对该建设工程项目核发的施工许可证编号。

g. 建设工程竣工验收备案登记号

建设工程竣工验收备案登记号是指建设工程竣工验收后，建设单位向建设行政主管部门报送备案材料时，建设行政主管部门赋予该工程的备案登记编号。

h. 工程所在地形图号

指工程所在的 1∶500 地形图的分幅号。

③工程（项目）地址。

工程（项目）地址指工程项目的建设地点或征地地址。本市工程著录区（县）、街道（乡、路）、门牌号（村、队）；外地工程著录省、市（县）、街道（路）名。其前加“：”。案卷级和文件著录，不必著录此项。

④责任者。

责任者指文件材料的形成单位或个人。

a. 第一责任者

第一责任者是指列于首位的责任者。著录时其前加“/”。

b. 其他责任者

其他责任者是指除第一责任者以外的责任者，其前加“；”。

c. 工程（项目）级责任者著录顺序一般为：建设单位（立卷单位）、建设项目（或事由）批准单位、项目（或事由）申请或实施单位。如建设工程（项目）责任者著录顺序为：建设单位、立项批准单位、设计单位、施工单位、监理单位；建设工程（用地）规划管理档案项目级责任者著录顺序为：立卷单位、申请（用地）单位、批准单位（项目批准单位和用地批准单位）、设计单位（或被征地单位）。

d. 案卷级责任者一般只著编制单位。

⑤附件。

是指文件正文后的附加材料，各附件题名前均冠以“+”。

3）稿本与文种项。

①稿本是指档案的文稿、文本和版本，依实际情况著录为正本、副本、草稿、定稿、手稿、草图、原图、底图、蓝图、试行本、修订本、复印件等，其前加“. —”。

② 文种是指文件种类的名称，依实际情况著录为命令、决议、指示、通知、报告、批复、函、会议纪要、协议书、任务书、施工图、竣工图、鉴定书等。文种前加“：”。

4）密级与保管期限项。

①密级。

a. 密级是指文件保密程度的等级，一般按文件形成时所定密级著录，对已升、降、解密的应著录新密级。密级前加“. —”。

b. 密级保管等级代码表划分为六个级别。名称与代码见表 7-24。

表 7-24　文献保密登记代码

名　称	数字代码	汉语拼音代码	汉字代码
公开级	0	GK	公开
国内级	1	GN	国内
内部级	2	NB	内部
秘密级	3	MM	秘密
机密级	4	JM	机密
绝密级	5	UM	绝密

c. 密级为“公开级”“国内级”“内部级”时，一般不必著录。

②保管期限。

a. 保管期限是指根据档案价值确定的档案应该保存的时间，一般分为永久、长期、短期三种。保管期限前加“：”。

b. 保管期限一般按案卷组成时所定保管期限著录，对已更改的应著录新的保管期限。

5）时间项。

①对文件级著录，时间项著录文件形成时间。

一般文书（通知、报告、批复）的形成时间为发文时间；决议、决定、规定为通过时间或发布时间；合同、协议书为签署时间；报表计划为编制时间；报表计划为编制时间；工程设计图纸为设计时间；工程竣工图为编制完成时间，如图上没有签注编制完成时间，则以工程竣工时间代替。

②对案卷级著录，时间项著录案卷内文件起止时间。

一般案卷起止时间为卷内文件形成最早、最晚时间。起止时间著录中间用“—”相连，如

"2018.12.08—2020.12.14"。

③对工程级著录，时间项录工程开、竣工时间或建设工程规划许可证及建设用地规划许可证的批准时间。

④著录时间时，年、月、日之间用"."相隔，如"2018 年 12 月 10 日"著录为"2018.12.10"。时间项前加". —"。

6）载体类型项。

①载体类型。

载体类型项著录档案载体的物质形态特征。其前加". —"。

载体类型分为底图、缩微片、照片、底片、录音带、录像带、光盘、计算机磁盘、计算机磁带、电影胶片、唱片等。根据档案实际载体类型著录，除底图外，以纸为载体的档案一律不著录本项。

②数量及单位。

数量用阿拉伯数字，单位用档案物质形态的统计单位，如"页""张""卷""袋""册""盒"等。著录时其前加"："。

③规格。

规格指档案载体的尺寸及型号，著录时其前加"："，如". —5 页：16 开"". —2 张：A0"。

7）专业记载项。

本项作为城建档案的专业特征记载项，著录于附注项前。根据著录对象不同分为房屋建筑工程专业记载项（含房屋建筑工程规划管理档案）、市政基础设施工程专业记载项（含市政基础设施规划管理档案）、城市管线工程专业记载项、建设工程用地规划管理专业记载项。本项对工程（项目）级档案是必要著录项目，案卷、文件级档案可不著录。各专业记载项之间加"："。

①房屋建筑工程专业记载项著录下列内容：

a. 建筑面积；b. 高度；c. 层数；d. 结构类型；e. 开工时间；f. 竣工时间；g. 总用地面积；h. 总建筑面积；i. 幢数；j. 工程预算；k. 工程决算。

②市政基础设施工程专业记载项著录下列内容：

a. 长度；b. 宽度；c. 高度；d. 跨径；e. 结构类型；f. 孔数；g. 级别；h. 荷载；i. 净空；j. 开工时间；k. 竣工时间；l. 总用地面积；m. 总建筑面积；n. 总长度；o. 工程预算；p. 工程决算。

③城市管线工程专业记载项著录下列内容：

a. 长度；b. 规格；c. 材质；d. 荷载；e. 起点；f. 止点；g. 总长度；h. 开工时间；i. 竣工时间；j. 工程预算；k. 工程决算。

④建设工程规划管理档案专业记载项著录下列内容：

a. 建筑面积；b. 幢数；c. 层数；d. 长度；e. 宽度；f. 高度；g. 跨度；h. 荷载；i. 规格；j. 级别；k. 净空；l. 结构类型；m. 工程造价。

⑤建设工程用地规划管理档案专业记载项著录下列内容：

a. 征拨分类；

b. 用地分类；

c. 原土地分类；

d. 用地面积。

8）附注与提要项。

①附注。

a. 附注项著录各个项目中需要解释和补充的事项，依各项目的顺序著录，项目以外需要解释和补充的列在最后。

b. 每一条附注均以“. —”分隔。如每一条附注都分段著录时，可省略该著录符号。

②提要。

a. 提要项是对档案内容的简介和评述，应力求反映其主题内容、重要数据（包括技术参数）。

b. 提要项在附注项之后另起一段空两个字符著录，一般不超过 200 个字。

9）排检与编号项。

排检与编号项是目录排检和档案馆（室）业务注记项。

①档号。

档号是档案馆（室）在档案整理过程中对档案的编号。档号包括分类号、项目号、案卷号、件号或页号。档号置于条目左上角第一行。档号中各号之间用“—”，占一个字节。

a. 工程（项目）级的档号由分类号、项目号组成。

b. 案卷级的档号由分类号、项目号、案卷号组成。即工程（项目）档号+案卷号。

c. 文件级的档号由分类号、项目号、案卷号、件号或页号组成。即案卷档号+件号或页号。件号或页号是指案卷内每一文件的顺序号或首页的编号。

②档案馆代号。

档案馆（室）代号按照国家统一规定填写。置于条目右上角第一行。尚无代号的，暂时不填，但应留出位置，以备将来填写。

③缩微号。

缩微号是档案馆（室）赋予档案缩微品的编号，著录于条目左上角第二行，与档案馆代码齐头。

④电子文档号。

电子文档号是档案馆、室管理电子文件的一组符号代码，著录于条目第二行的中间位置。

⑤存放地址号。

存放地址号著录档案存放处的编号。一般包括库号、列（排）号、节（柜）号、层号，著录于条目右上角第二行。

⑥主题词。

主题词是揭示档案内容的规范化的词或词组。

a. 主题词按照《档案主题标引规则》（DA/T 19—1999）、《中国档案主题词表》《城建档案主题词表》等进行标引。

b. 主题词著录于附注与提要项之后，另起一段齐头著录。

c. 各级著录，一般著录 4～6 个主题词，各词之间空一个汉字位置，一个词或词组不得分两行书写。

（6）著录级别与著录详简级次、著录文字要求、著录信息来源等，应按《城市建设档案著录规范》的要求实施。具体要求如下：

1）著录级别与著录详简级次。

依据著录对象的不同，可将档案著录划分为工程（项目）级、案卷级、文件级三级。

①工程（项目）级著录是对一个工程（项目）的所有档案的内容及形式特征进行分析、记录。

②案卷级著录是一个案卷的档案内容和形式特征进行分析、记录。

③文件级著录是对一份文件的内容和形式特征进行分析、记录。

2）著录详简级次指著录的详简程度，分为简要级次和详细级次。

①条目仅著录必要项目的称简要级次。

必要项目包括：正题名、文件编号、工程（项目）地址、第一责任者、时间、专业记载、档号、缩微号、存放地址号、主题词。

②条目除著录必要项目外，还著录部分或全部选择项目的称详细级次。

选择项目包括：并列题名、副题名及说明题名文字、其他责任者、附件、稿本与文种、密级、保管期限、载体与数量、附注、提要、档案馆代号、电子文档号。

3）著录文字要求。

①著录用文字必须规范化。

②文件编号、时间项、载体与数量项、专业记载项、排检与编号项中的数字一律用阿拉伯数字。

③其他语种文字档案著录时必须依照其语种文字书写规则。

4）著录信息源。

①著录信息来源于被著录的档案。

②单份文件著录时，主要依据文头、文尾。

③一个案卷著录时，主要依据案卷封面、卷内文件目录、备考表等。

④被著录的档案信息不足时，参考其他有关的档案、资料。

（7）著录格式应符合《城市建设档案著录规范》的要求实施。著录格式按照其表现形式可分为表格式和段落符号式。

（8）各城建档案馆（室）、工程档案形成单位档案室、建设系统专业管理部门档案室可根据城建档案信息管理、开发的需求，增加著录项目，加大著录深度，扩大著录范围。

8. 声像档案整理

（1）胶片照片的整理应符合下列规定：

1）照片的整理按单张或组（若干张有联系的照片）进行；

2）照片放置在照片档案袋中或固定在芯页上，底片装入半透明中性纸袋后再袋装或固定在芯页。

（2）照片档案袋、芯页应填写题名、照片号、负片号、参见号、时间、摄影者、文字说明等内容，填写应符合如下规定：

1）题名应简明概括、准确反映照片的基本内容，如人物、时间、地点、事由等要素；

2）照片号（底片号）即档案号，按照片保管单位制定的编目、分类法则进行编制；若采用照片、底片合一编号法，可不填写底片号；

3）参见号填写与本张照片有密切联系的其他载体档案的档号；照片档案由档案室移交至档案馆后，应对其参见号进行核对，对与实况不符的应及时调整；

4）时间填写照片的拍摄时间；

5）摄影者一般填写个人，必要时可加写单位；

6）文字说明应综合运用事由、时间、地点、人物、背景、摄影者等要素，概括揭示照片影像所反映的全部信息，或对题名未及内容作出补充。

（3）胶片照片的分类组卷可选择采用下列方法进行：

1）按专题、事项或工程项目；

2）按年度—事项或工程项目；

3）按单张或组（若干张有联系的）。

（4）册（卷）内目录的编制应符合下列要求：

1）册（卷）内照片目录由照片号、题名、时间、页号、底片号、备注等项目组成；

2）册（卷）内目录的条目按照片号排序；

3）册（卷）内目录位于册内最前面。

（5）数码照片的整理应符合下列规定：

1）数码照片的整理可按专题、事项、工程项目—年度或按年度—专题、事项、工程项目等建立分类方案，设置文件夹；每个文件夹下可以按具体的需要设置多级文件夹，最低一级文件内存放一组联系密切的数码照片；

2）对同一文件夹内的下一级文件夹可按专题、事项、工程项目或年度编号，并以序号+题名作为文件夹名称；

3）最低一级文件夹内的数码照片按形成的先后顺序进行重新编号，并以序号+照片题名作为文件名称；

4）数码照片归档时按年度刻制光盘，每张光盘中应编制文件夹目录、文件夹内照片目录、光盘说明文件。光盘说明文件应说明本光盘保存的内容、照片数量、密级、制作日期、制作者、光盘类型（CD-R、DVD）、光盘编号等。

（6）录音、录像档案的整理应符合下列规定：

1）录音、录像档案以一卷（盒）为一个保管单位；

2）每一个保管单位加以必要的文字说明，并与档案载体一同放在声像档案保管单位内。文字说明应包括：档号、题名、责任者（录制单位或个人）、录制时间、密级、保管期限等内容；

3）每一个保管单位内以单个专题片或每段录像素材、每段录音等为单位，填写卷内文件目录；

4）卷内文件目录应包括序号、责任者、内容、长度、地点、时间，并应符合以下规定：

①序号填写盘内单份录音录像文件的排列顺序号；

②责任者填写盘内单份录音录像文件的录制者（单位）；

③内容填写盘内单份录音录像文件的内容名称；

④长度填写该分镜头或录音文件的时间长度；

⑤时间填写盘内各项内容的拍摄时间；

⑥位置填写该项内容在盘中的具体位置，以分、秒、帧表示；

⑦地点填写该录像文件的拍摄地点。

9. 声像档案密级划分要求

声像档案的密级与保管期限原则上与其反映的工程档案一致。

（1）保密等级分为绝密、机密、秘密 3 种；

（2）保管期限分为永久、长期和短期 3 种。

10. 声像档案保管要求

（1）保管要求。

1）声像档案保管单位应购置相应的设备，为声像档案的保管提供良好的环境和条件。

2）声像档案入库前要进行检查，对已被污损的，要进行必要的技术处理。

3）录音、录像带、光盘等均应竖放在专用防磁柜内。

4）长期保存且不常用的录音、录像带要做到定期检查，一般每年重绕一次。如发现磁带变形、断裂、磁粉脱落等现象，要及时进行清洗和技术处理。

5）照片档案应定期检查，如发现有发黄、发霉、变质等现象，应及时采取措施加以补救。

6）珍贵的或经常使用的录音、录像档案以及录像专题片，应实行两套制保管，一套长期保管，另一套提供利用。

（2）声像档案的保管和保护。

应按《城建档案业务管理规范》的规定执行。具体要求如下：

1）城建档案馆（室）日常设备管理要求：

①所有设备应登记造册，建立设备档案，统一管理，加强维护保养。

②各种设备应确定专人使用和保养，制定设备使用和维护保养制度，建立岗位责任制。

2）设备的维护保养制度应明确下列内容：

①防火、防盗设备的定期检查、检测。

②档案装具的定期除尘和检查维修。

③消毒设备的定期检查维修以及防虫防霉药剂的更新。

④声像设备的定期维护保养。

⑤电子计算机系统的定期维护保养以及更新升级。

⑥复印机、扫描仪等设备的定期维护保养。

3）设备的维修保养情况应做记录，存入设备档案备查。

4）各种设备的使用、操作人员应具有相应的专业知识或经过专业培训，确保设备正常使用，避免因操作不当而损坏设备。

5）各种设备用房均应配置通风及空调设备，安装防盗门窗，确保设备完好无损。

6）城建档案馆（室）应加强电源线路的检查维修，避免因电源故障而损坏设备，遇雷雨天气应及时断开相关设备的电源，防止雷击损坏设备。

（3）城建档案馆（室）库房管理。

1）库房管理工作应有专人或设专职负责。

2）库房应采取防火、防盗、防潮、防高温、防虫、防光、防鼠、防有害气体等防护措施。

3）有两个以上库房的城建档案馆（室）都应进行库房编号，编号应采用流水号顺序编排。

4）库房内架（柜）的排放和编号应遵循如下规则：

①根据档案库房大小、形状、朝向合理排放和布置档案架（柜），以方便存放档案、便于通风和自然采光为原则；

②档案架（柜）排列应与窗户垂直；与墙壁应保持一定距离（一般柜背与墙不小于 10 cm、柜侧间距不小于 60 cm）；柜与柜排列要保持 1～1.2 m 的间距；

③库内的档案架（柜）应统一编号。编号宜自门口起从左至右流水编架（柜）号，每个架（柜）的栏也宜从左向右编号，每栏的格宜自上而下编号，并以标签的形式在架（柜）上标出编号。

5）城建档案馆（室）应编制档案存放位置索引，把每个库房柜（架）内档案存放的实际情况绘成平面示意图，供保管和调卷人员使用。

6）调阅档案应实行档案代卷卡制度，档案出库后将代卷卡放在被暂时移出档案的位置上，以便于掌握档案的流动情况和随时做好安全检查工作。

7）城建档案装入档案柜或密集架时均应按一定的顺序排列，排列应采用分类排列法或顺序排列法进行。

8）档案的排架和存放应符合下列规定：

①绝密、重要以及珍贵的档案应与一般档案分开存放；

②不同载体形式的档案应分库存放；

③底图、地形图等应采用平放方式保存，板图可装在袋内或保护夹内，竖立放置或平放在柜架上；

④录音录像、磁盘等磁性载体的档案应放入专门的档案柜中保管。

9）档案的摆放应选择采用下列方法：

①竖放；

②平放；

③卷放。

二、照片档案的相关要求

1. 主要工作依据

《照片档案管理规范》（GB/T 11821—2002）、《数码照片归档与管理规范》（征求意见稿2012）。

2. 基本术语

照片档案：国家机构、社会组织及个人在社会活动中直接形成的，有保存价值的以感光材料为载体，以影像为主要反映方式的历史记录。

3. 常规照片档案

用一般照相机和普通胶片，采用可见光使胶片感光的照片档案。常规照片档案包括底照片和说明两部分。

（1）芯页。

固定照片和底片，以及标注说明的纸质载体，是组成照片档案案卷的材料。

（2）大照片。

凡是不宜用芯页固定的照片，统称为大照片。

（3）大底片。

凡是不宜用插袋式芯页保存的底片，统称为大底片。

4. 照片档案的收集

按照《重庆市照片档案收集整理实施细则》要求，收集立档单位在社会活动中直接形成的以静止摄影影像为主要反映方式的有保存价值的历史记录，包括银盐感光材料照片档案和数码照片档案。

（1）编制单位。

建设单位作为档案责任人应在施工、监理合同中明确参建及管理各方形成工程照片资料的义务，确定工程照片汇总的归档单位，落实具体负责该项工作的档案员及技术负责人。

（2）收集范围。

1）记录本单位主要职能活动、基本历史面貌和重要工作成果的照片。

2）记录领导人和著名人物参加与本单位、本地区有关的重大公务活动的照片。

3）记录本单位、本地区重大事件、重大事故、重大自然灾害及其他异常情况和现象的照片。

4）记录本单位生产、科学研究、基本建设、设备管理等科技活动的照片。

5）记录本地区地理概貌、城乡建设、重点工程、名胜古迹、自然风光以及民间风俗和著名人物的照片。

6）记录本单位组织或参加的重要外事活动的照片。

7）记录其他具有保存价值的照片。

（3）照片档案的收集与归档要求。

1）照片应当主题明确，画面清晰完整，色彩还原准确，被摄主体不能有明显失真变形现象。

2）照片与底片应同时归档，归档的照片与底片影像应一致，且有文字说明。

3）照片一般洗印成5～7寸的彩色照片。

4）数码照片的采集使用RAW、JPEG或TIFF格式，其分辨率不得小于500万有效像素。

5）归档的数码照片不得经过后期加工。

6）数码照片的归档保存应选用一次性写入光盘作为载体，载体材料不能有磨损、划伤。

7）建设工程归档照片的数量视工程项目规模或性质而定，一般不少于 10 张。

5. 照片档案的整理

应以有利于保持照片档案的有机联系，有利于保管，便于为利用者提供服务为整理原则。照片档案的底片应单独整理和存放，照片和说明一同整理和存放。

（1）底片整理方法。

1）底片分类，将一个全宗内的底片分成负片和反转片两种，并单独整理和存放。

2）底片的编号。

①在全宗内编流水号。

②底片号应用铁笔横排刻写在胶片乳剂面片边处。

3）底片放入底片袋内保管，底片袋的右上方应标明底片号。大底片应在药膜面垫衬柔软的中性纸张后，缠在卷筒纸芯上，外面用衬纸包装并注明底片号。

4）按底片号顺序将底片插入底片册。

（2）说明的编写方法和要求。

符号说明的项目有：照片号、底片号和参见号。

①照片号：案卷内照片的顺序号。

②底片号：按要求赋予的编号。

③参见号：与本张（组）照片有联系的其他档案的档号。

（3）文字说明的成分和编写要求。

1）文字说明的成分包括事由、时间、地点、人物、背景、摄影者六要素。

①事由：照片影像所反映事件、事物的情由；

②时间：事件发生或事物变化、产生的时间和拍摄时间；

③地点：被摄物所在的具体地点；

④人物：照片影像上主要人物的姓名、身份；

⑤背景：对揭示照片影像主题具有一定作用的背景；

⑥摄影者：照片的拍摄单位和拍摄人。

2）文字说明的编写要求：

①综合运用六个要素，概括地揭示照片影像反映的全部信息；

②文字简洁、语言通顺，一般不超过 200 个字；

③用阿拉伯数字表示时间，年、月、日用“.”表示。

例如：1953 年 3 月 22 日写作 1953.03.22。

3）总说明和分说明。

①一般应以照片的自然张为单元编写说明，一组（若干张）联系密切的照片应加总说明。

②凡已加总说明的照片分别编写简要的分说明，并注*号。

（4）说明的格式。

1）说明采用横写格式。宽度可根据情况灵活掌握，最窄不得小于 50 mm。

2）说明应分段书写。

3）单张照片的说明在照片正下方书写，也可在照片右侧或左侧书写。总说明在第一张照片的上方书写。

4）大照片的说明可另纸书写，一同保存。

5）反转底片的说明应在插袋式芯页上书写。

（5）照片的整理方法。

1）照片的分类一般应在全宗内按年代问题进行分类。分类应保持前后一致，不能随意变动。

2）根据分类情况，将照片与说明一起固定在芯页上，并组成案卷。芯页的规格为 297 mm×210 mm。

3）根据照片的规格、画面和说明的字数确定照片固定位置。

4）照片必须固定在芯页正面（装订线右侧）。

5）案卷内的芯页以 30 页左右为宜。

6）卷内目录，以照片的自然张或有总说明的若干张为单元填写卷内目录。

①照片号。

②照片题名：在尽量保证基本要素内容完整的前提下，将文字说明改写成照片名称。照片名称不应超过 50 个字。

③参见号。

7）卷内备考表应放在案卷的最后一页。

8）卷皮格式可采用文书档案的卷皮或专用卷皮。

9）按照全宗号、目录号、案卷号的顺序排列案卷，上架保存。

10）大张照片、反转片应与其他照片一同组卷，单独存放，并在卷内目录的备考栏内注明“大张”“反转片”。

6. 质量要求

（1）归档照片应主题鲜明、影像清晰、画面完整、保持原貌未加修饰剪裁。

（2）归档照片应编写照片说明，说明要素应齐全（题名、人物、时间、地点、摄影者、互见号等），能正确反映照片主题内容和人物等信息。

（3）同一个事件归档的照片，应能全面反映事件过程的全貌，突出主题。反映同一场景的数码照片一般只归档一张。如主会场、参加人员、主要领导等。

（4）用数码相机（胶片相机）拍摄的照片，应做到电子影像（底片影像）与纸质照片一致。

（5）数码照片的存储格式应为 JPEG 或 TIFF 格式。其他格式的数码照片应在保证分辨率不变和 EXIF 信息不丢失的前提下，将其转换成 JPEG 或 TIFF 格式。

（6）数码照片，除调整亮度、对比度、饱和度等为提高画面质量、增强画面效果的处理外，不能进行修改。经过添加、合成挖补等修改内容的处理过的数码照片不能归档。

（7）数码照片应转换出一套纸质照片归档。

（8）归档数码照片时，应对数据照片进行真实、完整、可用、安全方面鉴定、检测。

7. 归档时间

（1）一般在照片拍摄结束后，及时整理和归档，最迟在第二年 6 月底前完成归档。

（2）生产单位检修、技改形成的照片，应与纸质竣工档案同时移交归档。

（3）建设项目形成的照片，其中建设单位形成的照片，在工作结束后及时向档案部门移交；参建单位形成的照片，由参建单位在工程竣工后与纸质竣工档案同时向档案部门移交。

（4）归档份数。

1）胶片相机拍摄的照片、底片及照片扫描电子文件（光盘）各一份。

2）数码照片归档纸质一份，由数码照片制成的光盘归档一式两份，一套封存保管，另一套供查阅利用。

（5）移交程序。

1）移交人在档案管理系统中录入照片的相关信息条目。

2）档案人员核查照片信息的完整、有效性。

3）通过档案管理系统打印照片档案移交目录一式两份，双方签字后各存一份以备查考。

8. 整理与归档

（1）整理排列。

1）采用年度（项目代号）内按不同的保管期限分组整理，按张归档。

2）组号的排列：管理类照片在同一年度同一保管期限内，依据时间排列组号。基建项目照片在项目保管期限内，依据时间排列组号。反映同一内容的多组照片按时间先后排列。

3）组内照片按时间排列。

（2）编目。

档号，管理类照片按“年度-保管期限-ZP 组号-张号”编制（ZP 为载体类型代码），基建项目照片按“项目代号-保管期限-ZP 组号-张号”编制。如“2013-1-ZP001-001”“0102-1-ZP001-001”。

保管期限，照片所划定的保管期限，数码照片保管期限为永久、定期 30 年保管，分别用“1”“2”代码表示。

年度，指照片形成的年度，以四位数标注公元纪年。跨年度的一组照片，可按结束年度整理排列。

项目代号，由工期号加机组号组成。工期为 2 位，机组为 2 位，公用部分用“00”标识。如一期公用代码是“0100”，一期 2 号机组代码是“0102”。

部门，移交部门，采用部门全称或规范化简称，并保持相对一致。

组号，为 3 位阿拉伯数字，同一年度内的照片组从“001”开始顺序编号。

张号，为 3 位阿拉伯数字，同一照片组内的照片从“001”开始顺序编号。

分类号，管理类照片分至 1 级类目，生产及科研分至 1 级类目，基建分至 2 级类目。具体分类号为：0——党群工作，1——行政管理，2——经营管理，3——生产管理，4——财务审计，5——人力资源，6——生产，7——科研，80——项目立项，81——项目设计，82——项目准备，83——项目管理，84——土建，85——设备及管线安装，86——工程监理，87——调整与试验，88——竣工验收。

互见号，是指与本张照片有密切联系的其他载体档案的档号。

摄影者，照片的拍摄者。非本单位人员应注明所在单位。

时间，照片拍摄的时间，采用8位阿拉伯数字，如“20130104”。

题名，应简明概括、准确反映照片的基本内容，人物、时间、地点、事由等要素尽可能齐全。同一事件（主题）多张照片归档时，照片的主题应相同，具体画面内容不同。可采用格式：主题名称加主要场景，如“神华国能哈密煤矿电有限公司2013年度工作会主会场”。

文字说明，本张照片的说明，综合运用事由、时间、地点、人物、背景、摄影者等要素，概括揭示照片所反映的全部信息，或对题名等信息未及内容补充说明。其他需要说明的事项也可在此表述。

一组（若干张）联系密切的照片按顺序排列后，可拟写照片组说明，放在本组第一张照片内。采用照片组说明的照片，其单张照片说明可以从简。照片组说明应概括揭示该组照片所反映的全部信息内容及其他需要说明的事项。应在照片组说明中指出所含照片的起止张号和数量。

数码照片的存储文件名，档号作为本张照片的电子文件名。如2013-1-ZP001-001.jpg 册号，照片册按年度排流水号。册内张号，册内页码流水号。照片类型，数码照片或胶片照片、底片。

（3）数码照片的存储。

1）数码照片存储可采用建立文件夹的形式，建立“数码照片档案”总文件夹。在总文件夹内按不同的年度（或工期机组）建立分文件夹，以该组组号加数码照片主要内容或事由命名件夹。组号与内容或事由之间加一个空格。

如 D：\数码照片档案\2013\永久\ZPO 似 XX 工作会议\，D：\数码照片档案\0100\永久\ZPOOIXX工程XX单位工程施工现场\。

2）存储载体：数码照片档案应存储在耐久性好的载体上，如只读或一次写光盘，不能用软磁盘、移动硬盘作为数码照片档案长期保存的载体。

3）数码照片可用光盘按年度备份，备份光盘按光盘档案规范归档保管。

（4）装册。

按照片档号顺序装入照片册，照片册芯页格式参考示例。原则上不跨年度装册，同一组照片不跨册。跨年度的装入结束年度中。基建项目照片按项目代号单独装册。

1）每册都应打印照片文件目录和册内备考表。

2）备考表中的立册时间是指照片整理完毕装册的日期；本册情况说明应填写册内照片缺损、修改、补充、移出和销毁等情况。

3）照片册脊背。

册脊应有单位全称（或规范简称）、年度、项目代号、保管期限、起止组号、册号等内容，其中起止组号中间用“-”连接。

9. 照片的保管

（1）数码照片的保管。

数码照片档案的保管，按照归档的载体类型要求保管和定期检验。

如以光盘形式保存的数码照片，按光盘档案的保管要求，并定期检验。对磁性载体每满 2 年、光盘每满 4 年进行一次抽样机读检验，抽样率不低于 10%，如发现问题应及时采取恢复措施。

（2）纸质照片、底片的保管。

照片册、底片册，所用封面、封底、芯页均应采用中性偏碱性纸质材料制作，其 pH 值应在 7.2～9.5，化学性能稳定，且不易产生碎屑或脱落的纤维。

底片袋，底片袋应使用表面略微粗糙和无光泽的中性偏碱性纸制材料制作，其 pH 值应在 7.2～9.5，α 纤维素含量应高于 87%。底片袋应使用中性胶黏剂，接缝应在袋边。

贮存柜架，照片、底片应在能关闭的装具中保存，如存储柜、抽屉、有门的书架或文件架等。贮存柜架应采用不可燃、耐腐蚀的材料，避免使用木制及类似材料。木制材料易燃烧、易腐蚀，还可能挥发出某些有害气体，促使底片、照片老化或褪色。贮存框架的喷涂用料应稳定耐用，且对贮存的底片、照片无有害影响。对贮存柜架进行排列时，应保证空气能在其内部循环流通。

温度、湿度要求，推荐的存贮最高温度和相对湿度。底片、照片应恒温、恒湿保存。长期贮存环境，24 小时内温度的周期变化不应大于±2℃，相对湿度变化不应大于±5%。中期贮存环境，24 小时内温度的周期变化不应大于±5℃，相对湿度变化不应大于±10%。

空气调节和净化要求，为保证贮存库的温度、湿度条件，应配备独立的空气调节系统。贮存库的气压应保持正压状态，以防止外界空气渗入。去湿应选用恒湿控制的自动制冷型除湿机。加湿应选用可控式加湿机，不应使用水盆或饱和化学溶液，以免导致湿度过高。

每隔两年应对照片、底片进行一次抽样检查，不超过五年进行一次全面检查。若温度、湿度出现严重波动，应缩短检查的间隔期。检查中应密切注意底片、照片的变化情况（卷曲、变形、变脆、粘连、破损、霉斑、褪色等），也应注意包装材料的变质问题，并做好检查记录。若发现问题，应查明原因，及时采取补求措施。

三、录音、录像档案的相关要求

1. 录像、录音的含义

立档单位在其职能活动中直接形成的以声音、影像形式存在的，并具有长远保存利用价值的历史记录。

2. 录音、录像的分类

归档录音、录像应在其全宗录音、录像类内，按照年度—期限、年度—类别（或机构）—期限或按照项目进行分类。同一全宗只能选择一种分类方案并保持分类方案的稳定。

（1）按年度分类。

将归档录音、录像按形成年度分类。

（2）按期限分类。

将归档录音、录像按其保管期限分为 10 年、30 年、永久 3 种。

（3）按类别（或机构）分类。

将归档录音、录像按问题（或机构）进行分类。

（4）按项目分类。

将归档录音、录像按项目分类。

3. 录音、录像档案归档要求

（1）录音、录像档案归档前应进行筛选和鉴别，选择声音、画面清晰、完整，图像稳定、色彩真实，体现主题内容、主要人物、场景特色等主要因素的录音、录像材料归档。

（2）录像磁带制作采用 PAL 制式，采用 MPEG-2 或 AVI 格式；录音采用 MP3 或 WAV 格式。

（3）向城建档案馆（室）移交的录音、录像档案应是配有说明的原始素材，以及编辑后的录像专题片，载体为录音、录像带或光盘。

（4）录音、录像材料的图像、声音质量应符合国家广电总局制定的有关磁带录制规范的规定。

（5）专题录像片应结构完整，片长不少于 10 分钟，并附有解说词稿。

（6）录音、录像载体应材质完好，没有变形、断裂、发霉及磁粉脱落、磨损、划伤现象。

（7）录音、录像档案归档时，应经过相应设备的检测。

（8）录音、录像档案移交时，应按收集与移交的相关规定执行。

4. 录音、录像档案的管理

录音、录像档案一般指录音磁带和录像磁带。录音、录像档案的整理应以有利于保持档案的有机联系，便于保管，便于提供利用为原则。

（1）录音、录像档案的分类：在录音、录像档案形成数量较多的单位，根据保管和利用的需要可按年代、内容分类；在一般机关、团体、企事业单位形成数量较少的情况下，整理时可暂时不分类。

（2）整理方法。

1）接收归档的录音、录像、磁带应在盒套上附加标签卡，见表 7-25。

表 7-25　附加标签卡

全宗号		内容			
	目录号				
		互见号			
	编号	录制时间		录制地点	
		录制者		盘数	

2）标签卡的填写。

①标签卡的内容项，填写本盘所录内容的标题；

②互见号，填写本盘所录内容及相关档案的档号；

③录制时间，填写本盘内容的录制时间；

④录制地点，填写本盘内容的录制地点；

⑤录制者，填写录制单位和录制人；

⑥盘数，所录内容只用一盘录制的，在盘数内填“1”；分录在两盘以上的应填写总盘数及该盘在总盘数中的位次。如“先进事迹报告会”用3盘录音带录制，在每盘录音带的盘数项内应分别填写“1/3”“2/3”“3/3”。其中分母位置上的“3”表示该内容的录音带共有3盘，分子位置上的“1”“2”“3”表示该盘在总盘数中的位次；

⑦标签卡脊背上的“全宗号”“目录号”按区档案馆统一编号编写，“编号”栏填写历年的录音、录音带按照时间顺序编制的大流水号。

（3）录音、录像带要分别给目录号，分别编号、分别排列存放。

（4）归档后的录音、录像带应分别填写录音（像）带档案目录。录音（像）带档案目录暂用文书档案的案卷目录。如下：

类别：录音或录像带。

案卷号：编号。

名称：盘面标题。

起止日期：录制的起止时间。

保管期限：永久。

5. 录音、录像档案的排列

根据分类方案，每件归档录音、录像在最低一级类目内按时间先后顺序排列。格式主要有如下三种：

格式1：全宗号—录音（录像）—年度—期限—件号。

格式2：全宗号—录音（录像）—年度—类别（或机构）—期限—件号。

格式3：全宗号—录音（录像）—项目—期限—件号。

6. 录音、录像档案的录制

责任者：制发录音、录像的组织或个人，即录音、录像的制成机关或署名者。

题名：录音、录像标题（时间、地点、人物、事由）。

时间长度（分、秒）：录音、录像录制（或播放）的时间长度，用分、秒标识（如128分37秒）。

起始标志：录音、录像起始的标志。录音的第一句话；录像的第一帧画面，用语言描述。

结束标志：录音、录像结束的标志。录音的最后一句话；录像的最后一帧画面，用语言描述。

现存载体编号：指经迁移后的归档录音、录像存贮载体的编号。

原存载体编号：指归档录音、录像原存贮载体的编号。

参见号：与本件录音、录像有密切联系的其他载体档案的档号。

7. 录音、录像的保管

（1）对归档录音、录像，要采取相应措施确保安全，移出档案室必须要履行签字手续。

（2）存放归档录音、录像的库房和箱柜应保持整洁，定期除尘，确保归档录音、录像完好无损。

（3）存放归档录音、录像库房的温、湿度应符合保护相关存贮载体的温、湿度要求。

第五节 工程电子文件与电子档案的编制规定

一、扫描格式电子档案的归档范围

1. 数码照片归档管理

数码照片档案，首先是电子文件的一个种类，同时它又是一种特殊形式的照片档案，因此国家制定的关于电子文件和照片档案管理方面的管理规范都适用于数码照片档案的管理。

首先，数码照片档案的管理要执行2003年5月1日实施的国家标准《电子文件归档与管理规范》（GB/T 18894—2002），该标准不仅对电子文件管理的原理及实践工作的各个环节进行了较为具体的规定，而且推荐了图像文件的通用存档标准，强调了各类电子文件（包括数码照片档案）元数据管理的重要性及其管理方式。

其次，数码照片档案的管理也要参照和执行国家、地方及行业所制定的关于照片档案管理方面的标准、规范和实施细则。其中最为重要的规范就是国家标准《照片档案管理规范》（GB/T 11821—2002），该规范对于照片档案管理的模式、方法进行了具体的规定，数码照片档案管理的许多环节都可以参照实施。

（1）数码照片。

指用数字照相机（Digital Still Camera）拍摄获得的，以数码形式存储于磁带、磁盘、光盘等载体，依赖计算机等数字设备阅读、处理，并可在通信网络上传送的静态图像文件。

（2）数码照片档案。

指国家机构、社会组织以及个人在社会活动中形成的，有保存价值的数码照片。数码照片档案由数码照片和元数据两部分组成，元数据一般包括该照片的文字说明与EXIF信息（Exchangeable Image File，可交换图像文件）。

（3）数码照片的优势。

数码照片与传统照片相比，具有许多的优势：

1）成像快、处理快、编辑快、查阅快、连接快；

2）应用广泛。数码照片可以在数码相机和计算机上显示、浏览、处理，还可以与打印机、刻录机、投影仪、电视机等多种输出设备连接传输，更能在局域网中多台电脑或各个网站之间传输，通过网上发布，从而扩展了其应用范围，故而造成了数码照片的独特性。

（4）数码照片的特点。

1）对软硬件的依赖性；

2）信息的易改性；

3）信息与载体的可分离性。

（5）数码照片的种类。

按照数码照片采集渠道可以分为：

1）数码件：指利用数码照相设备拍摄直接形成的静态图像文件；

2）扫描件：指利用扫描仪将纸质照片、底片扫描后形成的静态图像文件。扫描件形成过程中的具体要求与标准参见《纸质档案数字化技术规范》（DA/T 31—2005）。

2. 收集和归档

（1）收集范围。

凡是反映本单位工作活动、具有查考利用价值的数码照片均属归档范围。主要有：

1）反映本单位主要职能活动、工作成果和荣誉的数码照片；

2）上级领导人和著名人物参加与本单位有关重大公务活动的数码照片；

3）本单位组织或参加的重大活动、重要接待、重大事件处理的数码照片；

4）本单位召开的重要会议的数码照片；

5）反映本单位工程项目奠基仪式、竣工典礼的数码照片等。

（2）归档方式。

数码照片的归档可分两步进行，对实时进行的归档先做逻辑归档，然后定期完成物理归档。归档时，应充分考虑数码照片的技术环境、相关软件、版本、数据类型、格式、被操作数据、检测数据等技术因素。

1）逻辑归档。

指在计算机网络上进行，不改变原存储方式和位置而实现的将数码照片的管理权限向档案部门移交的过程。

2）物理归档。

指把数码照片集中下载到可脱机保存的载体上，向档案部门移交的过程。将相应的数码照片机读目录、相关软件、其他说明等一同归档，并附《归档电子文件登记表》。特殊格式的数码照片应在存储载体中同时存有相应的查看软件。存储载体推荐采用只读光盘，载体或装具上应贴有标签。

（3）归档时间逻辑归档可实时进行，物理归档应按照纸质文件的规定定期完成。

形成部门负责对应归档的数码照片进行收集，按规范要求编写文字说明，一般在年度或任务完成后，或一个阶段之后的一段时间内进行归档，可视其具体情况而定。因涉及数码照片的技术环境条件，存贮介质的质量、寿命等问题，一般以不超过2～3个月为宜。

（4）归档要求。

1）归档的数码照片、文字说明二者应齐全。

对归档的数码照片，每一组、每一张都应有简明概括、准确反映照片基本内容的文字说明。文字说明应包含事由、时间、地点、人物、背景、摄影者六要素，确切地反映照片的内容。照片内涉及的主要人物应标示清楚，如前排左起×××，人物说明必须是姓名全称+职务。一组联系紧密的照片，不能只写组合照片说明而简化单张照片说明。

2）归档的数码照片必须是原件，不得对应归档的数码照片进行技术修改，剪切版和修改版不能作为档案保存。

3）归档的数码照片格式应为 TIFF、JPEG 格式。对于采用非通用文件格式的数码照片，收集时应将其在分辨率不变的前提下，统一将其转换成通用格式 JPEG、TIFF，并在备注栏中记载。如无法转换，则应将相关软件一并收集。以确保数码照片的真实性、完整性、有效性。

4）对归档的数码照片，拍摄时数码图像尺寸“宜大不宜小”，拍摄数码照片的像素数应在 300 万以上，扫描照片的分辨率应不低于 600 dpi，用底片扫描仪对感光胶片进行扫描时，其扫描的分辨率应达到 1 200～2 400 dpi。

5）对具有永久保存价值（或重要）的数码照片，应同时冲洗出纸质照片归档，按双套制要求保存。

归档的纸质数码照片与传统照片档案合并整理，参照国家标准《照片档案管理规范》（GB/T 11821—2002）执行，应标明其对应数码照片的参见号。

参见号格式为：全宗号（—目录号—光盘号）—年度—保管期限—照片号（标注于纸质照片的文字说明中）或全宗号—目录号—案卷号—照片号（标注于数码照片的文字说明中）。

（5）移交接收。

1）移交、接收检验。

数码照片形成部门在移交之前，档案保管部门在接收数码照片之前，均应对归档的载体及其技术环境进行检验，合格率应达到 100%方可进行移交。

检验项目包括：硬件环境的有效性，软件环境的有效性及其记录格式，有无病毒感染，载体是否清洁，是否有划痕，数码照片的真实性、完整性和有效性，登记表、软件、说明资料等是否完整。

检验结果分别由移交单位和接收单位填入《归档电子文件移交、接收检验登记表》的相关项目中。

2）移交手续。

接收单位应按照要求及检验项目对归档数码照片进行逐一检查。交接双方验收合格后，填写《归档电子文件移交、接收检验登记表》，并签字、盖章。登记表一式两份，一份交数码照片形成单位，另一份由档案保管部门自存。

3. 数码照片整理

（1）鉴定。

在整理数码照片时，应核实数码照的真实性、完整性、有效性，并通过鉴别数码照片的价值，进一步确定数码照片的取舍和保管期限。归档的每一张数码照片都要确定保管期限。

照片图像与载体具有可分离性，可以从一种载体迁移到另一种载体上，特别是照片数字图像易被修改和复制。而且改后不留痕迹，其原始性、真实性、可靠性难以保证。所以，如果没有对数码照片档案前期进行控制，很难在归档时对数码照片原始性、真实性进行判定。

1）对于没有归档价值或重复的照片必须删除。

反映同一场景的数码照片重要的可多保留，一般的只保留一张。照片应具备主题鲜明、影像清晰、画面完整、未加修饰剪裁等特点。

2）可删除的照片，可以进行一定程度的精选管理。

首先，删除拍摄失误的照片。曝光不准、对焦不准、严重模糊的照片都可以删除，除非对焦不准和模糊有刻意要求的。

其次，删除构图不满意、画面杂乱以及没有意义胡乱拍摄的照片。有些照片可能刚拍好的时候觉得有些用处，后来发现并没有实际意义，都可以删除。

最后，如果是主题拍摄，那么可以把与主题无关的照片删除，如果是两个或多个主题同时拍摄，可以将它们分开整理，方便以后搜索。

（2）分类。

1）数码照片以件为单位整理。

同一全宗内的数码照片，采用年度分类法，即将数码照片按其形成年度分类，即年度—保管期限分类方式。

不同年度的数码照片应分别整理。

在同年度下同一主题活动的照片分类在一起。

如本单位形成的数码照片数量较多，可以根据需要按照活动或问题进行分类，设置二级类目，即按年度—保管期限—机构（问题）进行分类。

2）跨年度且不可分的照片，应按事件结束年度归档。

建设项目工程、科研课题等专门数码照片档案。按分部分项进行分类，不同项目的照片应分别整理。

（3）排列。

1）一组关系密切的数码照片应排列在一起。每一个年度建立一个文件夹。每个文件夹赋予一个文件名。数码照片文件按时间先后排列，一组联系密切的数码照片应排列在一起。在排列组合照片时，可先将组与组之间形成时间顺序进行排列，再对组内照片进行排列。

2）文件夹命名，每个文件夹赋予一个文件名，文件夹名必须具有唯一性，以年度或项目代号作为文件夹名。

（4）说明。

1）数码照片档案总说明。

在文件夹内添加“文本文档”，在“文本文档”内填写照片档案总说明，该文本文档的命名为：全宗号—目录号—光盘号.txt。

2）每张照片（或每组照片）的文字说明。

在文件夹内添加“文本文档”，“文本文档”的内容包含事由、时间、地点、人物、背景、摄影者等要素，每张照片的题名不宜太长，简明扼要反映照片的基本信息，而相关的背景信息不可能在照片题名中全部反映，在整理数码照片时，每一张照片生成一个文本文件，说明照片内容所产生的相关背景信息，该文本文件的命名和每张照片的命名方式一样，即全宗号–年度–保管期限–件号.txt。

（5）编号。

1）存储数码照片档案的文件夹命名。

首先，新建文件名为“数码照片档案”的总文件夹。

其次，在“数码照片档案”的文件夹内，按不同年度和不同保管期限分别建立层级文件夹，并以年度和保管期限命名该文件夹，文件夹名为“全宗号-年度”和“全宗号-年度-保管期限”；在同一年度同一保管期限文件夹下再按不同问题分别建立文件夹，并以“全宗号-年度-保管期限-问题”命名该文件夹。在最后一级文件夹下，存储数码照片。

2）数码照片编号、命名。

文件夹内每一张数码照片按其排列顺序编号。数码照片命名为全宗号—年度—保管期限代码—照片号.jpg 或者为全宗号—年度—保管期限代码—问题—照片号.jpg，例如，F:\数码照片档案\64—2007\64—2007-永久\ 64—2007—永久—1.jpg。

4. 编目

（1）光盘文件级目录。

数码照片档案应编制光盘文件级目录，盘内照片目录以张为单位编制，对所有照片档案进行著录，实现统一管理与检索。

数码照片文件目录著录项包括全宗号，同级档案馆给立档单位编制的代号、年度、数码照片形成年度，用 4 位阿拉伯数字表示保管期限。根据划定情况填写“永久”或“30 年”。问题，根据数码照片产生的机构、事件、活动、主题等分类整理所形成的分类标准。照片号，某一全宗某一保管期限某一年度内数码照片的排列从“1”开始的顺序编号。文件题名，简明概括的反映数码照片的具体内容，包括时间、地点、人物、事由、背景等要素。责任者，形成数码照片单位的全称或通用简称。数码照片的拍摄时间，用 8 位阿拉伯数字表示，如 20040104。摄影者，数码照片的拍摄人。参见号，与本张数码照片有联系的其他档案的档号。采集渠道，根据数码图像文件来源标注“数码件”“扫描件”。备注，注释需要补充和说明的情况等。

（2）数码照片光盘封面。

存储数码照片档案的光盘盘面及包装盒应刻制或贴有识别光盘的统一规格的标签。编制光盘封面，填写内容应包括全宗号、目录号，全宗内所属目录的编号、光盘号，按形成时间从“1”开始编制流水号。全宗名称，立档单位的全称或通用简称。题名，全宗名称+“××××年”+“数码照片文件”。形成时间，光盘内数码照片的起始年月和终止年月。张数，光盘内数码照片文件数。套别，填写 A、B、C，其中 A 表示封存保管，B 表示查阅利用，C 表示异地保存。制作单位，光盘制作单位的全称或通用简称。制作人，制作数码照片光盘的人员姓名。审核人，负责检查数码照片光盘质量的人员姓名。制作时间，数码照片档案刻录到光盘上的日期，包括年月日，用阿拉伯数字八位数标识，如 20080709。保管期限，光盘内存储的数码照片档案的保存时间。光盘种类，光盘的类型，如 CD-R、DVD-R 等。光盘封面应使用符合档案要求的书写材料填写。

（3）数码照片光盘目录。

数码照片光盘目录应逐张光盘编制，目录项目包括全宗号、目录号、光盘号。题名，全宗名称+“××××年”+“数码照片文件”。起始年月，光盘内数码照片的最早拍摄年月，用 6 位阿拉伯数字表示，如 200401。终止年月，光盘内数码照片的最晚拍摄年月，用 6 位阿拉伯数字表示，如 200412。张数，光盘内数码照片文件数。备注，注释需要补充和说明的情况。

（4）存储。

同一个归档年度的数码照片应拷贝至一盘或多盘载体（光盘）中，几个归档年度的数码照片不应存储在一盘载体（光盘）中。整理好的数码照片档案应脱机保存。推荐采用只读光盘（一次性光盘）作为数码照片的存储载体。禁用软磁盘作为数码照片长期保存的载体。刻制光盘时应选择“一次性写入”方式。

（5）数码照片光盘应具有如下信息组织结构：

1）光盘说明文件。

文件名称为“档号.TXT”（全宗号-目录号-光盘号.TXT）的文本字符文件，填写照片档案总说明和本光盘各类信息。

内容包括套别：填写 A、B、C。其中 A 表示封存，B 表示利用，C 表示异地保存。全宗名称，立档单位的全称或通用简称。题名，反映数码照片光盘的内容，基本结构为全宗名称+年度名称（内容）数码照片档案。起始时间，光盘内数码照片的起始年月，用 6 位阿拉伯数字表示。终止时间，光盘内数码照片的终止年月，用 6 位阿拉伯数字表示。张数，光盘内数码照片的张数，用阿拉伯数字表示。光盘类型，分 CD-R、CD-RW、DVD 等。文件类型，光盘内容的文件类型，分 JPG、TIF、VCD、DVD 等，数码照片光盘则填写 JPG 或 TIF。制作时间，制作数码照片光盘的时间，用 8 位阿拉伯数字表示。制作软件，制作数码照片光盘使用的软件名称。制作设备，制作数码照片光盘使用的硬件名称。制作人，制作数码照片光盘人员的姓名。审核人，负责检查数码照片光盘质量人员的姓名。

2）数码照片文件夹。

数码照片文件夹，即存放数码照片的文件夹，名为“数码照片档案”的文件夹。

3）数码照片文件目录。

数码照片文件目录，即文件名称为全宗名称+××××年+数码照片目录.XLS 的电子表格文件，目录内容对应“数码照片档案”中存放的数码照片。

4）数码照片命名说明文件。

数码照片命名说明文件，在“数码照片档案”文件夹下建立一个文本文件，说明该光盘中数码照片的命名格式和文件夹的命名方式。

5. 归档电子文件登记表

整理完毕的数码照片按照电子档案的要求刻录光盘，其保管参照光盘档案的保管要求。

（1）数码照片光盘应一式三套，一套封存保管，一套供查阅使用，一套异地保存。套别用符号表示分别为：A、B、C。

（2）光盘应作防写处理，避免擦、划、触摸记录涂层。

（3）光盘只有在使用时才能将其从包装物中取出，使用后及时放回包装物中。如果光盘有污渍，可用水或中性清洁剂清洁，如酒精清洗，不要使用玻璃清洁剂或溶剂。用擦拭照相机镜头的棉纸从中心向边缘轻轻擦拭，不能沿圆形轨边擦拭。

（4）光盘应装盒，竖立存放，避免挤压，不得弯折，不得堆叠存放。

（5）光盘的标签应黏贴在光盘的包装物上，不得直接在光盘上黏贴标记。

（6）光盘的存放时应远离强磁场、强热源，并与有害气体、强紫外线隔离，环境温度应控制在 17～20℃，相对湿度应控制在 35%～45%。

（7）光盘每满 4 年进行一次抽样机读检验，抽样率不低于 10%。对光盘中存储的数码照片应每 4 年转存一次，原盘同时保留时间不少于 4 年。

6. 纸质档案数字化

（1）数字化。

用计算机技术将模拟信号转换为数字信号的处理过程。

（2）纸质档案数字化。

采用扫描仪或数码相机等数码设备对纸质档案进行数字化加工，将其转化为存储在磁带、磁盘、光盘等载体上并能被计算机识别的数字图像或数字文本的处理过程。

纸质档案数字化过程与技术标准参照《纸质档案数字化规范》（DAT 31—2017）。

（3）分辨率 resolution。

单位长度内图像包含的点数或像素数，一般用每英寸点数（dpi）表示。

（4）价值性原则。

纸质档案的数字化，必须符合国家档案开放规定以及有关规定。属于归档范围且应永久或长期保存的、社会利用价值高的档案可列入数字化加工的范围。

（5）基本环节。

档案整理、档案扫描、图像处理、图像存储、目录建库、数据挂接、数据验收、数据备份、成果管理等环节。

（6）过程管理。

加强对数字化各环节安全保密管理，确保纸质档案原件和数字化档案信息的绝对安全。纸质档案数字化各环节均应进行详细登记。

（7）数字化质量要求。

以反映档案原貌、真实性为原则，确保扫描设备输出的图像清晰可读。

（8）档案扫描。

1）应根据纸质档案幅面的大小，选择相应规格的扫描仪。

2）扫描色彩模式：有黑白二值、灰度、彩色 3 种扫描模式。推荐采用彩色模式进行扫描。

（9）分辨率的选择。

扫描分辨率参数大小的选择，原则上以扫描后的图像清晰、完整、不影响图像的利用效果为准。建议：若需制作复制件，或者文字偏小、密集、清晰度较差等，可适当提高其分辨率，分辨率不低于 600 dpi。

（10）在扫描过程中，必须填写《纸质档案数字化转换过程交接登记表》，核对每份文件的实际扫描页数与档案原文的页数是否一致，不一致时应注明具体原因和处理办法。

7. 图像存储

（1）存储格式。

采用彩色模式扫描的图像文件。

（2）图像文件命名。

数字化纸质档案存储文件的命名参照所在纸质档案的档号，即“档号-页号.jpg”格式。卷级管理，全宗号-目录号-案卷号-顺序号-页号.jpg。件级管理，全宗号-年度-保管期限-件号-页号.jpg，全宗号-年度-机构-保管期限-件号-页号.jpg。

（3）存储文件夹命名。

按档号建立层级文件夹，并以档号命名该文件夹。

（4）卷级管理：首先，新建文件名为“全文扫描”的总文件夹。其次，在“全文扫描”的文件夹内，按不同目录分别建立文件夹，文件夹名为“全宗号-目录号”；在同一全宗同一目录下建立按不同卷号分别建立文件夹，文件夹名为“全宗号-目录号-案卷号”；在同一全宗同一目录同一案卷下建立按不同件号分别建立文件夹，文件夹名为“全宗号-目录号-案卷号-顺序号”。在最后一级文件夹下，存储数字化的纸质档案。

（5）文件夹结构：第一级文件夹，全文扫描。第二级文件夹，全宗号-目录号。第三级文件夹，全宗号-目录号-案卷号。第四级文件夹，全宗号-目录号-案卷号-顺序号。

8. 光盘存储

纸质档案数字化后刻录光盘，光盘的目录下应有光盘说明文件、数字化纸质档案文件夹、纸质档案目录（文书归档文件目录、案卷目录、卷内目录）、数字化文件命名说明文件、电子文件登记表、纸质档案数字化转换过程交接登记表。

（1）光盘说明文件。

文件名称为“档号.TXT”（全宗号-目录号-光盘号.TXT）的文本字符文件，填写光盘各类信息。内容包括套别、全宗名称、全宗号、目录号、光盘号、光盘题名、起止卷号（件号）、保管期限、张数、总字节数、光盘类型、文件类型、制作时间、制作软件、制作设备、制作人、审核人。

（2）数字化纸质档案文件夹，即存放数字化纸质档案的文件夹，名为“全文扫描”的文件夹。

（3）纸质档案目录（案卷目录、卷内目录、文书归档文件目录），即文件名称为全宗号-目录号目录.XLS，或者全宗名称+××××年+保管期限+×档案目录.XLS 的电子表格文件，目录文件根据纸质档案的档号或专题等命名，能反映该目录内容即可，目录著录参照纸质档案的著录要求。

（4）数字化纸质档案命名说明文件，在“全文扫描”文件夹下建立一个文本文件，说明该光盘中数字化纸质档案的命名格式和文件夹的命名方式。

（5）电子文件登记表。

（6）纸质档案数字化转换过程交接登记表。

（7）数字化档案刻录光盘的保管参照电子档案的保管要求与条件。

（8）全文扫描光盘封面。

（9）目录建库，包括归档文件目录（件级管理）、案卷目录（卷级管理）、全引目录等档案目录在档案管理系统（或软件）中相应的目录数据库中著录、管理。

（10）数据挂接，确定数字化图像文件与目录数据库中著录条目的一一对应关系，在档案管理软件中，把该数字化图像文件上传（挂接）至与之相对应的唯一的目录条目上，实现档案的现代化管理。

（11）数据验收，检查验收的项目包括数据库中条目信息的正确、完整，扫描后图像文件的格式、命名、分辨率等是否正确对待，数据挂接的对应关系、挂接方式等质量是否符合要求。

（12）数据备份，把重要的数字化档案刻录光盘后，及时进行异地备份。数据备份，选择只读光盘。在备份时，确保载体的可读性、数据信息的完整性、光盘内文件完备性。

二、扫描格式电子档案的相关要求

1. 术语

（1）建设电子文件（electronic construction records）。

在城乡规划、建设及其管理活动中通过数字设备及环境生成，以数码形式存储于磁带、磁盘或光盘等载体，依赖计算机等数字设备阅读、处理，并可在通信网络上传送的文件。主要包括“建设系统业务管理电子文件”和“建设工程电子文件”两大类。

（2）建设系统业务管理电子文件（electronic records of construction professional administration）。

建设系统各行业、专业管理部门（包括城乡规划、城市建设、村镇建设、建筑业、住宅房地产业、勘察设计咨询业、市政公用事业等行政管理部门以及供水、排水、燃气、热力、园林、绿化、市政、公用、市容、环卫、公共客运、规划、勘察、设计、抗震、人防等专业管理单位）在业务管理和业务技术活动中通过数字设备及环境生成的，以数码形式存储于磁带、磁盘或光盘等载体，依赖计算机等数字设备阅读、处理，并可在通信网络上传送的业务及技术文件。

（3）建设工程电子文件（electronic records of construction engineering）。

在工程建设过程中通过数字设备及环境生成，以数码形式存储于磁带、磁盘或光盘等载体，依赖计算机等数字设备阅读、处理，并可在通信网络上传送的文件。建设工程电子文件主要包括工程准备阶段电子文件、监理电子文件、施工电子文件、竣工图电子文件和竣工验收电子文件。建设工程电子文件可简称为工程电子文件。

（4）建设电子档案（electronic construction archives）。

具有参考和利用价值并作为档案保存的建设电子文件及相应的支持软件、参数和其他相关数据。主要包括建设系统业务管理电子档案和建设工程电子档案。

（5）真实性（authenticity）。

电子文件的内容、结构和背景信息等与形成时的原始状况一致。

（6）完整性（integrity）。

电子文件的内容、结构、背景信息、元数据等无缺损。

（7）有效性（utility）。

电子文件的可理解性和可被利用性，包括信息的可识别性、存储系统的可靠性、载体的完好性和兼容性等。

（8）元数据（metadata）。

描述电子文件的背景、内容、结构及其整个管理过程的数据。

（9）在线式归档（on-line filing）。

通过计算机网络，将电子文件及相关数据向档案部门移交的过程。

（10）离线式归档（off-line filing）。

将应归档的电子文件及相关数据存储到可脱机存储的载体上向档案部门移交的过程。

（11）固化（fixing）。

为避免电子文件因动态因素造成信息缺损的现象，而将其转换为一种相对稳定的通用文件格式的过程。

（12）迁移（migration）。

将源系统中的电子文件向目标系统进行转移存储的方法与过程。

（13）建设电子文件归档与管理系统（filing and management system of electronic construction records）。

对建设电子文件进行整理归档及管理的信息系统，具有确定归档范围与保管期限、登记、分类、著录、存储、保管、利用及数据交换等功能。该系统包括两个类型，即建设系统业务管理电子文件归档与管理系统和建设工程电子文件归档与管理系统。

2. 基本规定

（1）建设系统业务管理电子文件形成单位和建设工程电子文件形成单位应加强对电子文件归档的管理，将电子文件的形成、收集、积累、整理和归档纳入文件管理工作程序，明确责任岗位，指定专人管理。

（2）建设系统业务管理电子文件形成单位的档案部门负责监督和指导本单位建设系统业务管理电子文件的收集、整理和归档，并定期向当地城建档案馆（室）移交建设系统业务管理电子档案。

（3）在建设工程电子文件的整理归档与电子档案的验收移交工作中，建设单位应履行下列职责：

1）在建设工程招标及与勘察、设计、施工、监理等单位签订协议、合同时，对工程电子文件的套数、质量、移交时间等提出明确要求；

2）收集和积累工程准备阶段、竣工验收阶段形成的电子文件，并进行整理归档；

3）组织、监督和检查勘察、设计、施工、监理等单位工程电子文件的形成、积累和整理归档工作；

4）收集和汇总勘察、设计、施工、监理等单位形成的工程电子档案；

5）在组织工程竣工验收前，提请当地建设（城建）档案管理机构对工程纸质档案进行预验收时，应同时提请对工程电子档案进行预验收；

6）对列入城建档案馆（室）接收范围的工程，按规定向当地城建档案馆（室）移交工程电子档案。

（4）勘察、设计、施工、监理及测量等单位应将本单位形成的工程电子文件整理归档后向建设单位移交。建设（城建）档案管理机构应对建设工程电子文件的整理归档工作进行监督、检查、指导和预验收。

（5）对具有永久保存价值的可输出打印型电子文件，建设电子文件形成单位必须将其制成纸质文件或缩微品等。归档时，应同时保存文件的电子版本、纸质版本或缩微品，并在内容、格式、相关说明及描述上保持一致，且二者之间必须建立关联。

（6）建设电子文件形成单位应建立建设电子文件归档与管理系统，实现建设电子文件自形成到归档、保管，利用过程中电子文件及其著录数据、元数据的连续管理。

（7）建设电子文件形成单位和建设电子档案保管单位应采取措施，保证建设电子文件的真实性、完整性、有效性和安全性，并应符合以下规定：

1）应建立规范的制度和工作程序并结合相应的技术措施，从建设电子文件形成开始不间断地对有关处理操作进行管理登记，保证建设电子文件的产生、处理过程符合规范；

2）应采取安全防护技术措施，保证建设电子文件的真实性；

3）应建立建设电子文件完整性管理制度并采取相应的技术措施采集背景信息和元数据；

4）应建立建设电子文件有效性管理制度并采取相应的技术保证措施；

5）建设电子文件的处理和保存应符合国家的安全保密规定，针对自然灾害、非法访问、非法操作、计算机病毒等采取与系统安全和保密等级要求相符的防范对策。

（8）建设电子文件形成单位与建设（城建）档案管理机构应对建设电子文件加强前端控制，实行全过程的管理与监控，保证管理工作的连续性。

（9）建设（城建）档案管理机构应根据建设行业信息化现状，及时提出建设电子文件归档的技术性指导意见。建设电子文件形成单位据此明确规定各类建设电子文件归档的具体要求，保证归档质量。

3. 电子文件的代码标识、格式与载体

（1）电子文件的代码应包括稿本代码和类别代码。

1）稿本代码应按表 7-26 标识。

表 7-26　稿本代码

稿本	代码
草稿性电子文件	M
非正式电子文件	U
正式电子文件	F

2）类别代码应按表 7-27 标识。

表 7-27　类别代码

文件类别	代码
文本文件（Text）	T
图像文件（Image）	I
图形文件（Graphics）	G
影像文件（Video）	V
声音文件（Audio）	A
程序文件（Program）	P
数据文件（Data）	D

（2）各种不同类别电子文件的存储应采用通用格式。通用格式应符合表 7-28 的规定。

表 7-28　各类电子文件的通用格式

文件类别	通用格式
文本文件	XML、DOC、TXT、RTF
表格文件	XLS、ET
图像文件	JPEG、TIFF
图形文件	DWG
影像文件	MPEG、AVI
声音文件	WAV、MP3

（3）各种不同类别电子文件的存储也可采用国务院建设行政主管部门和信息化主管部门认可的，能兼容各种电子文件的通用文档格式。

（4）脱机存储电子档案的载体应采用一次写光盘、磁带、可擦写光盘、硬磁盘等。移动硬盘、优盘、软磁盘等不宜作为电子档案长期保存的载体。

4. 建设电子文件的收集与积累

（1）收集积累的范围。

1）凡是在城乡规划、建设及其管理等活动中形成的具有重要凭证、依据和参考价值的电子文件和数据等都应属于建设系统业务管理电子文件的收集范围。

2）凡是记录与工程建设有关的重要活动、记载工程建设主要过程和现状的具有重要凭证、依据和参考价值的电子文件和相关数据等都应属于建设工程电子文件的收集范围。各类建设工程电子文件的具体收集范围应按照《建设工程文件归档整理规范》规定的收集范围进行。

（2）收集积累的要求。

1）建设电子文件形成单位必须做好电子文件的收集积累工作。

2）建设电子文件的内容必须真实、准确。工程电子文件内容必须与工程实际相符合，且内容及其深度必须符合国家有关工程勘察、设计、施工、监理、测量等方面的技术规范、标准和规程。

3）记录了重要文件的主要修改过程和办理情况，有参考价值的建设电子文件的不同稿本均应保留。

4）凡是属于收集积累范围的建设电子文件，收集积累时均应进行登记。登记时必须按照表7-29、表7-30的要求，填写建设电子文件（档案）的案卷级和文件级登记表。

5）应采取严密的安全措施，保证建设电子文件在形成和处理过程中不被非正常改动。积累过程中更改建设系统业务管理电子文件或建设工程电子文件应按表7-31的要求，填写《建设电子文件更改记录表》。

6）应定期备份建设电子文件，并存储于能够脱机保存的载体上。对于多年才能完成的项目，应实行分段积累，宜一年复制一次。

7）对通用软件产生的建设电子文件，应同时收集其软件型号、名称、版本号和相关参数手册、说明资料等。专用软件产生的建设电子文件应转换成通用型建设电子文件。

8）对内容信息是由多个子电子文件或数据链接组合而成的建设电子文件，链接的电子文件或数据必须一并归档，并保证其可准确还原；当难以保证归档建设电子文件的完整性与稳定性时，可采取固化的方式将其转换为一种相对稳定的通用文件格式。

9）与建设电子文件的真实性、完整性、有效性、安全性等有关的管理控制信息（如电子签章等）必须与建设电子文件一同收集。

10）对采用统一套用格式的建设电子文件，在保证能恢复原格式形态的情况下，其内容信息可不按原格式存储。

11）计算机系统运行和信息处理等过程中涉及与建设电子文件处理有关的著录数据、元数据等必须与建设电子文件一同收集。

（3）收集积累的程序。

1）收集积累建设电子文件，均需进行登记，并应符合规定。

工作人员应按本单位文件归档和保管期限的规定，从电子文件生成起对需归档的电子文件性质、类别、期限等进行标记。

应运用建设电子文件归档与管理系统对每份建设电子文件进行登记，电子文件登记表应与电子文件同时保存。

2）对已登记的建设电子文件必须进行初步鉴定，并将鉴定结果录入建设电子文件归档与管理系统。

3）对经过初步鉴定的建设电子文件应进行著录，并将结果录入建设电子文件归档与管理系统。

4）对已收集积累的建设电子文件，应按业务案件或工程项目来组织存储。

5）对存储的建设电子文件的命名，宜由3位阿拉伯数字或3位阿拉伯数字加汉字组成，数字是本文件保管单元内电子文件编排顺序号，汉字部分则体现本电子文件的内容及特征或图纸的专业名称和编号。建设电子文件保管单元的命名规则可按照建设电子文件的命名规则进行。

6）建设电子文件与相应的纸质文件应建立关联，在内容、相关说明及描述上应保持一致。

5. 建设电子文件的整理、鉴定与归档

（1）整理。

1）建设电子文件的形成单位应做好电子文件的整理工作。

2）对于建设系统业务管理电子文件或建设工程电子文件，业务案件办理完结或工程项目完成后，应在收集积累的基础上，对该案件或项目的电子文件进行整理。

3）整理应遵循建设系统业务管理电子文件或建设工程电子文件的自然形成规律，保持案件或项目内建设电子文件间的有机联系，便于建设电子档案的保管和利用。

4）同一个保管单元内建设电子文件的组织和排序可按相应的建设纸质文件整理要求进行。

5）建设电子文件的分类应按照《城建档案分类大纲》进行。

6）建设电子文件的著录应按照《城建档案著录规范》进行，同时应按照保证其真实性、完整性、有效性的要求补充建设电子文件特有的著录项目和其他标识信息与数据。

（2）鉴定。

1）鉴定工作应贯穿于建设电子文件归档与电子档案管理的全过程。电子文件的鉴定工作，应包括对电子文件的真实性、完整性、有效性的鉴定及确定归档范围和划定保管期限。

2）归档前，建设电子文件形成单位应按照规定的项目，对建设电子文件的真实性、完整性和有效性进行鉴定。

3）建设电子文件的归档范围、保管期限应按照国家关于建设纸质文件材料归档范围、保管期限的有关规定执行。建设电子文件元数据的保管期限应与内容信息的保管期限一致。

（3）归档。

1）建设电子文件形成单位应定期把经过鉴定合格的电子文件向本单位档案部门归档移交。

2）归档的建设电子文件应符合要求，已按电子档案管理要求的格式将其存储到符合保管要求的脱机载体上，必须完整、准确、系统，能够反映建设活动的全过程。

3）建设电子文件的归档方式包括在线式归档和离线式归档。可根据实际情况选择其中的一种或两种方式进行电子文件的归档。

4）建设系统业务管理电子文件的在线式归档可实时进行，离线式归档应与相应的建设系统业务管理纸质或其他载体形式文件归档同时进行。工程电子文件应与相应的工程纸质或其他载体形式的文件同时归档。

5）建设电子文件形成单位在实施在线式归档时，应将建设电子文件的管理权从网络上转移至本单位档案部门，并将建设电子文件及其元数据等通过网络提交给档案部门。

6）建设电子文件形成单位在实施离线式归档时，应按步骤进行。

将已整理好的建设电子文件及其著录数据、元数据、各种管理登记数据等分案件（或项目）按要求从原系统中导出。

将导出的建设电子文件及其著录数据、元数据、各种管理登记数据等按照要求存储到耐久性好的载体上，同一案件（或项目）的电子文件及其著录数据、元数据、各种管理登记数据等必须存储在同一载体上。

对存储的建设电子文件进行检验。

在存储建设电子文件的载体或装具上编制封面。封面内容的填写应符合表 7-32 的要求，同时存储载体应设置成禁止写操作的状态。

将存储建设电子文件并贴好封面的载体移交给本单位档案部门。

归档移交时，交接双方必须办理归档移交手续。档案部门必须对归档的建设电子文件进行检验，并按照表 7-33 的要求，填写《建设电子档案移交、接收登记表》。交接双方负责人必须签署审核意见。当文件形成单位采用了某些技术方法保证电子文件的真实性、完整性和有效性时，则应把其技术方法和相关软件一同移交给接收单位。

（4）检验。

1）建设系统业务管理电子文件形成部门在向本单位档案部门移交电子文件之前，以及本单位档案部门在接收电子文件之前，均应对移交的载体及其技术环境进行检验，检验合格后方可进行交接。

2）勘察、设计、施工、监理、测量等单位形成的工程电子档案应由建设单位进行检验。检验审查合格后向建设单位移交。

3）在对建设电子档案进行检验时，应重点检查内容。

①建设电子档案的真实性、完整性、有效性。

②建设电子档案与纸质档案是否一致、是否已建立关联。

③载体有无病毒、有无划痕。

④登记表、著录数据、软件、说明资料等是否齐全。

（5）汇总。

建设单位应将勘察、设计、施工、监理、测量等单位移交的工程电子档案及相关数据与本单位形成的工程前期电子档案及验收电子档案一起按项目进行汇总，并对汇总后的工程电子档案按的要求进行检验。

6. 建设电子档案的验收与移交

（1）建设系统业务管理电子档案的移交。

1）建设系统业务管理电子档案形成单位应按照有关规定，定期向城建档案馆（室）移交已归档的建设系统业务管理电子档案。移交方式包括在线式和离线式。

2）凡已向城建档案馆（室）移交建设系统业务管理电子档案的单位，如工作中确实需要继续保存纸质档案的，可适当延缓向城建档案馆（室）移交纸质档案的时间。

（2）建设工程电子档案的验收与移交。

1）建设单位在组织工程竣工验收前，提请当地建设（城建）档案管理机构对工程纸质档案进行预验收时，应同时提请对工程电子档案进行预验收。

2）列入城建档案馆（室）接收范围的建设工程，建设单位向城建档案馆（室）移交工程纸质档案时，应当同时移交一套工程电子档案。

3）停建、缓建建设工程的电子档案，暂由建设单位保管。

4）对改建、扩建和维修工程，建设单位应当组织设计、施工单位据实修改、补充、完善原工程电子档案。对改变的部位，应当重新编制工程电子档案，并和重新编制的工程纸质档案一起向城建档案馆（室）移交。

（3）办理移交手续。

1）城建档案馆（室）接收建设电子档案时，应按照要求对电子档案再次检验，检验合格后，将检验结果按照本表 7-35 的要求，填入《建设电子档案移交、接收登记表》，交接双方签字、盖章。

2）登记表应一式两份，移交和接收单位各存一份。

7. 建设电子档案的管理

（1）脱机保管。

1）建设电子档案的保管单位应配备必要的计算机及软、硬件系统，实现建设电子档案的在线管理与集成管理。并将建设电子档案的转存和迁移结合起来，定期将在线建设电子档案按要求转存为一套脱机保管的建设电子档案，以保障建设电子档案的安全保存。

2）脱机建设电子档案（载体）应在符合保管条件的环境中存放，一式 3 套，一套封存保管，一套异地保存，一套提供利用。

3）脱机建设电子档案的保管，应符合条件。

①归档载体应作防写处理。不得擦、划、触摸记录涂层。

②环境温度应保持在 17～20℃；相对湿度应保持在 35%～45%。

③存放时应注意远离强磁场，并与有害气体隔离。

④存放地点必须做到防火、防虫、防鼠、防盗、防尘、防湿、防高温、防光。

⑤单片载体应装盒，竖立存放，且避免挤压。

4）建设电子档案在形成单位的保管，应按照要求执行。

（2）有效存储。

1）建设电子档案保管单位应每年对电子档案读取、处理设备的更新情况进行一次检查登记。设备环境更新时应确认库存载体与新设备的兼容性，如不兼容，必须进行载体转换。

2）对所保存的电子档案载体，必须进行定期检测及抽样机读检验，如发现问题应及时采取恢复措施。

3）应根据载体的寿命，定期对磁性载体、光盘载体等载体的建设电子档案进行转存。转存时必须进行登记，登记内容应按表 7-35 的要求填写。

4）在采取各种有效存储措施后，原载体必须保留 3 个月以上。

（3）迁移。

1）建设电子档案保管单位必须在计算机软、硬件系统更新前或电子文件格式淘汰前，将建设电子档案迁移到新的系统中或进行格式转换，保证其在新环境中完全兼容。

2）建设电子档案迁移时必须进行数据校验，保证迁移前后数据的完全一致。

3）建设电子档案迁移时必须进行迁移登记，登记内容应按附录 G 的要求填写。

4）建设电子档案迁移后，原格式电子档案必须同时保留的时间不少于 3 年，但对于一些较为特殊必须以原始格式进行还原显示的电子档案，可采用保存原始档案的电子图像。

（4）利用。

1）建设电子档案保管单位应编制各种检索工具，提供在线利用和信息服务。

2）利用时必须严格遵守国家保密法规和规定。凡利用互联网发布或在线利用建设电子档案时，应报请有关部门审核批准。

3）对具有保密要求的建设电子档案采用联网的方式利用时，必须按照国家、地方及部门有关计算机和网络保密安全管理的规定，采取必要的安全保密措施，报经国家或地方保密管理部门审批，确保国家利益和国家安全。

4）利用时应采取在线利用或使用复制件，电子档案的封存载体不得外借。脱机建设电子档案（载体）不得外借，未经批准，任何单位或人员不得擅自复制、修改、转送他人。

5）利用者对电子档案的使用应在权限规定范围之内。

（5）鉴定销毁。

建设电子档案的鉴定销毁，应按照国家关于档案鉴定销毁的有关规定执行。销毁建设电子档案必须在办理审批手续后实施，并按表 7-36 的要求填写《建设电子档案销毁登记表》。

（6）统计。

建设电子档案保管单位应及时按年度对建设电子档案的接收、保管、利用及鉴定销毁等情况进行统计。

（7）相关附录表格。

建设电子文件（档案）案卷（或项目）级登记表见表 7-29。

表 7-29　建设电子文件（档案）案卷（或项目）级登记表

<table>
<tr><td rowspan="6">文件特征</td><td>内容</td><td colspan="4"></td></tr>
<tr><td>工程地点</td><td colspan="4"></td></tr>
<tr><td rowspan="2">单位</td><td>名称</td><td colspan="3"></td></tr>
<tr><td>联系方式</td><td colspan="3"></td></tr>
<tr><td>归档时间</td><td colspan="4"></td></tr>
<tr><td>载体类型</td><td colspan="2"></td><td>载体编号</td><td></td></tr>
<tr><td rowspan="4">设备环境特征</td><td>硬件环境（主机、网络服务器型号制造厂商等）</td><td colspan="4"></td></tr>
<tr><td rowspan="3">软件环境（型号、版本等）</td><td>操作系统</td><td colspan="3"></td></tr>
<tr><td>数据库系统</td><td colspan="3"></td></tr>
<tr><td>相关软件（文字处理工具、浏览器、压缩或解密软件等）</td><td colspan="3"></td></tr>
</table>

续表

<table>
<tr><td rowspan="4">文件记录特征</td><td rowspan="2">记录结构（物理、逻辑）</td><td rowspan="2"></td><td rowspan="2">记录类型</td><td rowspan="2">□定长
□可变长
□其他</td><td>记录总数</td></tr>
<tr><td>总字节数</td></tr>
<tr><td>记录字符、图形、音频、视频文件格式</td><td colspan="4"></td></tr>
<tr><td>文件载体</td><td colspan="2">型号：
数量：
备份数：</td><td colspan="2">□一件一盘 □多件一盘
□一件多盘 □多件多盘</td></tr>
<tr><td rowspan="2">制表审核</td><td colspan="5">填表人（签名）
年　月　日</td></tr>
<tr><td colspan="5">审核人（签名）
年　月　日</td></tr>
</table>

建设电子文件（档案）文件级登记表见表 7-30。

表 7-30　文件级登记表

文件编号	文件名	文件稿本代码	文件类别代码	形成时间	载体编号	保管期限	备注

建设电子文件更改记录表见表 7-31。

表 7-31　电子文件更改记录表

序号	电子文件名	更改单号	更改者	更改日期	备注

建设电子文件（档案）载体封面见表7-32。

表7-32　建设电子文件（档案）载体封面

建设电子文件（档案）载体封面
载体编号：
类别：
档号：
套别：
内容：
地址：
编制单位：
编制日期：
保管期限：
密级：
文件格式：
软硬件平台说明：

建设电子档案移交、接收登记表见表 7-33。

表 7-33　建设电子档案移交、接收登记表

<table>
<tr><td>载体编号</td><td colspan="2"></td><td>载体标识</td><td colspan="2"></td></tr>
<tr><td>载体类型</td><td colspan="2"></td><td>载体数量</td><td colspan="2"></td></tr>
<tr><td>载体外观检查</td><td>有无划伤</td><td></td><td>是否清洁</td><td colspan="2"></td></tr>
<tr><td rowspan="2">病毒检查</td><td>杀毒软件名称</td><td></td><td>版本</td><td colspan="2"></td></tr>
<tr><td colspan="5">病毒检查结果报告：</td></tr>
<tr><td rowspan="2">载体存储电子
文件检验项目</td><td>载体存储电子文件总数</td><td></td><td>文件夹数</td><td colspan="2"></td></tr>
<tr><td>已用存储空间</td><td colspan="4">字节</td></tr>
<tr><td rowspan="3">载体存储信息
读取检验项目</td><td>编制说明文件中相关
内容记录是否完整</td><td colspan="4"></td></tr>
<tr><td>是否存有电子
文件目录文件</td><td colspan="4"></td></tr>
<tr><td>载体存储信息
能否正常读取</td><td colspan="4"></td></tr>
<tr><td colspan="2">移交人（签名）
年　月　日</td><td colspan="4">接收人（签名）
年　月　日</td></tr>
<tr><td colspan="2">移交单位审核人（签名）
年　月　日</td><td colspan="4">接收单位审核人（签名）
年　月　日</td></tr>
<tr><td colspan="2">移交单位（印章）
年　月　日</td><td colspan="4">接收单位（印章）
年　月　日</td></tr>
</table>

建设电子档案转存登记表见表 7-34。

表 7-34　建设电子档案转存登记表

<table>
<tr><td>存储设备更新
与兼容性检验
情况登记</td><td colspan="3"></td></tr>
<tr><td>光盘载体
转存登记</td><td colspan="3"></td></tr>
<tr><td>磁性载体
转存登记</td><td colspan="3"></td></tr>
<tr><td colspan="2">填表人（签名）：
年　月　日</td><td>审核人（签名）：
年　月　日</td><td>单位（盖章）：
年　月　日</td></tr>
</table>

建设电子档案迁移登记表见表 7-35。

表 7-35　建设电子档案迁移登记表

<table>
<tr><td>源系统
设备情况</td><td colspan="2">硬件系统：
系统软件：
应用软件：
存储设备：</td></tr>
<tr><td>目标系统
设备情况</td><td colspan="2">硬件系统：
系统软件：
应用软件：
存储设备：</td></tr>
<tr><td>被迁移归档
电子文件情况</td><td colspan="2">源文件格式：
目标文件格式：
迁移文件数：
迁移时间：</td></tr>
<tr><td>迁移检验情况</td><td colspan="2">硬件系统校验：
系统软件校验：
应用软件校验：
存储载体校验：
电子文件内容校验：
电子文件形态校验：</td></tr>
<tr><td>迁移操作者（签名）：

年　月　日</td><td>迁移校验者（签名）：

年　月　日</td><td>单位（盖章）：

年　月　日</td></tr>
</table>

建设电子档案销毁登记表见表 7-36。

表 7-36　建设电子档案销毁登记表

序号	文件名称	文件字号	归档日期	页次	销毁原因	销毁人签字	备注

第六节　建设工程档案立卷、归档、验收与移交的规定

一、分类立卷的原则和方法

1. 原则

（1）立卷应遵循工程文件的自然形成规律，保持卷内文件的有机联系，便于档案的保管、保密和利用。

（2）一个建设工程由多个单位工程组成时，工程文件应按单位工程立卷。

2. 方法

（1）工程准备阶段文件可按建设程序、专业、形成单位等立卷。

（2）竣工验收文件按单位工程、专业等立卷。

（3）监理文件可按单位工程、分部工程、专业、阶段等立卷。

（4）施工文件可按单位工程、分部工程、专业、阶段等立卷。

（5）竣工图可按单位工程、专业等立卷。

（6）声像文件按载体形式分别立卷。

（7）电子文件按载体形式分别立卷。

3. 要求

（1）案卷不宜过厚，文字、照片一般不超过 15 mm，图纸一般不超过 20 mm。

（2）案卷内不应有重份文件，不同载体的文件一般应分别立卷。

二、卷内文件排列与案卷编目的规定

1. 卷内文件的排列

（1）文字材料按事项、专业顺序排列。同一事项的请示与批复、同一文件的印本与定稿、主体与附件不能分开，并按批复在前、请示在后，印本在前、定稿在后，主体在前、附件在后的顺序排列。各类施工文件材料及其内容依时间或工序排列，但定论性或总体性的材料应排列在前。

（2）图纸按专业排列，同专业图纸按图号顺序排列。

（3）既有文字材料又有图纸的案卷，文字材料排前图纸排后。

（4）照片按部位、施工工序排列。

2. 案卷编目

（1）编制卷内文件页号规定。

1）卷内文件均按有书写内容的页面编号。每卷单独编号，页号从“1”开始。

2）页号编写位置：单面书写的文件在右下角；双面书写的文件正面在右下角，背面在左下角，折叠后的图纸一律在右下角。

3）成套图纸或印刷成册的科技文件材料自成一卷的，原目录可代替卷内目录，不必重新编写页码。

4）页号编写应使用号码机。

5）案卷封面、卷内目录、卷内备考表不编写页号。

（2）卷内目录的编制。

1）卷内目录式样宜符合图 7-1 的要求。

2）序号，以一份文件为单位，用阿拉伯数字从“1”依次标注。

3）责任者，填写文件的直接形成单位和个人。有多个责任者时，选择两个主要责任者，其余用“等”代替。

4）文件材料题名，填写文件标题的全称。

5）编制日期，填写文件形成的起止日期。

6）起止页号，填写文件在卷内所排的起始页号。卷内最后一份文件填写起止页号。

7）备注，对卷内文件做必要说明。

8）卷内目录排列在卷内文件首页之前。

（3）照片卷内目录。

（4）卷内备考表的编制应符合规定。

1）卷内备考表的式样宜符合图 7-2 的要求。

2）卷内备考表主要标明卷内文件的总页数、各类文件页数（照片张数）以及立卷单位和接收单位对案卷情况的说明。

3）卷内备考表排列在卷内文件的尾页之后。

（5）案卷封面的编制应符合规定。

1）案卷封面印刷在卷夹的正表面。案卷封面的式样宜符合图 7-3 的要求。

2）档号，由分类号、项目号和案卷号组成。档号由档案保管单位填写。

3）档案馆代号，应填写国家给定的本档案馆的编号。档案馆代号由档案馆填写。

4）案卷题名，应简明、准确地提示卷内文件的内容，包括工程地点、工程名称、卷内文件等内容。

5）责任者，应填写案卷内文件的形成单位或主要责任者。

6）编制日期，应填写案卷内全部文件形成的起止日期，与卷内目录中日期项应对应一致。

7）移交单位，应填写负责移交建设工程档案的单位。

8）密级，分为绝密、机密、秘密 3 种。同一案卷内有不同密级的文件，应以高密级为本卷密级。密级的确定应符合国家有关规定。

9）保管期限，永久是指工程档案需永久保存，长期是指工程档案的保存期限等于该工程的使用寿命，短期是指工程档案保存 20 年以下。

同一案卷内有不同保管期限的文件，该案卷保管期限应从长。保管期限的确定应符合国家有关规定。

10）共几卷，指立卷的建设工程档案的总卷数。

11）第几卷，指本卷在所有档案中所排的卷次。

12）共几页，指本卷的总页数。

3. 图纸折叠

（1）图纸折叠前应保证图纸是按照标准图幅进行绘制，并留有35～40 mm宽度的装订线。如果装订线宽度不足，应对图纸进行裱糊。

（2）图纸折叠应遵循的要求。

1）图纸折叠力求整齐美观，方便查阅，利于长期保存。

2）图纸折叠以A4（210 mm×297 mm）图幅为标准。

3）图纸折叠时图纸内容应折向内。

4）A3图纸折叠见图7-4、图7-5（图中序号表示折叠次序，虚线表示折起的部分，以下同）。

5）A2图纸折叠见图7-6、图7-7、图7-8、图7-9（图中字母代表实际折叠时的相应尺寸，A为折叠后的剩余部分，1/A是将剩余部分对折，B为折叠的幅面宽度减去装订线宽度，C为装订线的宽度，D为折叠后剩余部分，不同图幅的图纸中字母所代表的尺寸不一定相同，以下同）。

6）A1图纸折叠见图7-10、图7-11、图7-12、图7-13。

7）A0图纸折叠见图7-14、图7-15、图7-16。

8）装订线以上无内容的部分，可以进行裁剪。但裁剪时不应裁剪到图纸内容和内框线。

9）图纸折叠后，应在装订线处添加垫块。

4. 案卷装订

（1）案卷应采用装订形式。装订应采用线绳三孔左侧装订法，装订要美观整齐、牢固，便于保管和利用。

（2）装订时必须剔除金属物。

5. 案卷装具

（1）案卷装具要求采用卷盒和卷夹两种形式。

1）卷盒的外表尺寸为310 mm×220 mm，厚度为20 mm、30 mm。

2）卷夹的外表尺寸为305 mm×215 mm。

（2）卷盒、卷夹应采用无酸纸制作。

三、建设工程档案的移交内容及时限

1. 建设工程档案验收要求

（1）验收范围。

重庆市所有建设工程项目完工后，其建设工程档案必须进行建设工程档案专项验收，并取得建设行政主管部门出具的验收意见。否则，建设单位不得组织工程竣工验收。

（2）验收条件。

1）建设工程已按照合同完成施工内容，其建设工程档案按相关要求，收集齐全，且已立卷。

2）监理单位、建设单位对建设工程档案内容的真实性、齐全性已进行审查认定。

3）应提供两套收集齐全、整理成册的建设工程档案及其相应的《城建档案案卷目录》。

4）由建设单位会同监理单位、施工单位提交《建设工程档案验收申请暨受理通知书》《城建档案案卷目录》和《建设工程档案报送责任书》于建设行政主管部门报件窗口，申请档案专项验收。

（3）验收程序。

1）单位工程档案专项验收。

单位工程施工完毕后，施工单位形成单位工程档案，且具备验收条件，对单位工程档案进行验收。验收合格出具《单位工程档案验收意见书》。

2）建设工程档案专项验收。

建设工程按有关规定全部完成，在单位工程档案分别验收合格的基础上对工程准备阶段文件、监理文件及建设工程验收文件进行档案专项验收。验收合格后出具《建设工程档案验收意见书》。

（4）验收内容。

1）完整性，建设工程档案内容齐全、完整。

2）准确性，文件材料填写齐全、及时、准确，签章完善，竣工图编制符合规范。

3）系统性，文件材料按工程实施程序分类、分专业、分部位整理有序，有城建档案案卷目录和文件材料目录。

4）归档要求，文件材料使用优质纸张，书写材料用规定墨水，字迹工整，线条清晰，原件归档，装订规范、美观，案卷要素完善。

5）声像及电子档案，原貌、施工过程、竣工验收主要环节有照片和录像，且应独立成卷。应对相应纸质档案进行扫描，扫描件档案在工程档案移交时检查其是否符合要求。

6）其他要求，参建各方领导重视档案工作，档案人员持有有效的《城建档案管理员证》。

（5）验收组织。

1）单位工程档案专项验收由建设单位组织，城乡建设档案管理机构、监理单位、施工单位相关人员参加。验收评定小组由城乡建设档案管理机构会同建设单位、监理单位组成。

2）建设工程档案专项验收由建设单位组织，城乡建设档案管理机构、监理单位、施工单位代表相关人员参加。验收评定小组由城乡建设档案管理机构会同建设单位、监理单位组成。

（6）验收意见。

1）建设行政主管部门自受理之日起 15 个工作日内出具验收意见。

2）按照市、区县（自治县）档案管理权限划分的相关规定，市建设行政主管部门、各区县（自治县）建设行政主管部门分别出具验收意见。

3）在填写《建设工程档案验收意见书》时，建设、监理单位主要针对档案内容的完整性和真实性填写审查意见。城乡建设档案管理机构主要针对档案分类整理的合理性和符合归档要求情况填写审查意见。

2. 建设工程档案报送要求

（1）报送建设工程档案责任单位。

1）建设单位是向城建档案馆（室）报送建设工程档案的责任单位，应当组织建设工程参建单位认真编制建设工程档案，建设工程竣工后负责汇总全部建设工程档案向城建档案馆（室）报送。

2）勘察、设计单位应按合同约定套数将形成的相关档案文件向建设单位移交。

3）监理单位应按合同约定套数将专项验收合格的工程竣工档案向建设单位移交。

4）施工分包单位应按合同约定套数将专项验收合格的分包工程竣工档案向施工总承包单位移交。

5）施工总承包单位应按合同约定套数将专项验收合格的工程竣工档案向建设单位移交。

（2）建设工程档案移交范围。

1）市级以上（含市级）重点工程、主城区（含北部新区）以及跨区县（自治县）建设工程档案向市城乡建设档案管理机构移交。

2）其他的建设工程档案向主城区外其他区县（自治县）城建档案管理机构移交。

（3）报送建设工程档案内容。

报送建设工程档案内容应符合国家标准《建设工程文件归档整理规范》及重庆市的相关规定由城建档案馆（室）保存的内容，包括工程准备阶段文件、监理文件、施工文件、竣工图、竣工验收文件、声像和电子文件。

（4）报送建设工程档案质量要求。

1）建设工程档案必须经过城乡建设主管部门专项验收合格，并对验收中提出的有关问题全部整改完善。

2）对已验收合格的工程准备阶段文件、竣工验收文件和竣工图纸质档案按规定扫描形成电子文件。声像档案和电子档案经过城乡建设档案管理机构专项检查达到归档要求。

3）报送城建档案馆（室）的建设工程档案应为原件或者副本。

（5）报送建设工程档案手续。

1）《建设工程档案移交书》，是移交单位与接收单位办理档案移交时产生的文件，其内容包括移交档案的内容和责任单位、责任人。

2）移交目录，移交档案应提交《城建档案案卷目录》或移交文件清单。

3）建设工程文件形成单位向建设单位移交：

①勘察、设计单位向建设单位移交相关建设工程技术文件应填写移交文件清单，双方签字盖章后方可办理交接。

②监理单位向建设单位移交档案应编制《城建档案案卷目录》，双方签字盖章后方可办理交接。

③施工总承包单位向建设单位移交档案应编制《城建档案案卷目录》，双方签字盖章后方可办理交接。施工分包单向施工总承包单位移交档案应编制《城建档案案卷目录》或者移交文件清单，双方签字盖章后方可办理交接。

4）建设单位向城乡建设档案管理机构移交。

建设单位以建设工程或单位工程为基本单位，汇总全部的纸质档案、声像档案及电子档案，按前期准备阶段文件、竣工验收文件、监理文件、施工文件、竣工图、声像和电子档案的顺序汇总重新排列《城建档案案卷目录》（纸质、电子文件各一份）。

填写城建档案著录单（纸质、电子文件各一份），著录信息应按《城市建设档案著录规范》进行记录，要求内容齐全、完整、准确。

填写建设工程档案移交书一式六份，要求移交内容填写准确，责任单位盖章，相关责任人签字（或盖章），并写明移交时间。

（6）报送建设工程档案程序。

1）建设单位应按照相关法规的要求，提供一套符合要求的建设工程档案（含档案盒夹）报送城建档案馆（室）。

2）城建档案馆（室）核查建设工程档案的移交目录和档案实物，做到账物相符，达到移交条件。

3）建设单位与城建档案管理部门办理移交手续。

（7）报送建设工程档案时限。

勘察、设计、施工、监理等工程文件形成单位应按合同规定时间向建设单位报送。

建设单位在建设工程竣工验收后及竣工验收备案前，应当向城建档案馆（室）报送一套符合规定的建设工程档案。

（8）停建、缓建工程档案的保管。

停建、缓建建设工程的档案，暂由建设单位保管。

四、重庆市城乡建设委员会档案移交相关附录

1. 附录：建设工程档案报送责任书

（1）基本情况。

工程名称：________________

工程地址：________________

建设规模：________________　　工程造价/万元：________________

计划开工日期：________________　　计划竣工日期：________________

建设单位：________________

项目负责人：________________　　联系电话：________________

城建档案管理员：________________　　联系电话：________________

监理单位：________________

总监理工程师：________________　　联系电话：________________

施工单位：________________

项目经理：________________　　联系电话：________________

城建档案管理员：________________　　联系电话：________________

建设工程档案业务指导及验收单位：________________

联系人：________________　　联系电话：________________

建设工程档案接收单位：

（2）建设工程档案报送内容及范围。

1）建筑工程档案报送内容及范围按《重庆市建设委员会关于印发重庆市〈建设工程技术用表〉和〈建设工程文件归档内容一览表〉的通知》（渝建发〔2005〕226号）文件规定执行，建筑节能工程档案报送内容及范围按《重庆市建设委员会关于发布〈建设工程施工质量验收规范用表（建筑节能分部工程）〉和〈建设工程技术用表（建筑节能工程）〉的通知》（渝建发〔2008〕76号）文件执行。

2）市政工程档案报送内容及范围按《重庆市城乡建设委员会关于印发〈重庆市市政基础设施工程施工技术用表〉和〈重庆市市政基础设施工程文件归档内容一览表〉的通知》（渝建发〔2010〕93号）文件执行。

3）其他专业工程档案移交内容及范围按相关行业标准规定执行。

以上所涉及的文件具体内容详见重庆市城乡建设委员会或重庆市城市建设档案馆网站。

（3）责任条款及处罚措施。

1）建设单位应按国家和市有关建设工程档案管理规定，及时收集、整理建设工程各环节的文件材料，建立健全建设工程档案管理制度。

2）城建档案管理机构按照有关建设工程档案管理规定，对该建设工程档案的形成、收集进行指导。

3）建设工程竣工验收前，建设单位应当持有关材料向建设行政主管部门提请建设工程档案专项验收。

4）建设单位在建设工程档案专项验收合格后，方可组织竣工验收。专项验收不合格的，建设单位应按照要求整改、补充，重新提请专项验收。

5）建设工程竣工验收后，建设单位应当向市城建档案馆报送一套完整的建设工程档案。报送的建设工程档案符合要求的，市城建档案馆出具接收凭证。建设单位取得接收凭证后，方可办理工程竣工验收备案。建设单位未报送建设工程档案，建设行政主管部门不予办理工程竣工验收备案。

6）根据《建设工程质量管理条例》（国务院令　第279号）第五十九条规定“建设工程竣工验收后，建设单位未向建设行政主管部门或者其他有关部门移交建设项目档案的，责令改正，处1万元以上10万元以下的罚款”。

2. 附录一：城建档案卷内目录

城建档案卷内目录见图7-1。

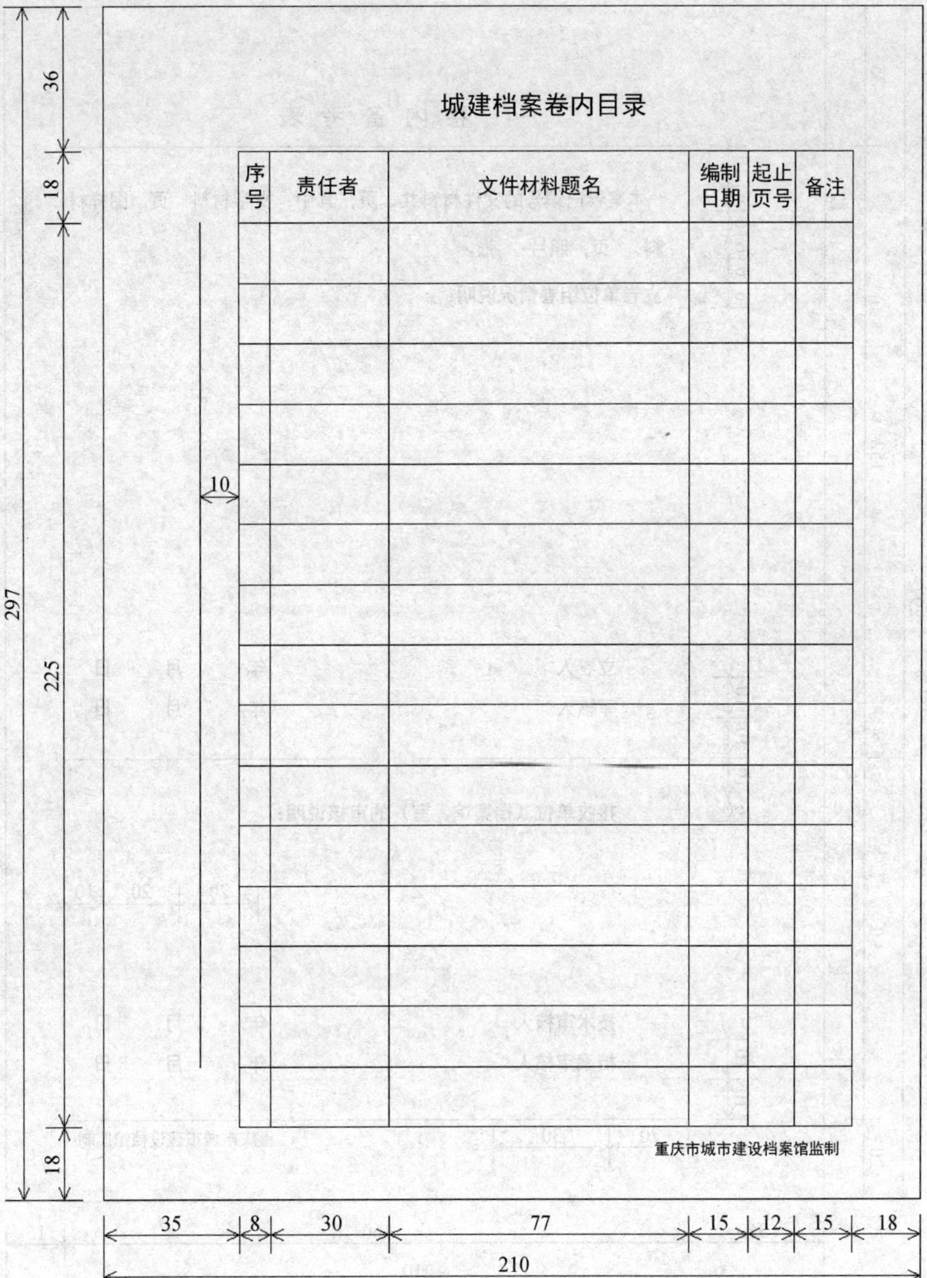

单位：mm

图 7-1　城建档案卷内目录

3. 附录二：卷内备考表

卷内备考表见图 7-2。

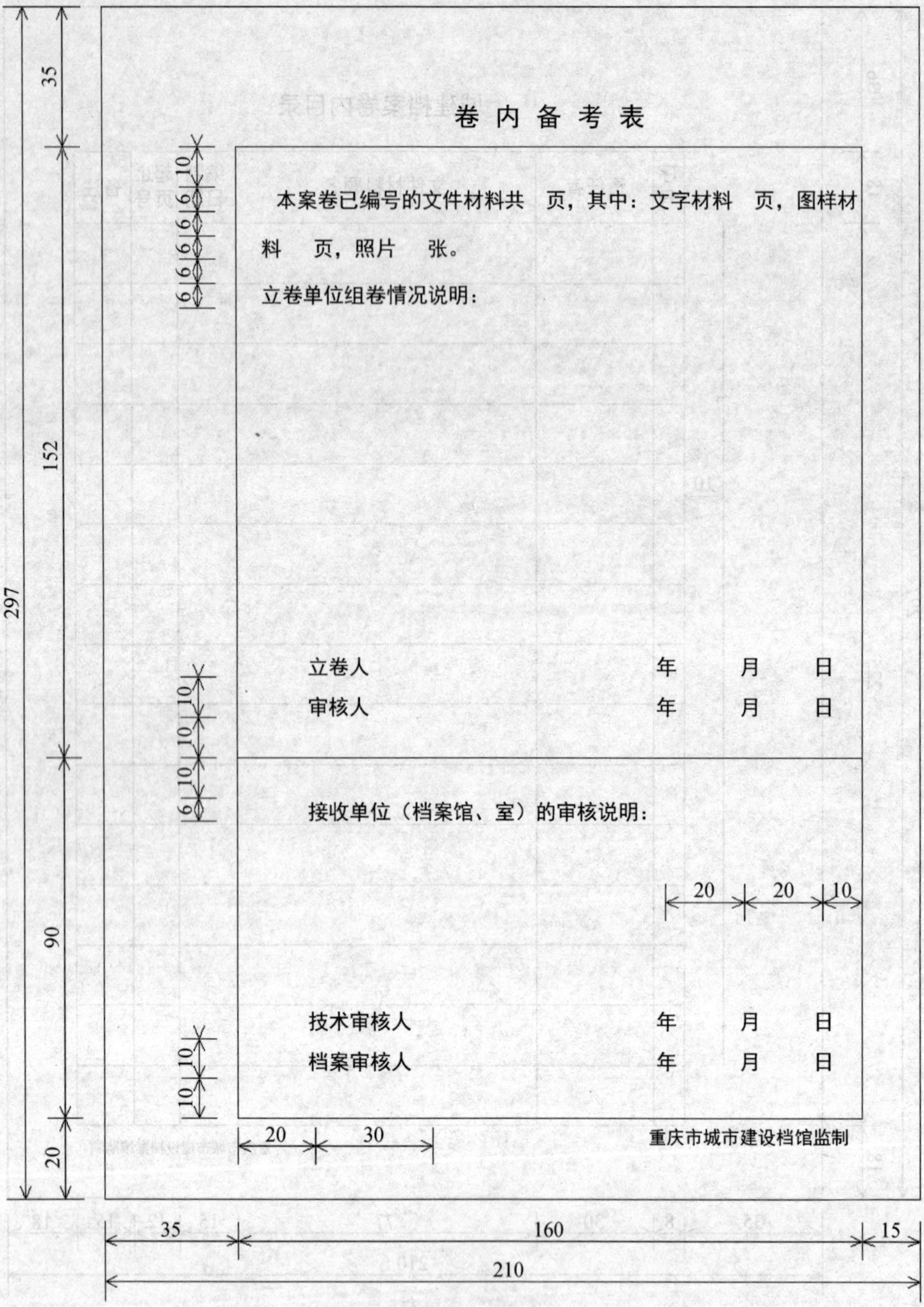

单位：mm

图 7-2 卷内备考表

4. 附录三：案卷封面

案卷封面见图 7-3。

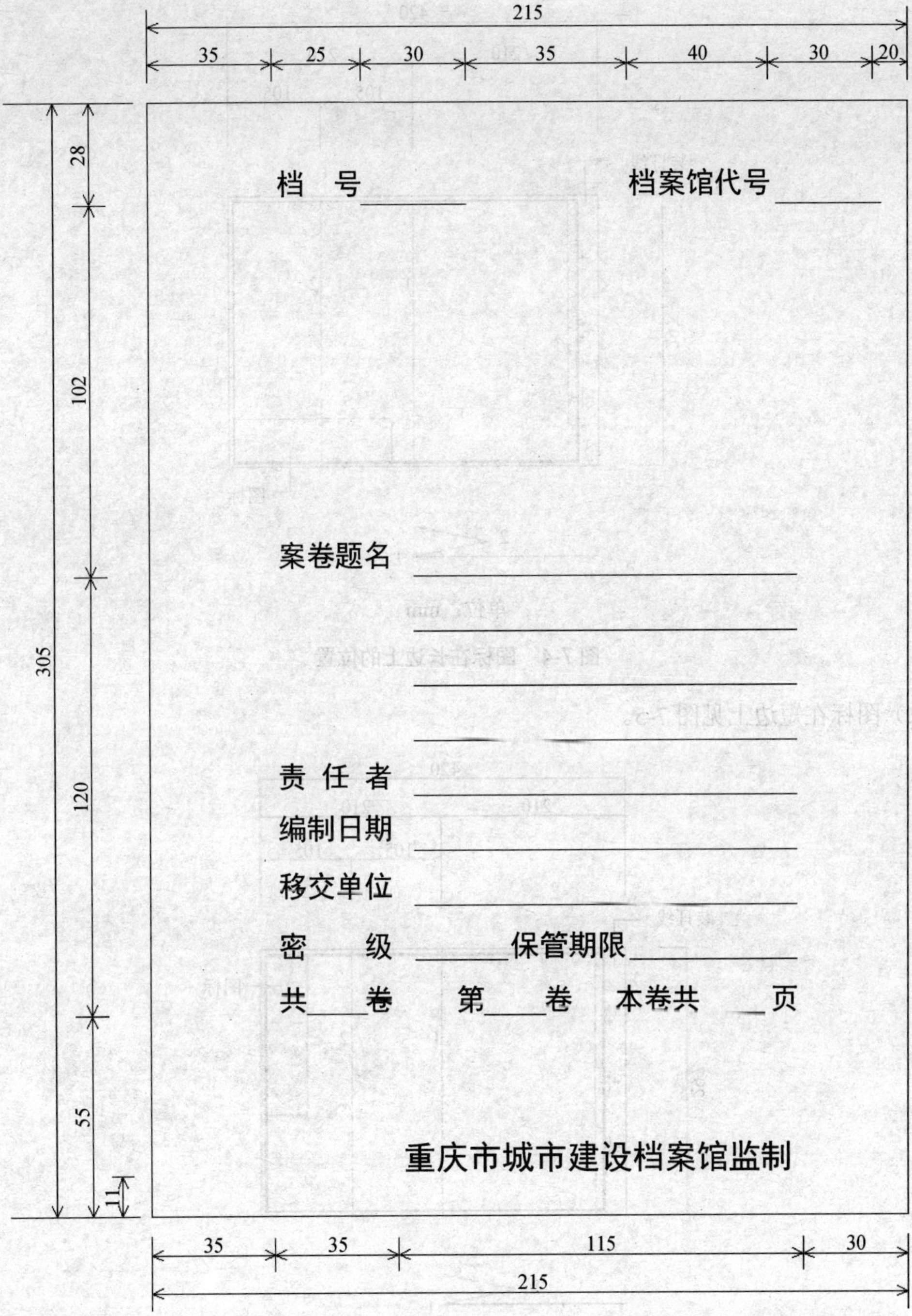

单位：mm

图 7-3　案卷封面

5. 附录四：A3 图纸折叠

（1）图标在长边上见图 7-4。

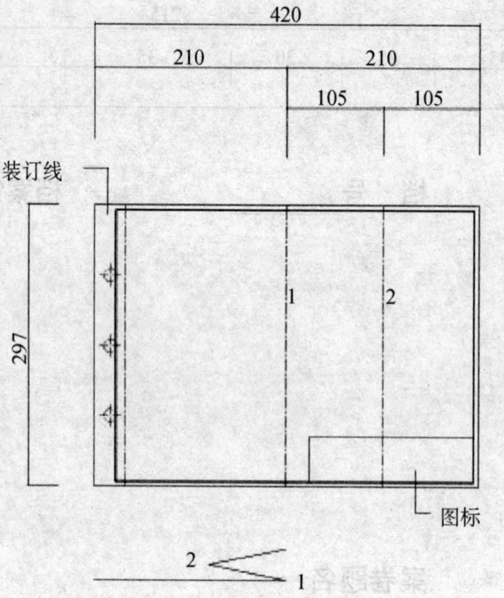

单位：mm

图 7-4　图标在长边上的位置

（2）图标在短边上见图 7-5。

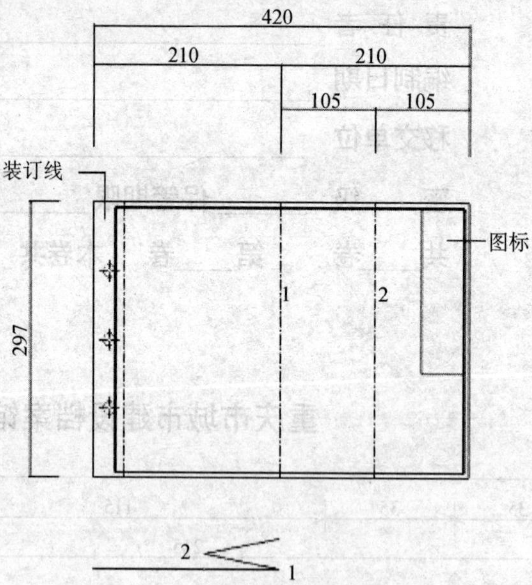

单位：mm

图 7-5　图标在短边上的位置

6. 附录五：A2 图纸折叠

（1）图标在长边上折叠方法示意一见图 7-6。

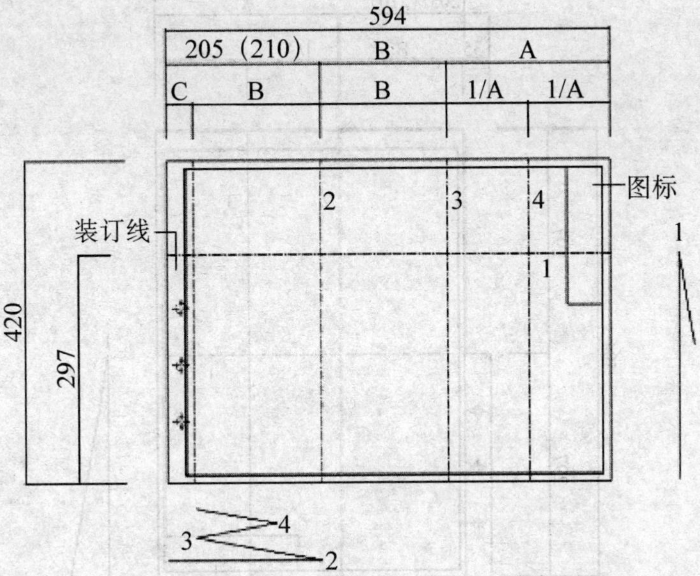

单位：mm

图 7-6　图标在长边上折叠方法示意图一

（2）图标在长边上折叠方法示意二见图 7-7。

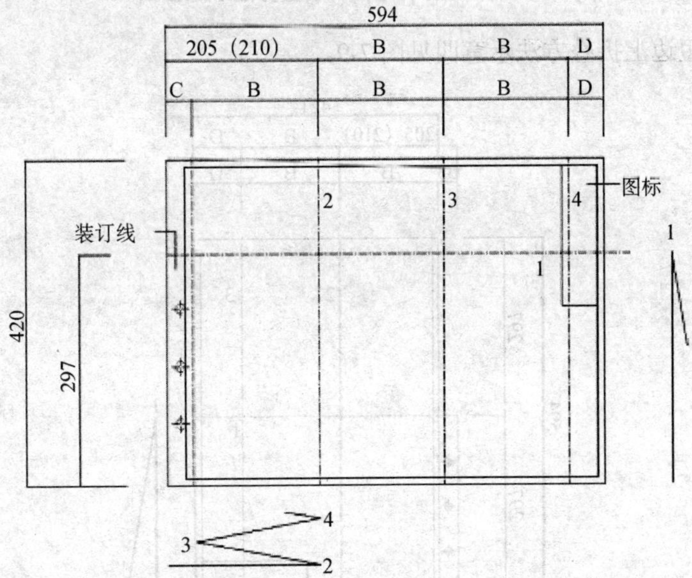

单位：mm

图 7-7　图标在长边上折叠方法示意图二

（3）图标在短边上折叠方法示意三见图 7-8。

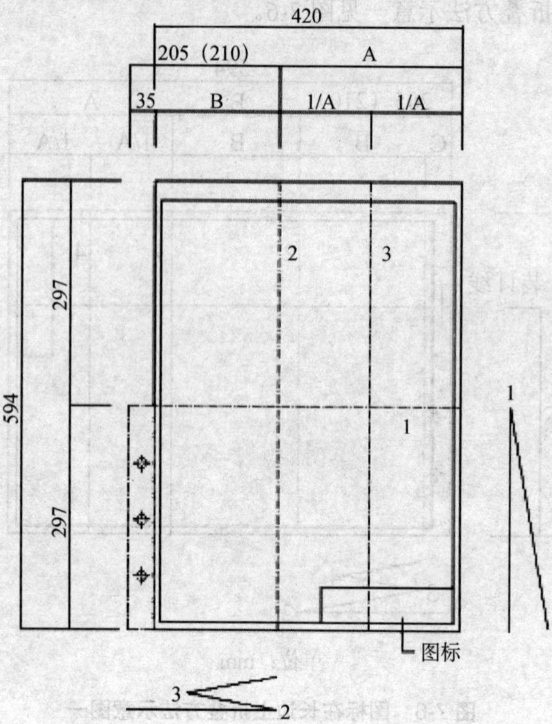

单位：mm

图 7-8　图标在短边上折叠方法示意图三

（4）图标在短边上折叠方法示意四见图 7-9。

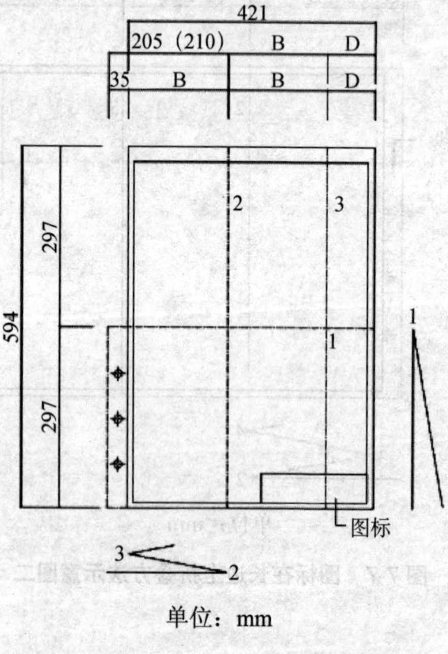

单位：mm

图 7-9　图标在短边上折叠方法示意图四

7. 附录六：图纸折叠

（1）图标在长边上折叠方法示意一见图 7-10。

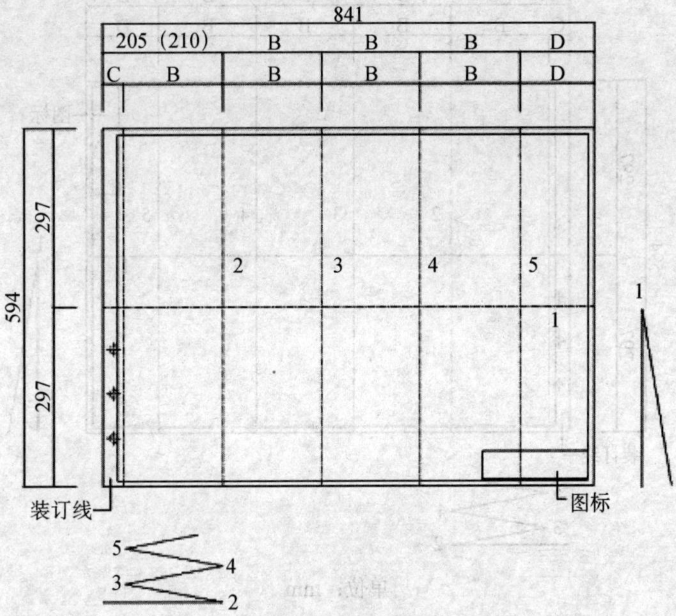

单位：mm

图 7-10　图标在长边上折叠方法示意图一

（2）图标在长边上折叠方法示意二见图 7-11。

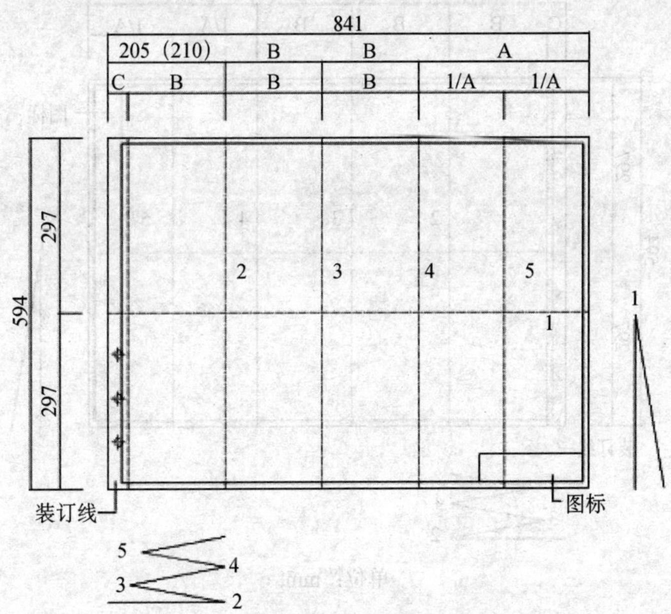

单位：mm

图 7-11　图标在长边上折叠方法示意图二

（3）图标在短边上折叠方法示意一见图 7-12。

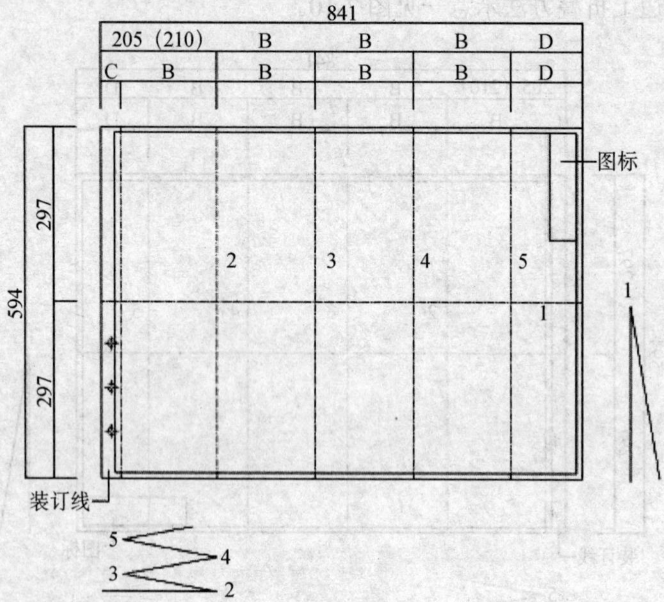

单位：mm

图 7-12　图标在短边上折叠方法示意图一

（4）图标在短边上折叠方法示意二见图 7-13。

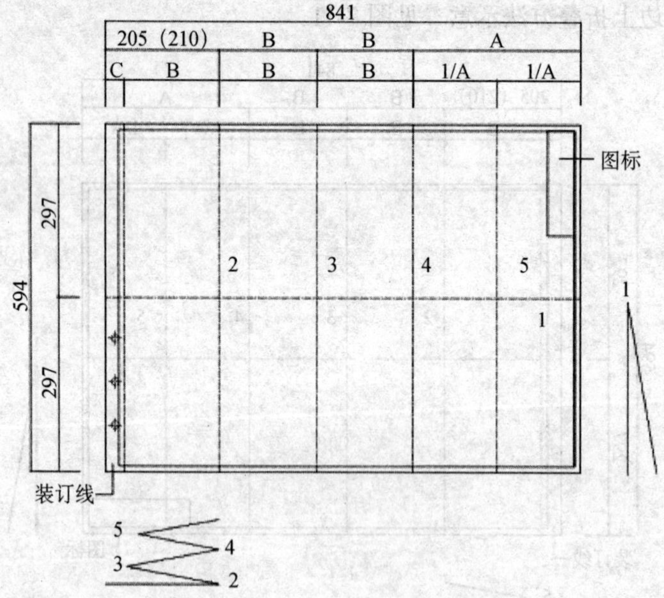

单位：mm

图 7-13　图标在短边上折叠方法示意图二

8. 附录七：A0 图纸折叠

（1）图标在长边上折叠方法示意一见图 7-14。

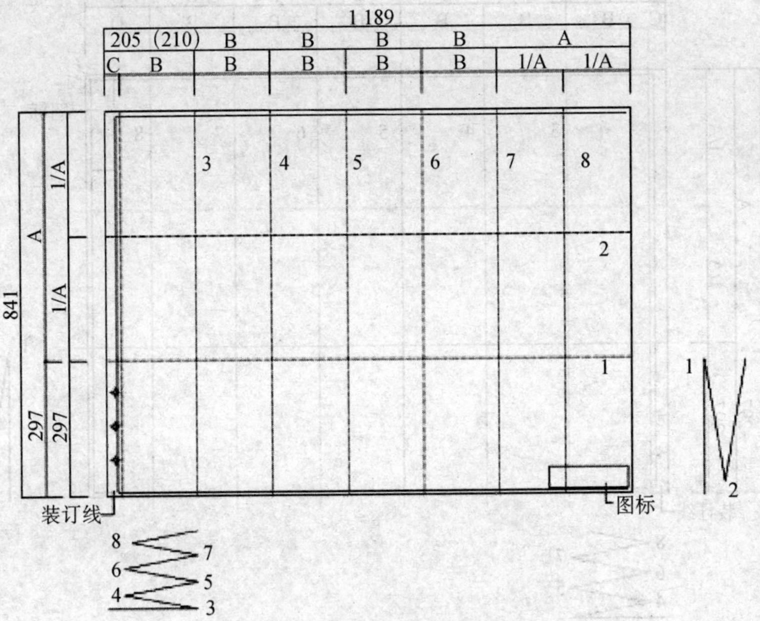

单位：mm

图 7-14　图标在长边上折叠方法示意图一

（2）图标在长边上折叠方法示意二见图 7 15。

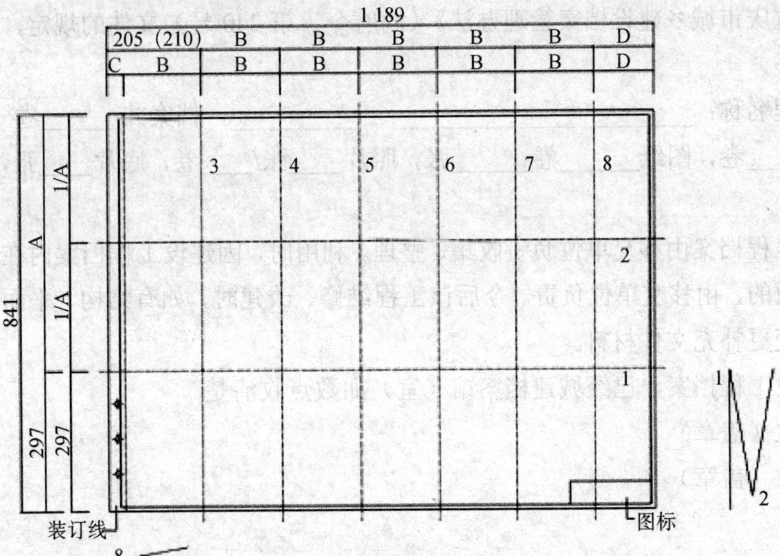

单位：mm

图 7-15　图标在长边上折叠方法示意图二

（3）图标在短边上折叠方法示意见图 7-16。

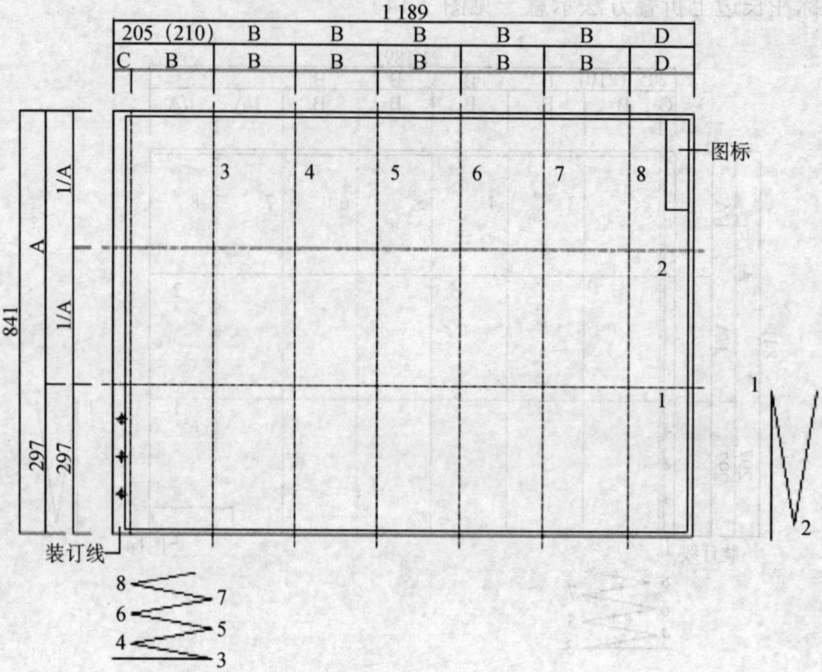

单位：mm

图 7-16　图标在短边上折叠方法示意

9. 附录八：建设工程档案移交书

根据《重庆市城乡建设档案管理办法》（渝府令　第 240 号）文件的规定，向城建档案馆（室）移交。

建设工程名称：________________________________，档案共______卷（册），其中：文字材料______卷，图纸______卷______张，照片____张/____卷，底片____张，光盘____张，其他：____。

该建设工程档案由移交单位负责收集、整理。利用时，因建设工程档案内在质量问题造成的损失和事故的，由移交单位负责。今后该工程维修、改建时，如有结构、平面布置等重大变更，应报送变更补充文件材料。

上述建设工程档案，已经城建档案馆（室）如数点收清楚。

移交单位（盖章）

接收单位（盖章）

负责人：

验收人：

移交人：

接收人：

移交日期：　　　年　　　月　　　日

注：移交书一式六份，移交方存两份，接收方存四份，对移交建设工程档案有需要说明的问题，可另附材料。

10. 附录九：建设工程档案验收申请暨受理通知书

建设工程档案验收申请暨受理通知书见表 7-37。

表 7-37　建设工程档案验收申请暨受理通知书

<table>
<tr><td>工程名称</td><td colspan="5"></td></tr>
<tr><td>工程地址</td><td colspan="2"></td><td>建设规模</td><td colspan="2"></td></tr>
<tr><td>申请单位地址</td><td colspan="2"></td><td>固定电话</td><td colspan="2"></td></tr>
<tr><td>电子邮箱</td><td colspan="5"></td></tr>
<tr><td>档案员姓名</td><td></td><td>岗位证书号</td><td></td><td>拟定验收时间</td><td></td></tr>
<tr><td colspan="6">交市城建档案馆档案数量（一套）____________（卷）</td></tr>
<tr><td colspan="6">施工单位档案自查意见：

项目经理：
（公章）　　年　月　日</td></tr>
<tr><td colspan="6">监理单位审查意见：

总监理工程师：
（公章）　　年　月　日</td></tr>
<tr><td colspan="6">建设单位审查意见：

项目负责人：
（公章）　　年　月　日</td></tr>
<tr><td colspan="6">城建档案部门意见：

业务指导人：
年　月　日</td></tr>
<tr><td colspan="6">1. 工程档案验收应提前向市城建档案馆提出申请。
2. 市城建档案馆联系电话：　　　　建委政务中心：
3. 建设单位联系电话：　　　　施工单位联系电话：</td></tr>
</table>

11. 附录十：建设工程档案验收一览表

建设工程档案验收一览表见表 7-38。

表 7-38　建设工程档案验收一览表

工程名称				地址	
建筑面积		楼层		高度	
立项批准文号				计划投资	
开工日期				竣工日期	

单　位　名　称		资质等级	法定代表人	职务、职称
建设单位				
勘察单位				
设计单位				
监理单位				
施工单位（含分包单位）				

	档案内容	档案员姓名	岗位证书号	等级	责任单位
工程档案验收情况	前期文件				
	竣工验收文件				
	土建工程				
	给排水工程				
	电气安装工程				
	空调安装工程				
	消防工程				
	电梯工程				
	装饰工程				
	其他工程				

档案接收情况：

城建档案接收单位：盖章

年　月　日

12. 附录十一：建设工程档案验收意见书

建设工程档案验收意见书见表 7-39。

表 7-39　建设工程档案验收意见书

<table>
<tr><td>工程名称</td><td></td><td>工程地址</td><td></td></tr>
<tr><td>建设规模</td><td colspan="3"></td></tr>
<tr><td>立项批准文号</td><td></td><td>计划投资</td><td></td></tr>
<tr><td>开工日期</td><td></td><td>竣工日期</td><td></td></tr>
<tr><td>建设单位
审查意见</td><td colspan="3">单位技术负责人签字：　　单位公章
年　月　日</td></tr>
<tr><td>监理单位
审查意见</td><td colspan="3">单位总监签字：　　单位公章
年　月　日</td></tr>
<tr><td>城建档案
管理机构
验收意见</td><td colspan="3">单位负责人签字：　　单位公章
年　月　日</td></tr>
</table>

13. 附录十二：建设工程档案验收评定表

建设工程档案验收评定表见表 7-40。

表 7-40　建设工程档案验收评定表

<table>
<tr><td rowspan="2" colspan="2">序号</td><td>工程名称</td><td colspan="4"></td></tr>
<tr><td>工程地址</td><td></td><td>应得分</td><td>扣分</td><td>实得分</td></tr>
<tr><td rowspan="6">一、（30分）</td><td rowspan="6">完整</td><td>1</td><td>前期文件材料的项目及内容齐全</td><td>4</td><td></td><td></td></tr>
<tr><td>2</td><td>设计文件材料的项目及内容齐全</td><td>3</td><td></td><td></td></tr>
<tr><td>3</td><td>竣工验收文件材料的项目及内容齐全</td><td>3</td><td></td><td></td></tr>
<tr><td>4</td><td>施工技术文件材料的项目及内容齐全</td><td>10</td><td></td><td></td></tr>
<tr><td>5</td><td>竣工图（新蓝图）齐全</td><td>5</td><td></td><td></td></tr>
<tr><td>6</td><td>工程原貌、施工过程、竣工验收主要环节有照片、录像、录音声像档案</td><td>5</td><td></td><td></td></tr>
<tr><td rowspan="5">二、（30分）</td><td rowspan="5">准确</td><td>1</td><td>文件材料内容表述完整、填写齐全</td><td>5</td><td></td><td></td></tr>
<tr><td>2</td><td>文字材料内容真实、准确</td><td>5</td><td></td><td></td></tr>
<tr><td>3</td><td>文字材料内容签证、签字完善</td><td>5</td><td></td><td></td></tr>
<tr><td>4</td><td>基础竣工图重新绘制</td><td>5</td><td></td><td></td></tr>
<tr><td>5</td><td>按规定修改绘制竣工图、图物一致、签字齐全、符合制图规范</td><td>10</td><td></td><td></td></tr>
<tr><td rowspan="2">三、（10分）</td><td rowspan="2">系统</td><td>1</td><td>文字材料按工程实施程序分类组卷整理有序</td><td>5</td><td></td><td></td></tr>
<tr><td>2</td><td>竣工图按专业分部位整理有序</td><td>5</td><td></td><td></td></tr>
<tr><td rowspan="5">四、（20分）</td><td rowspan="5">归档要求</td><td>1</td><td>制作材料优质纸张</td><td>3</td><td></td><td></td></tr>
<tr><td>2</td><td>书写材料用规定墨水和档案复写纸</td><td>3</td><td></td><td></td></tr>
<tr><td>3</td><td>书写字迹工整、线条清晰</td><td>5</td><td></td><td></td></tr>
<tr><td>4</td><td>两套原件归档</td><td>5</td><td></td><td></td></tr>
<tr><td>5</td><td>案卷要素完善、整齐美观、规范</td><td>4</td><td></td><td></td></tr>
<tr><td rowspan="3">五、（10分）</td><td rowspan="3">重视程度</td><td>1</td><td>单位领导重视情况</td><td>3</td><td></td><td></td></tr>
<tr><td>2</td><td>工程档案人员持证上岗情况</td><td>3</td><td></td><td></td></tr>
<tr><td>3</td><td>档案验收在工程竣工验收前</td><td>4</td><td></td><td></td></tr>
<tr><td colspan="4">合　　计</td><td>100</td><td></td><td></td></tr>
</table>

评定结果： 年　月　日	建设单位技术负责人： 年　月　日	监理单位总监： 年　月　日	城建档案机构技术业务指导人： 年　月　日

14. 附录十三：单位工程竣工档案验收意见书

单位工程竣工档案验收意见书见表7-41。

表7-41　单位工程竣工档案验收意见书

<table>
<tr><td>单位工程名称</td><td></td><td>工程地址</td><td></td></tr>
<tr><td>建设规模</td><td colspan="3"></td></tr>
<tr><td>合同造价</td><td></td><td>结算总造价</td><td></td></tr>
<tr><td>开工日期</td><td></td><td>竣工日期</td><td></td></tr>
<tr><td>建设单位
审查意见</td><td colspan="3">单位技术负责人签字：　　单位公章
年　月　日</td></tr>
<tr><td>监理单位
审查意见</td><td colspan="3">单位总监签字：　　单位公章
年　月　日</td></tr>
<tr><td>城建档案
管理机构
验收意见</td><td colspan="3">单位负责人签字：　　单位公章
年　月　日</td></tr>
</table>

15. 附录十四：市政工程档案验收一览表

市政工程档案验收一览表见表 7-42。

表 7-42　市政工程档案验收一览表

<table>
<tr><td colspan="2">工程名称</td><td colspan="3"></td><td>地址</td><td colspan="2"></td></tr>
<tr><td colspan="2">建筑面积</td><td colspan="6"></td></tr>
<tr><td colspan="2">立项批准文号</td><td colspan="3"></td><td>计划投资</td><td colspan="2"></td></tr>
<tr><td colspan="2">开工日期</td><td colspan="3"></td><td>竣工日期</td><td colspan="2"></td></tr>
<tr><td colspan="4">单位名称</td><td>资质等级</td><td>法定代表人</td><td colspan="2">职务、职称</td></tr>
<tr><td colspan="2">建设单位</td><td colspan="2"></td><td></td><td></td><td colspan="2"></td></tr>
<tr><td colspan="2">勘察单位</td><td colspan="2"></td><td></td><td></td><td colspan="2"></td></tr>
<tr><td colspan="2">设计单位</td><td colspan="2"></td><td></td><td></td><td colspan="2"></td></tr>
<tr><td colspan="2">监理单位</td><td colspan="2"></td><td></td><td></td><td colspan="2"></td></tr>
<tr><td colspan="2" rowspan="3">施工单位
（含分包单位）</td><td colspan="2"></td><td></td><td></td><td colspan="2"></td></tr>
<tr><td colspan="2"></td><td></td><td></td><td colspan="2"></td></tr>
<tr><td colspan="2"></td><td></td><td></td><td colspan="2"></td></tr>
<tr><td rowspan="10">工程档案验收情况</td><td>档案内容</td><td colspan="2">档案员姓名</td><td>岗位证书号</td><td>等　级</td><td colspan="2">责　任　单　位</td></tr>
<tr><td>前期文件</td><td colspan="2"></td><td></td><td></td><td colspan="2"></td></tr>
<tr><td>竣工验收及备案文件</td><td colspan="2"></td><td></td><td></td><td colspan="2"></td></tr>
<tr><td>道路工程</td><td colspan="2"></td><td></td><td></td><td colspan="2"></td></tr>
<tr><td>桥梁工程</td><td colspan="2"></td><td></td><td></td><td colspan="2"></td></tr>
<tr><td>隧道工程</td><td colspan="2"></td><td></td><td></td><td colspan="2"></td></tr>
<tr><td>给、排水工程</td><td colspan="2"></td><td></td><td></td><td colspan="2"></td></tr>
<tr><td>电照工程</td><td colspan="2"></td><td></td><td></td><td colspan="2"></td></tr>
<tr><td>管网工程</td><td colspan="2"></td><td></td><td></td><td colspan="2"></td></tr>
<tr><td>其他工程</td><td colspan="2"></td><td></td><td></td><td colspan="2"></td></tr>
<tr><td colspan="8">档案接收情况：

城建档案接收单位：
盖章
年　月　日</td></tr>
</table>

第八章　资料安全管理

施工文件档案资料是信息和载体的有机结合，前者表现为信息符号，后者表现为具体的物质承载物，是工程文件档案资料的具体承载方式。施工文件档案资料的安全管理是指文档资料形成单位、保存单位对施工文档资料采取有效保护措施，避免文档资料在收集、保存、发放和借阅过程中受到自然灾害和人为侵害，并使其处于安全状态的管理工作。施工文件档案资料的安全管理主要包括资料的信息安全管理和资料的物资载体的安全管理。

资料安全管理是指资料形成单位、资料保存单位对工程资料实体和信息内容采取有效保护措施，避免受到自然灾害或人为侵害，并使其处于安全状态的管理工作。其内容包括资料安全管理职责、工程资料实体安全管理、资料信息安全管理和资料库房安全管理。

资料安全管理工作应遵循严格管理、预防为主、防治结合、确保安全的原则。

第一节　资料安全管理责任制度

施工文件档案资料载体的物质性，决定了施工文件档案资料存在的有限性。施工文件档案资料外部的生存环境如温度、湿度、气候、空气质量和档案资料内部本身制作、书写材料的优劣等，对档案资料的寿命都将产生直接的影响。施工文档资料载体的安全取决于载体的保存环境管理和载体本身的质量管理。

一、资料安全管理职责

项目负责人在工程施工期间要加强对资料管理部门安全管理工作的领导，明确分管领导，制定资料安全责任制，将资料安全工作列入本单位的议事日程和工作计划之中，及时研究和解决存在的问题，确保资料安全管理工作责任的落实。

资料管理部门应履行资料安全管理工作的职责

（1）概述。

1）各级资料管理部门负责单位工程资料安全的综合管理工作。

2）上级资料管理部门负责指导下级资料管理部门的档案安全管理工作。

3）各级资料管理部门对同级各单位资料安全管理工作负有指导、监督、检查的职责。

4）上级机关对下级机关、单位的资料安全管理工作负有指导、监督、检查的职责。

（2）各单位应加强工程资料安全宣传教育，要采用多种形式开展教育活动，增强全员资料安全意识，并使资料安全教育经常化、制度化。

（3）建立健全工程资料安全管理制度，每年计划预算中应确保合理的经费投入，保证资料安全管理工作的需要，做到每年有计划、有检查、有总结。

（4）各资料管理部门应根据本单位实际情况制定周密细致、便于操作、切实有效的突发性灾害、事故应急处置预案（包括应对火警、防台防汛、地震、信息管理系统受侵害、意外事故等），不断完善应急措施，随时应对可能出现的各种突发性事件，确保资料实体和资料信息的安全。

（5）工程资料管理人员应熟知资料安全保护知识，定期进行资料安全检查，做好检查记录，发现问题或安全隐患应及时向分管领导汇报，并采取相应的处理措施。

（6）各级资料管理部门应定期在所辖行政区域开展全面、细致的资料安全检查，对检查情况和发现的问题要进行认真分析，并采取切实有效的措施，督促有关单位限时整改。

（7）发生资料安全事故的单位应及时向主管领导和上级机关报告，同时组织在第一时间进行抢救恢复，严禁瞒报、迟报。

二、资料实体安全管理

管理的具体措施

（1）各单位应确保在工作活动过程中形成的具有保存价值的文件材料收集齐全、完整、真实、准确，并及时归档（包括电子版本）。

（2）各单位应依法定期将具有长远保存价值的文件资料向有关档案馆移交。撤销单位的文件资料或由于保管条件恶劣可能导致资料不安全的，应提前向档案馆移交或寄存。

（3）建立健全工程资料调卷、归卷制度，规范资料提供利用过程中借阅登记和及时归卷的程序，建立工程资料、人员出入库登记制度，确保工程资料安全万无一失。

（4）资料管理工作人员每年应对库藏文件资料进行一次清点核对，做到登记台账与存档资料实体相符。

（5）各级资料管理部门应掌握存档资料安全保管情况，每年定期进行10%的安全性抽样检查，发现问题应及时采取措施予以处理。

（6）新收集文件资料必须经消毒、除尘后方能入库，并对消毒杀虫情况进行登记。

（7）对老化、破损、褪色、霉变等受损资料载体，必须采取抢救措施，按资料保护技术要求进行修复或复制。

（8）不同载体材质的文件资料应分类存放、规范保存。对特殊载体文件的存放，按其特性和要求，使用规范，并加以保管和保存。

（9）存储涉密文件资料信息的载体，应按所存储信息标明密级，并按相应密级文件的的管理要求进行管理。

三、资料信息安全管理

资料信息安全管理相关制度

（1）认真执行国家有关档案工作的保密制度，制定各级单位文件资料信息安全管理制度，确保存储资料信息的安全。

（2）做好文件资料的鉴定工作，科学、准确地区分、判定资料开放与控制使用范围。对涉密资料的密级变更和解密，已解密的和未定密级的但仍需控制使用的文件资料，必须按照国家有关保密的法律法规和有关规定办理。

（3）企业各级资料管理部门对所保存的涉密资料和控制使用，在管理和利用时应当依照国家有关法规并根据实际工作需要，制定审批手续并严格执行，不得擅自开放或扩大利用范围。因利用工作需要汇编资料文件时，凡涉及秘密文件，应当经原制发机关、单位批准，未经批准不得汇编入册。

（4）应加强对计算机及其他信息设备的使用管理，凡涉及保密资料的电子设备、通信和办公自动化系统均应符合保密要求。涉密计算机信息系统必须与互联网实行物理隔离，严禁用处理国家秘密信息的计算机上互联网。与互联网相连的计算机或其他电子信息设备不得存储、处理和传递涉密档案信息。

（5）各级各类文件资料馆面向社会开放的资料信息网站，应按规定报相关公安部门备案，并在接受安全评估合格后，方可接入互联网。应遵守国家关于计算机信息系统、信息网络的安全保密管理规定，建立资料信息、数据上网审批制度，加强上网资料信息管理。

（6）各级各类资料管理部门的档案信息管理系统应安全可靠。

1）应建立操作权限管理制度，明确权限和操作范围。

2）要建立操作人员密码管理制度，定期修改管理密码。

3）要建立计算机病毒防治制度，定期进行病毒检查。

4）要建立重要数据库和系统主要设备的火灾备份措施，确保档案信息接收、存储及利用的安全。

（7）计算机信息系统打印输出的涉密资料信息，应当按相应密级的文件进行管理。计算机信息系统存储、处理、传递、输出的涉密档案信息要有相应的密级标识，密级标识不能与正文分离。

（8）用介质交换资料信息或数据必须进行病毒预检，防止病毒破坏系统和数据。存储过涉密档案信息载体的维修，应保证所存储涉密档案信息不被泄密。

（9）到期存档资料经鉴定后，销毁资料载体应确保资料信息无法还原。

1）销毁纸介质资料载体，应当采用焚毁、化浆、碎纸等方法处理。

2）销毁磁介质、光盘等资料载体，应当采用物理或化学的方法彻底销毁。

3）禁止将资料载体作为废品出售。

四、档案库房安全管理

资料、档案室（库）的管理

资料档案室(库)的建设与管理直接影响到档案文件生存环境的质量要求，资料档案室(库)

建设必须坚固适用，首先应考虑选择建在地势较高、排水顺畅的地方，并具有防盗、防火、防震、防高温、防潮、防霉、防尘、防光、防有害气体、防有害生物等“十防”设施，通常还应满足如下要求：

（1）资料室（库）房面积应符合收集和保管文件资料的需要。

（2）资料室（库）门窗应具有防火性能，良好的密闭性，要采取相应的防光设施，具有良好的防光能力。

（3）资料室（库）内应配备火灾自动报警系统和适合资料室使用的灭火设备。消防器材应定期检查，及时更换过期的消防器材。库区内消防通道畅通，应急照明完好、疏散标志清晰。库房内不得堆放与文件资料无关的物品，严禁将易燃、易爆及其他物品与档案一同存放。

（4）资料室（库）区内应安装安全防护监控系统或防盗报警装置，库房门窗应有防盗设施。资料室（库）区内通道与阅览室须配备视频监控录像设备。监控录像应至少保留 3 d。

（5）资料室（库）区内应配置有效的温度、湿度调节设备与检测系统。温度应控制在 13～24℃（±2℃），相对湿度应控制在 45%～60%（±5%）。存放特殊载体的文件资料库房应配备空气净化装置或空气过滤设施。

（6）资料室（库）应配有防虫、霉、鼠等有害生物的药品，有效控制面积应达到 100%。建立定期虫霉检查制度，适时更换过期防治药品，及时发现和杜绝档案霉变或虫蛀现象的产生和蔓延。

（7）资料室（库）照明应选择无紫外线光源，如乳白色防爆灯罩的白炽灯。使用荧光灯或其他含紫外线光源灯时，要采取相应过滤措施。

（8）资料室（库）应配备一定数量的档案柜、档案架、底图柜、防磁柜、包装材料以及装订材料。

（9）资料室（库）应建立特藏室或专柜，对馆藏重要、珍贵文件资料采取特殊的安全防护措施，确保重要、珍贵文件资料的绝对安全。

五、档案资料截体本身制作、书写材料的质量要求

1. 档案室库房要求

（1）建设系统各专业管理部门档案室应设有独立或综合性的档案库，库房面积满足档案存贮的需求。库房与办公、查阅等用房分置。

（2）库房应有良好的适宜保管档案的环境和条件，符合防火、防盗、防高温、防潮、防霉、防尘、防光、防有害气体、防有害生物等要求。

（3）库房应配置足够数量的档案柜、档案架，档案装具符合国家规定标准。

（4）档案室应配置满足档案接收、整理、保管、利用等工作开展的必要设备和工具，如电子计算机、吸尘器、温湿度测量仪、去湿机、空调等设备。

2. 工程建设中文件材料管理要求

（1）工程现场或工程管理部门应设置临时档案库房，保管工程建设中产生的各种文件材料。

（2）档案库房应符合防火、防盗、防潮、防高温、防鼠、防尘等要求，并配置必要的、满

足需要的档案装具。

（3）工程现场或工程管理部门应配置满足档案收集、整理、保管、利用等工作开展的必要设备和工具。

第二节　资料安全的保密措施

一、资料安全的保密

1. 资料安全的保密措施

安全保管施工资料包括严格遵守国家和地方的有关法律、法规和规定，建立完善的资料管理制度和安全责任制度，坚持全过程安全管理，采取必要的安全保密措施，包括资料的分级、分类管理方式，确保施工资料安全、合理、有效使用。

（1）保密原则，严格按照《中华人民共和国保密条例》执行，以确保安全防范工程中涉及用户单位机密以及公司自身工程技术机密的不对外泄露。机密的保管实行点对点管理办法，落实到人头，做到有法可依，违法必究，责任落实到位。

（2）组织机构建立，为保证保密工作的顺利开展，公司名称以负责人牵头成立保密工作组，组员由档案管理专职人员、技术负责人、项目管理人员和公司经理组成，并为档案管理配备专用的档案室，针对每个工程由项目负责人兼任保密责任人。

（3）保密内容，工程技术实现原理、软硬件使用密码、工程施工线路及设备布局图，工程进度及扩展方式，通信及交换协议，工程实施细节合同等。

（4）保密实施细则。

1）在工程合同签订前的技术方案由技术起草者负责保管，对其他部门及外单位人员不得透露任何技术内容及细节。

2）在使用单位的需求情况下，由项目负责人落实并保证不得向外界透露，并以书面形式传递给档案管理人员和技术负责人。

3）档案管理人员对以上信息以书面、电子等方式存档，公司员工在借阅时必须经领导同意且确定借阅时间后方可借阅。

4）档案管理人员不得将机密文件带回家中或随身携带出入公共场所，相关人员不准随意谈论泄露机密事项，不准私人打印、复印、抄录文件内容，不得将朋友、他人带入档案室，不得外传、外借相关资料。

5）打印过的废纸和校对底稿应及时清理、销毁。

6）合同签订后的相关文档资料立即存档，并建立保密所必备的借阅制度。

7）出现泄密事件后，应立即上报公司负责人，做到机密不得扩散，同时认真追查相关人员的责任。

2. 施工文档资料的保密制度

施工文档资料的保管应执行国家有关的保密制度，对涉密工程文档资料做好保密工作。在实施管理过程中应进行下列工作。

（1）认真执行国家有关档案工作的保密制度，制定各级单位文件资料信息安全管理制度，确保存储资料信息的安全。

（2）做好文档资料的鉴定工作，科学、准确地区分、判定资料开放与控制使用范围。对涉密资料的密级变更和解密，已解密的和未定密级的但仍需控制使用的文件资料，必须按照国家有关保密的法律法规和有关规定办理。

（3）企业各级资料管理部门对所保存的涉密资料及控制使用，在管理和利用时应当依照国家有关法规并根据实际工作需要，制定审批手续并严格执行，不得擅自开放或扩大利用范围。因利用工作需要汇编资料文件时，凡涉及的秘密文件，应当经原制发机关、单位批准，未经批准不得汇编入册。

（4）应加强对计算机及其他信息设备的使用管理，凡涉及保密资料的电子设备、通信和办公自动化系统均应符合保密要求。涉密计算机信息系统必须与互联网实行物理隔离，严禁用处理国家秘密信息的计算机上互联网。与互联网相连的计算机或其他电子信息设备不得存储、处理和传递涉密档案信息。

（5）各级各类文件资料管理机构面向社会开放的资料信息网站，应按规定报相关公安部门备案，并在接受安全评估合格后，方可接入互联网。应遵守国家关于计算机信息系统、信息网络的安全保密管理规定，建立资料信息、数据上网审批制度，加强上网资料信息管理。

（6）各级各类资料管理部门的档案信息管理系统应安全可靠。

1）应建立操作权限管理制度，明确权限和操作范围。

2）要建立操作人员密码管理制度，定期修改管理密码。

3）要建立计算机病毒防治制度，定期进行病毒检查。

4）要建立重要数据库和系统主要设备的火灾备份措施，确保档案信息接收、存储及利用的安全。

（7）计算机信息系统打印输出的涉密资料信息，应当按相应密级的文件进行管理。计算机信息系统存储、处理、传递、输出的涉密档案信息要有相应的密级标识，密级标识不能与正文分离。

（8）用介质交换资料信息或数据必须进行病毒预检，防止病毒破坏系统和数据。存储过涉密档案信息载体的维修，应保证所存储涉密档案信息不被泄露。

（9）到期存档资料经鉴定后，销毁资料载体应确保资料信息无法还原。

1）销毁纸介质资料载体，应当采用焚毁、化浆、碎纸等方法处理。

2）销毁磁介质、光盘等资料载体，应当采用物理或化学的方法彻底销毁。

3）禁止将资料载体作为废品出售。

二、资料文档安全管理措施

1. 施工资料文档安全管理的内容

施工资料文档安全管理的内容通常包括：数量的检查、损坏情况的检查和归库的检查。施工文档数量的检查就是核对现有的施工文档的数量与登记的数量是否相符，如有差错应及时清查，找出施工文档的去向和来源，及时归还或追还。

施工文档损坏情况检查就是查找有无虫蛀、鼠咬、霉变、磨损、脆化、字迹褪色等遭到毁损的情况，如有应及时处理，并进行记录。

施工文档归库检查就是对借阅归还的工程资料进行例行检查，在借出的档案归还时，资料员需调出该工程资料移出的等级，对照登记进行核对，如发现问题做好记录，并及时处理。

2. 施工资料文档安全管理的检查方式

施工资料文档管理检查分为定期与不定期两种方式。定期检查是周期性检查，检查周期视具体情况确定，可按年、季进行。不定期检查就是临时检查，可以是全面检查，也可以是针对部分工程文档资料进行检查。并应对检查情况进行记录，内容包括：检查时间、检查项目、检查对象、检查人、检查情况、检查结论、备注等，由检查人填写。

3. 施工资料文档的检查时间

施工文档管理检查分为定期与不定期两种方式。定期检查是周期性检查，检查周期视具体情况确定，可按年、季进行。不定期检查就是临时检查，可以是全面检查，也可以是针对部分工程文档资料进行检查。并应对检查情况进行记录，内容包括检查时间、检查项目、检查对象、检查人、检查情况、检查结论、备注等，由检查人填写。

第三节　纸质资料和电子化资料的安全防护措施

一、纸质资料的安全防护措施

1. 纸质资料的概念

纸质档案是以纸张作为载体的一种档案，如保存备查的公文图纸、信札、电报、户籍、账册、契约、证书、书稿、日记、笔记、家谱的原本和原稿。

纸质档案具有易损坏、无法再生、需要保密等特点，对档案的保护和修复是档案工作必须重视的工作和任务。

2. 纸质资料的安全防护措施

档案文件在管理和利用过程中，难免遭受到一定程度的破坏。不科学的保管方式方法，能加剧对纸张字迹的破坏。为减少档案文件在管理利用过程中的损坏，可以跳出保护技术的狭窄圈子的局限，将视点放在保护工作以外的档案工作其他环节，强化相关基础工作，也可延长档案保存寿命。

（1）完善档案查阅系统，提高档案的查准率、查全率，减少利用者大量地盲目翻阅档案带来的损坏。

（2）加强基础性编研工作，全面介绍重点档案内容。通过编写常用档案参考资料，让利用者查阅参考资料以减少对档案原件的使用，从而达到相对延长档案保存寿命的目的。资料准确、揭示内容全面的大事记、组织机构沿革、基础数字汇集、专题概要、会议简介、科技成果简介等参考资料，既可方便利用者又有利于档案保护。

（3）限制珍贵文件原件的利用，对珍贵的档案文件，利用中应使用复制件，避免原件使用。在必须使用原件时，应有专人照管，为利用者提供服务。

二、电子化资料的安全防护措施

1. 电子档案的概念

电子档案是以数字编码的形式按照一定格式存储在磁盘、磁带、光介质上，并能够被计算机识别或加以处理，以数字代码序列的形式进行网络传输。当信息被记录于存储的载体之后，信息被数字化，非直读性、机读性较强，存储信息的密度较高。

2. 电子档案的防护措施

对电子档案进行安全管理，必须从管理制度、业务流程、人员素质等各个方面规范管理，消除各种隐患，确保电子档案的信息安全。

（1）应完善管理制度，提高从业人员专业技能。

要确保电子档案的安全，就必须提高从业人员专业素质。制定合理、合法的电子档案管理制度。电子档案管理人员应认真领会《电子档案安全管理办法》《综合电子信息系统管理办法》《涉密电子信息档案管理办法》等法律、法规，明确岗位职责，熟知工作流程，提高在管理电子档案中应用计算机的能力，每个环节都应防范信息失真等隐患，确保电子档案的真实性和原始性。

（2）明确人员责任分工，确保责任到人。

在电子档案的形成、收集、整理、分类存储、处理等环节，需要分配专人去负责它的录入、审核、审批、发布、传输等工作。分工明确，责任分明，每项工作过程有记录和操作者签名，环节可追溯。确保操作正确，从源头确保电子档案的安全。

（3）形成电子档案要严肃、规范，确保可读性。

公文性的电子档案，定稿后不允许任何修改，如需更改，必须经过必要的审批手续。收集积累电子档案时，要严格进行登记，重要的电子档案要备份作“双保险”。在产生涉密电子档案的过程中，按涉密文件管理并结合电子文件特点，进行流程登记并确保电子档案的可读性。对涉密电子档案在存储到磁、光介质上后，要保留纸质文件，采取“双轨制”以防不测。

（4）电子档案归档要规范，目录和指引要简明。

电子档案在归档前要进行全面认真检查，保证信息正确性，进行归档时，按规定格式进行存储，并保存在脱机载体上，通常使用光介质作为存储介质，以只读状态进行存储。要定期进行检测和复制，确保信息安全可靠。磁盘每 2 年复制一次，光盘每 5 年复制一次，复制后原载体与新载体同样编号进行保存。重要的电子档案再归档时应一式三套，可供查阅、备份及异地存储，防止丢失、损坏及突发性事件。涉密电子档案要打印纸质或制成缩微品进行脱机存储，防止网络攻击或机器损坏造成电子档案丢失、损坏。所制作的电子档案目录和指引要简洁明了，便于以后的档案管理人员操作。

（5）建好电子档案管理日志。

对电子档案要进行实时监控，防止电子数据被修改和损坏。处理信息时，要对用户分权限进行有效控制，并对其登录和进行的各种操作等相关信息实时记录，对信息作修改、存取、传输时也应进行实时记录，将这些记录以保密形式进行存储，为电子档案提供细致、完整和可查考的管理日志。

（6）加强电子档案网络保护。

加强网络保护，是保证电子档案安全的重要措施。通常需要验证用户登录的信息、输入调阅口令来限制访问和阅读权限，涉密的电子档案禁止网络开放。应安装杀毒软件和建防火墙等措施，防止病毒、黑客对电子档案的恶意损坏；采用密钥、数字签名等技术手段进行管理，通过各种方式严防电子档案丢失。

三、库房档案的管理

1. 库房档案的保护内容与要求

库房应达到防潮、防光、防尘、防空气污染、防虫、防鼠、防火、防盗等要求。

档案库房温度、湿度要求与调控。

1）高温的危害。

①高温会加剧纸张中各种有害化学物质对纸张纤维素的破坏，危及纸张耐久保存。

②高温会促使字迹材料及声像档案影像分解，能使耐热性差的字迹发生油渗扩散现象。

③高温有利于档案有害生物的生长与繁殖，致使档案生霉生虫。温度在 22～32℃时，档案库房害虫滋生的可能性大大提高；温度在 20～35℃时，是最适宜霉菌生长的温度范围。高温是滋生档案有害生物的温床。

2）潮湿的危害。

①潮湿会加速纸张纤维素水解，降低纸张强度及耐久性。

②潮湿能使耐水性差的彩色墨水字迹扩散褪色。

③潮湿能与空气中有害物质对档案制成材料造成损毁。

④潮湿有利于档案霉菌、害虫的生长繁殖。

2. 库房档案管理、保管制度

（1）档案库房由专人负责管理，库房钥匙由库房保管员专人保管，非库房管理人员未经同意不得进入。下班前，库房门必须锁好，关闭窗户。

（2）库房保持整洁，不准堆放与档案无关的其他杂物，档案资料及其装具排列科学，做到整齐、清洁、美观，便于查找利用，每周打扫一次卫生。每季度大清洁一次库房大扫除。

（3）贯彻“预防为主，防治结合”的方针，切实做好档案保管工作。

（4）库房管理人员必须按规定使用空调机、抽湿机及消防等库房设备、设施，并定期检查、维护设备、设施的完好性。

（5）库房管理人员必须按时做好库房内温湿度的调节、控制和测记工作，及时调控温湿度，将温度控制在14～24℃（±2℃），相对温度控制在45%～60%（±5%）。

（6）库房内禁止吸烟和使用明火。严禁将易燃、易爆物品带至库房内。尽量减少电器使用数量，库房的电源线路、开关应经常检查，及时排除隐患。

（7）查阅利用完毕的档案资料应及时放回存放位置，以免混乱、丢失或失密。

（8）对库藏档案资料，每年年终要进行全面检查、清点或翻页一次。如发现虫蛀、发霉、丢失等现象或发生可疑、意外情况，应及时检查，检查清点情况和发现的问题或隐患，应做好记录并向领导汇报。

（9）尽职尽责做好管理工作，并按照利用档案资料制度提供利用。

（10）库房管理人员变动工作岗位时，必须办理交接手续，在交接登记本上签名，并有证明签字。

第四节 信息安全管理制度和信息保密制度

信息安全主要分技术与管理两大环节，包括信息安全的技术防范、信息的发布审核、信息的检查、信息安全责任制的落实。信息安全管理任务主要有：建立信息安全管理制度和程序、建立信息保密制度；全面负责信息安全技术体系的建设；信息安全应急处置预案的制定，突发事件的报告和处理；相关信息管理设备的维护。

一、信息安全管理制度

1. 信息安全

采用计算机管理城建档案的各单位和部门，必须从组织制度、技术手段、管理手段上采取措施，保障信息安全。

（1）各单位和部门应采取下列措施，从组织和制度上保障信息安全。

1）设立计算机系统安全保密领导小组，对计算机系统安全保密工作进行领导、检查和监督。

2）建立、健全计算机系统运行与安全保密管理制度，有应对突发事件的预案，对关键岗位和人员建立相应的管理办法。

（2）各单位和部门应采取下列技术和管理手段确保信息安全。

1）计算机机房建设要按照国家标准进行设计、施工、安装，经有关部门验收合格后投入使用。计算机房要具备防盗、防火、防水、防雷、防磁、防鼠害等措施。

2）计算机机房要有出入管理制度，非机房管理人员进出应履行相关手续。

3）应对计算机及网络设备定期维护检修，要有设备检修、维护记录，保证设备处于最佳运行状态。

4）内部局域网络与外部互联网要进行物理隔离，计算机要安装杀毒软件，需内、外网互联时，要用防火墙技术对进入内部网的数据进行过滤。

5）软件使用前要进行全面的测试，软件要具备良好的容错能力，以确保发生误操作时计算机系统数据不被破坏和数据不发生丢失。

6）主要业务服务器宜双机热备份，数据要定期进行多重备份和异地存放，保证在发生不可预见故障后能及时、完整地恢复数据。系统要对提供利用过程跟踪监控，自动进行相关记录。

8）对数据库的用户要实行权限等级管理，严禁越权操作，密码要定期更换，对数据库的所有操作要有记录，机密数据要加密后传输。

9）数据提供利用时不宜向利用者提供全部利用方式，制作复制时必须在有效的监控下进行，不完全开放的档案数据不宜以复制方式提供利用。

（3）系统安全管理人员应具有高度的责任意识和综合性知识，及时掌握新技术，提高处理计算机及网络故障的能力。

2. 信息安全管理制度和程序

（1）信息管理部门全面负责信息的巡检，建立责任人自检、部门负责人抽检制度。

（2）信息也必须来源于指定的机构，任何人不得将未经许可的媒体或机构的信息转载发布，确保信息来源必须在规定范围内。

（3）发布信息，必须有相关领导的批准，部门进行登记，方可发布。未经许可的信息不得发布。

（4）加强信息维护人员政治思想教育，进一步提高对各类信息的鉴别能力，收集正确信息，加强信息安全防范意识，严把信息安全关，确保信息的正确性、可靠性。

（5）严格落实责任制，增强应急处置能力。本着“谁主管，谁负责”的原则，层层落实安全管理责任，将信息安全制度落到实处。

二、信息保密制度

把事件的影响和损失降到最低。如因个人失职、渎职，造成不良影响和损失的，将追究有关人员的责任。

1. 信息保密制度

（1）信息的秘密载体，是指以文字、数据、符号、图形、视频、音频等方式记载、存储秘密和工作秘密信息的纸介质、磁介质及半导体介质等各类物品。

（2）秘密载体除正在使用或按照有关规定留存、存档外，应当及时予以销毁。销毁工作要指定专人负责，不定期将需销毁载体进行登记、造册并经领导签字后，派人送至指定地点统一销毁。

（3）涉密载体的销毁范围。

1）日常工作中不再使用的涉密文件、资料。

2）淘汰、报废或按照规定不得继续使用的处理过涉密信息的计算机、移动存储介质、传真机、复印机等通信和办公设备。

3）涉密会议和涉密活动清退的文件、资料。

4）领导干部和涉密人员离岗（退休、调离、辞职、辞退等）时清退的秘密文件、资料。

5）已经解密但不宜公开的文件、资料。

6）经批准可复制使用的涉密文件、资料的复制品。

7）其他需要销毁的涉密载体。

（4）禁止未经批准私自销毁秘密载体；禁止非法捐赠或转送秘密载体；禁止将秘密载体作为废品出售；禁止将秘密载体送销毁工作机构或指定的承销单位以外的单位销毁。

（5）对违反上述规定的涉密人员或秘密载体的管理人员，情节轻微的，给予批评教育，情节严重，造成重大泄密隐患的，据情节严肃处理。

（6）对玩忽职守、滥用职权，造成涉密载体流失、失控，泄露秘密的人员，视情节轻重，依法给予处分或追究刑事责任。

2. 在公共信息网络上发布信息保密管理制度

（1）在公共信息网络上发布的信息是指经主要领导或分管领导审核批准，提供给公众信息网站，向社会公开、让公众了解和使用的信息。

（2）公共信息网络发布信息保密管理坚持“谁发布，谁负责”的原则。凡向公共信息网络站提供或者发布信息，必须经过保密审查批准，报主管领导审批。提供信息的单位应当按照一定的工作程序，完善和落实信息登记、保密审核制度。

（3）除新闻媒体已公开发表的信息外，各单位提供的上网信息应确保不涉及国家秘密。

（4）严禁利用网站、网页上开设的电子公告系统、聊天室、论坛等发布、谈论和传播国家秘密信息。

（5）单位（企业）内部工作秘密、内部资料等应作为内部事项进行管理，未经主管领导批准不得擅自发布。

（6）禁止网上发布信息的基本范围。

1）标有密级的国家秘密。

未经有关部门批准的，涉及国家安全、社会政治和经济稳定等敏感信息。

2）未经制文单位批准，标注有“内部文件（资料）”和“注意保存（保管、保密）”等警示字样的信息。

3）认定不宜公开的内部办公事项。

（7）提供信息发布的科室应履行的职责。

1）对拟发布信息（即将向网络发布的信息）是否涉及国家秘密进行审查。

2）对已发布信息进行定期地保密检查，发现涉密信息的，立即采取补救措施，查清泄密渠道和原因，并及时向保密工作领导小组报告。

3）接受上级机关和保密工作部门的监督检查。

（8）保密工作领导小组应履行的职责。

1）定期对网络管理人员进行保密法规、保密纪律、保密常识教育，增强信息保密观念和防范意识，自觉遵守并执行有关保密规定。

2）建立健全网上信息保密管理制度，落实各项安全保密防范措施。

3）发现国家秘密网上发布的，立即采取补救措施，并及时向市保密局报告。

4）定期或不定期向市保密局通报网上发布信息保密管理情况。

（9）违反本规定，对网上发布信息保密审查把关不严，导致严重后果或安全隐患的，按照相关规定严肃查处。

第九章　资料信息系统管理与资料管理软件操作

第一节　资料信息系统管理

伴随着我国经济水平的迅速提高，先进信息管理技术在建筑企业中得到了非常广泛的应用，信息管理技术的普及，标志着建筑企业传统落后的资料管理方式已经退出了历史的舞台，能够熟练操作资料管理软件成为当前资料员的必备技能之一。“数字化”档案管理是一个初露端倪的趋势，城建档案的数字化，在可以预见的将来必将全面实施。

信息管理技术的普及，标志着建筑企业传统落后的人工填制资料的资料管理方式已逐步退出历史的舞台。建筑企业应该顺应时代发展的需求，积极引进并使用先进软件对资料进行管理，持续强化自身资料的管理技能，提高市场竞争能力。

一、资料的收集与整理

1. 工程建设项目档案前期资料的重要性

工程建设项目档案前期资料的收集工作，它不仅能反映出档案前期的基础工作是否扎实，也反映了工程建设项目部的工程管理和业务水平。工程建设项目前期资料是在工程建设项目开工前形成的，这些前期资料记载着工程开工前的工作过程和轨迹。此过程和轨迹能延伸下去，说明此项工作各项手续完备，资料齐全。反之说明较差，需找出问题症结所在，尽快落实整改。

工程建设项目前期资料的收集和整理是工程建设项目立项后工程建设项目日常工作中的一项重要内容，对工程建设项目的顺利实施有着重要意义，对工程建设项目投入运营后的生产管理也同样起着重要作用。工程建设项目前期资料是与整个工程建设项目密切相关、不可分割的一个整体。这些与工程建设项目密切相关的前期资料为项目生产安全运营、企业科学管理和技术改造提供着重要依据。所以，工程建设项目前期文件是工程建设的重要依据，对以后查考具有重要的凭证价值，是工程建设项目部在工程建设中需要收集、保存好的重要资料。工程项目前期资料是工程建设项目档案专项验收的重点。

如在工程建设项目档案专项验收中发现不齐全，将失分严重，甚至无法通过工程建设项目档案专项验收，对工程建设项目部来说，后续工作将处于很被动状态，直接影响工程竣工验收工作。所以，在工程建设项目的前期工作中，应对前期各项工作中所产生的各种前期资料做好收集、移交、整理和保管工作。

2. 工程建设项目档案前期资料的收集与整理

在工程建设项目前期工作中，所产生的各种与工程建设项目前期工作有关的文件非常复杂，不同的工程建设项目与所处的地区、环境、时间不同，文件的来源也不尽相同，它们之间也有一定的差异；同一工程建设项目的文型、来源又具有多元性，比企业档案管理办法规定的更加复杂，难度也更大。工程建设项目前期工作时间长、人员变动频繁，这些因素给工程建设项目前期资料在收集与整理工作增加了困难。鉴于上述情况，在收集与整理工程建设项目前期资料工作中，应注重以下几点：

（1）人员稳定、制度健全。作为项目部，需要明确工程项目前期资料主管部门及主管人员，人员尽量不予以变动，确保此岗位的工作人员善始善终；建立健全工程建设项目前期资料登记、管理、移交、借用制度，确保前期资料不丢失；从产生文件的源头抓起，对工程建设项目前期各阶段文件的构成及应产生哪些文件资料做到心中有数，如某项工程的可行性研究报告是由建设单位计划部门委托设计单位编制，可行性研究报告由设计单位编制完成后，建设单位计划部门需向上级主管部门报批；这样就形成了一个链接，有项目建设单位委托书、编制单位所编制的报告、项目建设单位报批请示、上级主管部门的批复。最终形成相互联系的一个文种，缺一不可。只有这样才能确保工程建设项目前期资料齐全、系统、完整。

（2）责任到人，严格执行制度。与工程建设项目有关的一切前期资料（文件、勘探、声像）应本着“谁办理，谁负责”的原则，主动按规章制度向工程建设项目部前期资料管理部门的主管人员移交各种已办妥的工程前期资料；工程建设项目的前期工作人员对已取得的各种前期资料应主动移交项目部前期资料主管人员，前期资料主管人员应按移交制度，办理好前期资料的交接手续，逐　登记，并进行分类管理；对于已移交给工程建设项目部前期资料管理部门主管人员的各种前期资料。

（3）确保证书齐全。中华人民共和国建设用地规划许可证、中华人民共和国建设工程规划许可证、建设项目选址意见书、国有土地使用证等。

（4）各种评价报告。每个阶段办理完毕后应及时向工程建设项目部前期资料管理部门的主管人员移交全套资料，并办理相关移交手续。如果以上某些工作是由上级主管部门办理的，项目部主办人员应及时向上级主管部门索要，并将索要来的全套资料移交工程建设项目前期资料保管部门的主管人员，以便归口管理。

（5）工程项目消防审报。在向工程建设项目所在地消防部门报审《建设工程消防设计审核》时，工程建设项目部应报送两套材料，留存申请（在办理时，填写一式两份）、图纸（图纸报送时应上报两套，一套留存工程建设项目所在地消防部门，另一套加盖消防部门审核专用章后带回工程建设项目部存档）、建设工程消防设计审核意见书、建设工程消防验收意见书。

（6）确保请示函件的完整性。地方和上级部门形成的各种请示、函件应由发出的部门相关人员负责复函的收集工作，并将相关部门的复函及时移交工程建设项目前期资料保管部门的主管人员。请示函与回复是不可缺失的，是一体的，是一个有序的链条。如只有请示函，没有回复，那就不是一份完整的文档材料，这说明此项工作流程中出现了缺口，也就是人们常说的断链了。若出现此情况，轻者影响工作，重者能造成重大损失，所以不可轻视。

（7）声像档案。声像档案在工程建设项目中非常重要，它记载着与本工程有关的重大公务活动，记录着本工程的地理概貌、重点工程开工前后地貌、重点隐蔽工程等；它同时能从另一侧面反映出工程进展情况，它是一次性的，错失过去漏拍或漏摄是再也无法弥补的。声像资料本着“谁拍摄，谁负责收集、整理”的原则。声像资料在拍摄时注意事项：一定要确保图像质量，照片要清晰，注意构图，数码照片要在3M以上，能体现主题，照片的注释文字说明要准确；视频图像拍摄时尽量使用三角架，图像要保持稳定，避免出现图像抖动，突出主题，分清主次，并配有文字说明。上述是对声像资料拍摄的最基本要求，若达不到以上要求，所拍摄的声像资料将无保存的价值。

二、项目施工资料的录入和整理

项目施工资料的录入与整理，是建筑施工管理过程中的一项重要内容。齐全的项目施工资料，是建设工程竣工验收的必备条件，也是对工程进行检查、维护、管理、使用、改建和扩建的原始依据。施工资料的录入与整理工作，贯穿整个工程项目的施工建设过程，牵涉参建的方方面面，是一项繁杂的系统工程。在这以建筑工程资料管理软件为例进行说明施工资料的录入和整理。

1. 了解建筑工程资料管理软件

目前建筑工程资料管理软件有恒智天成资料管理软件、建筑业资料管理软件、PKPM资料管理软件和品茗资料管理软件，这些软件大致具有以下功能。

（1）软件为每张表格都提供了范例，复杂的表格有多个范例，可“双屏”同时显示正在填写的表格及范例，范例的内容可方便复制到表格当中，并可任意修改。

（2）软件收录了所有与填表相关的规范、标准，并可将相应的规范标准显示在所填表格的右侧，方便随时查看。

（3）可将各种格式的图片放到表格中，并可以随意拖拽和放大、缩小，包括BMP、JPG、DWG等各种格式的矢量图或位图；软件还提供自行绘图的工具，可以自己绘制需要的图形。

（4）软件提供现行的施工工艺标准库，可以自动生成技术交底文件。

（5）软件可以实现自动在线升级，及时调整、补充各类资料表格，确保工程资料的及时、有效填报。

（6）可以和住宅工程分户验收方案设计及资料管理软件实现无缝对接，生成分户验收软件所需数据。

（7）自动生成资料管理目录及表格流水号。

（8）批量更新功能，可快速替换整个工程的工程信息。

（9）可以按节点批量打印表格。

（10）利用下拉选框的方式，实现快速、简便的输入。

（11）灵活多样的编辑功能，丰富、齐全的规范规程资料库、词库和特殊符号库。

（12）软件具备强大的表格查询功能。

（13）根据相应规范实现自动计算、评判及统计的功能。

（14）软件对数据进行加密后存储，确保文件的安全性。

（15）支持自定义表格模板。

软件不但能完成工程项目建设各个阶段的工程资料的规范填写、全面收集、系统整理、精确查询、科学组卷、清晰打印等工作，还提供了丰富的资料库及数据统计、管理功能，全面实现了从原始数据录入到信息检索、汇总、维护一体化管理的目标。

第二节　资料管理软件的应用

1. 新建工程

（1）软件登录。

打开桌面上的快捷方式，启动品茗二代资料，显示软件登录界面，输入用户名，密码，点击确定；默认用户名：Admin，密码：admin。品茗软件启动界面，见图 9-1。

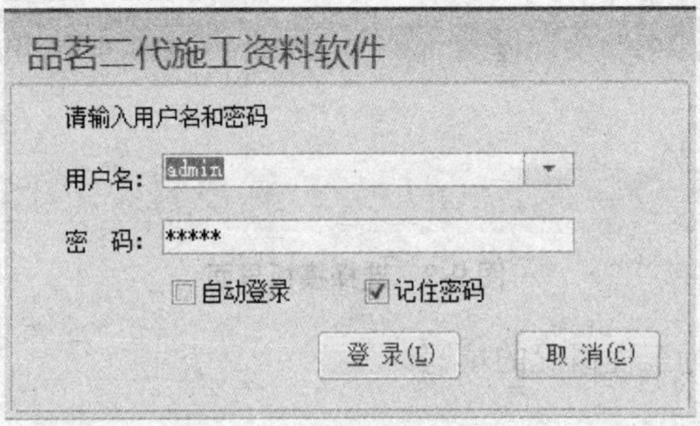

图 9-1　品茗软件启动界面

（2）专业选择。

首次打开软件，请选择工程下拉菜单中的新建工程按钮。品茗软件主界面，见图 9-2。

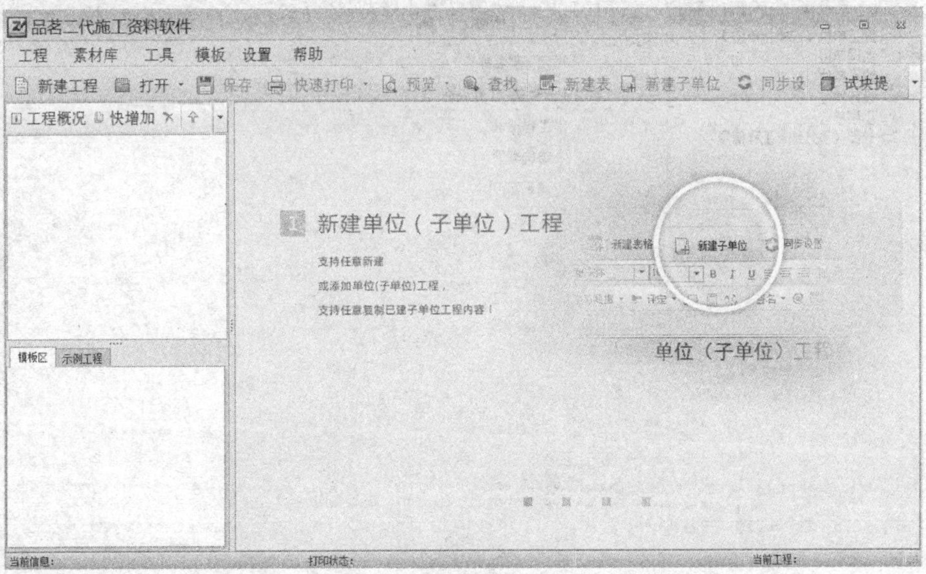

图 9-2　品茗软件主界面

在弹出的新建工程向导界面中选择专业及模板名称，右侧显示模板的预览节点。选择模块界面，见图 9-3。

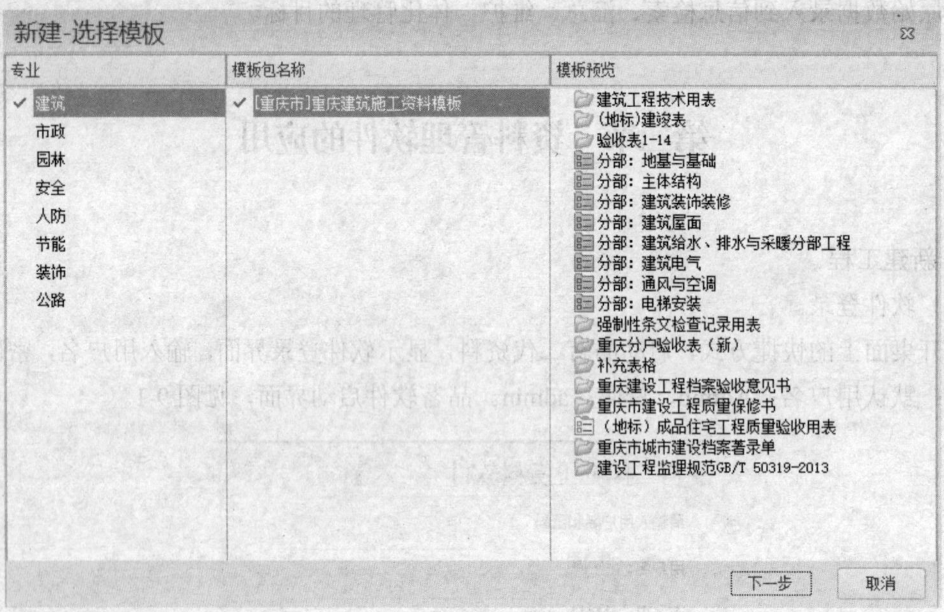

图 9-3　选择模板界面

点击“下一步”，进行工程概况的填写。

（3）工程概况的输入。

在左边工程名称栏中输入工程名称，在右边信息库中输入相应的工程概况，点击“确定”后，完成工程新建，进入工程的主界面。工程概况界面，见图 9-4。

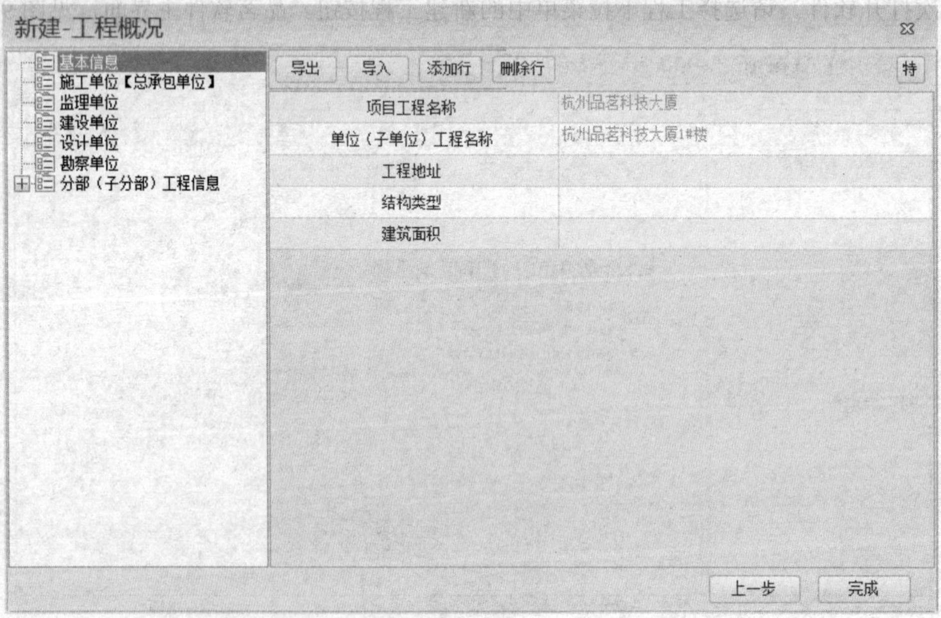

图 9-4　工程概况界面

（4）表格创建

选择新建表格，在新建表格窗体中，先选择要创建的子分部，例如，[混凝土结构]，这时该子分部下的检验批以及相关技术配套用表和报审表都已经列出，在右边验收部位框输入相关的验收部位名称，勾选要创建的检验批表格，如果需同时创建施工技术配套用表，点击施工技术配套用表插页，输入表格名称，勾选技术用表后，输入后可以切换到其他分部、子分部、分项节点及其他的通用表格节点上，重复新建步骤，完成后点击“确定”，表格即创建完毕。表格创建界面，见图 9-5。

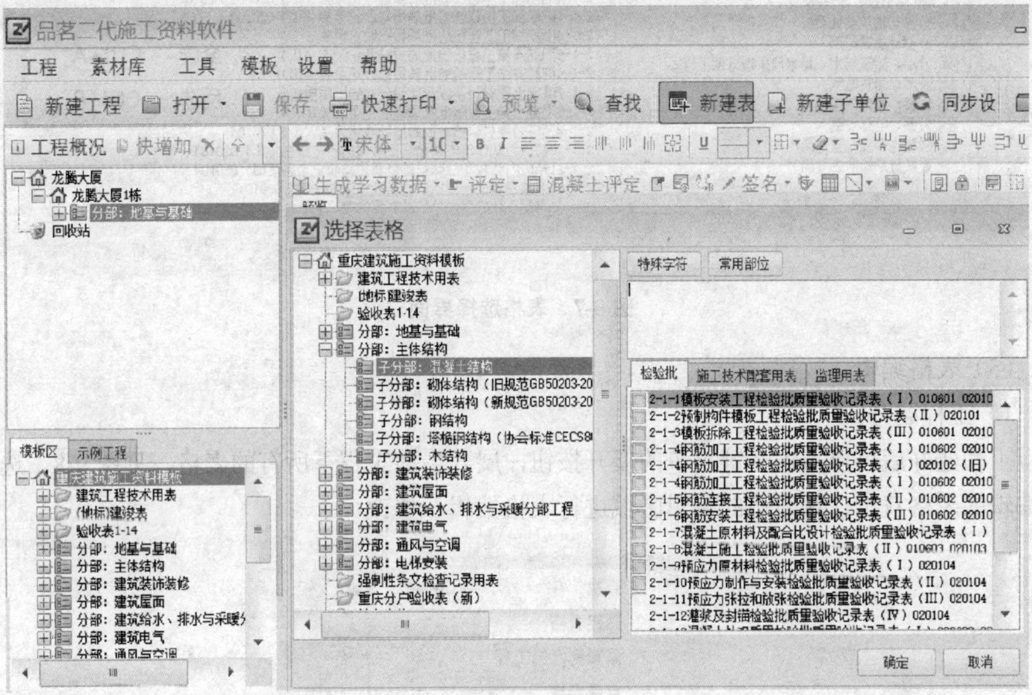

图 9-5　表格创建界面

上述步骤操作好以后，一个新的工程创建完毕。工程创建界面，见图 9-6。

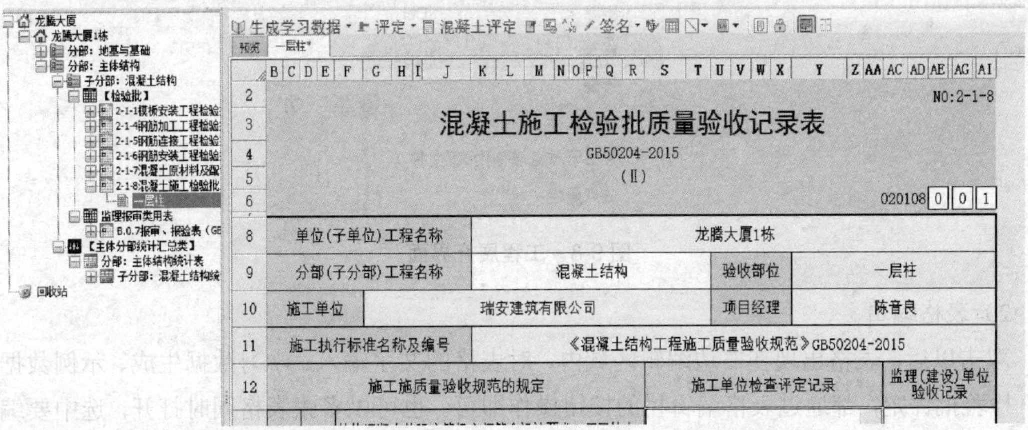

图 9-6　工程创建界面

在进行表格选择时也可以通过右键的全选或者反选来快速选表。表格选择界面，见图 9-7。

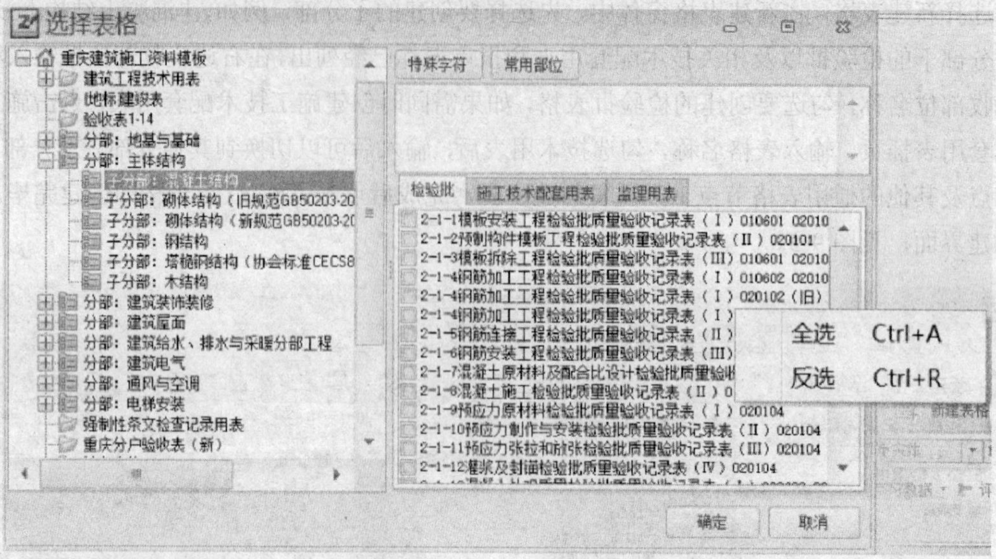

图 9-7　表格选择界面

（5）表格编辑。

1）工程展开。

工程建好后可以点击右键菜单的展开按钮，展开当前工程下所有的表格，见图 9-8。选择要编辑的表格双击，在右边的编辑区域进行表格编辑、修改。

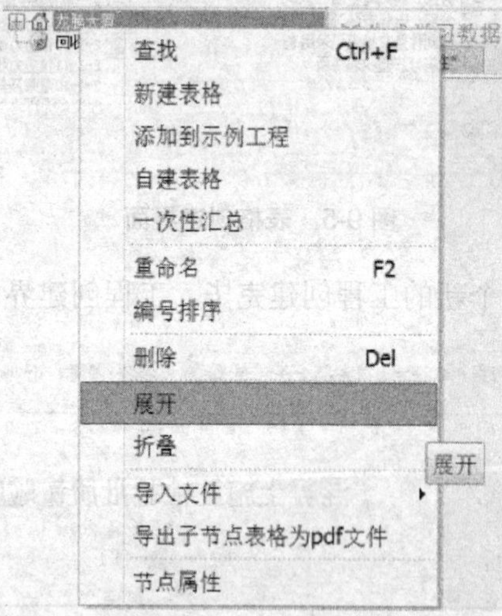

图 9-8　工程展开界面

2）表格编辑。

双击以后，表格出现在右边编辑区域内，对表格的文字输入、学习数据生成、示例数据导入、检验批评定，都通过表格编辑栏的按钮操作即可。也可以多张表格同时打开，选中要编辑的表格，一张张双击添加到右边的编辑框即可。表格编辑界面，见图 9-9。

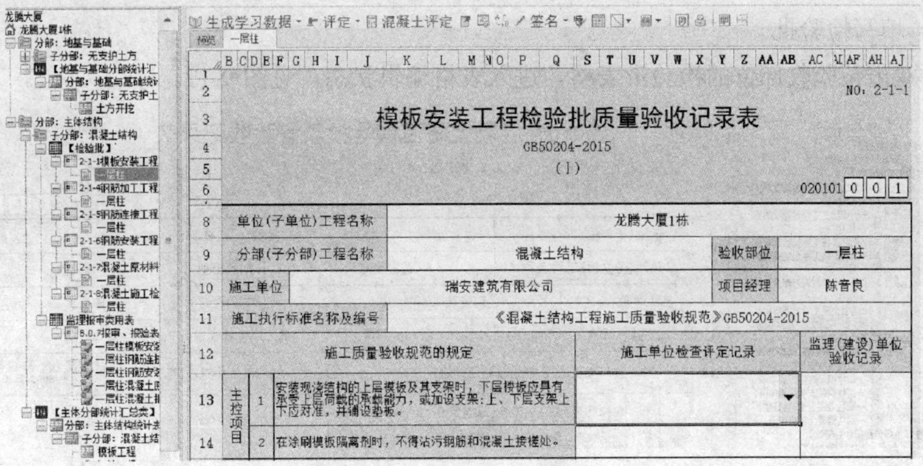

图 9-9　表格编辑界面

3）保存表格。

表格编辑完毕后，双击表格名称保存退出。也可以点击表格编辑的“保存”按钮保存。多表一起保存的话，可以右键选择“保存所有页”，也可以选择工程工具栏中的“保存”来快速地多表保存。保存表格界面，见图 9-10。

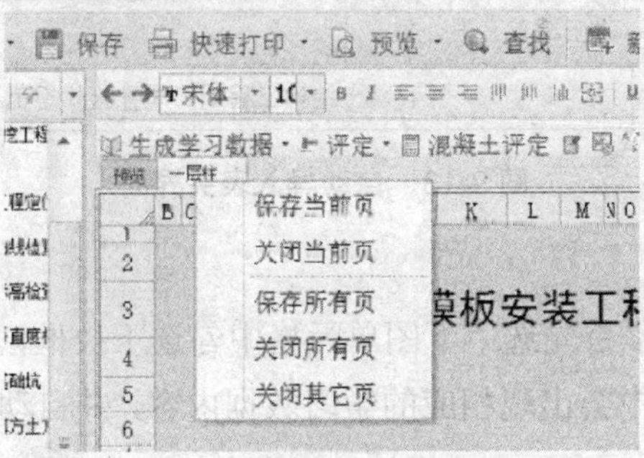

图 9-10　保存表格界面

4）自动汇总刷新。

品茗软件能自动生成汇总表，报审表无须勾选自动生成，增加一张检验批，汇总表自动汇总更新。自动汇总界面，见图 9-11。

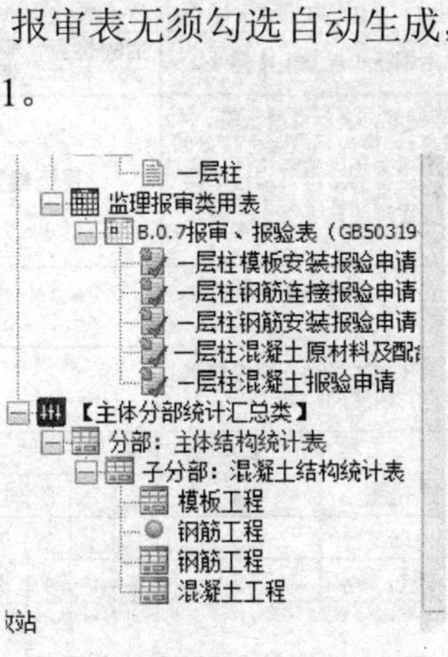

图 9-11　自动汇总界面

（6）填写检验批。

1）双击某验收部位的检验批表格，进入表格编辑状态，见图 9-12。

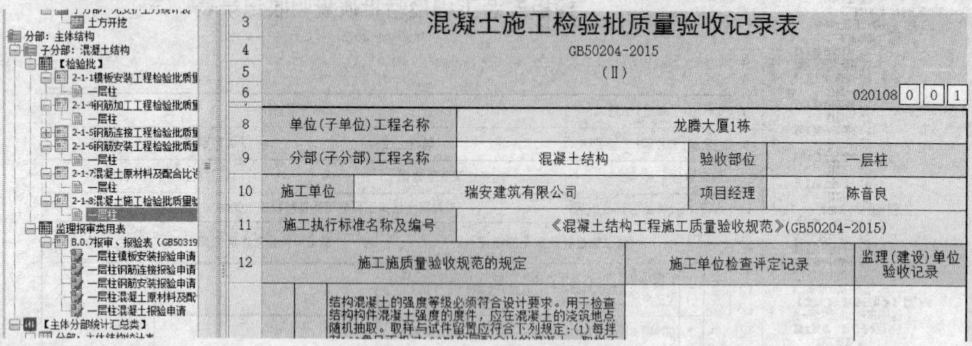

图 9-12　检验批表格编辑界面

2）自动导入表头信息。

新建工程时输入的表头信息已经自动导入，无须手动填写，见图 9-13。

单位(子单位)工程名称	龙腾大厦1栋		
分部(子分部)工程名称	混凝土结构	验收部位	一层柱
施工单位	瑞安建筑有限公司	项目经理	陈音良
施工执行标准名称及编号	《混凝土结构工程施工质量验收规范》(GB50204-2015)		

图 9-13　自动导入表头界面

3）学习数据生成。

对于有多选的实测项目，首先选中下图单元格中勾选下拉框，再点击表格编辑条上的数据生成按钮，此时对应单元格中会出现相应的学习数据内容，并自动生成一般项目超偏数据，打上超偏符号△，见图 9-14。

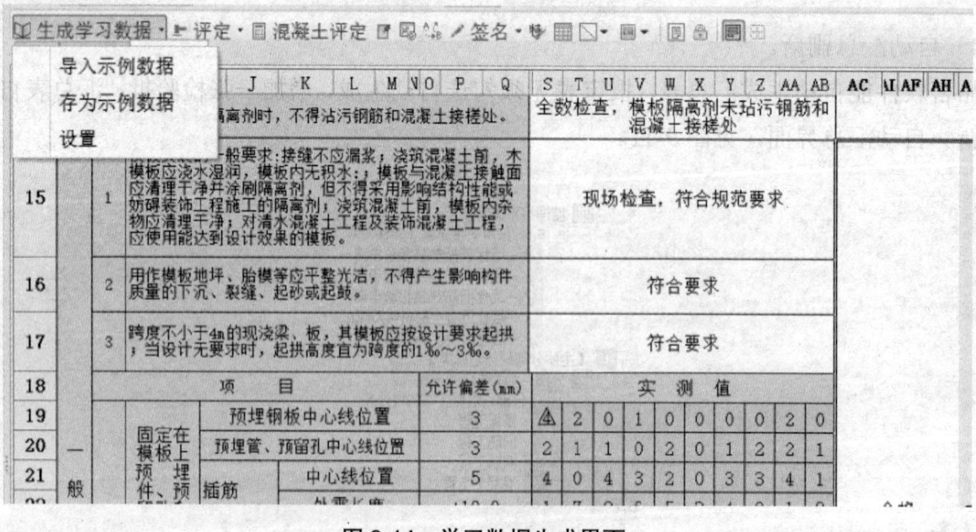

图 9-14　学习数据生成界面

4）评定。

填写好的实测数据需要进行评定，点击下图表格编辑条上的评定按钮，选择施工单位评定，系统给出评定结果；混凝土评定在用户把试块设计强度及试块强度值等相关信息输入完成后点击混凝土评定按钮就可以判定该组强度值是否合格。评定界面，见图 9-15。

表格打印

当所有表格编辑完以后，要打印输出。如果我们要打印单表，可以直接点快速打印，见图 9-16，无须设置，直接打印输出，是否打印成功可以查看软件的状态栏显示信息。也可以在快速打印的下拉菜单中点击批量打印，在打印管理中进行打印类别的选择，见图 9-17。

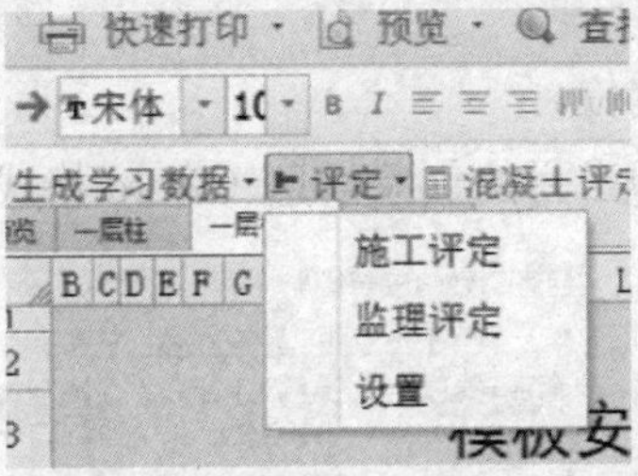

图 9-15　评定界面

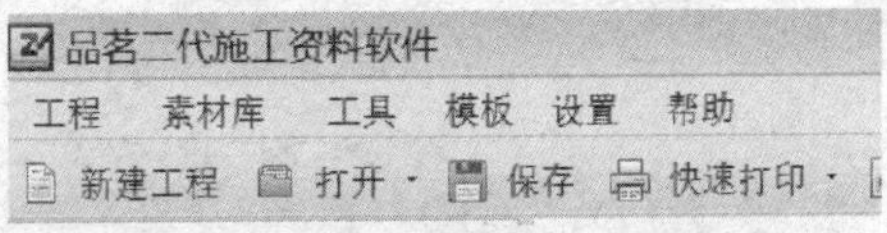

图 9-16　快速打印选项

图 9-17　打印管理

2. 工程菜单栏介绍

（1）工程下拉菜单，见图 9-18。

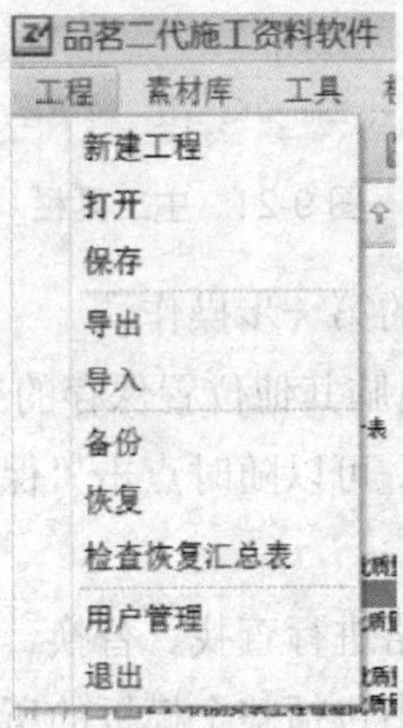

图 9-18　工程下拉菜单

1）新建工程：当需要按不同模板创建工程的时候请点击此按钮。

2）打开：可以打开保存在不同目录，不同存储设备中的工程文件。

3）保存：可以批量保存当前正在编辑的所有表格。

4）导出：将当前工程导出为 Excel 或 Word 格式文档。

5）导入：将其他工程导入本电脑。

6）备份：对当前操作工程状态进行备份。

7）恢复：对备份过的工程进行恢复。

8）用户管理：自由设置用户，满足多样的软件编制需要。

9）退出：退出本系统。

（2）素材库下拉菜单，见图 9-19。

1）国家规范：里面有针对现场施工及资料编制的相关规范，可以进行预览及打印。

2）技术交底：大量的技术交底素材，涉及整个施工过程，可以对其进行再编辑及打印。

（3）工具下拉菜单，见图 9-20 所示。

1）查找：对工程或模板中的表格进行查找、替换、定位。

2）晴雨表：自动生成当天的气象信息，并且可以打印当月的气象信息（Word 格式）。

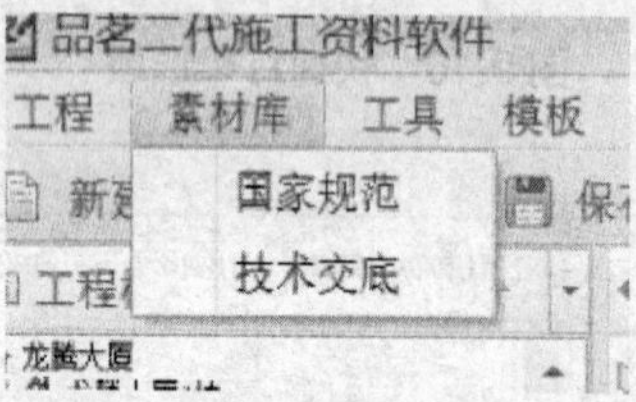

图 9-19　素材库下拉菜单

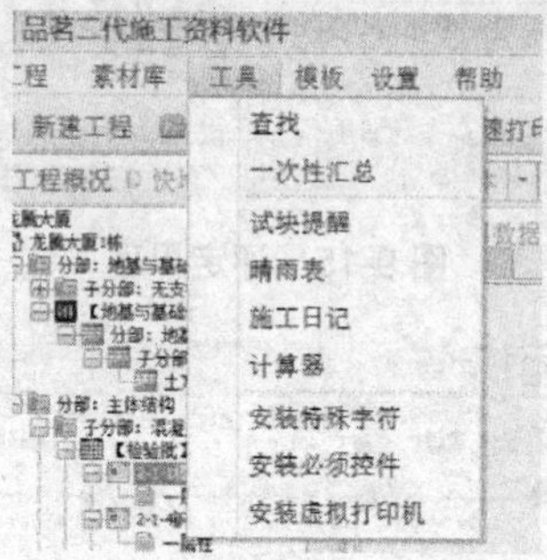

图 9-20　工具下拉菜单

（4）主工具栏，如图 9-21 所示。

图 9-21　主工具栏

1）新建工程：为工程进行新建的第一步操作。

2）打开：可以打开移动设备及电脑其他位置保存的工程，也可以在下拉选项中直接切换。

3）保存：在编辑表格的过程中，可以随时点击“保存”按钮对输入内容进行保存。

4）预览：表格打印前预览。

5）查找：对工程或模板中的表格进行查找、替换、定位。

6）新建表格：该新建表格界面中包括整个模板的所有节点。

7）新建子单位：当有多个单位工程时，可以通过该按钮来增加单位工程来实现同步。

8）同步设置：在该设置中，可以通过勾选来选择工程是否同步。

9）试块提醒：输入相应的试块信息，程序会根据信息来判断标养、同条件是否达到送检要求，及时提醒用户。

10）施工日记：当天施工情况的填写工具，自动生成当天气象信息，同时也可以根据地方要求来制作新的施工日记样式，导入后作为模板使用。

3. 工程目录操作栏

工程目录操作栏见图 9-22。

图 9-22　工程目录操作栏

（1）工程概况：对当前工程概况进行更新。

（2）快增加：对检验批类表格进行批量复制。

（3）删除：对工程目录中的节点删除。

（4）上移、下移：跟节点移动功能类似，对表格的排列顺序调整。

（5）报审表切换：不同标准下的报审表相互切换。

表格编辑右键菜单，见图 9-23。

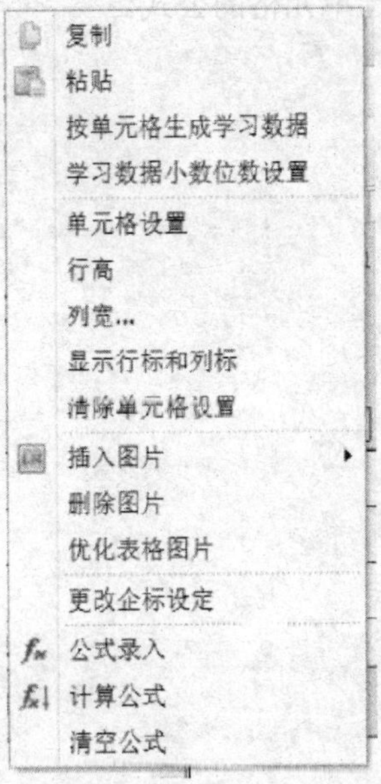

图 9-23　表格编辑右键菜单

（1）复制：对当前选中单元格的内容进行复制。

（2）粘贴：将复制的内容粘贴到选中的单元格。

（3）按单元格生成学习数据：只对选中的单元格进行学习数据生成。

（4）学习数据小数位数设置：可以对生成的数据设置保留的小数位数。

（5）单元格设置：可以设置单元格的类型，如是数值型或者是文本型。

（6）行高、列宽：对当前选中的行列进行高度、长宽调整。

（7）显示行标和列标：显示所有的行标和列标，行以数字 1、2、3 顺序排序，列根据字母 A、B、C 顺序排序。

（8）清除单元格设置：清除选中单元格设置的公式、格式等。

（9）插入图片：插入各种类型的图片，介绍如下：

①可编辑式粘贴，适用于粘贴各种 AutoCAD 版本的图片。

②截取图片，可以随意截取当前选中单元格范围的图片。

③直接插入 BMP、JPG 等常见图片格式的文件。

④直接插入用 AutoCAD 软件保存的文件。

⑤插入用品茗画图程序绘制的图片。

⑥调用操作系统画图板，并用画图板保存所绘制的图片。

（10）删除图片：删除当前单元格中的图片。

（11）清除表格图片：清除当前单元格所包含的所有图片。

（12）更改企标设定：针对需要配置企业标准的用户自由设置检验批上、下限。

（13）公式录入：自由用平台所提供的函数配置公式。

（14）计算公式：对当期表格配置好的公式进行计算。

（15）清空公式：清空当前所选单元格的公式。

主要参考文献

［1］建设部城建档案工作办公室.（GB/T 50328—2014）《建设工程文件归档规范》［S］. 北京：中国建筑工业出版社，2002.

［2］《房屋建筑和市政基础设施工程档案资料规范管理》DGJ32/TJ 143—2012［S］.

［3］中国建筑科学研究院. 建筑工程施工质量验收统一标准（GB 50300—2013）［S］. 北京：中国工业建筑出版社.

［4］中国建设教育协会组织. 资料员专业管理实务［M］. 北京：中国建筑工业出版社，2008.

［5］江苏省建设教育协会组织. 资料员专业管理实务［M］. 北京：中国建筑工业出版社，2016.

［6］中华人民共和国建筑法.

［7］江苏省建设教育协会组织. 资料员一本通（第二版）［M］. 北京：中国建筑工业出版社，2012.

［8］戴成元. 资料员［M］. 武汉：华中科技大学出版社，2009.

［9］魏瑶. 档案利用和公布制度中的行政程序法问题［J］. 河北学报，2013，7：172-174.

［10］郑孝敏. 应用文写作基础［M］. 北京：中国财政经济出版社，2011.

［11］江苏省建设教育协会组织. 施工员专业基础知识［M］. 北京：中国建筑工业出版社，2016.

［12］本书编委会. 施工员一本通［M］. 北京：中国建材工业出版社，2013.

［13］马楠，张丽华. 建筑工程预算与报价（第四版）［M］. 北京：科学出版社，2018.

［14］吴锐，王俊松. 看实例快速学预算——建筑工程预算［M］. 北京：中国电力出版社，2012.

［15］廖奇云. 重庆市建筑工程施工技术资料编写手册［M］. 重庆：重庆出版社，2012.

［16］重庆市建委. 重庆市建设工程档案编制验收标准（DBJ 50-129-2011）［S］. 重庆：重庆市城市建设档案馆，2011.

［17］重庆市建设档案馆. 重庆市城建档案分类大纲（重城档发〔1998〕6 号）.

［18］重庆市人民政府. 重庆市管线工程规划管理办法（渝府令　第 194 号）.

［19］重庆市建委. 重庆市《城市地下管线工程档案管理办法》的通知（渝建发〔2002〕

98 号）.

［20］重庆市建委. 关于实行建设工程档案资料员持证上岗制度的通知（重建函〔1996〕74 号）.

［21］重庆市建委. 重庆市城市建设档案案卷质量规定（渝建发〔1998〕237 号）.

［22］重庆市建委. 重庆市建设工程档案专项验收办法（渝建发〔1999〕59 号）.

［23］重庆市建设档案馆.《重庆市城市建设档案馆声像信息化建设实施方案》的通知（重城档发〔2005〕12 号）.

［24］重庆市城乡建设委员会. 重庆市房屋建筑与装饰工程计价定额（CQJZZSDE-2018）. 重庆：重庆大学出版社，2018.

［25］王涛，冯占红，吴现立. 工程造价控制与管理（第三版）[M]. 武汉：武汉理工大学出版社.

附录1　资料员专业知识测试模拟试卷

试卷一

一、单项选择题（共50题，共50分）

1. 按照拟定的体例形式，对选择的城建档案材料进行科学系统的组织和列指的是（　　）。

A. 审查　　B. 加工　　C. 出版　　D. 编排

2. 下列属于施工项目管理内容的是（　　）。

A. 监理施工项目管理组织　　B. 实施设计计划

C. 组织勘察工作　　D. 编制可行性研究报告

3. 使施工顺序合理，能保证连续、均衡、有节奏地施工，实现计划工期，提前完成合同工期属于（　　）。

A. 进度控制　　B. 质量控制　　C. 成本控制　　D. 安全控制

4. 关于经纬仪的相关说法，错误的是（　　）。

A. 经纬仪是一种常用的施工测量仪器　　B. 经纬仪可以进行低精度的间接测距

C. 经纬仪是进行高程测量的主要仪器　　D. 经纬仪可进行水平角竖直角的测量

5. 绿色施工对地下设施、文物和资源保护的技术要点要求，施工过程中一旦发现文物，立即（　　），保护现场并通报文物部门并协助做好工作。

A. 报警　　B. 清理文物　　C. 停止施工　　D. 报告单位负责人

6. 国务院（　　）负责全国城建档案管理工作，业务上受国家档案部门的监督、指导。

A. 人民政府　　B. 其他部门　　C. 建设行政主管部门　　D. 档案行政主管部门

7. 根据《建设工程施工现场消防安全技术规范》，临时消防车道宜为环形，如设置环形车道确有困难，应在消防车道尽端设置尺寸不小于（　　）的回车场。

A. 8 m×8 m　　B. 10 m×10 m　　C. 12 m×12 m　　D. 14 m×14 m

8. 城建档案卷内目录的责任者应是（　　）。

A. 该工程的资料员个人　　B. 该工程的施工单位

C. 该工程的建设单位　　D. 该项文件形成的主要责任单位

9. 文件材料的（　　）是工程档案的突出特点。

A. 综合性　　B. 整体性　　C. 系统性　　D. 完整性

10. 建设工程档案记录形式的（　　）主要表现在载体和记录形式的多样性。

A. 多样性　　B. 综合性　　C. 动态性　　D. 完整性

11. 绿色施工材料资源利用技术要点要求，图纸会审时，应审核节材与材料资源利用的相关内容，达到材料损耗率比定额损耗率降低（　　）。

A. 10%　　B. 20%　　C. 30%　　D. 40%

12. 在 Word 编辑状态下，要选择某个段落，应在该段落上任意地方连续（　　）鼠标左键。

A. 单击　　B. 双击　　C. 三击　　D. 拖动

13. 装配式混凝土住宅结构安装施工，采用临时支撑体系时，对预制柱、墙板的上部斜撑，其支撑点间距离底部的距离不宜小于高度的（　　）。

A. 1/3　　B. 1/2　　C. 2/3　　D. 3/4

14. 建筑平面图中，凡剖切面切到的墙柱等轮廓线均采用（　　）绘制。

A. 粗实线　　B. 细实线　　C. 粗虚线　　D. 细单点长画线

15. 预制混凝土夹心保温外墙板是指中间夹有（　　）的预制混凝土外墙板，简称夹心外墙板。

A. 空气层　　B. 防水层　　C. 隔声层　　D. 保温层

16. A2 图纸幅面为（　　）。

A. 841 mm×1 189 mm　　B. 594 mm×841 mm

C. 420 mm×594 mm　　D. 297 mm×420 mm

17. 项目监理机构全面开展建设工程监理工作的指导性文件是（　　）。

A. 监理规范　　B. 监理合同　　C. 监理规划　　D. 监理细则

18. 建设单位应当在地下管线竣工验收合格后（　　）个月内，向城市建设档案管理机构移交档案。

A. 1　　B. 3　　C. 6　　D. 12

19. 关于旁站记录中施工情况的说法，错误的是（　　）。

A. 旁站记录应包括施工单位质检人员到岗情况

B. 旁站记录应包括特殊工种人员持证情况

C. 旁站记录应包括施工过程是否按强制性标准执行

D. 旁站记录应包括项目监理机构当日监理工作情况

20. 绿色施工是建筑全寿命周期中的一个重要阶段。实施绿色施工，应进行总体方案优化。在（　　）阶段，应充分考虑绿色施工的总体要求，为绿色施工提供基础条件。

A. 规划、设计　　B. 项目立项　　C. 项目可行性研究　　D. 设计、勘测

21. 具有显著的防水、防潮性能的砂浆是（　　）。

A. 保温砂浆　　B. 隔声砂浆　　C. 防水砂浆　　D. 抹面砂浆

22. 装配式混凝土住宅结构施工，采用钢筋套筒灌浆连接、钢筋浆锚搭接连接施工时，预制柱中钢筋接头处套筒外侧箍筋的混凝土保护层厚度不应小于（　　）。

A. 10 mm　　B. 15 mm　　C. 20 mm　　D. 25 mm

23. 检验批的质量检查控制项目，一般由主控项目和（　　）组成。

A. 核心项目　　B. 一般项目　　C. 重要项目　　D. 重点项目

24. 施工中对各种材料的计划、订购、运输、发放和使用所进行的一系列组织与管理工作是（　　）管理。

A. 施工项目资金　B. 施工项目机械　C. 施工项目材料　D. 施工项目技术

25. 主体结构部分或全部采用工业化方式生产，现场装配而成的住宅，简称（　）。

A. 装配式住宅　B. 预制构件住宅　C. 组装式主宅　D. 工业化住宅

26. 工程质量终身负责制的定义是指工程因（　）的问题造成不能正常自行使用，而由相关单位和相关人员进行负责的制度。

A. 自身质量　B. 地震　C. 海啸　D. 战争

27. 我国建筑统一模数中规定的基本模数为（　）。

A. 10 mm　B. 50 mm　C. 100 mm　D. 200 mm

28. 下列城市地下管线中，属于电信管线的是（　）管线。

A. 广播　B. 有线电视　C. 宽带　D. 照明

29. 关于全站仪的相关说法，错误的是（　）。

A. 全站仪是一种常用的施工测量仪器

B. 全站仪可以进行测角

C. 全站仪不能测距

D. 全站仪是目前施工单位进行测量和放样的主要仪器

30. 根据《建筑施工安全技术统一规范》，工地应按施工规模建立消防组织，配备（　），并应经过专业培训和定期组织进行演习。

A. 专职安全员　B. 专职消防员　C. 义务消防人员　D. 防火管理员

31. 为解决监理讨程中的工程专项问题而不定期召开的会议是（　）。

A. 第一次工地会议　B. 监理例会　C. 专题会议　D. 监理交底会议

32. 根据建筑安全生产管理的规定，建筑施工企业的（　）对本企业的安全生产负责。

A. 法定代表人　B. 项目负责人　C. 技术负责人　D. 安全负责人

33. 在 Excel 中，通过选择菜单（　）可改变存储单元数据的显示字型及属性。

A. 格式→单元格　B. 插入→单元格　C. 插入→分隔符　D. 插入→文件

34. 砌筑砂浆的强度等级划分中，强度最高的为（　）。

A. M20　B. M15　C. M10　D. M25

35. 城建档案归档原则是国家和社会具有（　）的文件材料。

A. 有用　B. 保存价值　C. 所有形成　D. 真实

36. 所有的文件材料，必须是规划、建设及其管理活动记录的（　）。

A. 第一手资料　B. 第二手资料　C. 第三手资料　D. 复印件

37. 抹灰的中间层主要是（　）作用。

A. 找平与粘结　B. 美观　C. 对底层的重复　D. 与底层完全一样

38. 从管线传输或排放物质的性质来分，城市地下管线可分为（　）类。

A. 3　B. 5　C. 7　D. 8

39. 钢筋等级符号中，ϕ 表示（　）级钢筋。

A. 一　B. 二　C. 三　D. 四

40.（　　）是指在安装预制混凝土构件中，为保持构件的稳定，便于安装就位所采取的一种暂时的支撑方式。

A. 脚手架支撑系统　　B. 特殊支撑系统
C. 桁架支撑系统　　D. 临时支撑系统

41. 建设单位提交的城市地下管线档案必须完整、准确、真实、清晰地反映现状，并由（　　）盖章、签字。

A. 施工单位和项目经理　　B. 建设单位和项目经理
C. 监理单位和总监　　D. 编制单位和技术负责人

42.“函”适用于（　　）单位。

A. 平级单位　　B. 上级机关　　C. 下级部门　　D. 更上级机关

43. 国务院《科学技术档案工作条例》规定，科技档案工作必须按（　　）实行统一管理。

A. 部门　　B. 内容　　C. 种类　　D. 专业

44. 根据《建筑施工安全技术统一规范》，工地应按照总平面图划分（　　），根据作业条件合理配备灭火器材。

A. 防火责任区　　B. 防火分区　　C. 作业区和生活区　　D. 消防管理区

45. 下列制度中，属于行政许可的是（　　）。

A. 报建登记制度　　B. 工程竣工后的移交制度
C. 建设工程档案专项验收制度　　D. 档案查阅利用制度

46. 根据《建设工程施工现场消防安全技术规范》，施工单位应编制施工现场灭火及应急疏散预案。以下属于灭火及应急疏散预案应包括的主要内容的是（　　）。

A. 临时消防设施和消防警示标识布置图　　B. 扑救初起火灾的程序和措施
C. 可燃及易燃易爆危险品位置　　D. 用火、用电、用气管理制度

47. 按照建筑工程质量管理的规定，（　　）对工程的职工质量负责。

A. 建筑设计单位　　B. 建筑施工企业　　C. 建设单位　　D. 建筑勘察单位

48. 下列城市地下管线中，属于燃气管线的是（　　）管线。

A. 生活水　　B. 天然气　　C. 雨水　　D. 蒸汽

49. 关于建筑工程，钢筋进场应附有（　　）。

A. 质量证明书和进料单　　B. 质量证明书
C. 进料单　　D. 进场试验报告

50. 水泥的强度等级应与混凝土的设计强度等级（　　）。

A. 相适应　　B. 不相关　　C. 完全相同　　D. 无联系

二、多项选择题（共 10 题，共 20 分）

51. 在钢材力学性能试验中，钢材的塑形通常用（　　）来表示。

A. 伸长率　　B. 屈服强度　　C. 极限抗拉强度　　D. 冷弯性能
E. 疲劳强度

52. 城建档案征集工作的具体做法是（　　）。

A. 广泛宣传、增强意识、扩大影响　　B. 调查研究、摸清情况、有的放矢

C. 健全组织、明确职责、注重实效　　D. 依法收集、奖惩结合、长期打算

E. 强制征收

53. 下列编制内容中，属于监理细则编制的主要内容是（　）。

A. 专业工程特点　　B. 监理工作流程

C. 监理工作要点　　D. 监理工作方法及措施

E. 监理组织形式及人员岗位责任

54. 钢筋拉伸试验是用拉力拉伸试样，一般拉至断裂，测定钢材的（　）3个重要指标。

A. 应力　　B. 屈服点　　C. 应变　　D. 抗拉强度

E. 伸长率

55. 属于施工项目资源管理的内容有（　）。

A. 人力资源管理　　B. 监督管理　　C. 材料管理　　D. 机械设备管理

E. 技术管理

56. 模板系统包括（　）3个部分。

A. 垫板　　B. 底座　　C. 模板　　D. 支架

E. 紧固件

57. 经纬仪按精度不同可分为（　）等。

A. DJ07　　B. DJ1　　C. DJ2　　D. DJ5

E. DJ6

58. 监理日志中，对当日监理情况的记录，一般包括（　）。

A. 旁站　　B. 巡视　　C. 见证取样　　D. 平行检验

E. 质量验收

59. 推进建筑产业现代化发展，有利于（　）。

A. 缩短工期　　B. 保障建设工程质量

C. 减少资源、能源消耗　　D. 节能环保

E. 提高劳动就业率

60. 绿色施工对水污染控制的技术要点要求在施工现场应针对不同的污水，设置相应的处理设施，如（　）等。

A. 沉淀池　　B. 隔油池　　C. 化粪池　　D. 化油设备

E. 洗车设备

三、判断题（共20题，共10分）

61. 建筑材料有很多种分类方法，其中按化学成分可分为无机材料、有机材料、复合材料。（　）

A. 正确　　B. 错误

62. 城建档案工作应当遵循统一领导、统一标准、集中管理与分级管理相结合的原则，维护城乡建设档案的完整和安全，便于社会各方面利用。（　）

A. 正确　　B. 错误

63. GB/T 19000 中术语“顾客满意”是指顾客对其要求已被满足程度的感受。顾客抱怨是一种满意程度低的最常见的表达方式，但没有抱怨就不一定表明顾客很满意。（　　）

A. 正确　　B. 错误

64. 建设工程档案是工程竣工验收、质量评价和结算的依据。（　　）

A. 正确　　B. 错误

65. 工程开工前，项目监理机构应审查施工单位特种作业人员的资格证。（　　）

A. 正确　　B. 错误

66. 工程档案属于知识储备的范畴，具有很大的经济效益。（　　）

A. 正确　　B. 错误

67. 城建档案收集是城建档案工作的基础。（　　）

A. 正确　　B. 错误

68. 钢筋的物理性能和化学成分各项试验，若有一项不符合钢筋的技术要求，则应再取相同数量的试件进行复试。（　　）

A. 正确　　B. 错误

69. 平行于 H 面，同时垂直于 V 和 W 投影面的平面称为水平面。（　　）

A. 正确　　B. 错误

70. 2012 年 11 月 1 日起，全市行政机关全部执行《党政机关公文格式》（GB/T 9704—2012）。（　　）

A. 正确　　B. 错误

71. 城建档案管理机构应当绘制城市地下管线综合图，建立城市地下管线信息系统，并及时接收普查和补测、补绘所形成的地下管线成果。（　　）

A. 正确　　B. 错误

72. 图样的比例，应为实物与图形相对应的线性尺寸之比。（　　）

A. 正确　　B. 错误

73. 文件的标题由单位名称、事由、文种组成。（　　）

A. 正确　　B. 错误

74.《重庆市城乡建设档案管理办法》是重庆市开展城建档案工作直接的法规支撑和重要依据。（　　）

A. 正确　　B. 错误

75. 根据《建设工程施工现场消防安全技术规范》，临时消防救援场地应设置在成组布置的临时用房场地及在建工程的任意一侧。（　　）

A. 正确　　B. 错误

76. 一项建设工程竣工后，建设成果有两项：一项是物质成果，即建设工程实体；另一项是技术成果，就是建设工程档案。（　　）

A. 正确　　B. 错误

77. 从事建筑活动的专业技术人员，应当依法取得相应的执业资格证书，就可以从事任何建筑活动。（　　）

A. 正确　　B. 错误

78. 全断面隧道掘进机分为两种，在中国，将用于岩石地层的称为 TBM，用于软土地层的隧道掘进机称

为盾构机。（　　）

A. 正确　　　　　　　　　　B. 错误

79. 连系梁的主要作用是连系横向柱列，增强厂房的横向刚度。（　　）

A. 正确　　　　　　　　　　B. 错误

80. 监理规划由总监理工程师签认后报送建设单位。（　　）

A. 正确　　　　　　　　　　B. 错误

四、综合题（共4题，共20分）

81.［背景资料］某监理公司负责江北区某建设工程的监理工作，在土石方开挖及基坑支护工程开工前，监理单位编制了土石方开挖及基坑支护监理实施细则，并经总监理工程师审批后用于现场开展监理工作。

［问题］根据背景资料，解答下列问题。

(1)（判断题）土石方开挖及基坑支护工程监理实施细则应在基础工程施工前完成编制及审批。（　）

A. 正确　　　　　　　　　　B. 错误

(2)（判断题）背景资料中所提监理实施细则应由监理单位技术负责人进行审批。（　）

A. 正确　　　　　　　　　　B. 错误

(3)（单选题）监理实施细则应由（　　）编制。

A. 监理员　　　　　　　　　B. 专业监理工程师

C. 总监理工程师代表　　　　D. 总监理工程师

(4)（单选题）监理实施细则应符合（　　）的要求。

A. 施工组织设计　　　　　　B. 质量控制目标

C. 监理手册　　　　　　　　D. 监理规划

(5)（多选题）下列属于监理实施细则应包括的主要内容的是（　　）。

A. 监理工作方法及措施　　　B. 土石方开挖及基坑支护工程特点

C. 监理工作流程　　　　　　D. 监理工作要点

E. 监理工作制度

82.［背景资料］某施工单位承建某土石方工程，合同工期180天。施工单位在施工过程中，组织合理，管理得当，现工期较合同工期提前10天，且工程质量均符合相关规定。然突遇连续暴雨天气无法正常施工，持续时间长达22天，施工单位拟向监理、建设单位提出工程延期申请。天气好转满足正常施工条件后，施工单位却因机械故障进行维修，维修时间达15天，严重影响工期，施工单位拟再次向监理、建设单位提出工程延期申请。

［问题］根据背景资料，解答下列问题。

(1)（判断题）因暴雨造成影响工期事件可以提出工程延期申请。（　　）

A. 正确　　　　　　　　　　B. 错误

(2)（判断题）因机械故障造成影响工期事件可以提出工程延期申请。（　）

A. 正确　　　　　　　　　　B. 错误

(3)（单选题）工程延期的原因是由（　　）造成的。

A. 施工单位自身原因　　　　B. 不可抗力

C. 质量监督部门　　D. 安全监督部门

(4)(单选题)施工单位拟提出的工程延期申请必须在(　　)。

A. 影响工期事件结束前　　B. 影响工期事件结束后

C. 影响工期事件结束后3天内　　D. 合同约定的期限内

(5)(多选题)在批准工程延期申请时，应同时满足的条件是(　　)。

A. 施工单位在合同约定的期限内提出工程延期

B. 因非施工单位原因造成施工进度滞后

C. 施工进度滞后影响施工合同约定的工期

D. 施工单位采取赶工措施加快施工进度

E. 施工单位愿意承担合同约定的误期责任

83. [背景资料] 城市地下管线信息是城市管理和决策的工作基础，但是由于地下管线档案涉及的部门众多，普遍存在多头保管的现象，有的在城建档案管理机构保管，有的则在规划部门保管，有的在测绘部门保管，有的在管线建设单位保管，有的则遗失了。我国各个城市都不同程度存在地下管线资料不齐全、与现状不符、数据不准和不一致等情况，致使地下管线信息化建设、信息共享和应用困难重重。

[问题] 根据背景资料，解答下列问题。

(1)(判断题)城市地下管线是维系城市地上地下空间、保证城市整体运行的基础设施，规划、建设和管理好地下管线是未来充分利用地下空间的重要的基础工作。(　　)

A. 正确　　B. 错误

(2)(判断题)地下管线信息也是进行建设施工的信息保证，避免出现破坏管线事故的发生，以及为城市地下管线设施维护工作快速、准确的提供设施信息。(　　)

A. 正确　　B. 错误

(3)(单选题)城市地下管线档案的保管机构是(　　)。

A. 规划局　　B. 管线建设单位

C. 城建档案管理机构　　D. 测绘部门

(4)(单选题)城市地下管线信息是城市管理和决策的(　　)。

A. 工作基础　　B. 工作方针　　C. 工作步骤　　D. 工作指南

(5)(多选题)规划部门在进行城市规划审批过程中，必须准确掌握地下管线的(　　)情况，才可以正确合理的进行审批，减少规划决策失误。

A. 铺设情况　　B. 连接方向　　C. 档案保管情况　　D. 档案遗失情况

E. 埋设方式

84. [背景资料] 某施工单位承建的某建设工程，在工程开工前，施工单位测量负责人将平面、高程控制测量成果表、依据资料及附图等材料上报项目监理机构进行审核，项目监理机构按要求进行审核。

[问题] 根据背景资料，解答下列问题。

(1)(判断题)控制测量成果由总监理工程师负责检查复核。(　　)

A. 正确　　B. 错误

(2)(判断题)施工单位上报控制测量成果资料时应填写《施工控制测量成果报验表》。(　　)

A. 正确　　　　　　　　　　　　　　B. 错误

（3）（单选题）下列不属于施工单位上报控制成果测量成果进行检查复核的是（　　）。

A. 施工单位测量人员资格证书　　　　B. 施工单位测量设备检定证书

C. 施工平面控制网及控制桩保护措施　　D. 测量施工方案

（4）（单选题）控制测量成果由（　　）负责检查复核。

A. 监理员　　　　　　　　　　　　B. 测量专业监理工程师

C. 总监理工程师　　　　　　　　　D. 总监理工程师代表

（5）（多选题）施工控制测量成果及保护措施的检查复核包括（　　）。

A. 施工单位测量人员的资格证书

B. 施工单位测量设备的检定证书

C. 施工平面控制网、高程控制网和临时水准点的测量成果

D. 控制桩的保护措施

E. 施工总平面布置

试卷二

一、单项选择题（共40题，共40分）

1. 风机盘管在安装之前进行单机三速试运转和水压检漏试验，观察时间为（　　）。

A. 3 min　　B. 8 min　　C. 2 min　　D. 5 min

2. 建设工程竣工图必须是（　　）。

A. 使用后的施工图　　B. 复印图　　C. 新蓝图　　D. 初设图

3. 档案卷内备考表填写的内容有（　　）。

A. 文件材料题名　　B. 序号　　C. 说明　　D. 责任者

4. 重新绘制的竣工图应采用全市规定的（　　）。

A. 设计院图标　　B. 不要图标　　C. 竣工图章　　D. 竣工图图标

5. 建筑节能工程归档文件内容一览表是按（　　）执行。

A. 渝建发〔2005〕226号文　　B. 渝建发〔2008〕76号文

C. 渝建〔2011〕541号文　　D. 渝建发〔2010〕93号文

6. 城建档案的排架方法有（　　）。

A. 分类排架法和流水排架法　　B. 不分类大流水排架和分类流水排架

C. 分类排架法和不分类排架法　　D. 分类排架法和按时间排架法

7. 市政工程观感的综合评价，在受检项目中，质量评价为“好”的项目占全部受检项目的（　　）以上，其余项目评价为“中”则观感综合评价为“好”。

A. 60%　　B. 70%　　C. 80%　　D. 90%

8. 下列属于立项文件的是（　　）。

A. 建设用地文件　　B. 施工图设计文件的审批意见
C. 施工许可证　　D. 项目建议书

9. 2010年版《重庆市市政基础设施工程施工技术用表》中渝市政竣表共（　　）种。

A. 14　　B. 15　　C. 142　　D. 189

10. 某市政工程造价约为2 000万元人民币，其照片数量要求应多于（　　）张。

A. 15　　B. 40　　C. 30　　D. 60

11. 竣工图图标应绘制在图纸的（　　）。

A. 右上角　　B. 右下角　　C. 左上角　　D. 左下角

12. 竣工图的编制工作，必须在施工过程中（　　）及时绘制。

A. 随工程进度　　B. 在开工后　　C. 在完工后　　D. 随工程开工

13. 单位（子单位）工程质量竣工评估报告（验收表-3）应由（　　）填写。

A. 建设行政主管部门　　B. 施工单位
C. 监理单位　　D. 建设单位

14. 城建档案的保管工作是城建档案工作的（　　）环节。

A. 重要　　B. 最终　　C. 第一个　　D. 基础

15. 城建档案的保管期限规定有（　　）。

A. 永久、长期、短期　　B. 长期、短期、暂时
C. 远期、长期、短期　　D. 近期、长期、短期

16. 竣工图编制的套数为（　　）。

A. 一套　　B. 两套　　C. 四套　　D. 至少两套

17. 某工程项目遇特殊情况延迟施工，施工单位应在（　　）表中写明延迟原因。

A. 单位（子单位）工程施工质量竣工检查报告（验收表-2）
B. 施工现场质量管理检查记录（验收表-1）
C. 工程竣工验收通知书（验收表-6）
D. 建设工程竣工验收意见书（验收表-7）

18. 工程电子文件形成各单位应将已经归档的电子档案保存至少（　　）年以上。

A. 一　　B. 二　　C. 三　　D. 四

19. 检验批合格质量规定中，一般项目不合格点的最大偏差值不得大于规定允许偏差值的（　　）倍。

A. 1.0　　B. 1.5　　C. 2.0　　D. 0.5

20. 机读目录的首选著录格式为是（　　）。

A. 表格式　　B. 段落符号式　　C. 两种都是　　D. 两种都不是

21. 录像拍摄要讲究平、稳、匀、准、清等要求，其中稳是指（　　）。

A. 就是持机要稳，机器稳拍出的画面才不晃
B. 就是拍运动镜头如推拉，过程要匀
C. 就是画面要水平不能歪
D. 就是拍摄的画面清楚

22. 档案案卷的编目主要有（　　）。

A. 卷内文件页号　　B. 纸质　　C. 装具　　D. 装订厚度

23. 下列不属于栏杆、护栏施工检查记录（渝建竣-66）检查内容的是（　　）。

A. 除锈、防腐　　B. 防雷连接　　C. 防火要求　　D. 杆件的连接

24. 市政基础设施工程文件归档内容一览表是按（　　）执行。

A. 渝建发〔2005〕226 号文　　B. 渝建发〔2008〕76 号文

C. 渝建〔2011〕541 号文　　D. 渝建发〔2010〕93 号文

25. 竣工图应由（　　）绘制。

A. 监理单位总监　　B. 设计单位负责人

C. 建设单位现场代表　　D. 施工单位技术人员

26. 已建成的不符合要求的库房要根据（　　）进行改造。

A.《档案馆建筑设计规范》及《档案馆建设标准》

B.《城建档案整理规范》

C.《监理规范》

D.《住宅设计规范》

27. 电子档案采取（　　）式归档。

A. 程序　　B. 网络　　C. 在线　　D. 离线

28. 土方开挖工程检验批质量验收记录表（NO：1-1-1）中主控项目的长度、宽度应按（　　）选取并记录。

A. 每 30 m 取一点　　B. 每 20 m 取一点　　C. 每 25 m 取一点　　D. 每 35 m 取一点

29. 档案封面、红头文件、加盖公章的重要文件及其他重要文件的扫描格式电子档案，要求采用（　.）位彩色 ISO 10918—1（JPEG）压缩格式存储。

A. 32　　B. 64　　C. 128　　D. 256

30. 市政工程单位（子单位）工程质量竣工验收记录（渝市政验收-8）由（　　）填写。

A. 施工单位　　B. 监理单位　　C. 建设单位　　D. 分包单位

31. 竣工图目录按（　　）分别绘制。

A. 形成时间　　B. 大小　　C. 设计单号　　D. 专业

32. 下列对基础竣工图的绘制方法描述正确的有（　　）。

A. 基础竣工图可以用原施工图中的基础施工图代替

B. 基础竣工图要绘制出基础的纵横断面和地质情况

C. 基础竣工图不用重新绘制

D. 基础竣工图必须用杠改法绘制

33. 档案案卷封面的内容有（　　）。

A. 卷内目录　　B. 案卷题名　　C. 卷内备考表　　D. 页面编号

34. 下列声像资料的拍摄内容中，属于工程施工阶段的是（　　）。

A. 工程立项　　B. 工程现场整体进展情况

C. 工程原址、原貌及周边状况　　　　　　D. 工程竣工全貌

35. 利用施工图（蓝图）修改绘制竣工图时，必须有的编制依据是（　　）。

A. 设计变更记录　　B. 技术变更记录　　C. 设计单位提供的施工图　　D. 修改依据

36. 使用建筑工程资料管理软件时，创建自定义文件夹操作正确的是（　　）。

A. 计算机桌面鼠标右键　　　　　　B. 表格目录上直接修改

C. 表格目录上鼠标右键　　　　　　D. 插入

37. 某项目的建筑工程面积约为 5 000 m^2，其照片数量要求应多于（　　）张。

A. 10　　B. 20　　C. 30　　D. 50

38. 防雷接地装置施工检查记录（渝建竣-102）中"防雷接地桩深"应填写（　　）。

A. 最深的桩的深度　　　　　　B. 最浅的桩的深度

C. 最深的桩的深度和最浅的桩的深度　　　　　　D. 平均桩深

39. 在绘制基础竣工图时应标注（　　），并写出基础竣工图的编制说明。

A. 修改依据　　B. 桩的自编号　　C. 设计单号　　D. 工程名称

40. 基础竣工图的编制，应根据完整的（　　）重新绘制。

A. 施工图　　B. 设计变更　　C. 技术核定单　　D. 施工记录

二、多项选择题（共 10 题，共 20 分）

41. 市政工程检验批的质量应按（　　）进行验收。

A. 结构安全　　B. 使用功能　　C. 质量控制资料　　D. 主控项目

E. 一般项目

42. 依据著录对象的不同，可将档案著录划分为（　　）。

A. 工程（项目）级　　　　　　B. 案卷级

C. 文件级　　　　　　D. 目录级

E. 条目级

43. 下列选项属于绝热工程检查记录（渝建竣-114）测试项目的有（　　）。

A. 绝热部位工程性试验及防腐检查情况

B. 绝热材料名称及其型号、规格

C. 防潮层检查情况

D. 漏风量

E. 试验压力

44. 建立的案卷级目录检索体系可以极大地提高档案的（　　）。

A. 原始性　　B. 检索速度　　C. 参考性　　D. 查准率

E. 查全率

45. 下列属于砌体配筋隐蔽检查记录（渝建竣-61）中"砌体拉结筋、构造筋"检查项目的是（　　）。

A. 搭接长度　　B. 品种及直径　　C. 沿墙高间距　　D. 锚固长度

E. 与基体连接方式

46. 工程开工/复工报审表（渝监理表-1）应由（　　）签字。

A. 承包单位项目经理　　B. 建设单位项目经理
C. 监理单位总监理工程师　　D. 承包单位技术负责人
E. 监理单位现场监理

47. 施工招标文件的内容主要有（　　）。
A. 招标书　B. 标底　C. 招标资质预审　D. 评标
E. 投标文件

48. 下列选项中属于城建档案检索的意义的是（　　）。
A. 为迅速准确地利用城建档案创造条件
B. 促进城建档案立卷和整理规范有序
C. 促进了城建档案信息的交流
D. 推动了城建档案业务的规范化，促进了城建档案工作的发展
E. 促进城建档案法制工作

49. 下列选项中，属于建筑工程资料管理软件具有的功能的是（　　）。
A. 选取表式　B. 制图　C. 增加资料　D. 编辑资料
E. 打印输出

50. 进行照片拍摄施工过程时建议使用图板作为铭牌，图板上应标明（　　）等信息。
A. 工程名称　B. 部位　C. 地段　D. 时间
E. 方位

三、判断题（共 20 题，共 10 分）

51. 在扫描的电子文件档案中，A3 图纸的黑白二值图像存储空间为 300 kB 左右。（　　）
A. 正确　B. 错误

52. 工程开工/复工报审表（渝监理表-1）用于施工阶段监理单位向建设单位报请开工和工程暂停后报请复工时填写。（　　）
A. 正确　B. 错误

53. 扫描的电子文件档案的成图像素不得低于 300 dpi。（　　）
A. 正确　B. 错误

54. 绝密级档案是最重要的国家秘密，泄露会使国家安全和利益遭受特别严重的损害。（　　）
A. 正确　B. 错误

55.《建设工程质量管理条例》是《重庆市市政基础设施工程施工技术用表》的编制依据之一。（　　）
A. 正确　B. 错误

56. 建设单位应负责向城建档案馆验收及移交的档案工作。（　　）
A. 正确　B. 错误

57. 手工书写应采用耐久性强的碳素墨水或者蓝黑墨水。（　　）
A. 正确　B. 错误

58. 设计变更通知汇总表（渝建竣-5）应由设计单位在竣工后将设计变更通知进行汇总。（　　）
A. 正确　B. 错误

59. 尚未完成报送手续的城建档案，应由城建档案管理机构负责完成著录工作。（ ）

A. 正确　　B. 错误

60. 不允许在档案库房内存放杂物，尤其严禁存放易燃、易爆物品。（ ）

A. 正确　　B. 错误

61. 工程质量验收文件，是由建设单位组织勘察、设计、施工、监理等单位，对工程质量进行验收形成的文件。（ ）

A. 正确　　B. 错误

62. 单位工程质量验收合格后，建设单位应在规定时间内将工程竣工验收报告和有关文件报建设行政管理部门备案。（ ）

A. 正确　　B. 错误

63. 建设单位招标文件确定的每一个独立合同应为一个单位工程。（ ）

A. 正确　　B. 错误

64. 建筑工程资料管理软件中可以进行自动评定与自动计算。（ ）

A. 正确　　B. 错误

65. 饰面砖（板）施工检查记录（渝建竣-69）应填写基层材质及其表面处理情况。（ ）

A. 正确　　B. 错误

66. 重新绘制的竣工图应使用竣工图图标，并加盖竣工图章。（ ）

A. 正确　　B. 错误

67. 城建档案的开发利用是指利用者为研究和解决某一问题到政府机构查阅、使用城建档案。（ ）

A. 正确　　B. 错误

68. 大体积混凝土浇筑施工现场测温记录（渝建竣-41）仅适用于大体积混凝土的施工现场测温记录。（ ）

A. 正确　　B. 错误

69. 道路弯沉值统计评定时，计算得出弯沉代表值小于设计值，则评定结果为合格。（ ）

A. 正确　　B. 错误

70. 档案柜架在库房内的排列可以直接靠墙。（ ）

A. 正确　　B. 错误

四、综合题（共5题，共30分）

71.［背景资料］某大楼装饰工程，施工内容包括室内精装修、水电安装、外立面改造等。按照施工合同要求，施工单位在工程交工验收时，必须提交完整的竣工档案。

［问题］根据背景资料，解答下列问题。

(1)（判断题）该装饰工程可以按各楼层来绘制装饰竣工图。（ ）

A. 正确　　B. 错误

(2)（判断题）施工单位完成竣工图的编制套数应按双方施工合同约定为准，如果没有约定可以只绘制一套竣工图。（ ）

A. 正确　　B. 错误

（3）（单选题）该工程在编制竣工图时可以按照（　　）进行竣工图的绘制。

A. 修改底图法　B. 重新绘制法　C. 盖竣工图章　D. 绘制竣工图标

（4）（单选题）按照竣工图编制依据的内容，工程施工过程中可以收集形成的竣工图编制依据有（　　）。

A. 设计变更记录　B. 施工合同　C. 施工技术交底　D. 专项施工方案

（5）（单选题）按照竣工图的编制内容，装饰竣工图的第一张图纸应该是（　　）。

A. 一层平面竣工图　B. 排水竣工图　C. 竣工图说明　D. 装饰竣工图目录

（6）（多选题）该工程需要绘制的竣工图包括（　　）。

A. 装饰竣工图　B. 给排水竣工图　C. 电气竣工图　D. 消防竣工图

E. 总平面竣工图

72. ［背景资料］某工程在组织完建设工程档案专项验收后，施工单位拟单独移交建设工程声像档案，其中工程录像专题片归档载体为光盘，片长不详。

［问题］根据背景资料，解答下列问题。

（1）（判断题）建设工程声像档案移交的主体为施工单位。（　　）

A. 正确　B. 错误

（2）（判断题）录像专题片没有普通话配音。（　　）

A. 正确　B. 错误

（3）（单选题）录像的制式应为（　　）。

A. PAL　B. NTSC　C. SECAM　D. DWG

（4）（单选题）工程录像专题片片长应大于（　　）分钟。

A. 8　B. 10　C. 12　D. 15

（5）（单选题）工程专题片录像的制式应为（　　）。

A. FLV　B. MPEG-2　C. MP3　D. MP

（6）（多选题）根据工程录像光盘的形成要求，不能出现的现象包括（　　）。

A. 整洁　B. 变形　C. 磨损　D. 贴标签

E. 划伤

73. ［背景资料］某建设单位拟修建一栋单体住宅楼，建筑面积 1.8 万 m^2，楼高 33 层（99 m）。按照施工合同要求，施工单位在工程交工验收时，必须提交四套完整的竣工档案。目前该工程已经完成基础、主体分部的施工内容，装饰、给排水、电气分部正在施工中。

［问题］根据背景资料，解答下列问题。

（1）（判断题）施工单位应在施工过程中随工程进度进行竣工图的编制。（　　）

A. 正确　B. 错误

（2）（判断题）竣工图是工程交工验收的必备条件之一。（　　）

A. 正确　B. 错误

（3）（单选题）施工单位应完成竣工图的编制套数为（　　）。

A. 一套　B. 至少两套　C. 三套　D. 四套

（4）（单选题）按照竣工图编制依据的内容，工程施工准备阶段可以收集形成的竣工图编制依据有（　　）。

A. 施工图　　B. 施工合同　　C. 施工组织设计　　D. 专项施工方案

(5)(单选题)按照竣工图的编制方法，该工程现阶段可以按照重新绘制法形成的竣工图是(　　)。

A. 建筑竣工图　　B. 结构竣工图　　C. 主体结构竣工图　　D. 基础竣工图

(6)(多选题)该工程现阶段可以绘制的竣工图包括(　　)。

A. 基础平面竣工图　　B. 主体结构竣工图　　C. 基础剖面竣工图　　D. 基础大样竣工图

E. 结构竣工图

74. [背景资料] 某医院住院大楼工程完工，施工单位自检合格，报请监理单位组织进行了预验收。观感质量验收抽查19项，达到“好”和“一般”的18项，经返修处理符合要求的1项。

[问题] 根据背景资料，解答下列问题。

(1)(判断题)《单位(子单位)工程质量竣工验收记录》由监理单位负责填写。(　　)

A. 正确　　B. 错误

(2)(判断题)“分部工程验收”由施工单位的项目经理组织有关人员逐个分部进行检查评定。(　　)

A. 正确　　B. 错误

(3)(单选题)审查验收的分部工程全部符合要求，由监理单位在验收结论栏内写上(　　)的结论。

A. 情况属实　　B. 同意验收　　C. 符合规范　　D. 好、一般、差

(4)(单选题)观感质量评价分为(　　)三个等级。

A. 好、一般、差　　B. 优良、合格、差　　C. 优秀、合格、差　　D. 好、一般、不好

(5)(单选题)“综合验收结论”应由参加验收各方共同商定，并由(　　)填写。

A. 施工单位　　B. 监理单位　　C. 设计单位　　D. 建设单位

(6)(多选题)关于分部工程验收时已经进行了安全和功能性检测的项目，单位工程验收时不再重复检测，但要核查下列内容(　　)。

A. 单位工程验收时按规定、约定或设计要求，需进行的安全功能抽测项目是否都进行了检测，具体检测有无遗漏

B. 揣测的程序、方法是否符合规定

C. 抽测人员资质是否符合规范要求

D. 抽测结论是否达到设计要求及规范规定

E. 抽测公司资质是否符合要求

75. [背景资料] 某市政道路工程(K0.000～K1.200)，全长1 200 m，施工内容包括：道路分部工程、排水分部工程、电力分部工程、标志标线分部工程。按照施工合同要求，施工单位在工程交工验收时，必须提交完整的竣工档案，其中竣工技术文字材料四套、竣工图六套、声像档案两套、电子档案两套。

[问题] 根据背景资料，解答下列问题。

(1)(判断题)施工单位应在竣工验收时进行竣工图的编制。(　　)

A. 正确　　B. 错误

(2)(判断题)市政工程的竣工图可以是原施工图。(　　)

A. 正确　　B. 错误

(3)(单选题)施工单位应完成竣工图的编制套数为(　　)。

A. 两套　　B. 至少两套　　C. 四套　　D. 六套

（4）（单选题）按照竣工图编制依据的内容，在施工过程中可以收集形成的竣工图编制依据有（　　）。

A. 施工记录　　B. 施工合同　　C. 施工技术交底　　D. 设计变更记录

（5）（单选题）按照竣工图的编制方法，排列在各专业竣工图最前面的竣工图是（　　）。

A. 道路竣工图　　B. 排水、电气竣工图

C. 竣工图说明　　D. 竣工图目录

（6）（多选题）该工程按专业绘制的竣工图包括（　　）。

A. 道路竣工图　　B. 排水竣工图　　C. 电力竣工图　　D. 标志标线竣工图

E. 结构竣工图

附录2　资料员专业知识测试模拟试卷参考答案

试卷一

一、单选（共50题，共50分）

1. D	2. A	3. A	4. C	5. C	6. C	7. C	8. D	9. A	10. A
11. C	12. C	13. C	14. A	15. D	16. C	17. C	18. B	19. D	20. A
21. C	22. C	23. B	24. C	25. A	26. A	27. C	28. D	29. C	30. C
31. C	32. A	33. A	34. A	35. B	36. A	37. A	38. D	39. A	40. D
41. D	42. A	43. D	44. A	45. C	46. B	47. B	48. B	49. A	50. A

二、多选（共10题，共20分）

51. AD	52. ABCD	53. ABCD	54. BDE	55. ACDE
56. CDE	57. ABCE	58. ABCD	59. ABCD	60. ABC

三、判断（共20题，共10分）

61. A	62. A	63. A	64. A	65. A	66. A	67. A	68. B	69. A	70. A
71. A	72. B	73. A	74. B	75. B	76. A	77. B	78. A	79. B	80. B

四、案例分析（共4题，共20分）

81. A、A、B、D、ABCD

82. A、B、B、D、ABC

83. A、A、C、A、ABE

84. B、A、D、B、ABCD

试卷二

一、单选（共40题，共40分）

1. C	2. C	3. C	4. D	5. B	6. A	7. C	8. D	9. C	10. B
11. B	12. A	13. C	14. A	15. A	16. D	17. A	18. A	19. B	20. A
21. A	22. A	23. C	24. D	25. D	26. A	27. D	28. B	29. A	30. A
31. D	32. B	33. B	34. B	35. C	36. C	37. C	38. C	39. B	40. D

二、多选（共10题，共20分）

41. DE　42. ABC　43. ABC　44. BDE　45. BCDE

46. AC　47. ABC　48. ACD　49. ACDE　50. ABCD

三、判断（共20题，共10分）

51. A　52. B　53. A　54. A　55. A　56. A　57. A　58. B　59. B　60. A

61. A　62. A　63. A　64. A　65. A　66. B　67. B　68. A　69. A　70. B

四、案例分析（共5题，共30分）

71. A、B、B、A、D、ABC　72. B、B、A、B、B、BCE

73. A、A、D、A、D、ABCD　74. B、A、B、A、D、ABD

75. B、B、D、D、D、ABCD